中观经济学

对经济学理论体系的创新与发展

陈云贤 顾文静 ◎ 著

北京大学出版社
PEKING UNIVERSITY PRESS

图书在版编目(CIP)数据

中观经济学:对经济学理论体系的创新与发展/陈云贤,顾文静著.—北京:北京大学出版社,2015.11

ISBN 978-7-301-26505-5

Ⅰ.①中… Ⅱ.①陈…②顾… Ⅲ.①中观经济学—研究 Ⅳ.①F015

中国版本图书馆 CIP 数据核字(2015)第 259594 号

书　　　名	中观经济学——对经济学理论体系的创新与发展 ZHONGGUAN JINGJIXUE
著作责任者	陈云贤　顾文静　著
特约编辑	林德荣
责任编辑	叶　楠
标准书号	ISBN 978-7-301-26505-5
出版发行	北京大学出版社
地　　　址	北京市海淀区成府路 205 号　100871
网　　　址	http://www.pup.cn
电子信箱	em@pup.cn　　QQ:552063295
新浪微博	@北京大学出版社　@北京大学出版社经管图书
电　　　话	邮购部 62752015　发行部 62750672　编辑部 62752926
印 刷 者	北京中科印刷有限公司
经 销 者	新华书店
	787 毫米×1092 毫米　16 开本　23 印张　338 千字
	2015 年 11 月第 1 版　2015 年 11 月第 1 次印刷
定　　　价	59.00 元

未经许可,不得以任何方式复制或抄袭本书之部分或全部内容。

版权所有,侵权必究

举报电话: 010-62752024　电子信箱: fd@pup.pku.edu.cn

图书如有印装质量问题,请与出版部联系,电话: 010-62756370

序

厉以宁
2015 年 8 月

从某种意义上说，中国的改革开放是从区域经济率先突破的，最成功的是深圳经济特区，其发展和经验，在世界经济发展史上都可留下浓重的一笔。

近十年来，中国在区域经济发展方面更是进入一个全新的境界，中央在区域发展的"棋盘"上频繁落子。上海浦东新区、天津滨海新区、成渝经济区、海峡西岸经济区、中原经济区、长江经济带等区域规划相继出台，细化了中国区域发展版图，释放了经济发展能量。区域发展战略从根本上改变了中国的经济发展格局，近几年"一带一路"概念的提出和推进，亚洲基础设施投资银行的创立，上海自由贸易试验区的实施，以及广东、福建、天津自贸区的成立，更是让世人认识了一个全新的区域经济发展观，为传统区域发展和开放型经济新体制的理论和实践赋予了全新的内涵、注入了新的动力。

区域经济发展当之无愧是世界的一个热点。但遗憾的是，目前在这个领域的理论研究并不多，因此我总希望能见到有突破性的成果。最近，当我见到陈云贤博士《中观经济学——对经济学理论体系的创新与发展》的书稿时，感到十分惊喜。他把区域经济发展经验上升到中观经济理论层面，是经济学领域的一项有见地的理论成果。我关注到陈云贤博士一直致力于区域经济发展理论的研究，他先后出版了《超前引领——对中国区域经济发展的实践与思考》《论政府超前引领——对世界区域经济发展的理论与探索》，都是围绕这一主题的。

根据陈云贤博士的研究，区域政府重视借助市场的力量与手段积极引领区域经济发展，区域政府的行为已经突破了传统经济学意义上的政府概念。这种有效市场基础上的有为政府，既不同于微观经济学对市场竞争主体的界定，也不同于宏观经济学对政府职责的定位。显然，当前区域政府的理论研究和实践探索，已经不能简单用微观经济学和宏观经济学的分工进行有效的概括和解读，需要建立一套新的理论体系来进行解答。

从经济学的角度看，微观、中观、宏观都是基于比较而产生的空间相对概念或范畴。在一个国家内部，这个国家属于宏观，每一个个体、家庭、企业构成了微观单位，而介于国家和个体单位之间的某个区域、行业、部门等自成体系的独立系统，则构成中观范畴。但如果把世界看做宏观，则中观范围也可以是指某个国家、某个地区。因此，中观的概念在这里被理解为世界范围内的一个"区域"，而中观经济学就是以区域为单位，研究其经济发展规律的理论学科。这一中观界定，意味着区域本身的微观与宏观双重角色的兼备。但区域本身只是一个地理概念，真正能让区域活起来的是市场与区域政府。在区域资源配置中，承认市场决定性作用的前提下的区域政府行为构成了中观经济学的研究主体。

在陈云贤博士的研究中，区域政府的职能界定至关重要，为此他提出了"超前引领"的理论。区域政府在建立和维持市场秩序，缩短市场调整的阵痛期等方面起关键作用。对于信息不完全和外部性等市场失灵问题，区域政府也可以通过有效的产权划分，通过投资、价格、税收、利率、汇率、法律、制度、人才教育等价格和非价格机制在资源配置中的作用，弥补市场的不足，实现对经济的超前引领。也就是说，其具有纠正市场失灵的功能。

围绕区域政府的超前引领作用，陈云贤博士提出了区域政府的"双重职能"的论点。一方面，区域政府代理国家政府，对本地区经济进行宏观管理和调控，充当代理者的角色；另一方面，区域政府代理本地区的社会非政府主体，调配本地区的资源，争取国家的支持，通过制度、组织、技术等创新，与其他区域政府竞争，以实现本地区经济利益最大化。中国三十多年改革开放的实践以及世界其他先进地区的实践和经验，充分证明了区域政府的这种双重角色特点。

根据对区域政府"双重职能"的分析，陈云贤博士大胆提出市场竞争的"双重主体"理论。他认为市场中存在两个竞争主体，即企业和区域政府。除了企业之间的竞争，区域政府之间也同样存在着竞争关系。于是，在成熟市场体系中就形成企业之间、政府之间的双层竞争体系。当然，企业和政府之间是不存在竞争关系的，也就是说，这两个体系之间是独立运行的，虽然这两个体系在功能作用上相辅相成。区域政府的双重角色决定了市场体系中的双重竞争主体机制。区域政府本身构成了区域竞争的主体，而区域政府竞争的客体则是指各区域政府之间通过市场进行竞争的对象，包括区域内的各种有形和无形资源。区域政府竞争的目的主要在于区域资源配置的最优化，在于区域经济效率和收益的不断提升。在竞争方式上，区域政府在提高税收利用效率的前提下，为企业所提供的良好技术服务、人才服务、资金服务、文化氛围、创新扶持、政策生态、基础设施和打破有碍市场竞争机制的一切努力，都将成为各区域政府竞争的主要方面。

对于区域经济发展中政府与市场的关系问题，陈云贤博士提出了成熟市场经济的"双强机制"理论。现代市场经济中，不可能没有政府的作用，问题的关键是，政府发挥什么样的作用，以及如何发挥作用。市场经济首先需要借助政府的权威力量界定和保护产权，建立并维护公平竞争的市场秩序，扩展市场体系，履行市场合约，反对垄断和其他不正当竞争行为。没有这些条件，市场不可能正常运转。其实，有效的市场从一开始就离不开政府，在有效市场的基础上政府提供各种公共服务、缩小收入和发展差距、保护生态环境，以及宏观调控和中长期发展规划。需要注意的是，"强政府"应立足于维护和促进市场更好地发挥作用，如果偏离这个方向，政府什么都想干预，它的手伸得过长，肯定会伤害市场。所以，成熟的市场经济是"强市场"与"强政府"的双强机制，政府要强而有章可循，弱政府难以支撑强市场；强而无章可循的政府，也不可能支撑起强市场。一个"强市场"和有序市场的背后，一定有一个"强政府"，即规范运作的政府。这就是与有效市场相配合的有效政府。

从区域政府"超前引领"作用的提出，到发现区域政府的"双重职能"；从市场竞争"双重主体"的强力驱动，到推演成熟市场经济的"双强机制"。陈云贤博士的研究步步推进、不断突破，最终形成中观经济学的理论体系。

在经济学的研究中，研究对象的定位至关重要。陈云贤博士把区域资源的有效配置作为中观经济学的研究对象，可以说是找准了方向。其可贵之处在于通过对区域政府职能的有效定位，发掘区域政府的超前引领功能，将市场和区域政府的资源配置功能协调起来。中观经济学产生于现代市场经济，对市场和政府的定位作出了颇有新意的回答，从而成为陈云贤博士有关现代市场经济体系论述的重要的支柱。我想，这一经济学理论的研究成果，值得我们重视。

对于资源配置问题，我想多强调一下"道德力量"的调节。在资源配置方面，市场调节是一只无形的手，起了决定性作用；政府调节是一只有形的手，靠的是法律、法规、政策、规章制度。然而，市场出现才几千年，市场调节的历史并不长，政府调节的历史更短。而人类社会少说有几万年，长时间内，既没有市场调节，又没有政府调节，唯一依靠的是道德力量的调节。市场需要道德力量的调节，不然市场容易失效；政府调节同样需要道德力量的调节，不然政府调节也会失效。市场是一只无形的手，政府是一只有形的手，道德力量是一只既无形又有形的手。道德力量调节一靠自律、二靠文化力量来实现。在市场中，我们应该有两个底线，一条是法律底线，另一条是道德底线，既不能违背法律底线，也不能违背道德底线。在今后的经济发展理念中，我们同样应该重视道德力量的作用。

总之，我十分乐于见到中国学者对经济学的理论创新与探索。中国的实践与转型，需要更多的学者投身经济学理论的研究，需要给世界经济学提供更多的实践影响和理论贡献，也由此增进我们的道路自信、理论自信、制度自信。

前　言

陈云贤

2015 年 8 月

市场与政府的关系问题，堪称经济学的"哥德巴赫猜想"。数百年来，围绕市场与政府关系展开的争论与探索，没有停止过，也留下许多伟大的理论成果。

亚当·斯密崇尚自由贸易，强调市场的作用，反对政府对商业和自由市场进行干涉。他认为，经济运行需要靠市场这只"看不见的手"支配，政府应以扮演"守夜人"为天职。由此亚当·斯密创立了现代经济学。

但放任自由的经济模式似乎"好景不长"，1929 年，西方世界发生了严重的经济危机。经济学家梅纳德·凯恩斯对亚当·斯密的经济理论进行反思，认为单靠微观主体的市场自觉是不够的，必须在宏观上进行调控。不能完全靠市场的作用，强调要发挥政府职能，主张通过赤字财政方式，增加公共投资，解决有效需求不足和普遍失业的问题。美国政府采纳了凯恩斯的理论，并艰难地从经济大萧条中走了出来。凯恩斯也"一战成名"，其提出的经济学理论开始被世人接受。世界经济学理论也因此被分化为宏观经济学与微观经济学。

然而，20 世纪 70 年代弥漫全球的经济"滞涨"，又让凯恩斯主义面临新的问题。经济学家米尔顿·弗里德曼指出，政府的过多干预不仅未能促进经济有序发展，反而扰乱了市场运行秩序，限制了市场充分竞争。他提出政府不应干预经济运行，认为市场的自愿交易意味着激励协调与自由竞争，而政府干预必然导致利益冲突和垄断。弗里德曼的观点似乎对凯恩斯主义又是一个颠覆。

市场的"无形之手"重要还是政府的"有形之手"有效？成为经济学家持续争论的问题。是市场自由发展还是政府有效干预，也成为各国政府治理必须作出的一个选择。

生逢盛世，我攻读完北京大学经济学博士后，先在微观经济领域工作，创办广发证券。其间，广发证券从一个地方证券部发展壮大为居中国前三甲的大型证券公司。12年后，我转到政府部门工作。先在中国"百强县"之首的顺德当"一把手"，后在中国最强地级市之一的佛山当"一把手"，接着任广东省副省长。加上早年当基层村干部的经历，我几乎经历了中国各层级的行政区域。从企业到政府，从微观部门到宏观领域，在中国广东这片热土上发生的故事、出现的奇迹，以及面临的困惑，触发了我对经济学理论的思考。我从中国市场化发育最成熟的顺德县域出发，放眼世界区域经济，努力探索经济学的"哥德巴赫猜想"问题。

2004年，我到顺德工作后深思的一个问题是：位居中国"百强县"榜首的顺德，既不沿海，也非特区，为何能在中国2 800多个县域经济发展中脱颖而出？我认为，政府有为发挥着重大作用。20世纪80年代，顺德政府通过产权改革，打造了一批充满活力的市场微观主体（企业），美的、格兰仕、万和等企业成为其中的佼佼者。顺德政府超前引领，在市场化初期起着关键作用。进一步研究，我们发现，同样当一个区域或国家进入市场化成熟期后，政府的超前引领对于这个区域或国家的可持续发展起着关键作用。新加坡就是一个典型范例。

于是，我在2005年提出"政府超前引领"理论，并以此为起点进行区域经济实践和理论系列探索与研究。"政府超前引领"，就是充分发挥政府，特别是区域政府的经济导向、调节、预警作用，依靠市场规则和市场机制，通过引导投资、消费、出口的作用，运用价格、税收、利率、汇率、法律等手段，开展制度创新、组织创新、技术创新，有效配置资源，形成领先优势，促进区域经济科学和可持续发展。

借助"政府超前引领"理论，在实践中，我提出产业发展"三三三战略"、企业发展"五阶段步骤""经营城市理念""三旧改造经验""金融、科技、产业融合创新发展"等举措,并在任职区域试验推进。

政府"超前引领",首先在于区域政府承载或扮演着"双重角色"。一方面,区域政府代理国家政府,对本地区经济进行宏观管理和调控,充当"准国家"的角色;另一方面,区域政府代理本地区的社会非政府主体,调配本地区资源,培植政策生态,通过制度、组织、技术等创新,与其他区域竞争,以实现本地区经济效益最大化,即"准企业"的角色。这"双重角色"促使区域政府以本地区经济利益最大化为目标,其行为既体现国家的宏观职能,又体现市场的竞争动因。

区域政府"双重角色",引申出市场竞争"双重主体"理论。我认为,在市场中实际存在两个竞争主体,即企业和区域政府。区域政府也是市场竞争主体。它通过利用区域内的各种有形和无形资源,优化劳动力、资本、土地、技术、管理等要素配置,提高要素配置质量,激发区域创新活力,释放新需求,创造新供给,推动新产业、新业态、新技术、新机制蓬勃发展,同时实现发展动力转换。

当然需要提出的是,同一区域内虽然存在企业之间、政府之间的"双层竞争"体系,但企业与政府之间不存在竞争关系。这两个体系之间是独立运行的,但它们在功能作用上是相辅相成的。

从区域政府的"超前引领",到区域政府职能上的"双重角色",再到市场竞争的"双重主体",这里又回到了市场与政府的关系问题上。我认为,在一个成熟的市场体系中,最理想的状态应是"强政府"与"强市场"的双强运行机制。这种机制有利于实现区域资源的最优配置。我们既需要有一个"强市场"来有效配置资源,也需要有一个"强政府"来保护营造好市场,创新发展新理念,培育发展新动力,开拓发展新空间,创造发展新优势。"强政府"不是为了替代"强市场","强市场"同样需要"强政府"作支撑。有了"双强"运行机制,才能真正纠正"市场失灵",减少"政府失灵"。

观点的突破对经济学理论提出了挑战,当前的经济学理论研究和实践探索,已经无法简单用微观经济学和宏观经济学理论进行有效概括和解读。越来越多的政府间竞争行为对宏观调控的突破、对GDP稳定增长的超越，都有别于微观经济学和宏观经济学中对市场竞争主体的界定和政府职能的定位。理论和实践都迫切需要明确现代市场经济中，政府本身应该如何定位？政府经济行为到底该作哪些调整？调整标准是什么？哪些方面需要放手？哪些方面需要填补？这一系列问题早已超越了微观经济学和宏观经济学的解答范畴。

为此，拙著提出了"中观经济学"概念。我们知道，微观经济学的研究主体是企业和家庭，它追求企业利润和家庭效用的最大化；宏观经济学的研究主体是国家，它除了政治职能外，在经济上追求宏观调控的作用。中观经济学的研究主体是什么？显然是区域政府。作为中观层面，区域政府在行为方式和职能作用上拥有微观和宏观的双重身份，既具备类似企业的市场竞争行为和追求区域效益最大化的动因，也拥有类似宏观政府的经济规范和调节职能。但其并非是在参与经济活动过程中既当"运动员"又做"裁判员"。区域政府之间的竞争，并非是政府与企业之间争夺资源。

"中观"或"区域"是个相对概念，对于全球而言，单个国家就是"区域"的概念；对于一个国家来说，"区域"则主要是指城市。所以，中观经济学既可指国域经济学，也可指城市经济学或区域经济学。鉴于目前世界还没人系统研究"全球经济学"，因此本书《中观经济学——对经济学理论体系的创新与发展》主要是从各国区域政府的角度探讨中观经济学的理论体系。以美国为例，区域政府之间的竞争包括州与州、市与市之间的竞争；以中国为例，区域政府之间的竞争包括省与省、市与市或县与县之间的竞争；等等。这里暂未涉及国家与国家之间的竞争。

中观经济学的确立意味着区域政府的一系列角色和职能的重新定位。中观经济学理论来源于区域政府的实践创新，也将指导区域政府的创新实践。它通过对世界各区域经济发展的成功经验、利弊得失进行系统性的梳理和规律性的总结提升，进一步指导世界各区域经济的实践发展。中观经济学所揭示出的规律，为中国和世界区域经济发展创造了崭新的实践前景。

目　录

第一章　导论 …………………………………………………………… 1

　　一、中观经济学的研究对象 ……………………………………… 1

　　二、中观经济学的内容结构 ……………………………………… 25

　　三、中观经济学的运行手段 ……………………………………… 29

　　四、研究中观经济学的意义 ……………………………………… 41

第二章　政府"超前引领"理论 ……………………………………… 49

　　一、自由主义与国家干预主义的反思 …………………………… 49

　　二、区域政府"超前引领"理论的内涵 ………………………… 60

　　三、"超前引领"的重大理论意义 ……………………………… 96

第三章　区域政府"双重角色"理论 ………………………………… 123

　　一、区域政府的"准企业"角色 ………………………………… 124

　　二、区域政府的"准国家"角色 ………………………………… 133

第四章　市场竞争"双重主体"理论 ………………………………… 175

　　一、市场竞争"双重主体"理论的内涵 ………………………… 175

　　二、区域政府经济竞争理论 ……………………………………… 187

　　三、区域政府竞争定位及经济效应分析 ………………………… 223

第五章　成熟市场经济"双强机制"理论 ·········· 257
  一、"强市场"及其定位 ·········· 257
  二、"强政府"及其定位 ·········· 262
  三、政府与市场的"双强运行机制" ·········· 278

第六章　中观经济学理论体系的确立与发展前景 ·········· 301
  一、中观经济学蕴含五大理论创新 ·········· 301
  二、遵循市场经济规则是区域政府创新的首要原则 ·········· 304
  三、区域政府资源配置路径 ·········· 306
  四、区域政府需要营造卓越超前的政策生态引领 ·········· 311
  五、中观经济学理论体系突破和创新实践前景 ·········· 314

中文参考文献 ·········· 345

英文参考文献 ·········· 353

跋 ·········· 355

第一章

导 论

一、中观经济学的研究对象

在当代,世界经济呈现两种主要的经济体制类型——市场经济为主体的经济体制与计划经济为主体的经济体制。随着世界经济的发展,这两种经济体制出现不断融合的趋势,政府与市场之间也不断发生交叉,政府经济行为的方式和结果越来越多地影响到整个经济总量和结构的运行,原有的经济理论体系框架不断被突破。世界经济发展实践中所反映出的市场的失效性、政府行为的主动性与竞争性、政府关键职能的多重性、市场与政府不同边界的产出率等问题,都对原有的微观经济学和宏观经济学理论提出挑战,仅从企业的市场经济行为和政府的宏观调控角度来解释所有的现实经济问题已显得力不能及,亟须一种新的理论体系来揭示现实经济发展规律,并对未来经济发展趋势作出有效引领。

对这些问题的探索和解答构成了中观经济学的主要内容。

(一) 中观经济学产生的背景

市场经济体制和计划经济体制都是社会资源配置的方式,解决在资源稀缺的情况下,以某种方式来决定一定时期,社会生产什么、生产多少、怎样生产和如何分配的问题。在计划经济下,资源配置的决定者是政府计划,中央政府制订一个无所不包的计划,指挥安排一切经济活动。在市场经济下,市场价格这只看不见的手成为指挥人们生产什么、生产多少、怎样生产的决定力量。现实经济社会中,纯粹的计划经济和纯粹的市场经济都不多见,计划经济作为一种完全排斥市场的经济体制,在现代国家中已经基本退出了历史舞台,但是计划作为调控经济的手段之一,还是被保留并经常使用。在市场经济体制中,并不是完全没有计划,市场经济体制国家也都制定宏观战略与规划来参与资源配置,只是这些计划相对于市场而言是辅助性的、指导性的,市场机制仍是资源配置的决定性因素。

在传统微观经济学理论中,市场价格机制是推动经济运行的根本力量,价格的变动影响市场供求机制,消费、生产、分配等活动在价格这只看不见的手的引领下实现均衡,形成资源配置的最佳状态。传统微观经济学理论认为,政府对微观经济领域应该采取不干预态度,任何一种政府对微观企业或市场机制的干预都会造成效率的损失。但这种传统理论在20世纪30年代的世界经济危机面前变得有些苍白了,政府干预经济的时代由此开始,政府宏观调控下的市场经济模式成为主流,凯恩斯主义经济学及其后来的新古典综合派成为宏观经济学的主体理论体系。在经济发展的实践中,尽管大多数国家自称是市场经济体制,但由于政府调控与市场机制的组合边界不尽相同,造成经济效率上、发展态势上有显著不同。以中国为首的一些国家在市场主体、竞争领域、经济发展速度等方面,都对传统意义上的宏观经济学产生了一定的突破,其经济行为和发展规律是传统的微观经济学和宏观经济学都难以涵盖和有效解释的,需要有一种新的理论体系进行丰富和完善。

(二) 中观经济学产生的原因

中观经济学产生于现代市场经济,现代市场经济的本质属性有别于传统意义上对市场和政府间关系的认定,而中观经济学恰恰对市场和政府的定位作出了突破性的回答,从而成为现代市场经济体系的重要理论支柱。现代市场经济的确立是在梳理和明确政府与市场的不足中逐渐形成的。

1. 政府不足

按照目前的西方经济学理论体系,政府的主要经济职能是宏观调控,只在市场运行出现问题时才动用财政和货币政策手段来平衡总供求关系,基本处于一种消极被动的地位,市场经济的主要竞争主体是企业,政府也无权对企业的行为进行干预。近些年来的新古典主义等流派的崛起,更加强化了约束政府行为、回归完全的市场竞争体系的认识,对于政府干预经济的做法提出了诸多质疑。从现实的政府调控实践来看,也确实存在着政府失灵这种情况。

政府失灵是指政府为了矫正和弥补市场机制的功能缺陷而采取立法、行政管理以及各种经济政策手段干预市场,但干预不当会造成适得其反的结果,不但没能有效克服市场失灵,还阻碍和限制了市场功能的正常发挥,从而导致经济关系扭曲,市场缺陷和混乱加重,以致社会资源最优配置难以实现,造成政府干预经济的效率低下和社会福利损失。具体地说,政府失灵表现为以下几种情形:其一,政府干预经济活动达不到预期目标;其二,政府干预虽达到了预期目标但成本高昂;其三,干预活动达到预期目标且效率较高但引发了负效应。之所以发生政府失灵,无外乎两种情况:或者是调节不足,或者是调节过度。

(1) 无效调节导致政府失灵

在那些本该由政府发挥作用的领域,却由于财力不足、制度不完善等原因,致使政府应该进入的领域而没有进入或没有完全进入,政府有心无力,调控手段缺乏力度,调控机制运转不灵,调控效果难以到位,从而造成了政府失灵。

(2) 过度干预导致政府失灵

在那些本该由市场发挥作用的领域,过多地使用行政手段来管理经济,政府应该退出的领域没有退出或没有完全退出,权力集中,责任无限,结果不仅不能弥补市场的缺陷,反而扬短抑长,妨碍了市场机制正常发挥作用。

政府失灵主要源于政府作为一种组织,对经济规律很难进行全面准确的认识,在进行经济干预时可能会出现干预的范围、时机和力度不够准确的问题,常常会造成调控失灵的结果。同时,政府职能也存在疏漏,该发挥作用的区域存在缺位或力度不够。这种政府行为的过度和不足同时并存。按照传统西方经济学理论,这种政府失灵的表现就意味着政府应当全方位调整活动领域,对于市场经济领域,应当尽可能地收缩自己的权限,把市场的还给市场,而在维护市场机制顺利运行方面应当加大力度,以保证市场资源配置的主体地位和市场机制的顺利运行。

是否因为政府会失灵就否定政府在市场经济体制中的作用？政府到底应该按照什么样的标准设置自己的活动边界？应当如何定位政府在市场经济中的角色？面对这些问题，传统的西方经济学理论还不能给出一个较为完善的答案。

2. 市场不足

市场机制在古典经济学中被视为非常完美的资源配置方式，可以在价格机制的作用下自动实现供求均衡，保持资源配置的最佳效率。但经济发展的实践证明，完全的市场机制并不能避免供求失衡的经济危机，仅通过价格机制这个看不见的手无法实现资源最佳配置与效率最高的情况。市场失灵意味着自由的市场均衡背离了帕累托最优。

换句话说，微观经济学说明，在一系列理想的假定条件下，自由竞争的市场经济可导致资源配置达到帕累托最优状态。但理想化的假定条件并不符合现实情况，现实中存在不完全竞争的领域，对于公共物品、外部影响、信息不完全等问题，单纯靠市场机制并不能得到合理的解释与解决。

造成市场失灵，有其内在的深刻原因。

第一，完全市场竞争状态主要存在于理论假定中，现实状况要复杂得多。一方面，市场经济中也存在垄断、过度竞争等人为因素，这种人性所导致的市场效率的损失不是市场机制自身能够消除的；另一方面，市场价格的调节也不像理论分析的那样及时有效，价格变动会有时滞，也会遇到价格底线，所以市场的非均衡状态才是常态，市场机制难以实现真正的均衡，诸如失业等资源浪费现象完全靠市场解决是不现实的。

第二，个人价值和社会价值的矛盾。基于个人效用最大化原则的帕累托最优概念与社会公平原则不一定完全一致。所谓效率与平等，在社会各阶层中的定义和划分参差不齐，仅依靠市场机制无法解决整个社会对公平与效率的均衡判断，也无法解决个人价值与社会价值取向产生的矛盾。

第三，市场机制不能适用于一切经济领域。比如那些经济研究与开发、基础设施投资等外部效应较大的领域，具有一定的公共物品属性，社会效益巨大但市场的激励作用却不够充分，若完全依赖市场，难以实现有效供应。

第四,市场经济的信息完备性和对称性也与现实不符。私人的信息获得是有限的,而且信息在私人交易中会发生扭曲。市场行为主体所掌握的信息也是不对称的。

鉴于市场本身的局限性,需要有一定的计划等措施进行干预和调整。尤其是第二次世界大战结束以后,科学技术迅速发展,出现了革命性变化,生产的社会化程度大大提高,各部门、各地区以及各国之间的经济联系更加密切,政府对经济运行的干预进一步加强,计划的作用明显增大。同时,随着经济的不断发展,资源问题、环境问题等更加突出,人类生存的条件问题面临严峻的局面。这些都要求政府和国际社会对经济和社会发展进行统一协调,加强计划性。因此,建立现代市场经济成为必然要求。

3. 现代市场经济体制的标准

从理论上讲,市场在资源配置上有其他方式难以比拟的优势。市场借助价格信号传递复杂的经济信息,引导各类市场主体作出理性选择,促使生产要素不断优化配置;市场具有强大的激励功能,能够让一切劳动、知识、技术、管理、资本的活力竞相迸发,让一切创造社会财富的源泉充分涌流;市场具有涓滴效应,通过动员各类要素,创造就业岗位,使劳动者获得增加收入的机会,让发展的成果惠及全体人民;市场借助竞争机制,优胜劣汰,促进创新,诱导结构创新,促进经济效益和发展质量的提升。

因此,市场在资源配置中起决定性作用。这一点是毋庸置疑的,但必须要有一个完善的现代市场体系来预防"市场失灵"等类似的效率损失问题的出现,其核心问题是处理好政府和市场的关系,使市场在资源配置中起决定性作用和更好地发挥政府作用。

从世界各国经济发展的客观实际看,只存在强政府与弱市场的组合、弱政府与弱市场的组合、弱政府与强市场的组合,唯一未能观察到的是强政府与强市场的组合。因为,现代市场经济不可能弱化任何一方,问题的关键是市场和政府的正确定位。市场经济首先需要借助政府的权威力量界定和保护产权,建立并维护公平竞争的市场秩序,扩展市场体系,履行市场合约,反对垄断和其他不正当竞争行为。没有这些条件,市场不可能正常运转。从这个意义上说,有效的市场从一开始就离不开政府。在此基础上,从提供各种公共服务、缩小收入和发展差距、保护生态环境,到宏观调控和中长期发展规划,政府职能可以列出相当长的清单。不论这个清单的内容如何变化,其立足点都应是维护和促进市场更好地发挥作用。如果偏离这个方向,政府这只手伸得过长,越位、错位,试图替代市场的作用,甚至搞大一统的集中计划体制,都会使市场受到严重伤害。

综上所述,现代市场经济是建立在市场机制基础上运行的,是有为政府和有效市场的经济模式。市场作为一种自然规律,我们更多的是认识它、理解它。对于政府,我们则拥有更多的主动权,在发挥市场在资源配置中"决定性作用"的同时,要更好地发挥政府的作用。找准政府在现代市场经济中的位置,科学处理政府与市场、政府与社会的关系,合理划分政府与市场、政府与社会的边界。构筑"有效市场"和"有为政府"这两个现代市场经济的轮子,使其相互补充、相互支撑,实现"双轮驱动"的现代市场经济体制。

当今世界市场经济的成长与发展,孕育了多种市场经济模式,无论是英国和美国的有调节的市场经济、法国的有计划的市场经济、德国的社会市场经济、北欧的福利主义模式,还是中国的社会主义市场经济体制,都是对市场和政府有效组合的不断尝试和探索。

当前的理论研究和实践探索,已不能简单用微观经济学和宏观经济学理论进行有效概括和解读。越来越多的政府间的竞争行为、政府对市场和企业的规划和超前调整、政府行为对简单宏观调控的突破、政府目标对 GDP 稳定增长的超越,都有别于微观经济学和宏观经济学中对市场竞争主体的界定和政府职责的定位。理论和实践都迫切需要明确在现代市场经济中,政府本身到底应如何定位?政府的经济行为到底应作出哪些调整?调整的标准是什么?哪些方面需要放手?哪些方面需要填补?这一系列超越于微观经济学和宏观经济学的问题解答,正是中观经济学的介入点与核心问题。

(三) 中观经济学研究对象的定位

1. "中观"概念的界定

经济学虽然属于社会科学,但在研究结构和研究方法上常受自然科学的启发,尤其是物理学在物质发展规律上的一些新发现和新成果。

微观经济学和宏观经济学中的微观和宏观概念也源自物理学。随着物理学研究的不断深入,1981年,Van Kampen创立了一个崭新的研究领域——介观(mesoscopic),近年来已在凝聚态物理学发展中被广泛应用。这种介观体系指的是一种介乎于微观和宏观之间的状态,是介于宏观的经典物理和微观的量子物理之间的一个新的领域。一方面,介观具有微观属性,表现出量子力学的特征;另一方面,它的尺寸又是宏观的。也就是说,在介观领域中,一方面物体的尺寸具有宏观大小,另一方面它又具有那些我们原来认为只能在微观世界中才能观察到的许多物理现象。这一领域的发现使得量子物理、统计物理和经典物理的一些基本规律不再适用,在理论上出现了许多新的问题有待重新认识。介观的出现为物理学的理论拓展和应用基础开辟了新的空间。从介观的英文表达来看,其词义有介观、中间和中观的含义,从翻译和对微观、宏观的介质的理解上看,介观应该可以被理解为"中观"。

通过物理学的研究,在自然物质领域中存在着微观、中观、宏观三个层次,那么社会科学领域应该也同样存在着这样三个层次的状态。从经济学的角度看,微观、中观、宏观是基于比较而产生的空间的相对概念或范畴。在一个国家内部,这个国家属于宏观,每一个个体、家庭、企业构成了微观单位,而介于国家和个体单位之间的某个区域、行业、部门等自成体系的独立系统则构成中观范畴。但如果把世界看做宏观,则中观范围也可以是指某个国家、某个地区。因此,中观的概念在这里被理解为世界范围内的一个区域,而中观经济学就是以区域为单位,研究其经济发展规律的理论学科。

2. 现代市场经济的"双重主体"

前面已经提到,市场和政府是现代市场经济的两个轮子,市场是现代市场经济中资源配置的决定力量,那么政府该如何定位呢？按照传统的西方经济学的解释,政府只做市场做不了的事,意即只在市场失灵的情况下进行边缘性调控,行为上应当是消极被动的,维护市场秩序是政府的主要职责。但现代市场经济中的政府是以"驱动轮"之一的角色定位的,若是停留在消极被动的层面,则不可避免会发生翻车或是一路的大幅度颠簸。因此,现代市场经济平稳运行的根本保障在于政府这个轮子该如何有效配合市场这个轮子。

包括中国在内的一些国家的经济发展实践表明,现代市场经济中,政府这个角色具有一定的复合性,即单个政府的秩序维护者角色和多个政府间的市场竞争者角色。当政府作为一个独立个体面对自己的管辖区域时,比较多地从事宏观调控的行为;但当它作为区域性政府面对其他区域政府时,就转化为竞争者身份,积极主动地参与到更大范围的市场竞争中来,也可以把其称为"竞争性区域政府体系"。这些区域性政府间的竞争既丰富了政府的角色,也未打破市场作为资源配置决定性因素的规律,一个自由竞争的市场和一个复合角色的区域政府体系构成了现代市场经济的两大支柱。

由此引出中观经济学研究的出发点,即在维护市场功能的前提下,对区域政府职能的新的认识。

3. 中观经济学的研究主体

中观经济学是以区域为单位,研究其经济发展规律的理论学科。但区域本身只是一个地理概念,真正能让区域活起来的是市场与区域政府。在区域资源配置中,承认市场决定性作用前提下的区域政府行为构成了中观经济学的研究主体。

(1) 区域政府的内涵及特征

区域是一个多侧面、多层次,且相对性极强的概念,可以从多个角度来理解。从政治学的角度看,区域是国家管理的行政单元。从社会学的角度看,区域可以被看做是具有相同语言和相同信仰及民族特征的人类社会聚落。从地理学的角度看,区域被定义为地球表面的地域单元。从经济学的角度看,区域是指拥有多种类型的资源,可以进行多种生产性和非生产性社会经济活动的一片相对较大的空间范围,其包含三层含义：①区域是个相对概念,在总体范围确定的前提下,区域才会存在,比如针对全球而言,各大洲或各个国家可以被看做是区域,而针对一个国家而言,区域可以指中国的各个地区,等等;②区域内部具有相似性,即具有其共性的一面,不同的标准可以产生不同的区域划分;③区域不是自然形成的,而是客观事物在人的脑子里反映的结果,是人类观念形态的东西。

区域政府,是指管理一个国家行政区域事务的政府组织,通常对应于中央政府(在联邦制国家,称作"联邦政府")的称谓。中国的区域政府除特别行政区域以外,分为省级、地市级、县级和乡级。完整意义上的区域政府由三个要素构成:一是相对稳定的地域;二是相对集中的人口;三是一个区域的治理机构。

政府最主要的特征就是它的公共性和强制性。政府的公共性特征主要表现在它是整个社会的正式代表,是在一个有形的组织中的集中表现,因而它集中反映和代表整个社会的利益和意志。作为政府区域层次结构的有机组成部分,区域政府无论是单纯作为中央政府派出的代表机构,还是作为具有相对行为权力的实体,其服务于区域整体的公共性特征都是类同的。

区域政府强制性特征除了立法权、司法权和行政权三项"超经济的强制"权力外,还表现为具有"经济性强制"的权力,这种权力表现为区域政府所拥有的财权和事权。

区域政府"超经济的强制"的政治权力和"经济性强制"的经济权力取决于区域与中央博弈的结果,以及自身经济社会发展的实力。这样,摆在区域政府面前便有两种不同类型的权力:一是政治权力,即"准国家"的权力,指利用国家政权的力量,通过税收、工商、公安、市场监管等手段保证区域公共开支、维护正常市场秩序,并可通过行政立法、司法的手段以保证其公正、公开、公平性。二是财产权力,即"准企业"的权力,指依靠自身拥有的财产权获取相应的收益。如区域国有独资企业、控股企业、参股企业、土地、矿产、资源等都是这种财产权的有效组织形式。

世界上有单一制和复合制两种国家结构形式,由于国家结构形式不同,区域政府在职能上具有一定的差别。单一制国家,是以按地域划分的普通行政区域或自治区域为组成单位的国家结构形式,中央政府享有最高权力,区域政府在中央统一领导下、在宪法和法律规定的权限范围内行使其职权,接受中央政府的监督,但在处理本地事务上拥有一定的自主权,上级只通过政策、法律等进行引导和监督。英国、法国、中国、日本、意大利等国家都是单一制国家。复合制国家则是由两个或两个以上成员国或邦,有自治权的州、省通过协议组织起来的各种国家联合或联盟,国家整体与其组成部分的权限范围由宪法规定,区域政府在各自规定的权限范围内享有高度自治的权力,并直接行使于民众,相互间不得进行任何干涉。由于每一个区域政府都根据自己在体制结构中的行政地位和活动范围来履行职责,所以作为个体的区域政府与整体之间、各个区域政府之间,它们的利益和行为方式不可能完全一致,彼此之间围绕自身的利益会展开一定的竞争。这些区域政府的特殊性决定了其在宏观职能和企业角色上的双重性。美国、澳大利亚、加拿大、德国、巴西等国家都是复合制国家。无论单一制国家还是复合制国家,都存在着中央政府在技术上很难以较低的管理成本实现一体化的问题,因此就必须通过区域政府来有效地测定和解决区域需求,区域政府的重要地位得以凸显。

相对于中央政府和区域非政府主体(指居民、企业和其他团体),中国区域政府的功能和地位具有两个显著的特点:其一,区域政府是中央政府和区域非政府主体的双重利益代表;其二,区域政府是中央政府与区域非政府主体信息互通的中介和桥梁。区域政府的上述两个特点,决定了它在中央政府和区域非政府主体之间所扮演的中介代理角色。一方面,区域政府代理中央政府,实行对本地区经济的宏观管理和调控,即"准国家"的角色,代表国家引领调控促进发展;另一方面,区域政府代理本地区的区域非政府主体,调配本地区的资源,争取中央的支持,通过制度、组织、技术等创新,实现本地区经济利益最大化,即"准企业"的角色。

自中央政府从财税改革、金融改革等一系列重大改革中表现出的向区域政府的行政性分权以来,区域政府完成了向相对独立的利益主体的转换。经过多年来市场化取向的改革,区域政府的自主权和经济实力都在不断地增强。事实上,区域政府已经成为相对独立的经济主体。这样一种双重身份决定了区域政府在社会经济生活中,处于一种特殊的领导与被领导的双重地位。一方面,作为区域经济的决策者和准市场主体,它与中央政府相对,力图实现自身更多的经济利益;另一方面,作为行政管理体系中的一级组织、中央政府的执行者,它又与市场和企业相对。

(2) 区域政府是中观经济学的研究主体

微观经济学的研究核心是市场的价格机制,由市场价格机制的供求两端引出微观经济学的研究主体——消费者和生产者(也就是家庭和企业的市场行为),由此演化出消费理论、生产理论、成本理论、市场类型分析、利润最大化原则、分配机制、福利最大化问题等一系列理论。宏观经济学则围绕一国生产总值来展开论述,着重于一国生产总值的核算与决定机制,在总供给和总需求的矛盾中找到政府宏观调控的介入点,借助一系列政府宏观调控手段间接干预市场,平衡总供求之间的矛盾,提高资源利用的效率,解决经济增长、就业、物价、国际收支平衡等一系列国家经济目标。

那么中观经济学的研究主体该如何定位呢？微观经济学的主体,无论是消费者还是生产者,关注的都是价格,通过价格信号来指导家庭和企业内部的消费与生产决策,以实现家庭消费效用的最大和企业利润的最大。说到底,其所愿意关注和能够控制的范围仅在一个家庭或企业之内,属于个量经济范畴,至于家庭、企业之外的事务则完全不在控制之内,全部作为外部效应归为市场失灵的范畴。而宏观经济通常是总量经济,指一个国家范围内的国民收入的实现和增长。对于某一区域、某一行业、某一集团的运行,宏观经济难以把握细节,当区域之间、行业之间发生经济关联时,虽然常常超出企业范围,但尚不能达到国家进行宏观调控的地步,运行规律和经济效应不同于简单的宏观管理。以上微观、宏观经济学的研究领域都说明存在一个空白区间,这个区间是微观、宏观经济学的研究盲点,其具体内容具有很明显的特质:微观领域的企业难以企及的高度和宏观经济学无法掌握的细节。而这个区间就是中观经济学的研究范畴:介于宏观和微观、总量经济与个量经济之间,既是个量经济的集合,又是总量经济的分解。而在这个区间内既能够推动超出企业行为范畴的地域性经济发展,又长于更细致的宏观调控行为的主体恰恰就是区域政府,区域政府理所当然成为中观经济学的研究主体。

区域政府既要在超出企业的层面上解决区域或行业、集团的生产和消费问题，在市场大背景下展开各区域之间的经济竞争，同时又要对本地区的物价、就业、经济增长等问题进行宏观调控。这就演化成为区域政府的"双重角色"：类似企业生产经营者的"准企业"角色和类似中央政府的"准国家"调控者角色。"准企业"和"准国家"的"双重角色"实现了微观经济与宏观经济之间的承上启下，区域政府也因此成为中观经济活动的主导者。

4. 中观经济学的研究对象

（1）中观经济学研究的基本问题

按照马克思主义政治经济学的说法，经济学研究的基本问题是生产关系如何适应生产力的发展。当生产关系适应生产力的发展时，将大大促进生产力的发展，实现生产经营的高效率；反之则大大破坏生产力的形成和发展，所以生产关系是马克思主义政治经济学的主要研究对象。西方经济学则是把研究对象定位在生产力上，研究如何利用稀缺资源最大限度地满足人们的需要，是研究稀缺资源在各种可供选择的用途中间进行合理配置的科学。微观经济学要解决的基本问题包括：生产什么和生产多少，如何生产，为谁生产。而宏观经济学要解决的基本问题则包括：资源是否得到了充分利用，货币和储蓄的购买力是不变还是下降，一个社会生产物品的能力是否保持增长。中观经济学作为经济学的有机组成部分，当然也是把解决资源配置、提高生产效率作为关键的研究对象，要解决的基本问题也是多重的。

基于中观经济学研究主体——区域政府角色的双重性，中观经济学所研究的基本问题包括区域资源的最佳配置和充分利用问题，也就是区域经济的市场竞争力和经济持续增长问题。所以中观经济学的研究对象应该确定为以区域政府为主体的区域经济资源的优化配置和利用。

（2）资源的中观经济学分类

① 资源的概念

西方经济学将资源表述为"用于满足人类需要的物品和服务"，并有自由物品和经济物品之分。前者指无须努力就可自由取用的物品，如空气、阳光等；后者包括资本、土地、劳动、企业家才能等,是必须付出代价(成本)才能获取的稀缺资源。稀缺资源是经济学研究的出发点和主要配置对象。

中观经济学的研究对象也一样以稀缺资源为基本立论依据,主要是区域政府可以调配和利用的资源,这些资源具有较强的竞争性和排他性,其获得和使用都需要付出代价。区域经济发展是由多种经济资源构成的一个系统性过程,是各种经济资源有机组合共同作用的结果。这种共同作用不是各种具体经济资源的简单加总,而是通过核心资源——人力资源并利用一定的技术对有关经济资源进行组织和生产,从而形成能满足人们需要的产品和服务,进而提高人们的物质文化水平、改善人们的生活环境和不断加强人们自身的素养,等等。在区域经济发展过程中,各经济资源发挥的作用是不同的,有大小和主次之分,并随时间和空间的变化而调整。同时,各经济资源之间也存在有条件和有限度的相互替代或互补的关系。

② 经济资源的分类

人们对经济资源的认识随区域经济发展的不断推进而逐步深化。根据目前研究的现状,对区域经济发展资源有大致如下的划分:

从质和量的角度,经济资源可以被划分为增长资源和发展资源。经济增长资源主要是指导致产值、产量增加的资源,以物质资源为主,是量的意义上的经济资源的概括;经济发展资源是一个比经济增长资源更为广泛的概念,它不仅包含经济增长中的诸因素,而且包括人文、社会和政治中的相关因素。

从形成和知识含量的角度,经济资源可以被划分为传统性资源和先进性资源。传统性资源是指在早些时候形成的,并仍然对区域经济发展起推动作用的资源,如自然地理资源、交通设施和城市基础设施等;先进性资源是指那些科技知识含量高,具有高开发价值、高附加值、能带来高经济效益的资源,如高新技术、高素质人才等。

从属性和应用范围的角度,经济资源可以被划分为普遍性资源和专门性资源。普遍性资源是指普遍存在于各个行业和各个产业之中,并起着基本作用的经济资源,例如资本、能源、道路和港口类基础设施等;专门性资源是指在结构上和使用上具有专业性或单一性的经济资源,例如特殊领域的专业性技术、专门技术人员等。

从产生的时间性及更新程度的角度,经济资源可以被划分为继承性资源和创新性资源。

从空间的流动性的角度,经济资源可以被划分为可流动性资源和非流动性资源。可流动性资源,是指能够在空间上于经济主体之间进行流动的经济资源,包括资金、劳动力、技术、人才、知识和信息等;非流动性资源,是指与可流动性资源相对应的、固定或作用在特定空间上的经济资源,包括制度资源、基础设施、自然资源和人文环境等资源。可流动性资源与非流动性资源之间存在相互作用的关系。非流动性资源相对可流动性资源是一种环境资源,特定地区的非流动性资源可以促进或阻碍可流动性资源流入和流出该地区,而可流动性资源的流入和流出又可以改善或恶化该地区的非流动性资源。通过非流动性资源的促进,可流动性资源在某个国家或地区大量流入或流出,除了产生这个国家或地区的绝对利益和比较利益外,是形成这个国家或地区的一些产业集聚和规模经济的重要原因。因此,面对开放性的区域经济发展系统,分析经济资源的流动性及如何有效地促进这种流动对未来区域经济发展具有十分重要的意义。

从资源是否可见以及是否能用货币直接计量的角度,经济资源可以被划分为有形资源和无形资源。由于有形资源与无形资源在产出效率和价值上具有特殊意义,是中观经济学资源配置的重点,后面将会对此进行具体介绍,此处不再赘述。

通过以上几种对经济资源的不同划分,可以对从不同角度理解和分析区域经济发展提供多种帮助。同时,根据前面的分析,现代区域经济发展,无论是一个国家,还是一个地区,都是一个开放性的系统,各种经济资源不仅在系统内相互影响、相互作用,而且在系统之间部分经济资源也存在直接的作用,并形成资源的相互对流。

③ 有形资源和无形资源

有形资源主要包括物质资源和财务资源。就微观而言,物质资源包括企业的土地、厂房、生产设备、原材料等,是企业的实物资源;财务资源是指企业可以用来投资或生产的资金,包括应收账款、有价证券等。无形资源包括专利、技巧、知识、关系、文化、声誉以及能力,也是稀缺资源。有形资源和无形资源都代表了企业为创造一定的经济价值而必须付出的投入。

无论长期还是短期,企业从来都是按照利润最大化原则进行资源配置,这些有形、无形的资源都需要计算长期和短期的总成本、总收益、平均成本、平均收益、边际收益和边际成本,然后按照长、短期利润最大化的要求进行产量的确定。当然处于不同的市场类型,上述原则会有调整,但都以资源的有效配置为前提,而且市场竞争越充分,资源配置效率就越高。

从中观经济学研究主体——区域政府所掌握和调控的资源体系来看,物质资源主要包括土地、矿山、森林和人口资源等实物资源;财务资源是指区域政府可以用来投资的资金等。无形资源是指那些非物质性的、看不见摸不着的人文资源,如区域文化素质、区域政策体系及配套措施、区域产业分布及发展状况、区域科学技术发展状况、区域政府的管理能力等。

相对于有形资源而言,无形资源具有更强大的力量,常常是区域竞争制胜的关键。实物和资金等有形资源有一定的先天性,但其稀缺性的约束力也是较大的,而长期形成的无形资源却可以不断开发和挖掘,其优势是很难被简单复制和超越的。其中区域政府的管理能力是无形资源中最为关键的资源,其价值存在于各无形资源价值链的联系之中,对于其他有形和无形资源的配置效率起着至关重要的作用。这种区域管理能力决定了区域产出竞争力和区域调控竞争力,也就是区域政府"双重角色"理论的竞争力。

各种有形资源与无形资源的配置决定了区域产出水平的高低,区域政府以区域资源的有效配置、达到最佳产出效率为目标,也就是说区域政府负有发展区域生产力的天然使命。

(3) 区域政府与市场的有效边界

资源普遍存在于微观、中观和宏观领域,微观、中观和宏观主体配置和运用资源的主要机制、制度安排及要达到的目标也各不相同,如果在资源的产权界定和使用权界定上没有清晰的界限划分,则会发生资源配置主体的混乱和产出效率的极大损失,企业目标、区域目标和宏观目标都难以实现。就微观而言,一切资源的配置都要由市场来主导;而就中观而言,则要注意区分区域政府和市场在资源配置主导上的有效边界。

① 对于政府与市场的关系的探索

欧洲的古典经济学很早就开始探讨政府与市场的关系。经济学的主要创立者亚当·斯密崇尚自由贸易,强调市场的作用,反对政府对商业和自由市场进行干涉。他认为,经济运行靠市场这只"看不见的手"支配,政府应以扮演"守夜人"为天职。

时间过去了一百多年,放任自由的经济模式终于在1929年引发了西方世界严重的经济危机。经济学家梅纳德·凯恩斯站出来公开反对亚当·斯密,强调发挥政府的作用,主张通过赤字财政的方式,增加公共投资,解决有效需求不足和普遍失业的问题。应用凯恩斯的理论,美国艰难地从经济大萧条中走了出来。

然而,20世纪70年代弥漫全球的"滞涨"让凯恩斯主义面临穷途末路。经济学家米尔顿·弗里德曼指出,政府的过多干预不仅未能促进经济有序发展,反而扰乱了市场运行秩序,限制了市场的充分竞争。他提出政府不应过度干预经济的运行,彻底颠覆了凯恩斯主义。他确信,市场的自愿交易意味着激励协调与自由竞争,而政府干预必然导致利益冲突和垄断。

市场自由发展还是政府干预,也是各国政治家必须作出选择的一个重要问题。1979年,撒切尔夫人出任英国首相,针对政府财政赤字庞大、通货膨胀高企的烂摊子,她强力地实施了自己的经济改革计划:把财政赤字消灭掉,把高福利抹掉,把没有效率的国企卖掉。抛开凯恩斯主义,政府不再对市场进行干预,不再当保姆了。大刀阔斧改革后的阵痛是难免的,但英国从此被彻底改变了。

20世纪80年代初,出现了一批拥护市场的政治领袖:在英国是撒切尔夫人,在中国则是邓小平。那时的中国,从苏联学来的计划经济体制趋于僵化,造成了国民经济运行效率的低下和人民普遍的贫穷。在改革开放刚刚起步的阶段,邓小平就意识到,计划经济体制的"缺点在于市场运用得不好,对经济搞得不活"。他在1992年南方谈话中有一段纲领性的论断:"计划多一点还是市场多一点,不是社会主义与资本主义的本质区别。计划和市场都是经济手段。"邓小平关于社会主义可以搞市场经济的思想,不仅指明了中国改革的方向,而且在传统管制中分离出一种新的力量——市场。从此,在中国人的视野中,厘清政府与市场之间的边界,成为决定中国改革进程的重要问题。经济体制改革的核心就是处理好政府与市场的关系。

② 区域政府与市场关系的多重性及有效边界的确定原则

基于区域政府的双重身份,既有参与区域竞争、追求最大化产出的内在激励,又有负责区域内经济调控、区域福利最大化的外在职责,所以区域政府与市场的边界相对于传统的政府与市场的关系也变得较为多重化。

区域政府与市场在区域资源配置上的关系,根据经营项目的不同性质,总体上可以被划分为三类:

第一类是区域可经营性项目,如区域基础设施、交通设施、环保设施、供水、供电、供气、垃圾处理设施、主要标的的冠名权以及各种产业等。这类项目具有一定的排他性和竞争性,有一定私人物品的性质,因此是有效发挥市场激励机制的重要领域,区域政府在经营上的过多介入反而会降低资源配置效率。因此,对于区域可经营性项目应当尽可能地通过资本化手段、措施和管理方式,把这类区域资源交给市场、交给社会、交给国内外各类投资者来经营。对于已经处于区域政府管控的这一部分属于可经营性项目"存量资产的载体"则实行产权改造,让其按照客观规律和市场经济发展的要求,形成与运用资本市场手段相适应的载体,改制成国有、民营、股份制、合资、合作等形式,或拍卖给投资者。

第二类是区域非经营性项目,如城市河道治理、城市防灾体系、消防、公安、防空、水利等公益性项目。这类项目具有非排他性和非竞争性,属于纯粹的公共物品。在供给上虽然对于公共利益意义重大,但搭便车现象严重,市场激励性极弱,交给市场经营表现为明显的"市场失灵"。对于这些市场不起作用的领域,区域政府需要责无旁贷地、全面地承担起建设、管理、发展的作用,也就是作为取之于民、用之于民的区域财政必须要弱化建设性财政职能、强化公共(公益性)财政作用,担负起供给责任。

以上两种区域项目,区域政府和市场发挥作用的有效边界是极为清晰的,区域政府和市场的关系可以被描述为完全排斥关系,即市场作用的范围和程度将不随政府作用的范围和程度的改变而发生变化;同样,政府作用的范围和程度也不随市场作用的范围和程度的改变而发生变化。

这种关系下,市场作用的范围与区域政府作用的范围是相互独立的。也就是说,在某些领域,区域政府永远做不了或做不好市场所能做得了或做得好的事情,此种情况下区域政府应当尽量发挥和不断完善市场机制的调节作用;反之,在另一些领域,市场也永远做不了或做不好政府所能做得了或做得好的事情,此种情况下不能将市场机制引入其中,只能充分发挥和不断完善政府的职能。

用成本比较原理来定义这种完全排斥的关系,可以作出如下解释:区域政府的产出要耗费政府成本,而市场产出意味着市场交易费用的发生。当用区域政府去替代市场所引起的区域政府成本的增加,无论在何种状态下都永远大于其所节约的市场交易成本时,此种情况就属于市场对区域政府的完全排斥;反之,当用市场去替代区域政府所引起的市场交易成本的增加,无论在何种状态下都永远大于其所节约的区域政府成本时,此种情况就属于区域政府对市场的完全排斥。如果在区域政府不可对市场进行替代的领域,强行以区域政府来替代市场,必然导致资源配置的低效率,引起社会福利的减少。

有一点需要特别声明,区域政府与市场在某些项目上相互排斥的关系并不意味着政府和市场可以独立存在。事实上,市场和区域政府始终是同生共存的,只是在资源配置上不存在替代性,绝不可能完全无关,因此,从更大的视角来看,区域政府与市场的这种所谓"排斥"关系实质上是一种"完全互补"的关系,即二者必须配合发挥作用,但其中一方的增加并不能带来另一方的减少。这种完全互补的关系可以用图1-1来表示,其中Q_1、Q_2、Q_3所代表的折线就是区域政府和市场组合后的区域产出,区域政府与市场谁也离不开谁,但相互之间又不存在此消彼长的替代关系。

第三类是区域准经营性项目,如机场、轨道交通、自来水管网、污水管网、体育

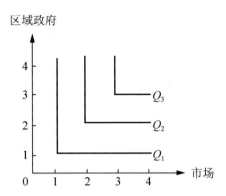

图 1-1 区域政府与市场的完全排斥(完全互补)关系

场馆、教育、科技、文化、卫生等。这类项目属于介于私人物品和纯公共物品之间的准公共物品,在排他性和争夺性这两个特性中,只要满足其中一个特性就属于准公共物品的性质。消费中的争夺性是指一个人对某物品的消费可能会减少其他人对该物品的消费(质量和数量);消费中的排斥性是指只有那些按价付款的人才能享受该物品。准公共物品在现实中大量存在,如机场、轨道交通、各种管网渠道、水资源、森林等。有一类准公共物品是可以共用的,即一个人的使用不能够排斥其他人的使用,但在消费上却可能存在着竞争,比如"拥挤效应"和"过度使用"等问题的产生。另一类准公共物品则具有明显的排他性,不能共用,比如区域公用设施、区域公共教育和区域医疗保健服务、区域有线电视频道和区域高速公路等,由于消费"拥挤点"的存在,往往必须通过付费才能消费。

对于这类区域准经营性项目,区域政府和市场都可以介入,也就是说在区域准经营性项目上,区域政府和市场的边界关系可以看做是相互替代的,是一种"非此即彼"和"此消彼长"的博弈关系。即选择一定的区域政府,通过发挥区域政府职能的作用来获得一定的产出,就意味着必须放弃一定的市场机制的作用;或者,选择一定的市场,通过市场机制的作用来获得一定的产出,就意味着必须放弃一定的区域政府职能的作用。区域政府与市场的这种相互替代关系意味着区域政府和市场的作用边界存在一个最优组合的问题,而最优组合点由二者的等产量线和等成本线的切点位置决定,在这一点上,可以实现成本一定情况下的产出最大或产出一定情况下的成本最小,符合资源配置效率最大化的基本原则。图1-2与图1-3分别从产量最大或成本最小两个角度展示了区域政府和市场之间在存在互相替代的情况下的配置均衡,其中 E 点代表了等产量线和等成本线的切点,意味着区域政府和市场在此点形成资源配置的最佳组合。当区域政府和市场之间存在完全替代关系时,则二者的关系如图1-4所示,区域政府与市场等比例地互相替代,当然这是一种极偶然的状况。

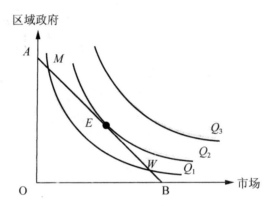

图1-2 成本一定、产量最大情况下的区域政府与市场的均衡配置

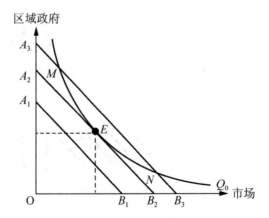

图1-3 产量一定、成本最小情况下的区域政府与市场的均衡配置

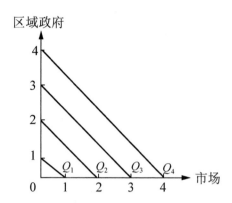

图 1-4　完全替代情况下的区域政府与市场的均衡配置

另外,也可以根据区域政府和市场的成本或收益的比较优势来确定区域政府与市场最优组合的均衡点。如果用区域政府去替代市场,目的是为了节约市场交易费用,但同时将增加区域政府的成本。当增加的区域政府成本等于节约的市场交易费用时,则区域政府与市场处于均衡点,这个均衡点就是区域政府与市场相互替代的有效边界;当增加的区域政府成本大于节约的市场交易费用时,就应该选择和扩大市场机制作用,直至区域政府与市场的作用达到替代边界;当增加的区域政府成本小于节约的市场交易费用时,则应当选择和扩大区域政府职能作用,直至区域政府与市场的作用达到替代边界。就区域政府的某一项具体的政策而言,也可以依据区域政府与市场的均衡关系来进行选择。一项政策措施的出台可能引起区域政府费用的增加或减少,也可能引起交易费用的增加或减少。当某项政策措施带来的区域政府成本的节约大于其所引起的市场交易费用的增加,或者该项政策措施所带来的区域政府成本的增加小于其所节约的市场交易费用,就应该选择和实施该政策措施;反之,就不应该选择和实施该项政策措施。

如果用区域政府替代市场不完全是为了节约市场作用的交易成本,而是为了获得比市场作用更高的效率,就可以用边际分析法来考察。即区域政府与市场替代的边界是区域政府作用的边际收益(成本)等于市场作用的边际收益(成本),当区域政府作用的边际收益大于市场作用的边际收益,或者区域政府作用的边际成本小于市场作用的边际成本时,就应当选择和扩大区域政府的作用;反之,就应当选择和扩大市场的作用。应用边际分析法可以因循下列公式,其中 MP_m 是市场的边际收益,MP_g 是区域政府的边际收益,P_m 是市场的边际成本,P_g 是区域政府的边际成本,只有市场和区域政府的边际收益之比等于市场和区域政府的边际成本之比时,区域政府与市场的边界就是最佳的。

$$\frac{MP_m}{MP_g} = \frac{P_m}{P_g} \quad \text{或} \quad \frac{MP_m}{P_m} = \frac{MP_g}{P_g}$$

如果用总量分析法来考察,区域政府与市场替代的边界就是区域政府作用的净收益(收益减去成本)等于市场作用的净收益。如果区域政府作用的净收益大于市场作用的净收益,就可以选择和扩大区域政府的作用;反之,就可以选择和扩大市场的作用。具体而言,就是应该根据区域发展、区域财政状况、区域资金流量、市场需求、区域承受力等因素来确定其是按可经营性项目来开发,还是按公益性事业来管理。

综上所述,无论是排斥关系还是替代关系,当区域政府和市场的有效边界划定后,从二者的总体性和系统性上看,虽然在影响范围上是相互独立或相互替代的,但在作用效果上是互相补充、相辅相成的,呈现出一种"你中有我,我中有你"的相互融合关系。区域政府作用的发挥是以市场经济为前提的,没有市场对资源配置的决定性作用,区域政府就不存在参与资源配置的基础,就会演化为区域政府的"超位"行为,倒退回计划经济模式。同样,如果没有区域政府对市场的配合与引导,又会形成区域政府的"虚位",导致经济的较大波动,造成效率上的极大损失。所以在资源配置效率和收益的获得和促进上,区域政府和市场是互为补充、相得益彰的。比如,区域政策法规的制定和监督实施是市场不可替代的区域政府的职能,但区域政府制定和监督实施政策法规职能的发挥会直接影响和制约市场作用的效果。如果区域政府制定的政策法规比较合理且监督有力,市场的效率就比较好;反之,市场的效率就比较低。图1-5较清晰地显示了区域政府与市场之间的替代和互补关系,在 A_1B_1、A_2B_2、A_3B_3 区间,市场与区域政府之间呈现替代关系,二者的最佳组合边界由边际分析法或总量分析法来确定,而在 A_1B_1、

A_2B_2、A_3B_3 以外的区域,比如点 C_1、C_2、C_3、D_1、D_2、D_3 就代表区域政府与市场之间相互依托的互补关系。

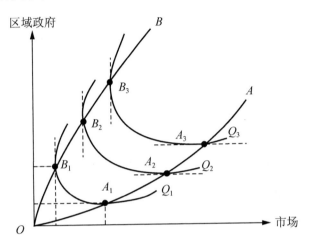

图 1-5　区域政府与市场的替代与互补区域

(四) 中观经济学的学科范畴

现代经济学的基本逻辑框架是围绕着稀缺资源的有效配置这一核心问题展开的,所有经济学的学科体系都离不开资源配置这一主题。微观经济学和宏观经济学属于经济学的基础学科,为经济学各个领域的研究提供概念基础和分析框架。产业经济学、公共经济学、金融学、国际经济学、发展经济学、新制度经济学等,就是在微观、宏观经济学提供的基本研究框架和研究方法基础上发展起来的经济学的分支学科,它们之间的区别在于观察经济的视角或切入点不同,但实现经济效率这一研究主题不变,是经济学基础原理在各个具体领域的应用,属于应用经济学范畴。数理经济学、计量经济学、实验经济学则主要是研究方法论的学科。

中观经济学是介于宏观经济学与微观经济学之间的一门学科,以区域资源配置效率为研究对象,研究框架和分析工具依然以微观经济学和宏观经济学为基础,属于理论经济学的范畴。只是中观经济学从区域角度入手,在研究范畴上主要包括区域经济学以及与区域发展紧密联系的产业经济学或结构经济学,但在研究角度上又不同于区域经济学和产业经济学。把区域经济、城市经济和产业经济视为中观经济是可以的,但是把区域经济学、城市经济学和产业经济学(或组织经济学)直接视为中观经济学则未必确切,这三门学科仍属于应用经济学,还不是作为理论经济学的中观经济学。中观经济学必须在这些应用学科的基础上进一步加以抽象和总结才能形成。如前所述,中观经济学是从区域政府这一主体的职能出发,系统阐述区域政府在区域经济发展中的内在规律和发展趋势。因此,中观经济学的研究范围与宏观经济学、微观经济学以及其他应用经济学之间既有区分,又有联系。中观经济学与宏观经济学、微观经济学、产业经济学、区域经济学的研究范畴如表1-1所示。

表1-1 中观经济学与宏观经济学、微观经济学等的研究范畴

理论分类	研究出发点	理论范围
宏观经济学	国民经济	国民经济核算理论;国民收支决定理论;经济增长和就业理论;财政;货币;国际收支平衡理论;等等
中观经济学	区域政府	区域政府"超前引领"理论;区域政府"双重角色"理论;市场竞争"双重主体"理论;成熟市场经济"双强机制"理论
微观经济学	家庭、企业、市场	需求与供给理论;市场与价格理论;生产与成本理论;竞争理论;个人分配理论;等等
产业经济学	产业	产业结构;产业组织;产业发展;产业布局;产业政策
区域经济学	区域	生产力的空间布局及其发展变化;区域分工与技术协作;区域关系与区际关系协调;多层次经济区域体系资源优化配置;区域经济增长;产业结构转换;区域政策和效应

从表1-1可以看出,中观经济学与宏观经济学、微观经济学、产业经济学、区域经济学各自都有比较明确的理论范围,但它们研究的范围仍然有一些交叉。例如价格理论、竞争理论、结构理论等,并不局限于某个领域,而是涉及经济活动的各个领域。

二、中观经济学的内容结构

(一) 中观经济学的研究进程

20世纪70年代中叶,德国爱登堡大学的国民经济学教授汉斯·鲁道夫·彼得斯博士首次提出"中观经济"(Meso-economy),认为除了企业、家庭和宏观政府层面,还有一些经济现象,比如说区域(城市)经济、部门经济、行业经济等,它是国民经济活动在某一特定地域或部门行业的展开,它们构成国民经济的重要的子系统,但它毕竟不等于整个国民经济,不能归之于宏观经济领域;同时,区域(城市)、部门和行业又是自成体系,不能归于微观经济领域,所以便产生了中观经济。可以看出,中观经济是介于微观经济和宏观经济之间的一种经济现象,具体地说,就是地区和部门的经济活动,以规模是介于个体经济和总体经济之间的中间聚合体——经济部门、地区和集团为出发点,主要研究结构理论和结构政策,着重解决经济结构发展的部门和地区因素等问题。根据彼得斯博士的研究,中观经济的研究对象主要为三个:地区经济、部门经济、集团经济,包括地区、部门和集团的经济结构及其变化和发展、基础设施的建设、集团的行动及集团之间的合作、分配、竞争等,以及环境经济及环境保护等方面;以地区和部门、集团的经济行为及运行机制作为研究对象的理论,是中观经济学。

20世纪70年代在英国出现的专门研究垄断资本和多国资本的中观经济学,是与研究国民经济总体的宏观经济学和研究个别厂商与个别消费单位的微观经济学相对而言的。

在中国,关于中观经济和中观经济学的讨论开始于20世纪80年代初,80年代中期,学者王慎之出版了《中观经济学》一书,是中国第一部中观经济学专著。该书分为"总论篇""产业篇""区域篇"三大部分,"总论篇"主要阐述了中观经济的现象、特征、本位、时空、结构、区位、增长、集群、效应等理论范畴;"产业篇"主要阐述了中观产业的结构优化、中观产业组织集群、中观产业联系中的非均衡、中观产业布局中的技术进步、中观产业中的企业行为等现实而又热点的应用经济问题;"区域篇"主要解读了中观区域有效增长、中观区域发展的趋同与趋异、中观区域比较优势陷阱、中观区域的反贫困、中观区域的反梯度开发等困惑而又棘手的应用经济问题。2000年,饶会林、崔卫华、张明贵等人也对中观经济学的基本范畴进行了论证,认为它应该由空间、结构、环境、效益、公益、发展、规划和管理等构成。

经过二十多年的发展,有关中观经济学的论著和论文相继问世,讨论涉及中观经济学发展的必然性、地位和作用以及中观经济学的定义、本质特征等,其理论范围基本被定位为:经济结构理论、部门与地区发展理论、基础设施理论、环境保护理论、集团与协会理论等;政策范围主要涉及部门结构政策、地区结构政策等。但总体上看,这些已有的研究在体系上还比较零散,缺少一定的系统性,对于中观经济学的研究主体和研究的核心问题较为模糊,与微观经济学、宏观经济学和区域经济学、产业经济学等其他类似的应用经济学的研究界限还不够明确,甚至将一些管理政策混杂其中,多停留在对一些中观经济范畴(区域、产业、部门、集团等)的条块式的介绍上,在理论上缺少具有独创性的主线引领和更高层次的提炼,在内容看法上也尚未定型,有一种"大杂烩"的嫌疑。综上所述,中观经济学的开放性与不平衡性使中观经济的研究有一定的难度,其理论体系还在进一步的探索中,统一完整的中观经济学理论体系至今尚未形成。本书致力于正确定位中观经济学的研究主体,从中观经济学的研究主体(区域政府)出发,构建系统性的中观经济学的基本理论框架,为研究中观经济范畴提供理论依据和基本分析框架。

(二)中观经济学的四大理论支柱

中观经济学的研究主体是区域政府,这就决定了中观经济学的研究体系要从区域政府的特性入手来构建。围绕着区域政府这一主体,以其收入分析为出发点,向宏观方向延伸至其收入水平决定的因素(包括产业结构、区域分工等),向微观方向延伸至区域政府最优化行为的分析(包括竞争、激励、代理等),并通过对区域政府的短期函数和长期函数的分析,来研究如何促进区域政府职能、促进"超前引领"作用发挥的政策体系,形成中观经济学的完整理论体系。

以上研究脉络可以概括为中观经济学的四大理论支柱,包括区域政府"超前引领"理论、区域政府"双重角色"理论、市场竞争"双重主体"理论、成熟市场经济"双强机制"理论。

1. 区域政府"超前引领"理论

让市场做市场该做的事,让政府做市场做不了和做不好的事。二者都不能空位、虚位。政府的"超前引领"作用,就是要充分发挥政府的经济导向、调节、预警作用,依靠市场规则和市场力量,通过引导投资、引导消费、引导出口的作用,运用价格、税收、汇率、利率、法律等手段和引领制度创新、技术创新、管理创新等方式,有效配置资源,形成领先优势,促进科学发展和可持续发展。

2. 区域政府"双重角色"理论

区域政府同时具有"准国家"和"准企业"的角色。区域政府代理国家对本区域经济加以宏观管理和调控;同时,区域政府又代理本区域的非政府主体,与其他区域展开竞争,以实现本区域经济利益最大化。

3. 市场竞争"双重主体"理论

"微观企业"和"区域政府"是市场竞争存在的双重要素。自然人和企业法人是市场主体,区域政府也成为参与竞争的市场主体。

4. 成熟市场经济"双强机制"理论

成熟的市场经济体应该是"强市场"+"强政府"的经济体系,即以"强市场"来有效配置资源,以"强政府"来营造和保护好市场环境。"强政府"不是为了代替"强市场","强市场"同样需要"强政府"作保障。有了"双强",才能纠正"市场失灵",减少"政府失灵"。

(三) 中观经济学的基本框架

中观经济学将区域政府定位为中观经济的主体,一切中观经济理论均源自区域政府这一特定主体,并从区域政府的角色确定和职能定位来构建中观经济学的四大支柱理论。本书对中观经济学理论的具体阐述也是沿着这一线索进行。

本书第一章导论部分对中观经济学的研究主体、研究对象、学科范畴、内容结构、研究方法等问题作了概括性阐述,明确了中观经济学的核心问题和主导思想,为进一步深入论述中观经济学的主体内容搭建了基本框架和展开脉络。

第二章对区域政府的"超前引领"理论作了系统论述。首先,在以往的政府与市场之间的关系论证和实践操作中,都不可避免地存在市场失灵和政府失责的问题,这都不符合现代市场经济的要求。中观经济学在现代市场经济的制度背景下,提出了"强政府"与"强市场"相互协调的"双强机制"理论,用"双强机制"理论纠正以往政府和市场的双失灵问题。而发挥区域政府和市场"双强作用"的途径就是区域政府要起到"超前引领"作用。区域政府作为"超前引领"的主体,在理论和实践中有充分的依据,其载体主要包括城市经济的界定、城市经济的产业结构分析、聚集经济效应、邻里效应、规模效应、区域政府的职能边界等。"超前引领"的具体内涵主要包括制度"超前引领"、组织"超前引领"、技术"超前引领"、理念"超前引领"等。

第三章定义了区域政府的"双重角色"。一个是"准企业"角色,另一个是"准国家"角色。作为"准企业"角色,区域政府在作用范围、作用方式、行为特点和效果上与企业行为、目标有一定的相似之处,比如区域政府本身也有产出和消费需求,需要以个体身份参与市场中的各区域之间的竞争。而区域政府作为"准国家"角色,又要把自己定位为整个区域的宏观调控者,要注意区域内总供给与总需求的平衡,实现区域收支平衡;由于区域经济资源的准公共产品特色,区域政府还具有防止区域资源使用过度拥挤的规则制定职责。区域政府的"双重角色"是辩证统一的关系,都是为一个基本目的——有效配置资源、提高劳动生产率——服务。

第四章分析了区域市场竞争的"双重主体"理论。这是区域政府的"双重角色"理论的逻辑延伸。首先,研究中观经济学的前提必须是在现代市场经济背景下,只有具备市场经济体制的国家和地区,其区域政府才可能具有"双重角色";只有区域政府具备"双重角色",其市场才可能存在"双重主体"。区域市场中的企业和区域政府作为市场中的双重竞争主体既有分工也存在互补。本章重点介绍了经济学各流派中的区域政府竞争理论,并分析了区域政府竞争的经济效应。

第五章对成熟市场经济下的"双强机制"理论进行了系统阐述。成熟的市场经济体应该是"强市场"+"强政府"的经济体系,有了"双强",才能纠正"市场失灵",减少"政府失灵"。但无论是理论还是实践对于"强政府"的理解和操作都存在一定的模糊和争议。作为中观经济学的四大理论支柱之一,政府在经济职能和作用领域上的界定是"双强机制"理论的关键问题。顾名思义,"强政府"并不否定"强市场",关键是二者的分工与配合。本章着重论述了"强政府"的内涵与特征、"强政府"对"强市场"的客观必要性、历史演进中政府与市场关系的变化规律和未来的发展趋势,并总结了中国社会主义市场经济模式的经验和教训。

第六章在综合上述分析的基础上,对中观经济学的界定和发展进行了纵深梳理和展望。首先,中观经济学是对传统经济学研究体系的突破,在研究视角、研究主体、研究对象和研究方法上都进行了一系列的创新,指出以区域政府"超前引领"理论为基础的政府"双重角色"论和"双重主体"论是中观经济学的重要理论构件,但这种区域政府的"超前引领"和职能的强势发挥仍然是以市场经济做资源配置主导为前提的,也只有在成熟市场经济中,区域政府的职能才能正常发挥,中观经济学体系的构建才能实现。本章梳理了区域政府驱动区域经济增长的四种资源配置路径——要素驱动阶段、投资驱动阶段、创新驱动阶段和财富驱动阶段,并对区域政府的政策生态引领的内容进行了分析,说明了中观经济学对传统经济学理论体系突破的必然性以及中观经济学理论体系下广阔的创新实践前景。

三、中观经济学的运行手段

明确了中观经济学研究的主体是区域政府,研究的客体是资源配置,那么中观经济的运行主要依靠哪些手段呢?起源于政府"超前引领"的中观经济学在实践中的运行手段就是区域政府所采取的各种政策手段,包括投资、价格、税收、法律等手段,以及组织创新、制度创新、技术创新、管理创新等方式,其目的是形成各类资源的有效配置,促进区域经济科学的、可持续的发展。

根据区域政府所采取政策和手段的属性不同,大致可以分为三类,即经济手段、法律手段和行政手段。

（一）经济手段

经济手段是指区域政府在自觉依据和运用价值规律的基础上，借助于经济杠杆的调节作用，调节商品的需求和供给，影响价格形成的各种要素，对区域经济进行调控和引导。在市场经济条件下，经济手段主要包括投资手段、价格手段、税收手段、利率手段和汇率手段等。

1. 投资手段

政府的公共投资在经济发展战略中发挥关键作用，在涉及长期发展方面更是如此。纵观世界各国政府投资机制，公共投资领域主要包括三个方面：基础设施投资、科技创新投资、市场项目投资。其中，基础设施投资是推动区域经济发展的主要基础和前提，是政府义不容辞的责任，投资力度都相对较大。科技创新投资是政府支持基础学科研究、应用技术研发的重要举措，其外部经济效应显著，一般都由政府承担主要投资责任。政府的市场项目投资类似于企业性质的投资，在一些经济运行的特殊阶段，政府对市场领域项目的直接投资也是非常必要的，比如在经济萧条阶段，可以在提振经济信心、引领企业投资方向、补充企业投资不足等方面发挥重大作用。另外，政府出于国家经济安全和战略发展的考量，还会作为投资人之一参股某些企业，这些也可以被看成是政府市场项目投资的一部分。

区域政府具有两重性：一方面，作为管理一定范围地域和人口的区域政府，要保证本地区社会经济持续、稳定发展；另一方面，要在政治上和经济上服从中央政府的管辖和指导，完成国家规定的计划和各项任务。因此，区域投资调控的宏观政策和目标，应由中央统一决策，体现中央调控权的集中性和全局利益的统一性，但是在具体实施过程中也要采取分级管理，体现区域政府的权力和局部利益的灵活性。这就决定了区域政府在投资领域中，既是投资主体，又是行政管理者；既是被调控者，又是调控者。作为被调控者，区域政府在投融资活动中，要起到传导国家宏观调控政策，支持地区内国家重点项目建设的作用；作为调控者，区域政府应对区域内公益性项目进行管理，创造良好的投资环境，为投资者提供服务。

中国实行分税制改革以来,区域政府具有了相对独立的财政自主权,开始更多地采用投资手段来对区域内资源进行优化配置,促进区域经济持续增长。这包括基础设施投资(特别是土地投资)、区域经济研究和开发投资、政府产业引导基金、政府在国有企业中的持股等。

由于区域政府之间的竞争非常激烈,因此,除了创造良好的制度安排和投资环境外,区域政府往往也通过基础设施等投资,拉动区域经济增长。不过,基于区域政府代理人关系、短期目标等问题,区域政府的投资也经常出现低效率的扭曲,主要体现在投资结构偏经济建设类和投资目标短期化。在市场力量比较单薄的区域,从事竞争性项目投资很容易成为区域政府的理性选择,尽管这种越位的政府投资难以取得理想的效果。区域政府往往更偏向经济建设类项目,而不是那些具有长期效应的社会性项目,容易造成有关民生的公共支出投资的不足。

由于有限任期制等原因,区域政府投资也显示出一定的短期性。假设区域政府投资的收益用净现值指标——投资支出带来的收益现值与成本现值之差——来衡量,净现值指标越大说明政府投资效率越高。用该指标来分析区域政府投资行为可以发现,区域政府选择投资项目时,会选择贴现率比较大的项目。因为区域政府官员都有严格的任期限制,对需要大量即期成本支付的环保类项目,一些区域政府容易表现出投资拖延,造成投资不足;对能带来大量即期收益的项目,区域政府则会表现出投资冲动,导致过度投资。另外,换届选举时区域政府通常喜欢运用加大公共财政支出等扩张性的经济政策,以刺激经济的快速增长,体现出较强的政治周期。从中国国家统计局公布的权威数据中可以看到这一趋势:在政府换届的1983年、1988年、1993年、1998年和2003年,当年固定资产投资都出现了阶段性的增长高点。

基础设施补贴投资和前面所述税收优惠的原理相似,是指区域政府在招商引资的过程中,除了传统的土地价格和税收优惠补贴外,还依据企业的需要,由政府直接进行投资,建设主要为企业所使用的基础设施,以降低企业的投资成本,从而吸引企业的投资。比如印度尼西亚政府为改善企业投资环境,在《2015—2019年中期建设发展规划》中预计建设2 650公里公路、1 000公里高速公路、3 258公里铁路、24个大型港口、60个轮渡码头、15个现代化机场、14个工业园区、49个水库、33个水电站,并为约100万公顷农田建立灌溉系统;政府将为此项基础设施建设支出预算约合905亿美元的资金,而且还将进一步吸引印尼国企和国外私营企业参与,通过公私合营(PPP)模式开展合作。

2. 价格手段

在市场经济条件下,区域政府调控和引导价格多采用间接的、以经济为主的调控手段。就区域政府而言,要保证本地区价格总水平的相对稳定,促进地区经济协调发展,主要商品的价格调节基金制度和重要商品的储备制度等是其采取的重要的市场化价格调控手段。它们使得政府一手有钱一手有物,有能力按照价值规律和市场供求变化有效地调节主要商品的价格运行状态,并使主要商品的价格涨幅控制在城市居民的承受范围内。

(1) 价格调节基金

区域政府为了本地区民众的利益,运用价格调节基金稳定市场价格,减轻居民特别是低收入群体的生活负担,保持社会的和谐稳定。

价格调节基金的主要作用是:

第一,通过补贴生产者来支持农产品价格。这主要用于农产品市场价格较低时。如果生产成本高于市场价格,农户就会亏损,比如传统的"谷贱伤农"。此时政府通过设定目标价格,对市场价格与目标价格之间的差额给予生产者补贴,从而维持供给稳定。

第二,平抑价格波动。这主要用于农产品价格过快增长的时候。比如在发生自然灾害时,农产品供给缩减,农产品价格急剧上升,此时通过设定一个处于低位的价格,对市场价格和设定价格之间的差额进行补贴,平抑通胀。如果是因为需求原因导致价格上涨,同样通过差价补贴平抑物价。而如果农产品价格仍然较高,不利于居民特别是低收入群体的消费,政府则通过消费者补贴,特别是低收入群体生活补贴,降低农产品的销售价格,稳定需求。

第三,通过支持生产基地建设,提高供给水平使供给曲线右移,降低均衡价格。这是一种比较长期的策略,其作用效果必须经过一定时期才能体现出来,相对短期的价格政策来说,它具有更为稳定的性质。正是由于农产品生产具备从供给和价格两方面作用于农产品市场的机制,价格调节基金才得以广泛的应用,并在应对突发事件或者重大节日时以迅速的价格调整功能著称。另外,无论通货膨胀时期还是通货紧缩时期,价格调节基金都能以较快的速度稳定市场供给,平抑价格波动,维护生产者以及消费者的利益。

世界各国的农业政策普遍倾向于政府干预,这是由农业部门的供求特性决定的。各国和地区根据具体国情,实施农业政策的干预机构和政策有所不同,美国为联邦政府信贷公司,欧盟为干预中心。在农业政策中,各国根据具体情况又有所不同,但主要以价格政策为核心,而在传统价格政策中,又主要是以价格补贴支持农业发展,目的是平衡消费者与生产者的利益。价格调节基金是中国农业支持政策的一个重要组成部分。

(2) 重要商品储备制度

除了价格调节基金,重要商品储备制度也是区域政府调控市场价格的重要手段。比如2011年8月31日,中国广东省人民政府发布《关于促进生猪生产和价格稳定的工作方案》,以维护生猪价格的稳定。文件中要求,建立健全以储备制度为基础的防止生猪价格过度下跌调控机制和保障市场供应机制,有效维护生产者、消费者和经营者的合法权益;建立健全预警指标,完善储备吞吐调节办法,切实防止生猪价格过度下跌和猪肉价格过度上涨;充分发挥平价商店"保供稳价"的导向作用,以低于市场平均水平的价格向群众供应猪肉,在猪肉价格高位期间,平价商店销售的猪肉价格要低于本地市场平均价格的10%以上;积极组织开展"稳定猪肉价格"的倡议活动,向全省平价商店倡议通过实行产销对接或产供销一体化,降低猪肉流通成本。

(3) 土地等资源价格的主动调控

土地是生产力的三要素之一,无论对政府还是对企业而言,其重要性都毋庸置疑,以至于被称为"财富之母"。土地和其他资源的价格在很大程度上决定了企业的生产成本和其在市场上的竞争力,而土地资源往往又掌握在政府,特别是区域政府的手中(即便是西方政府,其手里也拥有对土地的规划等实际的支配权)。因此,区域政府对土地资源的定价和使用规定,将极大地影响企业的生产行为以及产业结构的形成。

自1994年中国实行分税制改革以来,区域政府保留税收的比重有所提高,从而促进了区域政府引资的积极性,导致各地引资竞争迅速上升,这既是区域政府间博弈的结果,也是区域政府自身利益驱动的结果。

进入21世纪以来,土地供应越来越有限,土地的供应成本也越来越高,与此同时,随着工业化和城市化进程的提高,以居住为需求的住宅地产和服务业推动的商业地产迎来了快速增长,此时如果区域政府再将土地以较低的价格供应给工业企业,则机会成本大大提高。如果区域政府判断,招商引资带来的收益小于其机会成本,则会选择不再将土地用于招商引资,而是用于城市经营。这就是区域政府基于市场竞争,通过土地价格,进行产业选择的基本逻辑。区域政府(尤其是沿海发达地区)更多地进行城市经营,即通过土地开发整理,在推动城市化的同时,获取土地收益。

3. 税收手段

区域政府引资竞争的手段主要有两种:优越的制度安排和廉价的土地资源。税收手段则是制度安排优越性的集中体现。以中国区域政府行为为例,在1994年实行分税制改革后,区域政府有了独立的财政支配权。在一个区域,各种法规、政策及其他软环境等的制度安排作为一种公共物品,往往是由区域政府供给。区域政府之间竞争的一种手段就是通过竞相提供优于其他辖区的制度安排,以吸引外部资本,故也可以将区域政府间的竞争视为制度竞争。外部资本的所有者根据对不同辖区制度安排的主观偏好,从中选择一个能够使其预期的资本边际效率达到最优的地区进行投资。

在所有的制度安排中,税收制度是外来投资者最感兴趣的。中国有很多区域政府为了吸引投资,常常给出"三免两减半"等优惠政策;对于某些重点项目,还可能给出更具吸引力的税收优惠。

不同区域政府根据其财政实力的大小和产业政策的方向,制定了不同的区域税收优惠政策。投资者可以充分利用不同地区的税制差别和税收区域倾斜,选择投资地点,减少投资成本,获取较大的投资收益。中国现行的区域性优惠大体上有 16 类,具体类别如下:经济特区、沿海经济开发区、经济技术开发区、高新技术产业开发区、沿海开放城市、沿江开放城市、内陆开放城市、边境对外开放城市、国家旅游度假区、苏州工业园区、福建台商投资区、上海浦东新区、海南洋浦开发区、出口加工区、保税区、中西部及贫困地区。

除了不同地区之间的差异外,税收优惠政策在不同阶段的侧重点也不同。随着经济发展程度的不断提高,税收优惠更多地由直接优惠转向间接优惠,也逐步由过去的区域优惠为主转为产业优惠为主,从而使税收政策更符合产业政策的导向和需要。

4. 利率手段

利率是一定时期内利息额与借贷资金的比率,通常分为年利率、月利率和日利率。根据资金借贷关系中诸如借贷双方的性质、借贷期限的长短等,可把利率划分为不同的种类,如法定利率和市场利率、短期利率和中长期利率、固定利率和浮动利率、名义利率和实际利率。利率可以用做宏观调控的手段,是货币政策的重要组成部分。

宏观经济学认为货币政策的三大法宝为:法定准备金率、再贴现率和公开市场业务。中央银行通过对这三大货币政策的运用影响商业银行的货币供应量和整个社会的资金供求状况,间接调控市场利率,引导微观主体的一系列经济行为,从而实现货币政策的既定目标。西方国家的利率通常由市场确定,中央银行只是通过货币政策左右货币供应量间接调控市场利率,商业银行则根据市场情况进行经营,与企业性质一致。货币政策作为宏观调控手段主要为中央银行所操控,而与其并列的另一宏观调控工具则是政府手中的财政政策,即公共支出和税收政策。中央银行的货币政策与政府的财政政策是独立运作但相互协调的,二者的力度和操作方向影响到整个经济状况的运行。

美国在建立联邦储备体系前,金融市场完全自由放任,但其间银行危机一直不断。罗斯福政府在解救危机的过程中,摒弃了自由放任主义的传统原则,开始限制银行支付存款利率。但 20 世纪 60 年代以后,利率管制的弊端逐渐显现,银行经营困难,难以应对证券市场的挑战,金融体系出现不稳定;到80年代中后期达到最高,除了破产银行大幅增加外,各种类型金融机构也纷纷出现经营困难的局面。从1983年10月开始,美国存款利率限制开始放松,至1986年4月,美国利率市场化得以全面实现,利率对货币政策变化更为敏感,其作为传导途径较好地刺激了大量的金融创新,各类金融机构业务交叉及金融市场国际化趋势加强,金融市场发展和实体经济维持了较长时间的稳定增长。这标志着美国金融业进入了鼓励竞争的新阶段,货币政策开始成为影响美国经济的主导力量。

中国在货币政策的运用上,对利率水平和利率结构有更大的调整权利。随着利率市场化的逐步推进,中央银行正逐渐从直接确定利率向间接调控利率转化。目前,中国人民银行采用的利率工具主要是调整中央银行基准利率,包括:再贷款利率,指中国人民银行向金融机构发放再贷款所采用的利率;再贴现利率,指金融机构将所持有的已贴现票据向中国人民银行办理再贴现所采用的利率;存款准备金利率,指中国人民银行对金融机构交存的法定存款准备金支付的利率;超额存款准备金利率,指中国人民银行对金融机构交存的准备金中超过法定存款准备金水平的部分支付的利率。除了调整中央银行基准利率外,其他利率工具还包括:调整金融机构法定存贷款利率、制定金融机构存贷款利率的浮动范围、制定相关政策对各类利率结构和档次进行调整等。

改革开放以来,中国人民银行加强了对利率手段的运用,通过调整利率水平与结构,改革利率管理体制,使利率逐渐成为一个重要杠杆,在国家宏观调控体系中将发挥更加重要的作用。近年来,中国人民银行利率调整逐年频繁,利率调控方式更为灵活,调控机制日趋完善。

利率上调有助于吸收存款,抑制流动性,抑制投资热度,控制通货膨胀,稳定物价水平;利率下调有助于刺激贷款需求,刺激投资,拉动经济增长。中国存贷款利率在2004年以前一直是由中央银行直接调控的,中央银行根据宏观经济形势和货币政策的需要直接调整金融机构存贷款利率水平,金融机构基本没有或拥有很小的贷款利率浮动权;但在2004年以后,中央银行开始不断扩大金融机构贷款利率浮动范围,放开贷款利率上限和存款利率下限,将更多的利率定价权交给市场,目前贷款利率水平在很大程度上已由市场供求关系决定。中国的利率政策转而更多地以公开市场业务、调整存款准备金率等间接手段进行宏观调控。

从各区域的货币政策实践看,公开市场操作是调控基准利率最常用的手段,发展时间也最长。中国公开市场业务的操作起步于1996年,2011年后公开市场操作已成为货币政策日常操作的主要工具,对于调控货币供应量、调节商业银行流动性水平、引导货币市场利率走势发挥了积极作用。后来随着支付、清算体系的发展,各国的准备金制度发生了较大变化,在一定程度上改变了公开市场操作的基础。目前,一些国家开始采用利率走廊(interest rate corridor)来锁定基准利率的波动区间。次贷危机之后,受困于中长期利率居高不下,各国央行在将基准利率维持在历史最低水平的同时,开始尝试直接影响中长期利率的途径,使利率调控体系日趋完善。

中国近年来对存款准备金的调整较为频繁,在抑制通胀、稳定经济、补充流动性等方面发挥了重要作用。从历次准备金调整的频率和幅度上看,中国对存款准备金的运用日趋灵活,对经济的调控也越来越注重稳健和贴近,调控杠杆的性质越发显著。

不仅仅在中国,利率手段也一直是发达国家调控经济的重要手段,比如日本政府的利率政策。在日本10年漫长的经济衰退时期,曾经一度采取了零利率政策。20世纪90年代初,泡沫经济崩溃后,大量借款不能偿还,给银行机构造成大量不良资产,日本经济陷入长期萧条。中小企业因资金周转不开大量倒闭,殃及中小银行等金融机构跟着破产。为了刺激经济复苏,日本政府扩大公共事业投资,年年增发国债,导致中央政府和地方政府负债累累,财政濒临崩溃的边缘,国家几乎无法运用财政杠杆调节经济。为了防止景气进一步恶化,刺激经济需求,日本银行于1999年2月开始实施零利率政策。2000年8月,日本经济出现了短暂的复苏,日本银行一度解除了零利率政策。2001年,日本经济又重新跌入低谷。2001年3月,日本银行开始将金融调节的主要目标从调节短期利率转向"融资量目标",同时再次恢复实际上的零利率政策。2006年7月14日,日本央行解除实施了5年零4个月的零利率政策,将短期利率从零调高至0.25%。零利率的解除,也标志着日本经济开始明显复苏。

在经济跌入低谷时,低利率政策的实施减轻了企业的债务负担,为市场提供了充足的资金,但其负面影响也是不容忽视的。例如,由于市场利率的下降引起存款利率的下降,使储蓄者蒙受一定损失,直接影响到个人消费的提高;另外,由于短期资金唾手可得,助长了某些金融机构的惰性。在低利率政策下,金融机构不用说实行证券化、开发衍生金融产品,就是连传统的存贷业务利润空间都很小,特别是保险行业经营已出现困难。因此,过低的利率使金融机构丧失了扩展业务与进取开拓的内在动力。更为严重的是,低利率甚至零利率政策的实施意味着日本利用金融手段刺激经济的余地也越来越小。

5. 汇率手段

汇率是一个国家的货币对另一种货币的价值,它是由外汇市场决定的,其变动受利率、通货膨胀、区域的政治和经济等因素的影响。因此,区域政府也可以通过政治、经济等一系列措施来调控汇率,使汇率发挥促进区域经济发展的积极作用。

汇率手段对于一个地区的进出口而言有着非常重要的影响。一般来说,本币汇率降低,即本币对外币的比值降低,能起到促进出口、抑制进口的作用;若本币汇率上升,即本币对外币的比值上升,则有利于进口、不利于出口。因此,当汇率下降时,本区域商品的出口竞争力大大增强,但同时也意味着进口商品和原材料价格的上升,对以进口原料为主的产业和经营进口商品的企业将造成较大的成本压力和价格压力,也会引发本区域物价的上涨。反之,汇率上升会打压出口,但也是进口的大好时机。同时,如果其他条件不变,汇率下调所导致的进口商品的价格的下降也可以起到抑制物价总水平的作用。

短期资本流动也常常受到汇率的较大影响。当存在本币对外贬值的趋势时,本国投资者和外国投资者就不愿意持有以本币计值的各种金融资产,并会将其转兑成外汇,从而发生资本外流现象;同时,由于本币纷纷转兑外汇,加剧了外汇的供不应求,会促使本币汇率进一步下跌。反之,当存在本币对外升值的趋势时,本国投资者和外国投资者就会力求持有以本币计值的各种金融资产,并引发资本内流;同时,由于外汇纷纷转兑本币,外汇供过于求,会促使本币汇率进一步上升。

中国的汇率改革从2005年开始,至2012年7月人民币对美元的升值幅度已经达到28.5%,到2013年年底,人民币对美元累计升值35.7%,如表1-2所示。这种人民币对外升值、对内贬值的现象一直持续至今,这与中国采取的有管理的浮动汇率制度、对国际资本流动存在较强的管制等因素有较为紧密的关系。另外,中国经济增速较高,国际贸易一直处于顺差地位,在供给有限、需求上升的情况下,也会带来人民币对外升值。当前中国正处于经济转型时期,人民币汇率的持续升值对于以出口为主要支柱的产业确实带来较大压力,也成为加快企业转型升级的外在动力。从区域政府角度看,政府的主要责任在于继续推进汇率市场化形成机制,只有市场化的汇率形成机制,才能避免人民币在事实上的单向升值,形成可升可降、升降随市的市场化导向,尽力减少人为扭曲和市场不良预期。

表1-2 美元对人民币汇率表(1971—2013年)

年份	汇率	年份	汇率	年份	汇率	年份	汇率
1971	2.462	1982	1.893	1993	5.762	2004	8.092
1972	2.245	1983	1.976	1994	8.619	2005	8.191
1973	1.980	1984	2.320	1995	8.351	2006	7.973
1974	1.960	1985	2.930	1996	8.314	2007	7.521
1975	1.859	1986	3.450	1997	8.290	2008	6.938
1976	1.940	1987	3.722	1998	8.270	2009	6.830
1977	1.858	1988	3.720	1999	8.278	2010	6.610
1978	1.680	1989	3.765	2000	8.270	2011	6.385
1979	1.555	1990	4.780	2001	8.277	2012	6.290
1980	1.498	1991	5.323	2002	8.280	2013	6.193
1981	1.705	1992	5.516	2003	8.277		

(二) 法律手段

法律手段是指区域政府依靠法制力量,通过经济立法和司法,运用经济法规来调节经济关系和经济活动的一种手段。经济立法主要是由立法机关制定各种经济法规,保护市场主体权益;经济司法主要是由司法机关按照法律规定的制度、程序,对经济案件进行检察和审理的活动,旨在维护市场秩序,惩罚和制裁经济犯罪。

法律手段包括经济立法、司法、执法手段。区域政府在调控中运用法律手段实现"法治"的作用有两个:"第一个作用是约束政府,约束政府对经济活动的任意干预;第二个作用是约束经济人行为,包括产权的界定和保护、合同和法律的执行、公平裁判、维护市场秩序。"[1]简而言之,就是要把宏观调控纳入法制化,使"看得见的手"与"看不见的手"科学地发挥互补作用。

经济调控中的法律手段具有法律的一般特性,如强制性、规范性。同时,与其他领域的法律相比,它还具有明显的经济性,主要体现在:首先,调控的主体至少有授权进行宏观经济管理的经济职能部门或综合的经济部门。调控的理由主要是弥补市场自发调节带来的盲目性,并让市场机制对资源的配置起基础性的作用。因此,调控的方法不再是传统计划经济条件下直接的行政命令,而是要考虑到市场经济中各主体利益的多元化,在权限范围内,依法以市场为中介进行间接调节和控制。其次,调控的客体是市场经济关系。它不仅包括各产业之间,市场之间,国家、企业和个人之间的经济关系,还包括社会再生产中生产、分配、交换、消费的任何一个环节。调控的目的是为了保持国民经济总量和经济结构的平衡。最后,主客体相互作用不能违背客观的经济规律。法律手段的创建和运用必须遵循客观的市场经济规律。

法律手段的特性决定了其在经济调控中具有特殊的功能。一是导向功能。这体现在法律具有开拓性的作用。法律的创制必须以社会现实做基础,它既是对

---

[1] 钱颖一.市场与法治[J].经济社会体制比较,1999(5):4.

已有事实的确认,也是对未来行为的指引。它通过规定人们的权利、义务以及违背法律规定所需要承担的责任来规范人们的行为。如通过规定"可为"对主体行为进行选择性指引,目的在于鼓励人们在法律许可范围内发挥积极性;通过规定"应为"对主体行为进行确定性指引,目的在于防止有扰乱市场经济秩序的行为发生。二是预测功能。由于法律具有规范性和相对稳定性,市场主体可以依据法律清楚地预测自己或他人行为将带来的法律效力,为将来的经济活动作出合理的安排,维护自己的利益。三是保障功能。首先,"公平自由竞争秩序"的确立是经济调控的基础。法律体系完善,有助于民事、经济纠纷的解决,为良好秩序的形成提供制度保障。其次,市场经济既要实现效率,又要体现公平。市场经济在这方面的缺陷,需要法律化的社会保障体系来弥补。四是激励功能。法律以规范的形式对各主体的财产、权益予以保障,对各主体积极性、创造性的发挥有激励作用。

(三) 行政手段

行政手段是依靠行政机构,采取强制性的命令、指示、规定等行政方式来调节经济活动,以达到调控和引导目标的一种手段。行政手段具有权威性、纵向性、无偿性及速效性等特点。例如,政府下令关闭污染严重的小煤窑、小油田等。

在市场经济体制下,区域政府不应将行政手段作为主要工具使用,而是把它作为经济手段和法律手段的辅助工具,来推动经济手段和法律手段的实行。

四、研究中观经济学的意义

中观经济学的产生与发展有其自身的实践与理论上的逻辑规划,在实践中凝练升华,在理论上突破创新,其逻辑规划可以概括为"三部曲":中观经济学的实践铺垫——对中国区域经济发展中的实践与思考;中观经济学的理论开创——对世界区域经济发展的理论与探索;中观经济学理论体系的最终形成——对经济学理论体系的创新与发展。这"三部曲"分别以三部著作为标志,都是围绕着区域政府及其"双重角色"和职能这一主线来展开,从实践和理论上都意味着中观经济学研究和学习时代的到来,对理论和现实都有着重大意义。

(一) 中观经济学是对区域经济改革发展实践的提炼和创新

从中国区域经济发展的实践来看,区域政府始终起着"超前引领"的作用,像广东省、佛山市、顺德区这样的中国先发地区,其走过的路和未来呈现的方向都说明,中国的发展走过了"摸着石头过河"的阶段,应该要进入"超前引领"的阶段了。在发展还处于极低水平的时候,我们需要"摸着石头过河",大胆地试、大胆地闯。但发展到了一定阶段,我们就需要对发展进行引领、进行规划,实施推进。2011年《超前引领——对中国区域经济发展的实践与思考》(北京大学出版社)出版,书中系统地提出政府"超前引领"的经济理论,强调要充分发挥政府特别是区域政府的经济导向、调节、预警作用,依靠市场规则和市场力量,通过引导投资、引导消费、引导出口的作用,运用价格、税收、汇率、利率、法律等手段和引领制度创新、技术创新、管理创新等方式,有效配置资源,形成领先优势,促进区域经济科学发展、可持续发展。此书对中国区域政府一系列"超前引领"成功实践经验的总结,为中观经济学的构建提供了实践上的依据。

(二) 中观经济学是对中国经济改革发展理论的探索和总结

中国自改革开放以来,从过去的计划经济体制向市场经济体制过渡,其核心就是市场逐渐成为调配资源的主体。大致可以分为三个阶段:第一个阶段是1978—1991年,是计划经济向市场经济过渡的阶段;第二个阶段是1992—1997年,是初步建立市场经济的阶段;第三个阶段是1998年以后,是市场经济的发展阶段,也是中国加入WTO的发展阶段。从这三个阶段的变化中,可以清晰地看到,政府"超前引领"的作用是随着市场机制的建立和完善而逐步加强。在市场经济刚开始建立的阶段,政府的"超前引领"更多地体现在理念和制度创新上;在市场经济初步形成之后,政府的"超前引领"则更多地体现在组织和技术创新上。

中国近三十年的经济奇迹与中国区域政府间的竞争模式密不可分,政府在引领企业经济发展上起到至关重要的作用。张五常在《中国的经济制度》中把中国区域政府间的竞争模式定义为县级竞争。他认为,经济权力越大,地区竞争越激烈;今天的中国,主要的经济权力,不在镇、不在市、不在省,也不在北京,而是在县的手上,理由是:决定使用土地的权力落在县之手。因为县的经济权力最大,这层级的区域竞争最为激烈。① 只依靠主张自由主义的微观经济理论和主张政府干预的宏观经济理论已经不能够很好地诠释这种区域政府间的竞争模式和其取得的巨大成功,经济学家不得不思考,在传统的宏观经济学和微观经济学的经典经济理论框架下,是否有新的理论有待去挖掘、发现和系统化。

政府"超前引领"理论指出,一方面,政府不仅可以依靠市场经济的基础、机制和规则来"超前引领"经济,用"有形之手"填补"无形之手"带来的缺陷和空白,纠正"市场失灵";另一方面,还可以通过发挥区域政府这一重要的中观经济主体的竞争作用,以及"超前引领"的事前调节作用,减少"政府失灵",最大限度地降低经济的纠错成本。

基于中国经济发展的政府"超前引领"理论提出了区域政府"双重职能"理论,在"准国家"角色和"准企业"角色之间的平衡为政府和市场之间的关系提供了清晰而崭新的思路,将企业之间的竞争扩展到区域政府之间的竞争、从制度创新提升到组织、技术和理念的创新。理论上一系列的突破大大拓展了经济学的研究空间,为我们开创了一个新的理论研究视角和新的经济学框架体系,中观经济学呼之欲出。

(三) 中观经济学是对世界经济改革发展体系的开拓和提升

"中观"或"区域"是个相对的概念。放在全球经济的角度看,主要指的是"国家";放在国家经济的角度看,主要指的是城市。所以,中观经济学既可指国家经济学,也可指城市经济学或区域经济学。鉴于目前世界上还没有人系统研究"全球经济学",因此中观经济学主要从区域政府的角度探讨中观经济学的理论体系,它包括了以不同的区域划分的各层级"城市"的概念和内涵,也包括了以人口高

---

① 张五常.中国的经济制度[M].北京:中信出版社,2009.

度集中的"某一区域"的概念和内涵。还需要注意的是,城市是相对于农村而言,"城市政府"是相对于"乡村政府"而言,因此,"城市"是一个相对的概念,既可以包含"城市的行政区划",又可以包含"城市的区域范围"。

为此,从世界各国的角度来谈政府"超前引领"或区域经济学,城市、城市政府、城市经济,是一个重要的"经济范畴"。以美国为例,区域之间的竞争包括州与州、市与市之间的竞争;以中国为例,区域之间的竞争包括省与省、市与市、县与县之间的竞争;等等。

在微观经济的层面,市场竞争的主体要素只有一个,那就是企业。但在宏观经济层面,市场竞争的主体也包括另一个重要因素,即区域政府。比如,在全球经济中,国与国之间存在竞争;在国家经济中,区域与区域之间也存在明显的竞争。在不同的经济体制、不同的经济发展阶段、不同的经济禀赋条件下,政府"超前引领"的侧重点会不同。而对于转型国家,市场经济制度尚不完善,经济增长方式比较粗放,经济转轨,社会转型,制度、组织、技术和理念"超前引领"显得尤其重要。

从世界区域经济发展特征来看,区域政府之间的竞争无处不在,企业之间的竞争和区域政府之间的竞争形成了双重要素竞争,也成为区域(国家或城市)政府"超前引领"作用的重要来源,开辟了对中观经济的理论研究。

(四)政府"超前引领"理论开创了中观经济学研究先河

对于经济学来说,首先面对的一个问题是政府与市场的关系问题。西方经济学围绕着政府与市场的关系产生了许多有价值的经济理论,且在不同的社会和经济发展时期,都有相应的理论主导着经济政策和实践。这些理论无论如何变化,总的来说都是在亚当·斯密的自由经济理论和凯恩斯的国家干预经济理论这两大体系框架下的改良,或者强调企业和个人的微观经济主体作用,或者强调国家对于经济的事中和事后干预作用。但对于事前干预和区域政府的中观经济研究几乎没有触及。对于政府事前干预的"超前引领"职能和区域政府的中观经济职能研究不足,是自微观经济学和宏观经济学理论体系创建以来西方经济学理论体系所存在的巨大空白,也是现有西方经济学理论体系的巨大缺陷。正因为如此,由于缺乏这些理论的指导,市场经济体系的效率和政府干预的成效都大受影响,2007年以来所发生的世界金融危机就是典型的案例。而政府"超前引领"则完成了对这一缺陷的弥补。

政府"超前引领"理论是经济学理论体系所需要的一大创新。在以"企业"为代表的微观经济和以"国家"为代表的宏观经济之间,多了一个以"区域"为代表的中观经济。这不仅可以从理论上回答中国经济发展奇迹的原因,也丰富和完善了经济学体系。如果说市场经济理论奠定了微观经济学的基础,凯恩斯主义使经济学划分为微观经济学和宏观经济学,"超前引领"理论则使经济学又划分为宏观经济学、中观经济学和微观经济学。这样,它不仅可以填补经济学理论体系的研究空白,指导经济体制改革的重要方向,还通过将区域经济和区域政府纳入经济理论体系中,创造出多层次的市场,增强了国民经济的稳定性。

基于政府"超前引领"理论提出中观经济学,既是一种偶然,也是历史的必然。有了中观经济学,可以极大地完善和弥补当代的经济学理论体系,与宏观经济学和微观经济学一起构成新的经济学上层建筑,更好地促进和服务于生产关系,从而促进生产力的发展。

从政府"超前引领"理论到中观经济学说,中国的科学发展道路,在创造世界奇迹的同时,也必然伴随经济学的理论突破。中国的各级政府能在复杂的经济形势下驾驭大局并创造奇迹,同样,中国的经济学者也应有挑战传统经济学理论的勇气并必有所获。

阅读材料▶

中国的实践可以创造世界性理论成果

中国的科学发展道路,不仅给老百姓带来财富,也为经济理论研究者提供了机会。特别是中国三十多年的改革、开放和发展,不仅凝聚了众多经济学者的智慧和心血,也收获了许多理论成果。

《论政府"超前引领"——对世界区域经济发展的理论与探索》(陈云贤、邱建伟,北京大学出版社,2013年10月)的出版,就是其中一项重要成果。作者陈云贤立足于中国这块区域经济学的高地放眼世界,对世界区域经济发展提出了理论与探索。

陈云贤在获得经济学博士学位后,一直在金融机构和政府部门工作,他根据自己的研究心得,提出了政府"超前引领"理论。他认为,一方面,政府可以依靠市场经济的基础、机制和规则来"超前引领"经济,用"有形之手"去填补"无形之手"带来的缺陷和空白,纠正"市场失灵";另一方面,政府可以通过发挥区域政府这一重要的中观经济主体的竞争作用,以及"超前引领"的事前调节,减少"政府失灵",并尽可能地降低经济的纠错成本。

陈云贤还大胆地提出市场竞争的双重要素理论。他认为,从全球经济的角度来看,市场竞争的主体存在双重要素,即企业和政府。在微观经济的层面,市场竞争的主体要素只有一个——企业。但在宏观经济层面,市场竞争的主体还包括另一个重要因素,即区域政府。在全球经济中,国与国之间存在竞争;在国家经济中,区域与区域之间也存在明显的竞争。美国有州与州、市与市之间的竞争,中国有省与省、市与市、县与县之间的竞争。他认为,这种双重要素的竞争,推动了中国经济的增长,同时也是区域(省、市、县)政府"超前引领"的实践依据。

我感到作者的上述观点是以中国经济近三十年来的实际情况为依据的。以前,我曾在各种场合提出,在经济运行的调节中,政府调节要有预见性,不能滞后,不能仅限于"事后调节",在很多情形下需要有预调。这和本书作者的观点不谋而合。

政府与市场的关系问题,是经济学面临的一个重要问题。中国改革发展历程中,不同力量的交锋与碰撞,基本上围绕着政府与市场关系问题而展开。但无论如何,政府的"有形之手"和市场的"无形之手",对任何一个自主经营的经济体的发展都十分重要。近年来,中国的经济社会发展之所以取得显著成效,一个重要因素就是既发挥市场的基础性调节作用,又拥有一个强有力的政府。我们不能把"强市场"和"强政府"简单对立起来:在经济中,既要有一个"强市场"来有效配置资源,也要有一个"强政府"来保护和营造好市场环境。"强政府"不是为了代替"强市场","强市场"同样需要"强政府"作保障。有了"双强",才能纠正"市场失灵",减少"政府失灵"。

什么是"强市场"和"强政府"？如何发挥"强市场"和"强政府"的作用？我想本书给我们提出了很好的思路，即依然是让市场做市场该做的事，让政府做市场做不了和做不好的事，二者都不能空位、虚位。政府的"超前引领"作用，就是要充分发挥政府的经济导向、调节、预警作用，依靠市场规则和市场机制，通过引导投资、引导消费、引导出口的作用，运用价格、税收、汇率、利率、法律等手段和引领制度创新、技术创新、管理创新等方式，有效配置资源，形成领先优势，促进科学发展和可持续发展。

中国在发展中有一个很重要的现象，就是许多利益相对独立的区域经济体一直展开竞争，各自发挥自己的比较优势，从而调动了区域的积极性，也为中国整个经济体系带来动力和活力。有的学者把这种态势概括为县际竞争、市际竞争、省际竞争，陈云贤在本书中则从经济理论和区域经济实践的角度概括为"中观经济"。这又是一个重要创新，值得经济理论界注意。在以"企业"为代表的微观经济和以"国家"为代表的宏观经济之间，多了一个以"区域"为代表的中观经济。这不仅可以如实地解释中国经济发展的过程和特点，也可以从理论上丰富和完善经济学体系。这里所说的中观经济学实际上包括了区域经济学，以及与区域发展紧密联系的产业经济学或结构经济学。我想，这样不仅可以填补经济学理论体系的研究空白，指导经济体制的改革方向，还可以创造出多层次的市场，增强国民经济的稳定性和活力。

经济学作为与实践联系紧密的学科，总是和经济发展联系在一起，研究重心也是随着世界经济重心的转换而转换。20世纪30年代前，世界上著名的经济学家主要集中在欧洲，第二次世界大战结束后则集中在美国。这是世界经济发展重心转移的结果。随着中国经济的崛起，中国经济必将受到更多的关注，我们的经济学理论研究者也将迎来最好的时代。

资料来源：厉以宁.中国的实践可以创造世界性理论成果[N].光明日报，2014-1-13.

第二章
政府"超前引领"理论

一、自由主义与国家干预主义的反思

围绕着政府与市场的关系、政府的经济职能,西方经济学界争论了几百年,也产生了许多有价值的理论。总体来说,虽然在研究政府与市场的关系中,有众多的经济学派和理论,但概括起来,主要有两大核心理论,即亚当·斯密创立的自由经济理论和凯恩斯创立的国家干预理论。

自由经济理论和国家干预理论这两种主要的经济学理论在不同的时期指导着国家的社会经济活动,在国家的政治和经济活动中都发挥着巨大的作用,成为市场经济国家制定经济政策的指导思想,甚至被很多国家奉为圭臬。随着市场经济实践的不断发展,两种相互对立的理论相互吸收了对方合理的因素,推动着经济理论的发展和创新,例如以米尔顿·弗里德曼和罗伯特·卢卡斯为代表的新古典宏观经济学派和以萨缪尔森、莫迪利安尼、托宾和索洛为代表的新凯恩斯主义等,基本都是上述两大经济理论在实践过程中的发展和创新。在发展过程中,自由主义经济学和国家干预主义经济学也在经历不断的反思。

(一)自由主义经济学的发展及其局限性

市场经济学框架是在 17 世纪中叶至 19 世纪初形成的。经济学自诞生之日起,就以经济自由主义为主旨,以英国经济学家亚当·斯密为代表的古典经济学派主张让"一只看不见的手"充分发挥作用,让市场经济自行调节,按照自己的固有规律向前发展。到了 19 世纪 70 年代至 20 世纪 20 年代,以英国经济学家马歇

尔、庇古等为主要代表的新古典经济学派成为西方主流经济学,建立了市场经济均衡模型,认为市场具有自发调整供给和需求并促使二者达到均衡状态的功能,最终实现资源的有效配置和充分就业。在经济政策方面,自由主义经济学主张自由放任和国家不干预经济。但是20世纪30年代的大萧条给经济自由主义以巨大打击,市场完美的神话被打破,自由主义经济学遭到质疑,一种以扩大政府支出创造需求和通过政府干预推动经济增长的凯恩斯主义应运而生。"罗斯福新政"则以政策实践的形式表明了凯恩斯主义的有效性,并使凯恩斯主义上升为西方世界的主流经济学,主导西方国家经济运行长达40年之久。这一时期是"凯恩斯时代",新自由主义备受冷落。

但是,少数信奉经济自由主义的经济学家,例如奥地利学派的米塞斯、哈耶克等人,仍然坚持自由经济的立场和观点,坚信"市场无所不能""市场自由配置资源可以达到最有效率的状态"。于是,20世纪20—30年代,一场引起世界广泛关注的关于市场与政府计划的大论战就此展开,新自由主义登上历史舞台,他们的主要主张就是在继承西方古典自由主义经济理论的基础上,反对和抵制凯恩斯主义,适应西方经济新转变要求的理论思潮、思想体系和政策主张。

这场大论战的一方为以奥地利经济学家米塞斯、哈耶克为首的新自由主义者,另一方为以意大利经济学家巴罗纳、波兰经济学家兰格为代表的市场社会主义者。这场论战尽管无果而终,但却成为新自由主义开始登上历史舞台的一个里程碑。其后,新自由主义经济学经过近百年的发展,演绎出众多学派思想和理论体系。狭义新自由主义主要是指以哈耶克为代表的新自由主义;广义新自由主义除了以哈耶克为代表的伦敦学派和新奥地利学派外,还包括以哈耶克、弗里德曼、斯蒂格勒和科斯等为主要成员的芝加哥学派,以弗里德曼为代表的货币学派,以卢卡斯、巴罗为代表的理性预期学派,以科斯为代表的新制度学派,以布坎南为代表的公共选择学派,以拉弗、费尔德斯坦为代表的供给学派,等等,其中影响最大的是伦敦学派、货币学派和理性预期学派。

伦敦学派认为自由是一个最高的政治目标,是追求文明社会的崇高目标和私人生活安全的保证。按照自由主义原则,应尽量运用自发力量,而尽量少用强制力量处理事物。该学派强调,私有制是自由的最重要保障,个人的"积极性"只有在私有制的基础上才能得到充分发挥。如果对私有财产进行限制和管理,用国家干预代替市场作用,其结果不仅是效率的损失、个人"积极性"的受挫、资源配置的失调,而且最后会走向"极权主义统治",走向对个人的"奴役"。

货币学派是 20 世纪 60 年代初在美国兴起的一个经济学派。该学派领袖人物弗里德曼维护自由市场经济,笃信最为理想的经济制度应遵循自由市场的古老法则,因而成为经济学中自由放任思想不遗余力的鼓吹者和捍卫者。他认为经济体系之所以不稳,是货币受到扰乱,所以货币最重要,货币是支配产量、就业和物价变动的唯一重要因素。除此之外,不需要政府干预私人经济,应让市场机制完全充分地发挥作用,只要充分发挥市场机制的作用,经济体系本身是可以稳定的。

理性预期学派认为,人是理性的,总在追求个人利益的最大化。由于经济变量的未来情况事关自己的选择和利益,个人会调用自己的智力和资源,对它进行尽可能准确的推测。人们会充分利用一切可用的、可得的信息,按照自己的知识和经验,对经济变量的未来情况作出预期。由于理性预期的作用,市场机制能确保充分就业均衡,政府干预经济的政策要么归于无效,要么加剧经济波动,因而是不必要的。他们由此得出了古典式的结论:国家不会比个人或企业做得更好,自由市场竞争机制仍然是经济发展的最好机制。这一学派的代表人物芝加哥大学教授卢卡斯,以经济人的理性行为和理性预期假设为前提和立论基础,用货币周期模型论证和说明了经济波动的原因,并得出了凯恩斯主义政策无效、无须政府干预经济的结论。他强调经济政策的稳定性和连续性,从而在宏观经济学领域引发了一场"理性预期革命"。

新制度经济学也在此期间快速发展起来,其中的代表理论之一——科斯的产权理论,更是风靡整个世界的经济学界。一时间,产权私有化是最有效率、最经济的制度安排的观念几乎被称为经济学公理,科斯的产权理论也因此成为众多国家私有化改革和市场自由化的理论基础。

奥地利有新奥地利学派,英国有伦敦学派,德国有弗赖堡学派,美国有芝加哥学派、货币学派、供给学派、理性预期学派、公共选择学派以及以科斯为首的现代产权学派,等等。这些经济思想被称为新自由主义或者新保守主义。

新自由主义的发展在20世纪70年代出现了转机。以20世纪70年代初期爆发的两次石油危机为导火线,整个资本主义世界陷入了"滞胀"的困境,凯恩斯主义政策对此束手无策。新自由主义者将其归结为国家干预过度、政府开支过大、人们的理性预期导致政府政策失灵所致。伴随美国总统里根和英国首相撒切尔夫人的上台,在否定凯恩斯主义的声浪中,新自由主义占据了美、英等国主流经济学地位,把反对国家干预上升到了一个新的系统化和理论化高度,西方新自由主义迎来它的全盛时期,被称为新自由主义的"黄金时代"。

同时,20世纪七八十年代以来,依靠计划化、国有化来加速资本积累和工业化,实行进口替代战略的大多数发展中国家和东欧社会主义国家,在经济运行过程中出现了各种各样的问题和矛盾,经济发展裹足不前。与此形成鲜明对比的是开放程度较高、注意发挥市场作用、实行出口导向战略的发展中国家或地区(例如东亚"四小龙"),在经济上取得了较大的突破。这种情况也使得自由主义经济思想在发展中国家或地区的影响日益增强,拉美国家的经济改革更进一步巩固了新自由主义经济思潮在西方经济理论中的主流地位。"华盛顿共识"的达成,标志着新自由主义开始由理论化、学术化转变为政治化、国家意识形态化、范式化,新自由主义成为美、英等西方发达国家推行全球一体化市场经济理论体系的重要组成部分。

进入20世纪90年代,俄罗斯与东欧等国①开始从计划经济向市场经济转轨,迎来了以新古典学派为首的经济自由主义思想的全面实践阶段。当时的俄罗斯和东欧与拉美等国的市场机制在逐步的建立健全中,政府对经济发展左右的力量还比较强大,如果按照"自由主义经济学"的主张——"只要市场能够自由配置资源,就能够实现经济增长",那么这些国家就应当尽可能消减政府对经济的影响作用,培育出一种"强市场、弱政府"的经济发展模式。经济自由主义因此出台了"华盛顿共识",主张只要实行完全的自由市场经济模式,最大限度地减少政府的

---

① 此书中提及的东欧国家皆指除俄罗斯(苏联)以外的位于东欧平原区的国家范围和地区。

作用,俄罗斯和东欧等国的经济就一定能走出危机。

但实践证明,"华盛顿共识"在拉美和东欧的"实验"已经宣告失败,改革的预想与实际的结果相去甚远。与此相反,坚持"社会主义市场经济"改革道路的中国却在经济上取得了突飞猛进的发展,而社会主义市场经济的改革道路就是在发挥市场经济作用的同时,强化政府的引领和主导作用,将政府引领与市场对资源配置的决定性作用有机结合,走"强市场、强政府"的双强道路,与放弃政府引领、迅速向市场经济转轨的俄罗斯和东欧等国的市场经济改革形成鲜明对比。

到了2008年,自由主义经济学的理论在实践中再次遇到挑战。2008年,美国爆发金融危机,欧洲主权债务危机不断,西方国家失业率高企,经济严重倒退,以贪欲和自我为中心的人性弱点暴露无遗,这种人性在绝对市场自由主义的思想主导下,极易演发为更大的混乱和对他人利益、公众利益的极大破坏。因此,经济自由主义所提倡的"市场完美、市场无所不能"的结论无论在发展中国家还是在发达国家,并未得到实证的完全支撑,市场失灵的事实无法回避。越来越多的对市场自由主义的批评和反思开始酝酿。

在理论上,学术界开始对信息不对称和市场失败问题进行重新思考,对于市场经济中关键性制度安排和社会秩序开始重新估价。微观经济的运行,依靠竞争的市场调节机制实现资源的自行调节和平衡,是资源优化配置的有效方式,但也容易造成"市场失灵"的问题。

市场失灵是指市场无法有效率地分配商品和劳务的情况。此外,市场失灵也通常被用于描述市场机制无法满足公共利益的状况。通常有四种因素可以导致市场失灵,即市场势力、不完全信息、外部性和公共产品。市场机制配置资源的缺陷具体表现在收入与财富分配不公、外部负效应、竞争失败和市场垄断的形成、区域经济不协调、公共产品供给不足和公共资源的过度使用等方面。

总体上说,自由主义经济学对市场的功能过于理想化和绝对化,把市场看做是唯一完美的经济社会发展路径,是非常片面的,这样的理论主张导致其在实践中过于激进,对很多国家的经济发展带来损害。事实也证明所谓完美的市场竞争只是一个理想状态,实际上,市场中会出现各种各样的意外情况,甚至是恶性竞争,如果缺乏政府的宏观指导和管理,很容易出现"寡头"遍地的情况,社会福利将会遭到重大损害。现实发展和理论分析要求对国家和政府在经济发展和经济转轨中的角色和功能进行重新定位,对于市场机制和政府功能的理解需要不断深化,经济研究也在发生具有深刻意义的"转型"。

(二)国家干预主义经济学的发展及其局限性

国家干预主义经济学认为市场存在不可克服的缺陷,依靠市场本身并不能有效解决总供给和总需求之间的平衡,自由主义经济学所认可的"供给自动创造需求"的规律并不存在,市场价格调整的灵活性过于理想,价格刚性和黏性导致市场均衡很难实现,生产过剩、失业、萧条等经济问题无法依靠市场解决。1929—1933年的西方经济危机已经证明,市场并非完美,而是导致经济危机的一再循环,如果国家不采取有形之手进行全方位的经济干预,经济将陷入崩溃。鉴于上述原因,国家干预主义经济学反对自由放任,主张扩大政府机能,限制私人经济,由国家对社会经济活动进行干预和控制,并直接从事大量经济活动,认为有形之手无所不能,宏观调控可以解决经济运行中的一切问题。

国家干预主义最初集中表现为欧洲封建社会晚期的重商主义,在当代则集中表现为凯恩斯主义。

英国经济学家凯恩斯于1936年出版了《就业、利息和货币通论》,系统提出了国家干预经济的理论和政策,否定了传统的国家不干预政策,力主扩大政府机能,通过政府干预来弥补有效需求的不足,实现充分就业。凯恩斯主张国家采用扩张性的经济政策,通过增加需求促进经济增长。即扩大政府开支,实行财政赤字,刺激经济,维持繁荣。第二次世界大战以后,这一趋势发展成为新古典主义综合学派。

20世纪70年代以后,在凯恩斯主义基础上吸取非凯恩斯主义某些观点与方法形成了新凯恩斯主义,这是凯恩斯主义经济学家们,为了应对70年代所谓"凯恩斯主义理论危机"而形成的理论。

早在70年代后期,斯坦利·费希尔、埃德蒙·费尔普斯、约翰·泰勒就为新凯恩斯主义经济学建立了基础。1977年,费希尔发表了《长期合同、理性预期和最佳货币供应规则》和《在理性预期下货币政策的稳定性力量》,首次吸收了理性预期假设。80年代,一批中青年经济学者致力于为凯恩斯主义经济学的主要组成部分建立严密的微观经济基础。他们建立了以工资和价格黏性的非市场出清和理性预期为微观经济基础的理论框架。其代表人物多为美国经济学家,如萨缪尔森、莫迪利安尼、托宾、索洛、阿克罗夫、耶伦、曼昆、伯纳克等。

新凯恩斯主义者继承了传统凯恩斯主义者关于国家应该干预经济的基本主张,但把宏观经济学建立于坚实的微观基础之上,并在经济当事人利益最大化原则和理性预期的假设前提下,以不完全竞争、信息不完全和相对价格刚性等实际市场的不完全性来解释宏观经济波动。

与传统凯恩斯主义不同,新凯恩斯主义更强调宏观经济学的微观基础,把实际市场的不完全性作为解释经济波动的关键。他们认为,由于存在价格黏性、不完全竞争和信息不完全,"完全的自由放任会引导经济达到一种非效率的均衡",也就是市场失灵。他们认为,相对于来自需求的各种冲击,工资和价格的调整相对缓慢,使得经济回到实际产量等于正常产量的状态需要一个很长的过程,从而市场出现非均衡。他们认为,在当代市场经济中信息是不对称的,而且工资和价格的变动具有黏性,这样,在短期仍然会出现偏离自然失业率的现象,出现有效需求不足,因此,需求管理政策仍然是必要的和起作用的。

在以工资有完全伸缩性的假说和市场完全竞争为基础的古典理论中,总供给曲线是垂直的。在这种情形中,无论总需求怎样变化,产出水平都不会发生移动,从而货币表现为中性。新自由主义学派的弗里德曼认为,由于理性预期等因素,长期总供给曲线是垂直的,即货币长期中性。卢卡斯的模型也表明,在理性预期的假设下,通货膨胀预期可快速调整,所以长期总供给曲线是垂直的,只有未预期到的货币变动才能影响产出,货币对产出不具有长期效应。

虽然新凯恩斯主义学者戴维·罗默的研究也表明短期总供给曲线是向右上方倾斜的,这与弗里德曼和卢卡斯的结论相近,但是他还强调,由于交错定价、菜单成本以及竞争不充分的存在,即使货币政策能够被准确地预期到,货币政策依然是有效的。因为这三个因素的现实存在会导致工资、价格的黏性,价格总水平上升时,由于工资黏性的作用,以预期价格确定的劳动供给则不能进行迅速调整,因而与原有的凯恩斯理论一样,新凯恩斯主义的总供给曲线向右上方倾斜,总需求的变动不仅影响价格水平,也影响实际产出量。

基于上述分析,新凯恩斯主义不仅认为总需求管理的政策仍然是有效的,而且认为政府在协调市场失灵方面发挥更大的作用,从而在经济受到总需求冲击之后能迅速地恢复到就业的均衡状态。

新凯恩斯主义在财政政策指导思想上的另一个特点在于主张"适度"的国家干预。新凯恩斯主义认同新古典宏观经济学关于"对经济过度频繁的干预导致了滞胀"的观点。他们加入了经济当事人利益最大化和理性预期的假设,比传统凯恩斯主义更为强调市场机制的作用,主张对经济进行"粗调"。与传统凯恩斯主义仅注重对经济进行"数量"上的调节,而且缺乏对微观经济运行的了解相比,新凯恩斯主义则把财政政策的调节延伸到经济运行的内部,并强调调节的"质量"。

新凯恩斯主义经济学坚持政府干预经济的主张,同时吸收了理性预期学派的理性预期的观点和"预期到的宏观经济政策无效"的观点。新凯恩斯主义并不仅仅是坚持传统凯恩斯主义短期需求管理的主张,他们还特别强调供给学派从供给方面调节经济的思路,主张从长期着手、从供给方面着手来考虑经济政策。

可以说,新凯恩斯主义者继承了传统凯恩斯主义者关于国家应该干预经济的基本主张,既吸收了新古典经济学的一些合理的理论和政策主张,又在吸取80年代以来一些宏观经济实践中的经验教训的基础上,发展了国家干预经济的理论,使得国家干预经济的政策体系发展到了一个新的水平。

90年代以后,在新凯恩斯主义的指导下,西方发达国家尤其是欧美各国政府既对经济实施一定的干预,又注重市场竞争机制的调节功能,确立了政府干预与市场调节相结合的政府与市场关系模式。

西方国家经济干预主义虽然否认市场经济的完美性,但在政府大力介入经济调控的同时,还是承认市场经济有存在的必要性,所以经济干预是指在以市场机制为基础的市场经济条件下,为了克服市场失灵,国家运用管制和宏观调控等手段规范市场主体的行为,校正、补充市场缺陷,对国民经济进行控制和调节。国家干预经济的主要任务是保持经济总量平衡,抑制通货膨胀,促进经济结构优化,实现经济稳定增长。具体来说,经济总量包括社会总需求和社会总供给两方面,社会经济的有序运行,要求这两个方面达到基本平衡,且内部结构也必须合理。

2008年经济危机以来,国家对经济的干预越来越强,到处可以看到国家干预的身影。美国的通用汽车接受联邦政府的注资成了政府汽车,财政部也持有很多大银行的股份。在欧洲的法国,本来就有国家干预经济的历史,现在政府在很多企业中都持有股份。全世界最大的30家上市公司里有9家的大股东是政府。

以苏联为首的社会主义国家曾经实行过一段时间的计划经济体制,这种经济体制完全排斥市场经济的作用,主张政府对社会经济进行全面的、完全的控制,国家在生产、资源分配以及产品消费各方面,都是由政府或财团事先进行计划,可以被看做是国家干预经济主义的极端代表。

虽然政府对克服市场失灵有一定作用,但不能片面夸大政府干预的效果,政府也不是万能的,政府失灵的问题也常常困扰着经济发展的平稳运行,如公共决策失误、官僚机构效率低下、寻租和腐败等现象盛行等。

关于政府失灵,萨缪尔森将其定义为:"当政府政策或集体行动所采取的手段不能改善经济效率或道德上可接受的收入分配时,政府失灵便产生了。"[1]查尔斯·沃尔夫从非市场缺陷的角度分析了政府失灵,他认为由政府组织的内在缺陷及政府供给与需要的特点所决定的政府活动的高成本、低效率和分配不公平,就是政府失灵。政府失灵主要表现在政府决策失灵、政府机构和公共预算的扩张、公共物品供给的低效率、政府寻租活动等方面。导致政府失灵的原因包括政府部门之间缺乏竞争、政府干预缺乏完全准确的信息、政府干预活动的时滞性、对政府行为缺乏合理的规则约束和有效的监督等方面。

总之,政府失灵意味着对经济、社会生活进行干预的过程中,由于政府行为自

---

[1] 〔美〕保罗·A.萨缪尔森,威廉·D.诺德豪斯著.萧琛译.经济学[M].第16版.北京:华夏出版社,2006.

身的局限性和其他客观因素的制约而产生的缺陷,进而无法使社会资源配置效率达到最佳。

第一,市场规律是一个客观存在的自动调整供求的机制,价格机制对企业和消费者经济行为的基础指挥和调整作用无法抹杀。政府对经济的干预与调控也应当建立在尊重市场规律的前提之上。如果政府完全排斥市场机制的客观作用,就等于是自认为政府对经济规律的认识和把握超越在市场自动发挥作用的规律之上。而事实上,政府在认识和运用客观规律上是难以实现这一点的,在客观规律面前,更多的应该是敬畏和适应,在更多学习和了解的基础上才谈得上更好地顺应规律和引导现实。

第二,事实证明,政府面对微观经济活动的复杂多变,难以准确、及时地把握社会需求和社会供给的矛盾。强行废止市场规律的作用,容易脱离实际,产生生产与需求之间的相互脱节,造成不必要的巨大浪费。并且,由于政府意志取代微观经济主体意志,很难合理地调节经济主体之间的经济利益关系,容易造成动力不足、效率低下、缺乏活力等现象。

第三,过于突出和扩大政府干预经济的权力,容易形成特权阶层并滋生权力腐败问题。政府也是由理性人构成的,行使权力同样需要监管,但如果政府干预经济的范围过大、权力过强,权力监管机制的作用则会大大缩减,公平竞争的机制很容易被破坏,从而降低经济效率并可能引发大的社会矛盾。

当然,政府的一些工业政策也有过成功的区域。比如,美国政府对于风险资本的培育为后来的高科技发展贡献很多。但是,前提都应当是政府要找准自己的定位,在"超前引领"上多做工作,而非直接介入经营领域。

(三)"强政府"与"强市场"的高效组合模式

通过对自由经济主义和政府干预经济主义的分析,经济学围绕着政府与市场的关系产生了许多有价值的经济理论,在不同的社会和经济发展时期,由不同的理论主导着经济政策和实践。在传统的自由经济理论中,市场失灵不可避免;在凯恩斯的政府干预理论中,政府失灵无法消除。在大萧条时期,国家干预经济主义主导了一切。在滞胀时期,新自由主义重新占据支配地位,随后新国家干预经济主义又新瓶装旧酒。这些理论无论如何变化,总的来说都是在亚当·斯密的自由经济理论和凯恩斯的国家干预经济理论这两大体系框架下的改良,要么强调企业和个人的微观经济主体作用,要么强调国家对于经济的事中和事后干预作用,而对于事前干预和区域政府的中观经济研究几乎没有触及。对于政府事前干预的"超前引领"职能和区域政府的中观经济职能的研究不足,是自微观经济学和宏观经济学理论体系创建以来经济学理论体系所存在的巨大空白,也是现有经济学理论体系的巨大缺陷。正因为缺乏合宜的理论的指导,市场经济体系的效率和政府干预的成效都大受影响,2007年以来所发生的金融危机恰好印证了这一点。

以上分析可以看出市场和政府都有其不可或缺的作用,任何一种偏废都会导致经济效率下降。在现代市场经济体系中,市场调节与政府干预,自由竞争与宏观调控,是紧密相连、相互交织、缺一不可的重要组成部分。从市场与政府的关系类型来看,主要有三种组合模式,即"强市场"和"弱政府"、"弱市场"和"强政府"、"强政府"与"强市场"。这三种模式在不同国家以及每个区域的不同发展阶段都曾经出现过,而现代市场经济应该是"强市场"和"强政府"的双强格局,而且二者要互相协调、互相配合。"强市场"和"强政府"相互协调的"双强机制"理论可以概括为"政府超前引领理论",双强关系的表述可以概括为以下三点:

(1)"强政府"尊重市场规律,懂得发挥市场基础性调节作用,"强政府"和"强市场"之间不是替代关系。"强政府"和"强市场"的强并非是在一处进行功能和地位的争夺,而是二者发挥作用的范围、层次和功能均有所不同。政府首先是维护正常的市场环境,保证市场规律的正常运行,绝不是取代市场机制,在发挥维护和保障市场机制顺畅运行的功能上,政府应该是强的,在弥补市场机制失灵的方面,政府也应当是强的。当然,"强市场"也不意味着市场可以包揽一切。二者都是在各自擅长的领域保持强势、互相协调。

(2)"强政府"要依靠市场经济的基础、机制和规则来"超前引领"经济,用

"有形之手"去填补"无形之手"带来的缺陷和空白,纠正市场失灵。政府"超前引领"理论尊重市场经济的客观规律,政府发挥作用的前提遵循市场规律,只在"无形之手"的作用存在空白的领域和调整失灵的情况下,才用"有形之手"去填补和纠正"市场失灵","强政府"是对"强市场"的有力补充和保障。

（3）区域政府作为中观经济学的研究主体,其间展开的有效竞争可以有效纠正政府行为,减少政府失灵。区域政府要做强做大自己,同样是靠区域资源的配置效率竞争来实现的,区域政府之间的竞争可以有效避免垄断、官僚、效率低下、浪费严重等多种政府干预经济主义的弊病。为了竞争取胜,区域政府既不能削弱市场经济完全以政府意志代替市场意志,也不能无所作为、任由事态发展,或者只在事后接受失败的结果,而是必须通过"超前引领"的事前调解,对各项政府行为的效果进行有效监控,防止政府失误,减少政府失灵,尽可能降低经济的纠错成本。如果失去了区域政府之间的竞争机制,政府干预经济主义的行为将大行其道,经济容易丧志活力,减少资源配置的产出效率。

二、区域政府"超前引领"理论的内涵

区域政府"超前引领"是构造和发挥"强市场"+"强政府"双强模式的途径,因此,必须对区域政府"超前引领"实践进行理论梳理和提升,使之成为中观经济学研究的逻辑起点。

(一) 区域政府是"超前引领"的主体

1. 区域政府的界定

区域是一个相对概念。相对于整个世界,任何一个国家都可以算为区域;同样,相对于一个国家而言,其中的地区也可以被称为区域。所以区域政府也是一个相对概念,是指限于某一特定的地域范围,或基于某一共同的军事、经济利益,或基于某种共同的文化、宗教、民族背景等建立的政治组织,是于某个区域执行法律和管理职责的机构,其职能范围涉及政治、经济、文化、社会等多个方面。

2. "超前引领"的界定

所谓"超前引领",是指"超越"在市场之前的"引领",是对自由主义经济学中市场与政府定位的极大突破。自由主义经济学中的政府从属于市场,只能在市场中发挥一些辅助性或善后性的边缘功能,其行为的发生无疑是滞后于市场的。而"超前引领"则打破了二者的关系定位,将政府被动地听命于市场的消极态度和行为扭转为在市场之前、之中和之后的全方位强势介入。但政府的这种强势介入又不同于国家干预主义,不是政府要凌驾于市场规律之上,而是在尊重市场规律前提下的因势利导。

所以,"超前引领"的内涵可以被基本表述为:政府在尊重市场运行规律前提下的弥补市场不足、发挥政府优势的一系列的因势利导行为,是"有效市场"和"有为政府"的最佳写照,也是现代市场经济的关键特征。

3. 区域政府"超前引领"的理论与实践依据

现代市场经济是"强政府"和"强市场"双轮驱动的经济体系,市场是资源配置的决定力量,而一个强有力的区域政府则对市场具有因势利导的"超前引领"作用。区域政府之所以能够实现"超前引领"是由其固有属性决定的,科斯谬误及非分散化基本定理为区域政府的"超前引领"奠定了理论基础,而美国、新加坡等国的区域政府实践也为区域政府的"超前引领"行为提供了实践佐证。

(1) 科斯谬误及非分散化基本定理奠定了区域政府"超前引领"的理论基础

1991年诺贝尔经济学奖的获得者罗纳德·H. 科斯(Ronald H. Coase)提出了著名的"科斯三定理"。科斯第一定理,即如果市场交易成本为零,不管权利初始如何安排,当事人之间的谈判都会导致那些财富最大化的安排,即市场机制会自动使资源配置达到帕累托最优。科斯第二定理的基本含义为:在交易成本大于零的现实世界,一旦考虑到市场交易的成本,合法权利的初始界定以及经济组织形式的选择将会对资源配置效率产生影响。科斯第三定理可以表述为:因为交易费用的存在,不同的权利界定和分配,会带来不同效益的资源配置,所以产权制度的设置是优化资源配置的基础(达到帕累托最优)。简而言之,科斯定理的核心其实包含两层含义:一是产权私有化;二是不需要政府干预,市场即可实现资源有效配置。但是科斯定理受到了一系列的质疑：

① 是否产权私有化就能有效率

科斯认为，私有制下的产权最清晰，自由的产权最适宜市场经济的发展，产生的效率最高。科斯定理表明：只要产权明晰化，任何产权分配方式都会导致帕累托最优状态。然而，即便如此，不同的产权分配方式仍可以造成不同的收入分配，而这种在收入分配上所导致的后果却为科斯定理所忽视。科斯还认为，只要产权是明确并且可以转让的，加上交易成本为零时，那么无论将产权给予谁，市场都是有效率的。但是由于自然界的因素、经济内部的结构以及外部经济环境的影响，这些理想的假设条件是不会同时存在的，所以科斯定理假设的所有资产的产权都能有明确的归属、都能转让，资源都能实现帕累托最优、都能实现最高的经济效率，这种情况只能以假设存在，现实情况绝非如此。

关于科斯的产权理论，除了在假设条件上过于理想化之外，还在产权与经营权的区别、资源配置驱动力的认识上存在严重不足，导致其简单地得出私有产权就能有效率的错误结论。对此，斯蒂格利茨也持相似的观点。

1989年，斯蒂格利茨在《关于国家的经济作用》中明确指出，科斯定理是"科斯谬误"。1994年，斯蒂格利茨又指出："科斯定理认为为确保经济效率而需要做的一切，就是使产权明晰。这一定理是完全不正确的。"他把这种以产权明晰为核心的产权理论称作"产权神话"，并指出这一神话误导了许多从计划经济向市场经济过渡的国家把注意力集中在产权问题即私有化上。斯蒂格利茨认为，在经济学中，大概还没有一种神话像产权神话那样影响人们的观点和行动。这一神话认为，人们需要做的一切，就是分配产权，这样，经济效率就有了保证。至于产权如何分配则无关紧要……这种神话是一种危险的神话，因为它已经误导许多处于过渡中的国家把注意力集中在产权问题上，即集中在私有化问题上。

按照科斯的观点，政府所必须做的一切就是使产权清晰。一旦做到这一点，经济效率就会自然而然地随之而来。斯蒂格利茨不同意这一观点。他认为，产权清晰、私有化，不一定有效率；不明晰产权，不实行私有化，也不一定没有效率。斯蒂格利茨说："没有私有化，甚至没有清晰地界定产权，也能成功地进行市场改革。"他还说:"私有化不是万应灵药,私有化不能保证经济有效运行,国有企业必须私有化才能成功没有科学根据。"

斯蒂格利茨在《政府为什么干预经济》一书中提到,公共企业无效率的例子很多,但私营企业也不例外。他在书中提到的加拿大国家铁路公司的例子表明,该公司的成本和效率是可以和私人企业相比的。除了斯蒂格利茨所举的这一例子外,新加坡政府投资公司(GIC)和淡马锡等一些国有企业在国际上也是以富有效率而闻名的。斯蒂格利茨和萨平顿1987年在《私有化、信息和激励》一文中提出了一个"私有化基本定理":"在一般情况下,不能保证私人生产必定比公共生产更好,一个理想的政府经营企业会比私有化更好。"

关于公共企业为何会存在无效率的问题,或者说在什么特殊的环境和条件下公共企业可以更富有效率,斯蒂格利茨指出,对公营经济来说,缺乏私人产权并不是问题的关键,关键在于缺乏竞争、激励和分权。他在书中说到"在阐明大公共企业和大私人企业存在的无效率问题的同时,在公共部门中确实有一些公共企业的效率更差,到底是什么原因呢?如果代理制问题在公共企业和私人企业都很普遍时,那么公平压力和道义压力不仅会严重地削弱管理者的判断力,而且会极大地约束引致他们有效工作的激励结构;不仅如此,许多公共企业的非竞争性和使管理者追逐自身利益的空间更大的组织目标的多重性更加恶化了这些问题。"

20世纪90年代,中国、苏联和东欧国家几乎同时进行了经济改革。苏联和东欧国家奉行的是科斯的私有产权理论,采取的是"休克疗法",进行全面的私有化改革,其经济转型目标是把原有的以公有制为基础的中央计划经济体制,转变成西欧国家那样的以私有制为基础的市场经济。但后来的改革却产生了一种畸形的即没有民族资本的资本主义经济,私有化没有促进生产力的发展,反而造成了极大的破坏,用经济和社会指标来衡量,东欧国家都出现了倒退。中国采取的是渐进式改革,即在保持社会主义公有制主体地位的同时,实现市场经济体制改革和国有企业改革,通过引入市场竞争、股份制、现代企业管理技术,让市场作为资源配置的基础力量,提高经济主体之间的竞争;通过科学的激励和惩罚机制,调动企业经营者的积极性,使得中国经济不仅没有出现衰退,反而迎来持续高速的增长,成为世界第二大经济体。

对比中国、苏联和东欧国家改革的结果可以看出,私有化并非必然带来经济效率,竞争比私有化重要得多。

生产越是社会化,生产资料越不能单独地为个体和私人所有。在西方发达国家,企业在所有权上也越来越摆脱传统的单个资本家所有制,而大多以股份公司等现代企业形式存在。而在现代企业制度下,无论控股股东是国有还是民营,都存在委托-代理问题、法人治理结构问题、道德风险问题、内部人控制问题等。

此外,人们从事经济活动的动力并不只存在财产方面的约束,也存在其他方面的约束。在现代企业制度里,从事生产经营的企业经营者,常常也不是企业的所有者,而是由董事会聘任的经理人员。他们是否全心地为企业利益而工作,并不一定取决于其是否拥有企业的产权,也不取决于该企业是由国有控股还是私人控股,而是取决于企业与企业之间是否具有竞争,企业经营者之间是否具有竞争,所有者与经营者之间是否具有科学合理的激励、惩罚和授权机制。如果企业经营者与企业之间存在共同利益,那么虽然企业经营者不具备企业的所有权,但他在某种程度上可以说拥有一定的企业财产分配权。在这种情况下,如果企业经营者之间(即人才市场)是有竞争的,企业与企业之间是有竞争的,那么理性的企业经营者一定会充分利用市场配置资源,并调动自身的积极性为企业利益而工作,而不会出现传统国有企业存在的低效怠工、贪污寻租等消极行为。

因此,私有化并非必然带来经济效率,既存在无效率的国有企业,也存在有效率的国有企业;同样,既存在无效率的私有企业,也存在有效率的私有企业。问题的关键在竞争,而不在所有制,竞争比私有化重要得多,公有制企业同样可以通过改革获得充分的经济动力。

② 是否不需要政府干预就可实现资源的有效配置

科斯认为如果没有政府的干预,人们自愿地联合起来可以解决任何无效率的问题,当事人之间的谈判都会导致这些财富最大化的安排,市场机制会自动使资源配置达到帕累托最优。这是科斯定理的第二层含义。科斯的这一理论也曾经主导了苏联、东欧国家经济体制的改革,强调私有产权和无为政府,但是从这些国家经济改革的实践来看,这一逻辑存在很大的缺陷。

某些科斯定理的信奉者可能会天然地认为,在交易成本为零时,产权一点也不重要,因为它根本不影响效率。张五常也这么说:"交易成本为零时,产权界定根本就不必要。"甚至人们进一步得出结论,无须政府的参与,市场机制可以自动解决外部性问题,实现资源的最优配置。

由于外部性问题的存在,个体之间很难建立"自愿"组织去解决外部性问题,市场会出现失灵的情况,但是政府可以建立一个机制,解决因外部性和交易费用问题带来的市场失灵。因此,在某种意义上,也可以把政府看做是为此目标而设定的集体性组织。

市场和政府既不是完全孤立的,也不是完全对立的,不要把市场和政府对立起来,而要在市场和政府之间保持恰当的平衡;市场配置资源或价格配置资源通常都缺乏效率,导致市场失灵,而市场失灵就要求政府干预。斯蒂格利茨认为,市场的"常态"是信息的不完善性和市场的不完全性,公共产品、外部性、垄断等"市场失灵"现象界定了政府活动的范围;在一般情况下,市场不存在有约束的帕累托效率;市场失灵现象的根源在于没有人对市场负责,没有人干预市场,而市场失灵就要求政府干预,以增进福利。

格林沃德和斯蒂格利茨1986年在《具有不完全信息和不完全市场的经济中的外在性》一文中提出了一个"非分散化基本定理":在一般情况下,如果没有政府干预,就不能实现有效率的市场资源配置。斯蒂格利茨等人批评了科斯等人的没有政府干预市场可以实现有效率的资源配置的观点。"格林沃德-斯蒂格利茨定理"认为,政府差不多总能有潜力对市场资源配置作出改进,政府具有私人部门所不具有的能力。斯蒂格利茨还提出,"从计划经济向市场经济转型的国家,不能削弱政府的作用,而是要重新对它加以规定"。

斯蒂格利茨区分了两种资源配置:一种是价格配置,另一种是非价格配置。传统的西方经济学理论只强调价格和市场在资源配置中的作用,斯蒂格利茨对此不以为然。他说:"价格(和市场)在资源配置中只起比较有限的作用,而非价格机制则起更重要的作用。"斯蒂格利茨批评市场主义,认为它只重视价格和市场配置,而对非价格机制配置资源的重要作用则缺乏足够的认识。他还强调,政府在直辖市大规模投资方面能够充当更有效率的角色,以避免在市场经济中不时显现出的生产能力过剩的问题。

由于处于常态的信息不完全和外部性等问题,决定了只靠市场自发自愿,无法实现资源的最优配置,政府特别是区域政府不仅可以解决市场交易所需的基本法律环境和制度问题,还可以通过合理的产权分配、投资、价格、税收、法律、制度、人才教育等价格和非价格机制在资源配置中的作用,弥补市场失灵,实现对经济的"超前引领"。

(2) 区域政府的公共性与强制力对市场秩序的建立和维护体现为"超前引领"的性质

在经济活动中,政府、企业和个人都是其中的主体,但政府和其他经济活动主体相比有着明显的不同之处:一是政府具有公共性;二是政府具有强制力。市场这一客观规律被认识和被遵从有一个漫长的过程,在发展过程中,市场秩序常常会因人性的自私和贪婪被扰乱和被凌驾,历史的发展实践证明,这个过程是痛苦的、代价是沉重的。而区域政府作为具有公共性和强制力的组织,有利于迅速排除干扰因素,建立和维持市场秩序,缩短市场调整的阵痛期,具有纠正市场失灵的先天优势。一个"强政府"必然对市场机制是熟悉的,对市场秩序的建立和维护是有预见性和规划性的,区域政府的公共性与强制力为区域政府实施"超前引领"提供了前提条件。

(3) 区域政府的交易外第三方监督机制是市场自由、公平交易的强有力保证

在正常情况下,人与人之间常常可以在市场这只"看不见的手"的引导下,通过自愿交换来实现其利益,只要交易成本超过收益,参与者就愿意作出更有助于增加收益的交易行为,这种理性的自利是可以通过自愿交换来实现互惠互利、提高社会生产活动效益的,这对于社会而言就是一种帕累托改进。但如果没有一个具有社会强制力的政府来约束和保障互惠的交易,那么自利的动机也会驱使交易中理性的一方通过威胁或者武力来强迫他人以实现自己的利益,这无疑是对市场自由公平交易秩序的极大破坏。在世界贸易的发展历史以及现在的世界经济格

局中类似的情形并不少见,比如经济发达、军事强大的国家在和不发达、弱小的国家的国际贸易中,往往采用威胁、垄断甚至是战争的方式,进行占有、剥夺,或是以极度不平等的方式,以极低的成本和价格,从不发达、弱小的国家中攫取大量的资源。

因此,只有在一个拥有强制力的第三方监督机制下,自愿交易和市场机制才能真正发挥其应有的作用。如果交易双方出现纠纷或者不履约的情况,法院、警察局等强制机关可以帮助受损失的一方挽回损失,或者惩戒违约的一方,那么原来有违约倾向的一方就会评估其守约的收益和违约的成本,提高自愿、公平交易的可能性。政府在经济活动中所表现出的普遍性和强制力,极大地推动了市场秩序的构建与维系,保护和促进了市场主体之间自愿、公平的交易,提高了整个社会的产出和收益。此外,政府在经济活动中所表现出的普遍性和强制力,也使得其具有纠正市场失灵的先天优势,政府可以通过法律、税收、行业政策等诸多具有普遍性和强制力的手段,不断完善市场机制、改善市场秩序、引导市场方向。

(4)区域政府财政支出对经济发展结构和水平的影响具有"超前引领"的可能性

马斯格雷夫和罗斯托提出的发展阶段理论认为公共支出的内涵是随着经济发展阶段的不同而变化的。在经济发展的早期阶段,政府投资在社会总投资中占有较高的比重,公共部门为经济发展提供社会基础设施,如道路、运输系统、环境卫生系统、法律与秩序、健康与教育以及其他用于人力资本的投资等。这些投资,对于处于经济与社会发展早期阶段国家的"起飞",以至进入发展的中期阶段是必不可少的。

在经济发展的中期阶段,政府投资还应继续进行,但这时政府投资只是对私人投资的补充。无论是在发展的早期还是中期,都存在着市场失灵和市场缺陷,阻碍经济的发展。为了弥补市场失灵和克服市场缺陷,也需要"强政府"的干预。马斯格雷夫认为,在整个经济发展进程中,GDP 中总投资的比重是上升的,但政府投资占 GDP 的比重会趋于下降。

当经济发展到成熟阶段,人均收入水平大幅上升,人们开始追求高品质的生活,因而对政府提出了更高的要求,迫使政府提供更好的环境、更发达的交通、更快捷的通信以及更高水平的教育和卫生保健服务等,因此公共投资的份额又会出现较高的增长。

此外,随着经济的发展,市场失效日益突出,这就要求政府通过立法、增加投资和提供各种服务来协调和处理冲突及矛盾,其结果是公共支出的增长。总之,公共支出规模的上升与下降取决于经济发展的不同阶段,公众对政府提供的公共产品的收入弹性。比如美国经济已经处于成熟阶段,所以其政府支出多用于国家安全、教育、医疗、养老等公共服务领域。而中国还处于发展中期,部分省市地区还处于发展初期,因此政府支出中政府投资等用于经济建设性的支出占比较高。

在马斯格雷夫和罗斯托的发展阶段理论中,可以看出财政支出增长反映了政府在发展过程中起到的诸多作用,它既是基础设施资金和社会投资的供给者,同时还努力地克服市场失灵,尤其是在市场不存在的领域。从某种意义上讲,这也意味着政府特别是区域政府可以通过财政支出影响经济发展的结构和水平,对经济具有"超前引领"的可能性。

(5) 区域政府创新的自发性和超前性实现区域经济的"超前引领"

① 政府是技术创新的推动者

根据熊彼特的创新理论,技术创新是经济增长的重要源泉。1990 年罗默在《内生技术变化》一文中开拓了关于内生技术变化增长思路的研究。这一研究思路与新古典经济增长理论不同的是,在由内生创新驱动的增长中,市场并不总是帕累托最优,这是因为创新需要垄断利润的存在。

开发新材料和新产品是研究开发活动的一种形式。新材料或新产品的出现将使中间产品种类或最终消费产品种类数目扩大,从而扩大了经济主体的选择范围,不断改善经济福利,给新中间产品研究开发者带来了垄断利益。在垄断利益的激励下,新中间产品的研究开发者不断努力从事其新中间产品的研究开发活动。如果新中间产品研究开发者是可以自由进入的,则只要研究开发者的净现值大于新中间产品的研究开发成本,研究开发者就可能将其所有资源都投入进去。

政府可以通过公共支出的补贴降低对中间产品的使用成本,或者保证生产者的利润水平趋于社会水平,比如德国为发展新能源对使用太阳能的居民给予电价补贴、中国对购买新能源汽车的居民实施购车补贴等政策,由此可刺激居民对新中间产品的需求,促使市场经济条件下的经济增长趋向社会最优。政府也可以通过公共支出对私人的研究与开发活动进行补贴。通过政府补贴降低研究开发成本,以此提高私人资本的边际收益,提高分权情况下的经济增长速度。政府还可以通过公共支出直接投资于研究与开发领域,增加中间产品的供应数量,促进技术创新。

Segerstrom(2000)[①]在一个包含两类创新的经济中考察了研发补贴的经济增长效应,也发现了另一种情形:研发补贴对经济增长的影响是不确定的,政府只有补贴生产效率较高的研发部门,才能促进经济增长。所以,一个城市只有根据它自身的资源禀赋以及经济发展状况,综合考虑世界经济、科技的长期发展趋势,通过公共支出政策选择,提高自身需要发展或具有较高效率的中间产品;也就是说,促进某些领域的技术创新,才能真正实现对经济发展的引领。

在世界经济发展的历史长河中,哪个国家在创新的竞赛中占据了主动,就会在国际竞争中得到先发优势,取得经济发展的主动权。英国领导了第一次工业革命,一跃成为当时的世界第一强国。美国主导了信息技术革命,使其经济称霸全球。对于企业也是如此,Google依靠搜索引擎在短短几年时间内成为世界性大企业,苹果公司通过精益求精的产品和技术创新一跃成为全球市值最大的企业。

英国经济学家弗里曼在20世纪80年代提出"国家创新系统"理论,将创新上升到国家战略。过去三十年,世界各国政府在鼓励和推动技术创新方面,都发挥着重要的作用。

② 政府是制度创新的发动机

在经济发展、国家兴衰方面,制度起着至关重要的作用。但是制度一旦形成,即具有稳定性。社会易变而制度不易变,于是形成变革的社会与稳定的制度之间的矛盾。因此,当社会要变革、要发展,必须先对已有的制度进行改革,即制度创新。

---

① Segerstrom, P. The Long-run Growth Effects of R&D Subsidies[J]. Journal of Economic Growth,2000, 5 (3),pp.277–305.

制度创新可分为诱致性制度创新与强制性制度创新。诱致性制度创新指的是现行制度安排的变更或替代，或者是新制度安排的创造，它由一个人或一群人，在响应获利机会时自发倡导、组织和实行。诱致性制度创新具有自发性、局部性、不规范性，制度化水平不高。强制性制度创新的主体是政府，而不是个人或团体，政府进行制度创新不是简单地由获利机会促使的，而是通过政府的强制力在短期内快速完成，这样可以降低创新的成本，具有强制性、规范性和制度化水平高的特点。

制度创新的主体有三个：个人、团体与政府。从这一角度分析，制度创新有三种：个人推动的制度创新、团体推动的制度创新、政府推动的制度创新。制度创新可以在这三个层次上进行，但它们的影响差别很大。由于政府所具有的强制力，政府推动的制度创新最为宏观，影响面往往最大；个人和团体也会参与制度创新，其中较有代表性的是泰勒制。它是20世纪初美国工程师F. W. 泰勒在传统管理基础上首创的一种新的企业管理制度，是一种工业管理方法，可以使作业标准化、规范化，可以提高生产效率，因而也叫科学管理，曾被当时许多资本主义国家的企业所采用，大大提高了工业的生产效率。

从政府功能的角度来说，由于国家具有暴力上的比较优势，它能够维护基本的经济社会结构，促进社会经济的增长，因而代表国家的政府也就理所当然地成为制度创新的生产者和供给者。同时，政府主导的制度创新是成本最低的创新形式。制度安排是一种公共物品，而政府生产公共物品比私人生产公共物品更有效，在制度这个公共物品上更是如此。

虽然个人和团体也可以进行诱致性制度创新，但是由于诱致性制度创新会碰到外部效果和"搭便车"问题，因此，该类制度供给将不足。在这种情况下，强制性制度创新就会代替诱致性制度创新。政府可以凭借其强制力、意识形态等优势减少或遏制"搭便车"现象，从而降低制度创新的成本。当制度创新不能兼顾所有人的利益时，或一部分人获益而另一部分人的利益受损时，制度创新就只有靠政府了。

政府主导型制度创新即政府凭借特有的权威性，通过实施主动进取的公共政策,推动实现特定制度发展性更新的行为过程。在这种形式的制度创新中,由于新制度本身就是国家和地区政府以"命令和法律"形式引入并实现的,因此政府发挥了决定性作用。

政府可以有意识地采取某些措施,通过改变产品和要素的相对价格来促进创新和经济发展;政府可以采取某些政策,将有限的人力、物力资源集中起来,更快地开发或引进某些新技术,以便激发创新;政府可以消除区域间人为的壁垒,使分割的市场得以统一,市场规模得以扩大;政府可以改变法律和现存的制度安排,使其朝着有效率的制度方向创新。

区域政府的制度创新更具有自发性和超前性。除了国家的制度创新外,区域政府也是重要的制度创新主体,并且由于地区之间制度结构存在长期的差异,以及地区之间竞争的需要,区域政府通过制度创新能够在一定时期内获得制度的垄断利益,因此,区域政府具有强烈的开展制度创新的动力。

以中国为例。改革开放以来,中国从过去的计划经济体制向市场经济体制过渡,其核心就是市场逐渐成为调配资源的主体,政府从经济决策领域逐步退出。在这一过程中,政府内部实施自上而下的分权,区域政府因此而获得相对独立的财政收支权力,不同地域的区域政府之间为了获得更大的资源支配权,展开了深入而广泛的横向竞争。地区政府之间竞争的现象可以归结为政府间的制度竞争,制度层面上的竞争是区域竞争深化的结果,其实质就是制度创新的竞争。

改革开放以来,中国选择了一条渐进式的制度创新路径。某些区域政府为了追求更高的财政利益和经济发展,率先主动支持有利于本地区经济发展的诱致性制度创新。从中国来看,珠三角地区和东部地区的那些有远见、有魄力、有才识、具有超前思维的区域政府官员,既出于对提高辖区整体经济水平和福利的关注,也出于对自身政绩的考虑,在中央政府宏观改革政策的鼓励下,大胆突破原有地区旧体制的束缚并在制度创新方面不断取得进展,使得这些地区的经济在改革开放之初就得到快速发展,并最终形成了有别于内陆地区的制度竞争优势。

由此看来,一个区域的改革进程更多地取决于这个区域政府官员的改革魄力和超前思维。这些"迫不及待"的政府官员及由其组成的区域政府往往充当推动本地区制度创新的"第一行动团体",引领着区域经济的发展。

中国制度创新的思路是"由点及面,逐步推进",特别是对那些涉及全局性的制度创新,中央往往会在某一个地区率先推行,如建立经济特区。在试点区域制度创新取得成功后,各个区域政府通过移植和模仿其他区域的制度创新成果,使得转型经济制度在中国各地区迅速扩散开来。这种试点区域制度创新模式不仅试错成本小,还因为区域政府自身推动制度创新的强大动力和竞争性,缩短了制度创新的时滞,推动了各个地区的制度创新和发展。

这种具有自发性和超前性区域政府的制度创新,不仅带来了区域经济的超前发展,而且最终会带动国家的制度创新,具有很强的"超前引领"作用。

③ 政府是组织创新的引领者

组织创新也是熊彼特创新理论的重要构成。组织是由各种资源按照一定方式相互联系起来的系统,组织创新是对这一系统的结构及管理方式进行一系列变革和调整的行为。组织创新的目的是使组织能够更好地适应外部环境及组织内部条件的变化,从而提高组织活动效益的过程。组织创新必然需要对原有资源进行重组与重置,形成新的组织结构和比例关系,并依据变革后的组织需要采用新的管理方式和方法。这一系列的在组织创新活动中所涉及的组织功能体系的变动、管理结构的变动、管理体制的变动和管理行为的变动,也必然会涉及各方权力和利益的重组,这意味着组织创新往往伴随着巨大的风险和相当大的阻力。因此,组织创新既需要有长远的战略规划,也需要具备挑战和打破旧的组织结构和利益格局的勇气与魄力。

区域政府在组织创新方面可以在两方面发挥巨大的作用。一方面是针对区域政府自身的组织创新,比如扁平化的组织模式变革、放权让利以及政府机构之间的合并与重组等;另一方面是在全社会范围内营造组织变革的氛围,为整个区域的组织创新创造良好环境。事实上,政府的政策、法令、法律、规划、战略等都直接对组织创新行为具有指导意义和约束力。政府凭借其政治上的权利和经济上的调控职责,在打破旧的组织束缚和建立新的组织架构上,具有无可比拟的优势,因此,区域政府在组织创新上必须要发挥超前引领的作用。

4. "超前引领"的主要载体

城市经济是区域政府"超前引领"的主要载体,理由如下:

(1) 在区域政府的竞争中,城市竞争是区域政府之间竞争的主体力量

① 城市在发展经济过程中实际权力较大,竞争最为激烈。在中国,尽管中央和区域政府提供有关土地及其他经济政策的指引,有干部任命权、财税再分配权等,但在这样一个发展中国家,市场经济三要素中的资本要素主要受制于中央的货币政策调控,劳动力要素供给主要由市场决定,只有土地使用权(或者土地)的供应或变更可以由城市政府来主导或引导。

② 城市的经济独立性强,政府利益与经济发展关联度大。城市政府的主要收入、官员的经济政绩、财政税务的松紧,都与项目建设、招商引资、区域发展密切相关。

③ 同一区域内,城市之间自然禀赋差异小,条件清楚,可比性高。而省州之间,有的位于沿海地区,有的位于内陆地区;有的条件好,有的条件差,自然禀赋差异大,可比性相对下降。

④ 城市主体数量多且具有一定规模,具备竞争环境和充分的竞争条件。宪法规定,中国政府行政机构分为中央、省、县、乡四级制,但由于省和县中间还多了地级市这一级建制,事实上中国实行的是中央、省、地级市、县、乡这样的五级政权体制。

需要指出的是,这里所说的城市是相对于农村而言,"城市政府"是相对于"乡村政府"而言。因此,"城市"是一个相对的概念,既可以指"城市的行政区划",又可以指"城市的区域范围"。

通过分税制等合约竞争纽带,即与上级政府、投资者均有合约的约束竞争,各级政府在发展经济这个问题上,具有高度的一致性。无论是政治诉求,还是经济利益,各级政府都想通过发展来增加税收,增加自己的可支配收入。因此,经常可以看到,在市级和县级政府的竞争中,特别是涉及跨省之间招商项目的竞争中,往往都有区域政府的参与和竞争。

(2) 城市经济发展是区域经济增长的主要驱动力量,也是政府"蒂布特选

择"机制的作用核心

城市经济以城市为载体和发展空间,由工业、商业等各种非农业经济部门聚集而成,在特点上主要包括:人口、财富和经济活动在空间上的集中;非农业经济在整个经济活动中占支配地位;经济活动具有对外开放性。

城市第二、第三产业繁荣发展,经济结构不断优化,资本、技术、劳动力、信息等生产要素高度聚集,规模效应、聚集效应和扩散效应十分突出,是整个区域发展的重要推动力量。国外的理论研究和实践都证明城市是区域经济增长的发展极,城市的带动作用增加了地区差别效应,改变了直接的地理环境。作为人力、资本资源的积累和集中中心,它促进了其他资源集中和积累中心的产生,而且如果足够强大,城市经济的发展还会改变它所在的国民经济的全部结构。在经济增长中,由于某些主导部门,或有创新能力的企业,或行业在某一区域或大城市聚集,形成资本与技术高度集中、具有规模经济效益、自身增长迅速并能对邻近地区产生强大辐射作用,促进自身并带动周边地区的发展。中国经济发展的实践已经证明,在长三角和珠三角的城市化群落中,城市化率与经济增长之间具有显著的正相关关系,城市化率对经济增长具有重要的新引擎作用。

在城市经济发展中,区域政府通过"蒂布特选择"机制来实现区域经济的"超前引领"。"蒂布特选择"机制是指在人口流动不受限制、存在大量辖区政府、各辖区政府税收体制相同、辖区间无利益外溢、信息完备等假设条件下,由于各辖区政府提供的公共产品和税负组合不尽相同,所以各地居民可以根据各区域政府提供的公共产品和税负的组合,来自由选择那些最能满足自己偏好的区域定居。居民们可以从不能满足其偏好的地区迁出,而迁入可以满足其偏好的地区居住。形象地说,居民们通过"用脚投票",在选择能满足其偏好的公共产品与税负的组合时,展现了其偏好并作出了选择哪个政府的决定。

在"蒂布特选择"机制下,政府为了吸引城市群外的企业和产业,可以采取加大固定资产投资中的更新改造的比例、加大对城市群内基础设施建设投资的比例、降低企业交通运输成本、强化需求关联的循环积累效应和投入产出联系,促进区域经济增长。中国改革实践充分说明,在珠三角和长三角城市化群落中,各区域政府均加大了固定资产投资中的更新改造投资的比例,加大了对城市内和城市间的基础设施建设投资的比例,结果不仅降低了企业的交通运输成本,而且增强了投资需求对经济增长的循环积累作用,促进了经济增长。

(3) 城市经济发展的规模效应、集聚效应、邻里效应决定了政府"超前引领"的战略重点

规模效应又称规模经济,即因规模增大,单位产品的固定成本不断降低而带来的经济效益的提高,但是规模过大可能产生信息传递速度慢且造成信息失真、管理官僚化等弊端,反而产生"规模不经济"。城市经济发展同样具有规模经济效应。随着城市的发展壮大,城市管理的单位成本下降,为税负的减轻和公共服务支出的增加奠定了经济基础,吸引了更多的资本和劳动的投入,产出效率和发展速度进入快车道,城市经济发展的规模效应越来越突出。区域政府的"超前引领"也必须将着力点放在城市规模上,为政府的管理成本的降低、管理效率的提高创造先决条件。并且要借助区域政府的预测、规划能力防止出现规模过大而产生的规模不经济,在防微杜渐上也要发挥好"超前引领"的作用。

城市经济发展中的规模效应还只是在成本上说明了城市经济的优势,产业的集聚效应才是真正代表了城市的创新和引领能力。

"集聚效应"是指各种产业和经济活动在空间上集中产生的经济效果以及吸引经济活动向一定地区靠近的向心力,是导致城市形成和不断扩大的基本因素。产业的集聚效应是城市经济集聚效应的主要表现形式,是创新因素的集聚和竞争动力的放大。从世界市场的竞争来看,那些具有国际竞争优势的产品,其产业内的企业往往是群居在一起而不是分居的。产业的集中最终形成了城市,也在不断扩大城市规模和提升城市经济实力。

但产业集聚效应并非简单的企业集中就能产生。一个优秀的企业,在产业创建、转移和发展过程中比较多关注产业的外部环境是否具有持久的竞争优势。所以城市经济的发展必须是有高度关联性产业的整合,形成内部经济和外部经济的双重区域竞争优势,才能真正吸引有效投资,促进城市经济发展。而在规划产业

联盟、引导产业、培育区域竞争优势方面,区域政府在制度创新与技术创新的能力上具有"超前引领"的天然优势,区域政府可以合理规划土地资源来培养产业园区;可以提供交通、电信、大型交易中心、大型原材料基地等公共设施;可以建立完善的法律、社保、环境制度体系和良好的融资环境;可以对跨区域的产业集聚进行政府间沟通;也可以加强在公共服务方面的投资,包括大学以及其他教育培训机构,管理、技术等咨询机构,公证、法律、会计服务机构,产品检验认证机构等。通过区域政府的活动可以更好地促进企业之间的各种交流与合作,倡导植根本地的区域文化以及适应竞争与合作需要的企业文化。

邻里效应,最早由美国社会学家威尔逊提出,主要是指区域社会环境的特点可以影响人们的思想和行为的方式。产生原因在于人们普遍存在一种建立和谐的人际关系的期望;人们看待对方时,也倾向于多看积极的方面;人们在互动过程中,总是不由自主地力图以最小的代价换取最大的报酬。邻里效应的作用机制主要包括社会化机制、社会服务机制、环境机制和区位机制四类。其中社会化机制又称社会互动机制,强调邻里内部群体之间以及与外部群体之间的社会互动对邻里内部群体的社会行为将产生影响。这种社会化机制的邻里效应有积极和消极之分,好的邻里效应会形成互相带动、互相促进的良性循环,而消极的邻里效应也会产生诸如风气恶化、环境污染、区域贫困、地区污名化等恶性循环。

作为区域政府,有责任在社会服务机制、环境机制和区位机制方面发挥"超前引领"的作用,强化邻里效应的正面扩散效应,扼制其消极思想和行为方式的恶性传播。欧美等国家和地区应对邻里效应的政策主要以区域政策为主,通过进一步完善医疗卫生、教育文化、商业服务等公共性服务设施,致力于区域公共交通条件的改善、完善就业、技能培训、福利申请的信息咨询服务等,极大促进了实现区域的复兴与提升。

5. 区域政府的职能边界

市场调节和政府调节有各自的优势和不足,需要相互配合,而区域政府的职能边界在于区域政府解决一个经济问题的成本与市场解决这个问题的成本的比较。理论上说,当区域政府作用的边际收益(成本)等于市场作用的边际收益(成本)时,市场和区域政府的职能边界达到最佳状况;当政府作用的边际收益大于市场作用的边际收益,或者政府作用的边际成本小于市场作用的边际成本时,就应当选择和扩大政府的作用。

在实践操作中,由于对区域政府和市场作用的边际成本和边际收益看法不同,所以对于区域政府具体的职能界限还存在一定争议。韩国、日本等地的发展模式,都基本体现了一种政府主导型的经济发展模式,不同的是政府干预程度与驾驭经济发展的能力上存在的差别。而以美国为首的西方国家在经济发展上比较倡导"小政府"的理念,政府职能主要体现在保障人的基本权利、创造自由的环境、完善法治和产权制度、给市场经济营造稳定的基础方面。无论市场与区域政府的具体组合如何,都和一定的发展阶段、具体的社会背景密切相关,所以区域政府"超前引领"的范围也需要根据不同发展阶段明确界定。

一般来说,区域政府应充分发挥其在制度创新方面的引领优势,成为构建区域创新体系的主体,用制度创新为技术创新提供基础条件和环境保障。一项技术创新若要在经济中实现效用最大化,不仅需要有知识产权等立法的保护,也需要资本的投入,更需要人才等软环境的配套。技术创新活动是一根完整的链条,这一"创新链"具体包括:孵化器、公共研发平台、风险投资、围绕创新形成的产业链、产权交易、市场中介、法律服务、物流平台等。完整的创新生态应该包括:创新政策、创新链、创新人才、创新文化。以高科技产业为例,世界上发达国家都是通过立法、投资、税收、人才教育等建立完善的创新体系,从而保障高科技产业的高速发展。

(二)区域政府"超前引领"的内涵

在理解政府"超前引领"的内涵时,需重点关注以下几个关键问题:

1. 区域政府通过积极经济导向的调节、预警形成区域竞争,推动经济发展

在市场经济条件下,区域政府的职能不仅是公共事务管理和服务,还包括协调和推动经济发展。例如,制定经济规范和维持市场秩序;保持宏观经济稳定,提供基础服务;培育市场体系,保证市场有序进行;进行收入再分配,实现社会公平

目标;等等。区域政府的双重职能,一方面代表了市场经济的微观层面,另一方面代表了市场经济的宏观层面,即国家政府宏观引领调控经济发展。

市场经济的竞争主体存在双重要素,即企业和政府。在微观经济层面,市场竞争的主体只有企业;在宏观经济层面,市场竞争的主体还包括区域政府。这两个层面的竞争,也是中国改革开放三十多年来实现经济持续快速发展的"双动力"。

中国于20世纪80年代恢复"财政包干"的办法,向省、县级政府下放权力,实行分级预算、收入分享,形成区域政府间竞争的格局。由于采用承包制,经济增长上去了,税收占比下降了,在中央、区域财政关系上,在80年代末期到90年代初期,财政收入占GDP的比重、中央财政收入占整个财政收入的比重持续下降,这种下降已经危害到中央政府对整个国民经济的控制能力,于是在1994年推出分税制改革,改原来的包干制为分税制。无论是包干制还是分税制,客观上都强化了区域政府发展经济的动力。

张五常在《中国的经济制度》一书中,把中央政府将权力下放到县级政府、县级政府之间的竞争作为中国经济增长的原因。他认为,县与县之间的激烈竞争不寻常,那是中国在困难的90年代还能急速发展的主要原因。大约2004年越南把中国的这一制度抄过去,那里的经济也起飞了。①美国《华尔街日报》于2010年9月6日也撰文指出,区域政府竞争是中国经济增长的主因。

在这一过程中,区域政府职能发挥的好坏,决定了区域经济发展的好坏。从实际情况来看,从中央政府到各级区域政府,从沿海到内地,区域政府职能的发挥和区域经济的发展是不平衡的。在改革开放的前沿地带,区域政府职能转变得更快。这些区域政府从市场经济的内在要求出发,超前性地实践和探索市场经济发展中政府的作用,先走一步,赢得了改革的时间差,抓住了发展的主动权,其所在区域的社会经济也就走在了前列。相反,在一些思想不够解放、对市场经济理解较差的区域,区域政府职能转变就显得步履蹒跚,影响了区域经济的发展。

---

① 张五常.中国的经济制度[M].北京:中信出版社,2009.

2. 政府"超前引领"以市场机制和市场规则为基础

在计划经济时代,由于实行高度集权型的经济体制,一切社会资源都是统筹统配,市场基本上被排除在经济活动之外。政府特别是中央政府的职能空前扩大,它几乎取代了所有经济主体的决策和选择权利的机会,包办包揽一切。在这种情况下,区域政府成为中央政府上传下达的中转站,没有自己独立的经济利益、责任、权利和义务,其活动被严格限定在中央政府的"红头文件"之中,根本发挥不了积极的经济职能,更谈不上所谓政府"超前引领"。而企业则成为政府的附属物,产供销和人财物的供给与产出完全由政府代行决策,企业只需完成指令性计划指标,可以不问市场、不管效益,蜕变成了一般性生产组织,不再是真正的经济主体。消费者的市场选择机会同样由政府代替,如就业安排、日常消费品的配给等。

在市场经济体制下,资源配置是通过价格机制的作用来实现的。在理想情况下,市场能够通过自身的力量自动调节供给和需求,从而实现供求均衡。但是,在现实经济生活中,存在着不完全信息、垄断、公共物品等妨碍市场出清的多种因素,从而使市场出现失灵,诸如缺乏交通设施、社会治安、社会服务等方面的公共品,出现失业和通货膨胀、收入分配不公、贫富分化、社会不公正等现象。存在市场失灵便成为政府参与经济生活的根本原因和设计政府各项职能的基本依据。

当然,强调政府的作用,并非等于政府什么都要管。不适当的政府干预可能会妨碍市场的正常发育,从而导致更多的政府干预;反之,适度的政府干预不仅有利于社会目标的实现,还能促进市场的发育。也就是说,政府干预必须适度。发展经济学家阿瑟·刘易斯有一句名言:"政府的失败既可能是由于它们做得太少,也可能是由于它们做得太多。"[①]

那么,如何选择合适的政府干预方式以及怎样把这种干预控制在必要的限度内?只有依靠市场规则和市场机制,通过引导投资、消费、出口的作用,运用经济

---

① 〔英〕阿瑟·刘易斯著. 梁小民译. 经济增长理论[M]. 上海:上海三联书店,上海人民出版社,1994.

和法律等手段及各种创新方式,有效配置资源,形成领先优势。

3. 政府"超前引领"的目的是为了有效配置资源,形成领先优势,实现可持续发展

对于政府的作用,有很多形象的说法,从最初亚当·斯密的"守夜人",到凯恩斯的"看得见的手",再到弗里德曼的"仆人"政府[1],等等。

近年来,为招商引资的需要,中国很多区域政府提出要做"保姆",为企业、投资者、项目提供"保姆式服务",正如家庭雇用保姆帮助买菜、做饭、洗衣服、擦地板、带小孩等。应该说,提出"保姆式服务",不仅体现了政府尊重市场经济体系的态度,也体现了政府为企业服务的决心,但是在实践中可能因为过度服务和盲目服务,而对企业经营和经济发展造成损害。比如在服务的过程中,由于过于"热心"介入企业的具体事务,这样服务得再"周到"、"保姆"当得再好,也是政府的错位。再如过于"溺爱",不管企业提出需求的对错,不管是否符合法律法规的要求、是否符合社会公平、是否符合产业的长期发展方向、是否符合企业的长期利益,一律照单全收,这种政府服务同样会对企业经营和经济发展造成不利后果。

政府的角色是什么?用"公仆"形容和用"保姆"形容都不够全面,用"引领"会更准确。引领,一方面表示政府有导向、调节和预警作用,另一方面表示政府是用投资、价格、税收、法律等手段,借助市场之力起作用。

广东顺德是中国首个 GDP 突破千亿元的县域,曾经连续多年居中国百强县的榜首。究其原因,是因为顺德历届政府的"超前引领"作用发挥得比较出色,这一经验值得重视。

20 世纪 80 年代初期,顺德政府提出"三个为主"(公有经济为主、工业为主、骨干企业为主),以此推进农村工业化。到 90 年代初期,顺德的工农业的产值比达到 98∶2,基本实现了工业化。1992 年以后,顺德又以制度创新为先导,在中国率先进行产权改革,一下子解放了企业发展的生产力,一大批企业集团、许许多多的名牌产品成长起来。

---

[1] 〔美〕米尔顿·弗里德曼,罗丝·弗里德曼著.张琦译.自由选择[M].北京:机械工业出版社,2013.

2005年，顺德政府又提出了"三三三"产业发展战略（第一、第二、第三产业协调发展，每个产业中至少要重点扶持三个以上的支柱行业，每一行业中至少要重点扶持三个以上的规模龙头企业），以及工业化、市场化、城市化、国际化战略等，推动了顺德又好又快的发展。一年后，即2006年，顺德的GDP突破千亿元。

除了顺德，珠三角的一些区域、江浙的很多区域，这些区域的政府在引领区域经济发展中也发挥了非常好的作用。中国的发展已经走过了"摸着石头过河"的阶段，应该要进入"超前引领"的阶段了。

（三）区域政府"超前引领"的范畴

对于一个经济体的发展而言，制度、组织、技术、理念等要素都很重要，因此，可以将政府"超前引领"归纳总结为制度的"超前引领"、组织的"超前引领"、技术的"超前引领"和理念的"超前引领"。

制度的"超前引领"，是指充分发挥政府，特别是区域政府在制度创新上的作用，通过创设新的、更能有效激励人们行为的制度和规范体系，改善资源配置效率，实现社会的持续发展、变革和经济的持续增长。它的核心内容是社会政治、经济和管理等制度的革新，是支配人们行为和相互关系的规则变更，是组织与其外部环境相互关系的变更，其直接结果是激发人们的创造性和积极性，促使新知识的不断创造、社会资源的合理配置及社会财富源源不断地涌现，最终推动社会的进步。只有创新型政府，才能发挥制度上的"超前引领"作用，形成创新型的制度。

组织的"超前引领"，是指通过政府，特别是区域政府在政府组织结构、组织方式、组织制度等方面进行的创新活动，提高经济和产业发展的组织基础，从而促进经济发展和社会进步。通常而言，组织创新的内涵和目的实质上是制度创新和技术创新。

技术的"超前引领"，是指发挥政府在集中社会资源中的优势，使其直接或间接参与技术发明，推动技术进步，促进企业技术创新能力建设。这包括两个方面：一是为企业提高技术创新能力创造一个有利的外部环境，如加强专利体系和产品标准化建设等；二是采取一系列直接在经济上激励企业技术创新的措施和政策，如推出关键技术领域的研发资助计划或设立技术基金等。

理念的"超前引领"，是指政府在行使国家公共权力和管理社会的过程中，对不断出现的新情况、新问题进行前瞻性的理性分析和理论思考，对经济和社会现象进行新的揭示和预见，对历史经验和现实经验进行新的理性升华，从而指导经济制度和组织形式的创新和发展。在新的经济发展阶段，只有全面创新中国政府的理念，如公民社会理念、有限政府理念、政府公开理念、政府效能理念等，才有可能为创新中国政府的管理体制、管理行为、管理方法和管理技术，提供正确的价值导向和巨大的创新动力。

在不同的经济体制、不同的经济发展阶段、不同的经济禀赋的条件下，政府"超前引领"的侧重点会大不相同。对于转型国家而言，市场经济制度尚不完善，经济增长方式比较粗放，在这种背景下，制度、组织、技术和理念上的"超前引领"显得尤其重要，这在中国三十多年经济改革开放中区域政府竞争上体现得比较充分。

在改革开放的前沿地带，如中国顺德、江阴等地，这些区域的政府从市场经济的内在要求出发，超前性地实践和探索市场经济发展中政府的作用，在经济体制、组织形式上率先进行创新。如20世纪80年代初期，顺德政府提出"三个为主"（公有经济为主、工业为主、骨干企业为主），以此推进农村工业化。江阴确定了"无工不富、无农不稳、无商不活"的发展路子，决定"大办乡镇工业"。1992年后，顺德政府又以制度创新为先导，在中国率先进行产权改革。

这种在制度、组织、技术和理念上的"超前引领"，使这些地区赢得了改革的时间差，抓住了发展的主动权，区域政府引领的社会经济也就走在了前列。顺德在改革开放三十多年的发展中，一直领跑中国的县域发展，成为中国首个GDP突破千亿元的县域，连续多年位居中国百强县榜首。江阴也因乡镇企业的异军突起，被著名社会学家费孝通概括为"苏南模式"，实现了由农业县向工业市的历史性跨越。

(四) 区域政府"超前引领"发挥实效的条件

区域政府"超前引领"的目的是实现区域资源的有效配置,形成领先优势,促进科学发展和可持续发展,但是"超前引领"能否真正发挥实效、达到上述目的还需要具备一定的条件。

首先,要具有完善的市场机制和法治环境,它是政府发挥"超前引领"作用的前提。市场经济不仅是政府进行"超前引领"的基础,也是政府优化资源配置的基础和动力。其次,要具有经济职能和竞争动力。对于全球经济来说,我们要创造一个良好的发展氛围和竞争环境。对于一个国家来说,我们要鼓励各区域或城市有序竞争,推动发展。再次,要推动政府信息透明公开,防止腐败,增强公民对政府的信任。最后,要创造一个良好的人才选拔机制,让优秀人才来参与政府管理。

1. 完善的市场机制和法治环境是"超前引领"的基本前提

强调政府"超前引领",就要特别强调在市场经济的基础上进行"超前引领"。没有完善的市场经济,政府"超前引领"就失去了意义。而且"超前引领"利用的也是市场机制、市场手段、市场力量,并推动市场更加完善。

市场经济是法治经济,法治环境不仅是政府"超前引领"的保障,也是政府"超前引领"过程中必须努力维护的目标。

(1) 以市场为基础配置资源是政府"超前引领"的重要条件

以市场为基础配置资源有两层含义:一是要具有市场经济的基础环境;二是政府要尊重市场经济的基本规则。要使区域政府能够发挥引领经济的作用,必须使这种引领作用与市场经济有机地结合起来。还是以中国为例。

① 要具有市场经济的基础环境

从中国体制改革实践来看,较大的体制调整有两次:一次是 20 世纪 50 年代末期,中国经济管理体制进行行政性调整,由集权变为分权,结果是获得一定自主权的区域政府仍以行政方式管理经济,政企关系无法理顺,企业缺乏活力。实质上,这是集权模式的弊病在分权模式中的重演。另一次是 80 年代中后期,中国普遍推行财政包干体制,虽然搞活了区域经济,但是也导致了各区域行政性贸易保护严重、诸侯经济割据的后果。

总结这两次体制改革的教训,根本的原因不在于是否应该放权,而在于缺乏有效的市场经济环境。

在计划经济时代,第一次体制改革因没有触动资源配置机制而无法解决旧体制中发展动力不足的根本问题。由于实行高度集权型的计划经济体制,一切社会资源都是统筹统配,市场基本上被排除在经济活动之外,政府特别是中央政府的职能空前扩大,它几乎取代了所有经济主体的决策和选择权力的机会,包办包揽一切。在这种情况下,区域政府在经济活动中的角色主要是一个传达中央指令给企事业单位的中介,是中央政府上传下达的中转站,没有独立的经济利益和责任,根本不是真正的经济主体,更谈不上所谓政府"超前引领"。

第二次体制改革虽然已经开始由计划经济向市场经济转型,但仍然因缺乏有效的市场规则而妨碍了统一市场的形成。总之,这都是市场经济发育不足造成的结果。

同时,这也说明,只进行政府之间权力转移是不够的,还必须要形成一个使用权力发展经济的有效运行机制,这就是市场机制。没有市场经济,就无法形成有序的经济运行秩序,在这种情况下,无论怎样分权都无济于事。

② 政府要尊重市场经济的基本规则

在培育市场机制和市场体系的基础上,广东省政府也积极地制定市场规则。市场规则是根据市场运行规律制定出的各类市场运行的法规、秩序,让市场活动的各类主体——政府、企业、团体、个人共同遵守。80年代初,广东省政府在作出允许农民进城经商决定的同时,也制定了对城市交通、卫生和市容管理的措施和条例。此外,政府还制定了一系列法规,涉及社会保障、劳务安全、卫生标准、环境保护等(前面已经提到),广东省经济发展较快既是因为区域政府引领作用的发挥,也是因为其市场经济机制建设得较好。

在强调政府对经济的引领作用时,必须要防止一种倾向,就是片面夸大政府的作用,进而无限扩张政府的职能。那么,什么是合适的政府引领方式? 什么样的尺度才能保持政府和市场之间适当的平衡呢？应该主要遵循以下三个原则：一是可经营性资源（私人物品）依靠市场原则，交给市场去处理；二是非经营性资源（纯公共物品）由政府提供；三是准经营性资源（准公共物品）视各类政府财力和私营部门的经济状况，通过多种组织形式，利用市场资源配置和私营部门的经营与技术优势，采取政府推动、企业参与、市场运作的原则进行。

政府的运行机制和市场的运行机制是不同的。政府主要是通过征税来提供公共物品。但是，征税是可以精确计量的，而公共物品的享用一般是不可分割、无法量化的。

此外，由于公共物品具有非排他性和非竞争性的特征，它的需要或消费是公共的或集合的，如果由市场提供，每个消费者都不会自愿掏钱去购买，而是等着他人去购买而自己顺便享用它所带来的利益，这就是经济学中的"搭便车"现象。

由以上分析可知，市场只适合提供私人产品和服务，对提供公共物品是失效的，而提供公共物品恰恰是政府活动的领域，应该由政府提供。

公共物品可以分为纯公共物品和准公共物品，一般来说，纯公共物品只能由政府提供；而准公共物品既可以由政府提供，也可以由私人提供但政府给予补贴。

必须说明的是，在准公共物品的生产和提供上，可以没有统一的做法，但应根据实际情况，视各类政府财力和私人部门的经济状况，通过多种组织形式，利用市场资源配置和私营部门的经营与技术优势，采取政府推动、企业参与、市场运作的原则进行。

在政府财力足够且政府运营效率相对较高的情形下，可以采取政府直接生产提供的方式。在政府财力有限，而私人部门资本充足且运营效率较高的情况下，也可以采用 BOT（建设—经营—转让，Build-Operate-Transfer）等方式，由政府通过契约授予企业（包括外国企业）一定期限的特许专营权，许可其融资建设和经营特定的公用基础设施，并准许其通过向用户收取费用或出售产品以清偿贷款，回收投资并赚取利润；特许权期限届满时，该基础设施无偿移交给政府，中国很多高速公路、污水处理设施都是采取类似的模式。这种模式能聚集社会资本，加快公共物品的供应。

(2) 市场化程度的高低决定"超前引领"作用的大小

纵向来看,"超前引领"随着市场机制的建立和完善而逐步加强。

以中国为例。改革开放以来,中国从过去的计划经济体制向市场经济体制转变,其核心就是市场逐渐成为调配资源的主体。这一过程大致可以分为三个阶段:

第一阶段是1978—1991年,是计划经济向市场经济过渡。这一阶段由于市场经济基础并不牢固,宏观调控仍以行政手段为主,未掌握也未能按照市场经济的基本规律办事,因此区域政府的"超前引领"作用大打折扣。

第二阶段是1992—1997年,初步建立市场经济,市场经济意义上的宏观调控逐渐走上历史舞台。这一阶段宏观调控已改变过去单纯依靠行政手段的做法,宏观调控目标明确,宏观调控手段逐步健全,在运用经济手段和法律手段的同时,辅之以必要的行政手段,具有理性干预的许多特征。与此同时,区域政府也更多地采用市场化手段来引领经济发展,有远见的区域政府逐步改变政府与企业的关系,不再参与企业的生产经营活动以适应企业发展的需要,而是转而创造和维护有利于企业经营的市场、法律等外部环境。因为只有区域企业的充分发展,才能保证区域政府的财政来源。

第三阶段是1998年以后,是市场经济的发展阶段,也是中国加入WTO的完成阶段。这一阶段,中国政府宏观调控体现出较强的预见性、针对性和灵活性,且宏观调控方向、节奏和力度的把握比较准确,多种宏观调控手段和方式能够协调使用。同期,区域政府在引领经济的方式上也发生了重大转型,出现了不少新的政府管理理念,包括经营城市、服务型政府等。尤其是深圳和顺德启动的"大部制"改革,大幅精简原有党政机构,改革后政府部门职能交叉减少、服务增强,有效提高了政府部门的行政效能,降低了行政成本,取得了很好的成效;同时,强化了领导责任制,使行政问责制落到实处。"大部制"改革对广东乃至中国经济社会发展的科学转型,对推动区域政府机构改革,建设公共服务型政府,具有很好的借鉴意义。

从这三个阶段的变化中,可以清晰地看到,政府"超前引领"的作用是随着市场机制的建立和完善而逐步加强。在市场经济刚开始建立的阶段,政府的"超前引领"更多体现在理念、制度和组织上;在市场经济初步形成之后,政府的"超前引领"则更多地转向组织和技术上的"超前引领"。

横向来看,市场化程度相对较高的地区"超前引领"作用体现得较好。

众所周知,与新加坡同处一个地理位置、资源禀赋还更为优越的马来西亚没有实现与新加坡一样的经济奇迹。这说明一个地区的经济发展固然是该地区的历史条件、文化背景、内外环境和政策体制等多方面因素综合作用的结果,但是,其中一个不容忽视的原因是各级区域政府在地区经济发展中发挥的主导作用,也就是"超前引领"的作用。政府"超前引领"作用的发挥与其市场化程度高度相关,市场化程度相对较高的地区,政府"超前引领"作用往往发挥得较好;市场化程度相对落后的地区,政府"超前引领"作用往往发挥得较差。

20 世纪 80 年代,中国广东省改革开放与经济发展就是沿着行政性放权与市场经济相结合的道路走过来的,市场经济的发育使区域政府发展经济成为可能。

当然,市场机制和政府的"超前引领"是相互依存、相互作用的。政府"超前引领"作用发挥得较好,也会反过来促进市场机制的形成和完善,而这又会提高政府的"超前引领"作用,从而形成一个循环往复的正激励效应。

为了保证区域财政收入的不断增加,中国区域政府必然要千方百计地帮助企业开拓新市场、获取新资源、引进新技术、增加新品种,这样,区域政府与其所属企业才能形成一股应付市场变动的共同力量,从而加快市场经济活动中主体力量的成长。最明显的例证是广东省乡镇企业的成长与发展,在乡镇政府的大力扶持下,乡镇企业在市场经济中扮演了最具活力的重要角色。

广东省各级区域政府正是将政府的主导作用和市场机制有机地结合在一起,借助于毗邻港澳、市场基础较好的优势,通过更大程度地对外开放,使得经济走在了中国其他地区的前面。

(3)完善的法律体系是实现"超前引领"的重要基础

市场经济必须依靠法律来解决市场经济活动的秩序问题。只有具备合理而完备的法律,才能发挥市场经济有效配置资源的功能。

市场经济是法治经济,强调用法治思维和法律手段解决市场经济发展中的问题,调整经济关系,规范经济行为,指导经济运行,维护经济秩序。法治是建立现代市场经济体制的重要基石。倘若没有法治的保障,那么从根本上讲产权是不安全的,企业不可能真正独立自主,市场不可能形成竞争环境并高效率运作,经济的发展也不会具有可持续性。

首先,不断建立和完善市场经济的法律体系,不仅为市场经济的培育和发展提供重要的法律条件,而且为公私财产权的保护和公平的市场竞争秩序的建立提供较为有效和全面的制度保障。

其次,要建设法治政府,全面推进依法行政,增强依法行政的意识和能力,提高制度建设的质量,规范行政权力的运行,不断提高政府的公信力和执行力,实现建设法治政府的目标。

最后,要构建法制化的营商环境。如加强知识产权保护;创新政府管理服务方式;建立合法科学、精简高效的行政审批制度,减少行政手段对微观经济活动的不恰当干预;提高行政决策的公众参与度,提高行政权力运行的透明度。

在建设竞争有序的市场环境方面,要以激发市场主体活力、促进市场主体诚实守信经营、推动生产要素高效公平配置为目标,有效降低市场准入门槛和企业运营成本。在建设市场监管体系方面,要创新监管机制和监管方式,逐步形成统一、开放、竞争、有序的市场生态环境,建立起政府负责、部门协作、行业规范、公众参与的市场监管新格局;完善质量监管体系,加强质量技术标准、质量检验检测、质量预警和风险防范工作;强化对垄断、不正当竞争等违反市场竞争秩序行为的监管,建立和完善"打、控、防、管"综合监管机制,推动监管向长效化、规范化转变;加强行业自律,推动政府把能由行业组织承接的行业管理职能权限向行业组织转移,支持行业组织制定行业经营自律规范,建立行业准入和退出机制。

2. 区域政府的竞争动力是"超前引领"的重要前提

竞争是市场经济的固有属性,亚当·斯密以利己主义和自然秩序为基础,论证了市场竞争的客观性、必然性和合理性,分析了竞争的均衡机制和作用过程,指出自由竞争具有宏观的协调功能和微观的动力功能,竞争的必然结果是劳动要素和资本要素的合理配置,从而促进国民财富的增加。

后来,蒂布特模型理论提出消费者会从对区域公共产品和服务的偏好出发来"用脚投票"以选择区域政府,区域政府竞争逐渐成为欧美国家多方讨论的热点话题。特别是近年来,随着欧洲经济一体化进程的加快,德国在政府竞争的理论研究方面取得了较大进展,布雷顿的"竞争性政府"概念、何梦笔的政府竞争大国体制转型理论分析范式、柯武刚和史漫飞的共同体和辖区间竞争引导着较有益于公民和企业的规则演化等理论都被相继构建出来,用以描述区域政府间在资源、控制权分配和制度创新方面的相互竞争的状态。中国转型过程中区域政府间的竞争也在充分展开,各区域政府的竞争实践也充分说明在制度竞争和体制竞争的作用下,区域政府竞争对区域公共物品供给和公共物品融资的影响极大,区域政府的竞争推动了经济体制改革、促进了对外开放、改善了基础设施、对中国经济增长有较大影响。当然,经济领域的分权也会导致区域政府之间围绕经济资源展开竞争,如果没有很好的制约机制,这种竞争并不必然带来经济的良性增长。

3. 透明的信息是减少政府失灵的重要手段

任何组织都有其自身利益,政府也不例外。作为以公共利益为目标的组织,如果信息不公开透明,政府也会产生寻租、腐败现象,从而导致政府失灵。阳光是最好的防腐剂,透明的信息不仅可以防止政府腐败,还有助于公民参与政府管理,增进公民对政府的信任,形成国家或地区的凝聚力。

(1) 信息不透明和缺少监督机制导致政府"超前引领"失效

正如前面所说,不仅市场会有失灵,政府也存在失灵。往往由于政府自身行为的局限性和其他客观因素的制约而产生缺陷,无法使社会资源配置效率达到最佳的情景,这就出现了萨缪尔森所说的政府失灵。政府失灵包括:

① 政府政策的低效率

政府政策的低效率,即公共决策失误。相对于市场决策而言,公共决策是一个十分复杂的过程,具有相当程度的不确定性,存在着诸多困难、障碍或制约因素,使得政府难以制定并实施好的或合理的公共政策,甚至导致公共决策失误,如出现短缺或过剩。如果政府的干预方式是把价格固定在非均衡水平,那么将导致生产短缺或者生产过剩。当把价格固定在均衡水平之下时,就会产生短缺;反之,则会产生过剩。

一般认为公共政策失误的主要原因有:一是信息不足,政府不一定知道其政策的全部成本和收益,也不十分清楚其政策的后果,难以进行政策评价;二是缺乏市场激励。政府干预消除了市场的力量,或冲抵其作用,这就可能消除了某些有益的激励。

② 政府工作机构的低效率

政府工作机构往往有低效率的倾向,特别是在发展中国家。一般认为,政府工作机构低效率的原因在于:

第一,缺乏竞争压力。一方面,由于政府工作机构垄断了公共物品的供给,没有竞争对手,就有可能导致政府部门的过分投资,生产出多于社会需要的公共物品;另一方面,受终身雇用条例的保护,政府工作机构的人员没有足够的压力去努力提高其工作效率。

第二,没有降低成本的激励机制,行政资源趋向于浪费。首先,官员花的是纳税人的钱,由于没有产权约束,他们的一切活动根本不必担心成本问题。其次,官员的权力是垄断的,有无穷透支的可能性。

第三,监督信息不完备。在现实社会中,社会对政府的监督作用将由于监督信息不完全而失去效力。再加上前面所提到的政府垄断,监督者可能为被监督者所操纵。

③ 政府的寻租

根据布坎南的定义,"寻租是投票人,尤其是其中的利益集团,通过各种合法或非法的努力,如游说和行贿等,促使政府帮助自己建立垄断地位,以获取高额垄断利润。"[①]可见,寻租者所得到的利润并非是生产的结果,而是对现有生产成果

---

① 〔美〕詹姆斯·M.布坎南著.吴良健,桑伍,曾荻译.自由、市场与国家[M].北京:北京经济学院出版社,1989.

的一种再分配,因此,寻租具有非生产性的特征。同时,寻租的前提是政府权力对市场交易活动的介入,政府权力的介入导致资源的无效配置和分配格局的扭曲,并产生大量的社会成本,如寻租活动中浪费的资源,经济寻租引起的政治寻租浪费的资源,寻租成功后所损失的社会效率等。此外,寻租也会导致不同政府部门官员争权夺利,影响政府的声誉和增加廉政成本。

公共选择理论认为寻租主要有三类:通过政府管制的寻租;通过关税和进出口配额的寻租;在政府订货中的寻租。

④ 政府的扩张

政府部门的扩张包括政府部门组成人员的增加和政府部门支出水平的增长。对于政府机构为什么会出现自我膨胀,布坎南等人从五个方面加以解释:政府作为公共物品的提供者和外在效应的消除者导致扩张;政府作为收入和财富的再分配者导致扩张;利益集团的存在导致扩张;官僚机构的存在导致扩张;财政幻觉导致扩张。

虽然政府具有"超前引领"的作用,但是造成政府失灵的某些原因同样也可能削弱政府"超前引领"的作用。因此,"超前引领"机制的发挥离不开政府职能的良好发挥。

区域政府之间存在着激烈的竞争,这在很大程度上可以减少政府失灵的程度。但是,如果没有一个公开、透明的信息披露机制和监督机制,政府仍然可能会产生寻租、低效等失灵现象。

(2) 信息公开、透明有助于提高政府的行政能力和行政效率

政府与民间组织、公共部门和私人部门之间的合作与互动才能最大限度地发挥公共管理的效力。政府作为国家权力的执行机构,应该重视公共利益,同时要重视社会媒体的作用,如果企图将信息封锁在政府内部,而在公共舆论的强大压力下不得不公开信息,就会降低政府的公信力。政府信息公开、透明是确保公民知情权、参与权的根本保障,有利于提高公民政治参与的程度,从而有利于政府决策的民主化、合理化;有利于加强社会监督,有效防止公共权力的滥用;有利于提高政府的行政能力和行政效率。

美国是拥有较为完善的政府预算信息公开体系的国家。美国政府(包括联邦政府、州政府及区域政府)的预算信息都能通过相关的网站与出版物获得。各级预算不仅对国会、议会公开,同时也对社会公众公开。通过预算及相关财政信息的广泛披露,纳税人可以详尽地了解政府的税收政策、支出政策以及财政资金的安排使用情况,得到关于政府的资产和负债情况、政府的运营成本和绩效情况、政府的现金流和预算执行情况等信息。

美国预算信息公开的实践始于20世纪初纽约市政研究局创设的预算展览。1908年,纽约市政府制定了美国历史上第一份现代预算。同年10月15日,纽约市政研究局与大纽约纳税人协商会合作发起并组织了展览,其中让人印象最深刻的是一个6美分的帽钩。展览说明城市为每个帽钩支付了0.65美元,外加2.22美元将每个帽钩安在了合适的位置。7万市民参观了展览,超过100多万人从报纸上读到过这次展览的介绍。该展览激发了美国公众通过预算来了解政府的热情。

在美国信息公开的改革过程中,一系列法律文件的通过与实施为预算信息的逐步公开和透明化提供了制度保障。1921年美国国会通过了《预算与会计法》;1946年,修订了法律,制定了《情报自由法案》;1966年,通过和实施了旨在促进联邦政府信息公开化的行政法规《信息自由法案》(FOIA),这一法案极大地扩展了可以向公众披露的政府信息的范围,成为当今世界上政府信息公开方面最为完备的法律之一,也是世界各国仿效的典范;1974年,通过了《联邦隐私权法》,更进一步规定了会议、文件以及与信息有关的公开和保密事宜;1976年,通过了《政府阳光法案》,公开政府财政信息,以利于新闻、舆论和公众的监督。另外,1996年出台的《电子情报公开法修正案》、州和州以下政府的《政府阳光法案》和《公共记录法案》也是政府公开预算信息的重要依据。在这一系列法案下,美国实现了财政预算的公开以及支出的各个分项和各个级次的全部对外公开。目前美国政府每年都将所有与联邦政府预算和财务报告有关的正式文件,不论是提交总统的,还是提交国会的,均通过互联网、新闻媒体、公开出版物等渠道向社会公布。

美国联邦政府向社会公开的预算文件包括五个部分:一是预算,主要列示了

20多项功能预算；二是附录，主要列示了20多个部门和其他独立机构的预算；三是分析与展望，包括对预算编制中各种因素的分析和展望；四是预算体系与概念；五是历史报表与数据。概括而言，预算文件包括预算指导方针文件、功能分类和经济分析文件、部门分类文件等。其中，在部门预算的附属文件中，预算内容细化到每一个具体的支出项目。美国总统预算的内容也是非常详尽的，以2007年总统预算为例，预算报告不仅包括总统预算咨文、预算概况、经济运行分析、国家财政展望、效果管理，还包括21个部门（机构）以及其他机构部门的预算等内容。

美国政府预算信息不仅包括收支信息，还包括资产、负债及所有者权益等财务信息和统计信息。有关政府资产负债的信息都可以在政府年终《综合财政报告》中获得。财务报告中应该包括什么内容是由会计准则委员会决定的。政府必须报告所有政府部门的资产负债信息，而不是仅仅报告主要政府部门的信息。附属于主要政府部门的政府实体的资产负债信息也包括在其中。那些虽然在财务上独立核算，但最初是由基本政府部门设立用来提供公共服务的实体（如经营性政府实体），其资产负债信息也应包含其中。

美国预算信息公开制度有其鲜明的特点。

第一，法律先行。美国预算信息公开以一系列法律规范为基础。美国宪法第一条第九款规定："一切公款收支的报告和账目，应经常公布。"除了宪法的明确规定，国会及审计署制定并颁布的《预算与会计法》《联邦管理者财务一体化法》《信息自由法案》《政府阳光法案》《联邦机构政策和程序指南手册》等法律文件中有关政府预算信息编制、公布的条款构成了预算信息公开的法律规范体系。

第二，完整、具体地公开。美国政府预算信息公开贯彻预算活动的全程，从预算的编制、审批、执行到审计。预算报告包括收入报告和支出报告。收入报告文件不仅包括各种税收收入，还包括各种收费、出售资产收入、受捐收入等其他来源的收入；支出报告具体到每个项目的每项支出、每个部门的每项支出上，具体的支出数额精确到小数点后两位。美国将所有的政府支出都包括在预算及与预算直接相关的文件中，不存在预算外的政府支出。

第三，提前、及时、连续地公开。美国的财政年度是从每年的10月1日到次年的9月30日,在每个财政年度前18个月就开始准备预算方案,国会各委员会须在财政年度当年的2月25日前向预算委员会提交预算审查报告,预算委员会就预算草案举行听证会。国会通过的预算决议案在预算年度开始前完成核准与拨款,然后送交总统签署后公布。在预算资金活动的每一个阶段,除了法律明确规定免除公布的文件,政府都及时、详尽地公布相关的信息。

美国推行预算信息公开以来,取得了很大的成效,尤其是在克林顿政府时期财政由大幅度的赤字变为盈余,政府效率显著提高。

4. 优秀的政府管理者和选拔机制是"超前引领"的有力保障

(1) 选拔有智慧的政府人员,创造健康的市场环境

在《经济周期:资本主义过程的理论、历史和统计分析》一书中,熊彼特作出了著名的论断:"没有创新,就没有政治企业家;没有政治企业家的成就,资本主义就无法运转。"在熊彼特看来,资本主义发展的动力在于政治企业家的创新精神,因此,政府在经济生活中应扮演的角色是一个好的"周期管理者",这需要高素质的政府公务员和专业人士,因为只有当那些真正有智慧的人在执行经济的监管职能时,他们才有可能"使用一只细致的手调节资本主义的发动机,以免使政治企业家精神窒息"。而一个好的政府基本上就等于一个好的"周期管理者",它应当履行的不只是亚当·斯密所说的保护产权、监督契约履行等责任。

熊彼特不赞同传统经济学的观念,即认为"追求利益最大化"是资本家从事生产的唯一目的,他相信,那种"为改变而改变,而且喜欢冒险"的创新精神,或许才是他们从事经济活动的更大动力。他将具备这种精神的资本家称为政治企业家。

熊彼特期望的市场监管者应该是一个对资本主义本质有着深刻理解的人,真正懂得如何巧妙细致地调节经济周期,从而保持政治企业家的创新精神,进一步维持资本主义的经济体系,而不是与之相反。他认为,在一个无视经济学基本原理的国家,政府简单粗暴的经济干预手段根本没办法起到调节经济的作用,只会不断扼杀政治企业家的创新精神,从而瓦解经济的根基。

历史已经证明,放任自由、缺乏监管和引导的市场经济将不可避免地伴随着

经济危机和市场波动。但不恰当的经济干预,又会扼杀政治企业家的创新精神,这对于熊彼特而言,是个两难问题。

按照熊彼特的观点,政府"超前引领"的出发点,应该是选拔一批有智慧的政府人员,创造一个健康的市场经济环境,不断引领和激发政治企业家的创新精神。

(2)良好的人才选拔机制有利于塑造引领型政府

熊彼特认为,创新的主体是政治企业家。政治企业家是市场经济最稀缺的资源。同样的道理,政府要实现"超前引领",优秀的政府管理人才是十分重要的,也是一种稀缺资源。

事实上很多区域缺的不是人才,而是人才的选拔机制。在中国,政府管理人才的选拔经常出现按年龄"一刀切"、论资排辈等情况。北京大学周黎安教授使用委托代理模型对此现象进行了分析说明:假定参与者是中央政府以及 N 个省,中央政府处于委托人的地位,区域政府处于代理人的地位。在模型中,如果区域政府官员的政绩最好,那么他就会晋升一级。区域政府的官员会根据中央政府给予的财政包干留存比例,有一个努力的反应函数。如果中央政府对区域官员是按照年龄"一刀切"的话,从他的模型中就可以得出结论:如果区域官员比较年轻的话,那么晋升后许多年都可以在任,而且有机会晋升到更高的一级,努力带来的收益就会很大,所以年轻官员的努力程度会很高;相反,如果区域官员年龄比较大的话,那么,即使他的政绩很好,也可能很快会退休,努力带来的收益相对较小,他的最优努力程度就会小于年轻官员的最优努力程度。这样,即便这位官员的专业能力和经验远远超过那位年轻官员,这个选拔制度却不鼓励他努力做好他的政绩,从而削弱了政府的"超前引领"作用。

从中国的情况来看,这些年确实有唯"年轻化"的倾向,配备政府领导者过于强调年龄,而忽视了才干和经验。比如县级的官员一般到 50 岁就会觉得自己升迁无望,实际上这个年龄做县级的领导者往往是最成熟的。

在考察不同国家和不同区域的经济发展速度与社会福利水平时发现除了资源禀赋、制度、技术等因素外,最根本的还是人的因素。凡是发展得好、发展得快的区域,总有一群优秀的政府领导者发挥极其关键的作用。比如在中国改革开放的前沿地带,如顺德、江阴等地,由于其靠近港澳等外部市场,市场经济基础相对较好,政府领导眼界较为开阔、思维较为超前,这些区域就把握住了改革的先机,抓住了发展的主动权。相反,在一些政府管理者思想不够解放、市场经济基础较差的区域,区域政府职能转变就显得步履蹒跚,政府"超前引领"作用发挥得较差,区域经济的发展也较为缓慢。

从新加坡的情况看,也明显发现优秀的政府管理人才对于区域发展的作用。新加坡历来重视吸引优秀人才参与政府管理,执政的人民行动党大力推行精英治国方略,把精英选拔到国家最重要的领导岗位,保证政府管理的高效率。李光耀甚至认为,"只要有五位真正肯做事的领导者,十年岁月里,就可能建造出新的国家","假如新加坡被平庸与投机主义者所控制,就要付出极大代价"。

古人说:"千里马常有,而伯乐不常有",可见"伯乐"比"千里马"重要。而今天的"伯乐",就是一个良好的人才选拔机制。创造一个良好的人才选拔机制,首先在选才上要公平竞争,任人唯贤;其次在用才上要职适其能,人尽其才;最后在管才上要动态管理,能上能下。只要我们营造一个尊重人才,让人才脱颖而出和充分发挥作用的社会环境,政府"超前引领"的作用就能真正发挥。

三、"超前引领"的重大理论意义

2011年度诺贝尔经济学奖颁给了对宏观经济政策动因和效果作出深入研究的美国经济学家托马斯·萨金特和克里斯托弗·西姆斯。两位学者的研究交集点在于政策因素对经济的影响,研究政策在宏观经济运行中扮演的角色。瑞典皇家科学院诺奖评委会称,萨金特和西姆斯的获奖原因是"对宏观经济领域的因果关联的研究",他们分别于20世纪70年代和80年代独立提出的理论解释了暂时性加息和减税措施是怎样影响经济增长和通胀水平的。虽然获得诺贝尔经济学奖标志着他们已经站在世界经济学界的顶峰,但这只是在习惯了线性思维的西方经济学界对复杂经济现实的一个简单思考而已。长久以来,西方经济学界习惯通过各种数学模型去研究"是什么导致了什么",这种思考逻辑貌似找到了解释复杂经济现实的关键分析工具,但现实经济世界的复杂程度却远超于此。

随着人们认识世界的能力不断提高,人们对自然世界和经济现实的认识也在不断提高和更新。在亚当·斯密1776年发表其伟大著作《国富论》之后,人们才真正形成了对市场经济的完整认识,并由此建立了微观经济的理论体系;在随后的160年间,经济学一直围绕着微观经济学这一体系发展,直到20世纪30年代世界性经济危机带来对自由经济理论的否定和质疑。1936年,在凯恩斯提出"看得见的手"的政府干预理论之后,经济学由此分化为微观经济学和宏观经济学两大体系,并在对抗中发展了近八十年。

然而,20世纪70年代出现的世界经济滞胀和2007年年底爆发的世界经济危机,都清楚地向世人表明,市场失灵和政府失灵会同时存在,只依靠主张自由主义的微观经济理论和主张政府干预的宏观经济理论已经不能够很好地解释经济现象。与此同时,中国的经济奇迹也让经济学家们在思考,在传统的宏观经济学和微观经济学的经典经济理论框架之外,是否有新的理论有待去挖掘和发现?

政府"超前引领"理论正是经济学理论体系所需要的重大创新,在以"企业"为代表的微观经济和以"国家"为代表的宏观经济之间,多了一个以"区域"为代表的中观经济,这不仅从理论上回答了中国经济发展奇迹的原因,也丰富和完善了经济学体系。如果说市场经济理论奠定了微观经济学的基础,凯恩斯主义使经济学划分为微观经济学和宏观经济学,政府"超前引领"理论则使经济学又划分成了宏观经济学、中观经济学和微观经济学。政府"超前引领"理论不仅可以填补经济学理论体系的研究空白,指导经济体制改革的重要方向,还可以通过将区域经济和区域政府纳入经济理论体系中,创造出多层次的市场,从而增强国民经济的稳定性。

"超前引领"理论挑战和打破了近百年来的经济学理论体系,是现代经济学理论体系的重大创新。

(一)"超前引领"理论扩大了市场作用范畴,开创了政府层面的市场原理运用

传统经济学认为,企业是市场竞争的唯一主体,微观经济学的主要研究内容就是在不同市场结构下的企业长短期的均衡问题,关于政府行为的一系列研究则纳入宏观经济学范畴,政府仅被定义为市场的调控者而非参与者,而且,传统经济学也比较排斥政府对市场的参与,认为政府对市场的过多介入是对企业的排挤和剥夺。这些说法并非毫无道理,政府作为宏观管理者,拥有公共权力和公共资源,其与企业在权力上、资源上确实有相当大的差距,同时,政府还是各种规则的制定者,而企业多半是法律和其他制度的被动接纳者,政府既做裁判员又做运动员,二者如果同时在市场展开竞争,对企业而言无疑是不公平的。

但这里所讲的引发"超前引领"的市场参与者——区域政府,并非是和企业展开市场竞争,而是在区域政府之间展开竞争,其竞争规则来源于市场。也就是说,把市场竞争机制扩展至区域政府之间,这一做法本身就有一定的"超前引领"的性质。以往的理论比较多地忽视区域政府之间的关系,区域政府的职能和行为方式常常被模糊化,和宏观政府的职能混为一谈,只考察其作为调控者的调控手段和影响效果。区域和区域之间的竞争表现为一些经济指标的比较,但很少考虑这些指标背后的政府因素,假定政府在区域经济发展方面是完全被动和放任自流的。但这一刻板化的认识被中国经济实践所否定。中国区域经济发展和区域政府之间的竞争有着紧密联系,中国区域政府在专业化市场的建立、产业结构调整、高新技术引进、研发立项、基础设施建设、企业融资引导、外资引进上不遗余力,如果没有把市场作用机制扩大到区域政府这个层面,没有在区域政府间开创性地引入市场竞争机制,这一切的政府行为是很难被激发的。

这种区域政府之间的市场竞争更多地体现在区域政府的规划性和引导性上,对区域政府的战略定位、资源调动、规划统筹能力是极大的挑战,完全区别于自由放任主义、政府干预主义的事中和事后干预,而是强调区域政府对区域经济发展的事前控制和规划,这种事前的引领作用是建立在对市场的充分认识和分析的基础之上,充分发挥市场机制在资源配置中的决定性作用。

(二)区域政府"超前引领"理论构建了全新的多层次市场体系

传统市场经济理论中,国家和企业构成宏观经济和微观经济的"两维"主体,政府和企业在权限范围上是相互对立的,一方的强就意味着另一方的弱,比如政府管理范围的扩大就意味着企业自主权的缩小、市场作用的减弱;如果政府减少其在经济运行中的干预,企业的自主权就会提高,也意味着市场化程度的提高。在政府和市场二维之间,到底孰强孰弱,也就是政府和市场的关系到底应如何界定,无论在理论上还是实践上始终是西方国家争论的焦点。从西方国家经济发展的历程上看,完全竞争的市场经济发展时代较为排斥国家对市场的参与,强调市场自身的巨大创造力和自我平复的内在机制,但在1929年到1933年的世界性经济危机面前,政府的宏观调控力度显著提升,市场完美的信念受到质疑,国家对经济的控制范围大大扩张。但是到了撒切尔-里根的时代,又开始反思政府干预经济的各种缺陷,通过市场化的进一步改革,给企业以更大的自主权,但是这种改革又出现了失业攀升、福利下滑等种种问题,于是国家干预再次变得强硬,企业的经营自主权在一系列制度和法律的干涉下再度被限制,企业活力受到一定程度的影响,于是政府对经济的干预会有所减少。2008年后的全球金融危机,又迫使欧美等国家和地区进入新一轮国家力量的加强,比如企业的国有化、银行的国有化等,管制在不断加强。随着金融危机的减缓,国家的管制也会逐步撤出。从西方经济在政府和市场间不断的摆动可以看出,政府和市场始终是作为经济运行的两极,政府和市场中的企业之间的关系也出现时而积极时而消极的状况。这种情境也常被称为"钟摆"现象。

但中国的改革实践却为市场与政府之间的钟摆关系作了一种突破。中国三十多年的经济改革实现了经济增长的奇迹,企业焕发了前所未有的生机活力,而政府治理方面的改革也在实践中不断创新,建立了一种"强市场"与"强政府"并存的"双强"关系模式,打破了传统经济学的非此即彼的惯性发展套路,建立了一个全新的多维的市场经济体系。这个多维市场经济体系建立的关键因素就是在传统的企业竞争和政府宏观调控中插入了一个参与市场竞争的区域政府体系,成为市场经济体系中的第三个维度。这个变化在结构上具有十分深远的意义,与西方国家区域政府参与经济有质的不同。我们看到,美国的州政府也招商引资,如弗吉尼亚州找海尔,北卡罗来纳州、佐治亚州找丰田,但这些区域政府的行为并非是基于区域之间的竞争而形成的,而且多半是出于经济形势的需要而使用的短期调控手段。而中国区域政府之间的竞争是在承认市场为首要资源配置手段的前提下将市场竞争机制扩展到区域政府层面而实现的,中央政府通过长期国家战略将区域政府的竞争目标纳入国家总体战略规划,而使得区域政府在"超前引领"上具有总体的、长期的战略规划性,内部竞争的可控性,以及促进经济良性发展的有效性。这样的一个具有"超前引领"作用的、有序竞争的区域政府体系大大增加了中央政府的决策空间,使中央政府从当年计划经济下的微观地管,更多地集中于区域和产业的宏观调控,更多地着眼于长期稳定的国家战略发展规划,而涉及具体的区域和行业发展与调控,则交给区域政府这样一个中观主体,可以更准确、有效地把握和实施对微观层面的引导和管理,兼顾整体经济发展的稳定性和灵活性。可以说中国在市场经济道路上,创造了一种不同于西方传统体系的市场机制,区域政府"超前引领"在制度创新上建立了全新的理论和实践模式,是中观经济学确立的关键核心。

(三)三大经济学理论体系的确立

1. 与自由资本主义相适应的古典经济学微观经济学理论

微观经济学的历史渊源可追溯到亚当·斯密的《国富论》和阿尔弗雷德·马歇尔的《经济学原理》。20世纪30年代以后,英国的罗宾逊和美国的张伯伦在马歇尔均衡价格理论的基础上,提出了厂商均衡理论,标志着微观经济学体系的最终确立。它主要包括:均衡价格理论、消费经济学、生产力经济学、厂商均衡理论和福利经济学等。

微观经济学的发展,迄今为止大体上经历了四个阶段:第一阶段,17世纪中期到19世纪中期,是早期微观经济学阶段,或者说是微观经济学的萌芽阶段。第二阶段,19世纪晚期到20世纪初叶,是新古典经济学阶段,也是微观经济学的奠基阶段。第三阶段,20世纪30—60年代,是微观经济学的完成阶段。第四阶段,20世纪60年代至今,是微观经济学进一步发展、扩充和演变的阶段。

从微观经济学的产生和发展历程来看,完全遵循了生产关系必须适应生产力,上层建筑必须适应经济基础这一社会历史发展的基本规律。

15世纪末、16世纪初的地理大发现,表明了商品生产发展对开拓世界市场的需要,同时,也预告了资本主义新时代的到来。从16世纪中叶到18世纪末叶,以分工为基础的协作——工场手工业作为资本主义生产的特殊形式,在欧洲居于统治地位。

随着18世纪中叶工业革命在英国的爆发和兴起,机器代替了手工劳动,以大规模工厂化生产取代了个体工场手工生产,资本主义生产完成了从工场手工业向机器大工业的过渡,实现了从传统农业社会转向现代工业社会的重要变革,社会生产力得到了极大的解放和提高,限制经济贸易自由的重商主义政策已经不适应新的社会经济发展实践。在这种背景下,重商主义被自由经济理论取代,亚当·斯密正式登上了历史舞台。他强调从生产领域来研究财富增长,主张自由放任,这就是西方经济学史上的第一次重大变革。这次变革,西方人把它称为"古典革命"。通过这场革命,学者们建立了第一个西方经济学的理论体系,即古典经济学。以亚当·斯密1776年出版的《国富论》为标志,现代政治经济学的第一个比较完整的理论体系——微观经济学开始建立。

当然,也可以看到,由于在这一时期,技术进步和生产方式的改变极大地提升了生产力,世界市场的开辟也大大地增加了市场容量,生产过剩的矛盾还不突出,因此,当时经济学理论主要的研究对象是单个经济单位,如家庭、厂商等,要解决的是资源配置问题,即生产什么、如何生产和为谁生产的问题,以实现个体效益的最大化。在生产力空前提高、社会经济向上发展的自由资本主义时期,生产关系是适应生产力发展的,还未体现出二者的对立和矛盾之处。在这种背景下,产生以市场出清、完全理性、充分信息为基本假设的,认为"看不见的手"能自由调节实现资源配置的最优化生产的微观经济学基本理论也是理所当然的。

2. 应对世界经济危机的宏观经济学理论

"宏观经济学"一词,最早由挪威经济学家弗里希在1933年提出。经济学中对宏观经济现象的研究与考察,可以上溯到古典学派。法国重农学派创始人魁奈的《经济表》,就是初次分析资本主义生产总过程的经济学文献。

然而,在古典经济学家和后来的许多庸俗经济学家的著作中,对宏观经济现象和微观经济现象的分析都合在一起,并未加以区分。特别是自所谓"边际主义革命"以来,经济学家大多抹杀经济危机的可能性,无视国民经济总过程中的矛盾与冲突,只注重于微观经济分析,以致对宏观经济问题的分析在一般经济学著作中几乎被淹没了。

但随着传统古典经济学在20世纪30年代经济危机袭击下的败落,以及凯恩斯的《就业、利息和货币通论》一书的出版,宏观经济分析才在凯恩斯的收入和就业理论的基础上,逐渐发展成为当代经济学中的一个独立的理论体系。《通论》出版以后,许多西方经济学家放弃了传统观点,追随凯恩斯,对凯恩斯的有效需求原理进行注释、补充和发展,形成了一套完整的宏观经济理论体系。在《通论》基础上形成和发展起来的凯恩斯主义的经济理论和政策主张,对第一次世界大战后的资本主义国家产生过很大的影响。因此,有些西方经济学家把战后二十年左右的时间,称为"凯恩斯时代"。

经济学研究的是由生产力决定的、与生产力相适应的生产关系,因此经济学的产生和发展也是随着生产力和生产关系的发展而发展的。

在亚当·斯密所处的时代,虽然由于工业革命带来了生产力的解放,社会发展迅速,经济增长快,但毕竟那个时期的经济总量仍然较为有限。根据麦迪森在《世界经济千年史》[①]中提供的经济数据,1700年英国GDP约250亿美元(按1990年国际美元计算),人均GDP为1 250美元(按1990年国际美元计算)。1800年美国GDP也仅约4亿美元(按当年价格计算,按2008年美元价格计算约为80亿美元)。此外,这一时期不仅国家经济总量相对较低,社会的产业结构也较为简单,主要是初级的工商业和国际贸易,国家财政收入相对有限,国内经济主要都交由私人部门完成,国家承担更多的是"守夜人"的职能,即只承担对外的军事、外交和行政、安全等国家内部必要的公共事务。在这种生产力和生产关系的背景下,需要经济学更多研究的是如何通过资源配置,解决生产什么、如何生产和为谁

---

① 〔英〕安格斯·麦迪森著.伍晓鹰,许宪春译.世界经济千年史[M].北京:北京大学出版社,2003.

生产的问题,以实现居民和厂商个体效益的最大化,这就是微观经济学产生的哲学基础。

而在凯恩斯所处的时代,世界经济有了飞速的发展,1929 年美国 GDP 约 1 000 亿美元(按当年价格计算,按 2008 年美元价格计算约为 10 000 亿美元),与 1800 年相比,增长了 125 倍。更为重要的是,此时的经济结构也发生了重大变化,经济主体更加多元化,出现了很多大型跨国企业以及卡特尔、托拉斯等垄断组织形式,并且由于科学技术进步,生产力进一步发展,生产出现大量过剩,世界经济面临着重大危机,经济学家们认识到,市场不是万能的,市场也有失灵的时候。自由竞争的市场经济会出现垄断,进而影响市场效率的实现,并造成经济周期的巨大震荡;会导致财富和收入分配的严重不均衡,带来社会矛盾的尖锐冲突。在这种新的生产力和生产关系的局面下,最需要经济学研究的一个中心问题是:国民收入的水平是如何决定的?

因此,产生了现代宏观经济学,把资源配置作为既定的前提,研究社会范围内的资源利用问题,以实现社会福利的最大化。宏观经济学研究作为整体的经济,诸如通货膨胀、失业和经济增长这样一些问题,解释为什么经济会经历衰退和失业不断增加的时期,以及为什么在长期内有些经济体比其他经济体增长的快得多;宏观经济学强调市场机制是不完善的,政府有能力调节经济,通过"看得见的手"纠正市场机制的缺陷。

在同一时期,面对市场失灵,还产生了另外一种经济理论体系,即社会主义计划经济理论。在西方资本主义世界面临经济危机的同时,处于东方社会主义阵营的苏联却呈现出一片繁荣的景象。苏联实行计划经济体制,将社会经济资源统筹进行调配和管理,并在 1928 年实施了第一个五年建设计划,迅速完成了工业化,一跃从农业国转变为工业国,经济快速增长,社会稳定、欣欣向荣。应该说,当时的社会主义计划经济理论也是在原有俄国较为落后的半封建生产关系的背景下产生的,在一定的时期内体现出了新的生产关系和上层建筑的优越性,促进了生产力的发展。但是随着生产力的进一步发展,这种否定市场的经济理论体系又阻碍了生产力的进一步发展,从而引起了社会体制的变化,这也体现了"生产关系必须适应生产力的发展"这一理论的普遍性。

3. 与当前生产关系发展相适应的中观经济学理论

20世纪70年代以后,资本主义世界出现了大量的失业与剧烈的通货膨胀并存的"滞胀",这种情况标志着凯恩斯主义的失灵。于是,在当今的西方经济学界形成了众多经济思潮和流派纷争的局面。

从某种意义上讲,凯恩斯主义的失灵表明这种经济理论已不再适应当前的生产关系,只依靠微观经济学和宏观经济学已经不能解释复杂的现实经济世界,需要产生新的上层建筑,来适应新的生产关系。

与凯恩斯主义产生的时期相比,当今的世界经济格局已经悄然发生了巨大的变化。

一是经济总量日益庞大,单独依靠简单的宏观和微观管理,已经很难及时有效地对庞大的经济体进行调节。2010年,美国GDP总量约为15万亿美元,与1928年相比,大约增长了15倍。

二是城市化水平快速提高,城市在国民经济中的作用大幅提高。最能说明问题的现象是,1920—1970年全欧洲人口(除苏联外)增长了42%(由3.25亿人增至4.62亿人),而其城市人口却跃增了182%(从1.04亿人增至2.93亿人)。中国城市化率也从1949年以前的不足10%,飞速提高到目前的超过50%。

三是经济结构转型,产业结构深度调整。过去一百多年,世界经济出现过几次大的产业结构调整,主要特点是:第一,在科技进步的推动下,一批高新技术产业脱颖而出,它们以信息产业为龙头,以生物工程、新材料、新能源等为后续,不仅产值大幅增长,就业也呈上升趋势,在整个国民经济中所占比重不断上升;第二,资本密集、技术密集的传统制造业正在运用信息技术实现产业升级,产值继续增长,但速度较慢,就业呈下降趋势,在国民经济中所占比重逐渐降低;第三,在以劳动密集为特征的制造业中,有一些行业生产萎缩,另一些行业则运用高新技术进行脱胎换骨的改造,技术水平和竞争力大幅度提高,但整体而言,这些产业在全球化浪潮中正在进行由发达国家向发展中国家的生产转移;第四,新兴服务业和传统服务业蓬勃发展,无论是产值还是就业方面,在国民经济中所占比重均持续上升。当前,又面临着新一轮产业结构大调整。

目前中国等发展中国家还处于工业化发展的后期或后工业化发展的初期,产业结构逐步向新兴产业和服务业转型。但是,与发展中国家不同,国际金融危机发生后,美国等发达国家都对本国产业结构进行了反思,明确意识到,发生危机与实体经济和虚拟经济的比例严重失调有密切关系。为改善这种产业结构比例失调,美国政府已明确提出,降低美国金融业在经济中的比重,振兴制造业,大力发展包括中低端传统制造业在内的各种实业,将美国经济建立在"岩石"上而不是"沙滩"上。为稳定和促进经济增长,抢占经济、科技制高点,世界主要经济体都进入了空前的创新和发展新兴产业时代,把突破核心关键技术、推动战略性新兴产业发展作为新的经济增长点,并确定了重点发展领域。

四是经济全球化。20世纪90年代以来,以信息技术革命为中心的高新技术产业迅猛发展,不仅冲破了国界,而且缩小了各国和各地的距离,使世界经济越来越融为一体。但经济全球化是一把"双刃剑"。它不仅推动了全球生产力的大发展,加速了世界经济增长,为少数发展中国家追赶发达国家提供了一个难得的历史机遇,而且加剧了国际竞争,增多了国际投机,增大了国际风险。目前,经济全球化已显示出强大的生命力,并对世界各国的经济、政治、军事、社会、文化,甚至思维方式等所有方面,都造成了巨大的冲击。

除了上述特点外,不同国家在不同的发展阶段还存在很多不同的经济特征,比如中国的二元经济结构、东中西部的经济发展差异等。

面对这些总量越来越大、结构越来越复杂、变化越来越快的经济关系,传统的宏观经济学和微观经济学的二元理论体系已经显得力不从心,既不能很好地回答为何西方国家会同时存在政府失灵和市场失灵,也不能解释中国过去三十年改革开放所创造的经济奇迹。

从历史唯物主义出发,当宏观经济学和微观经济学不再适应新的生产力和生产关系的发展时,必然会有一个新的理论体系来替代或者完善这一旧的理论体系,从而适应和促进新的生产力发展。基于政府"超前引领"理论提出的中观经济学,既是一种偶然,也是历史的必然。有了中观经济学,极大地完善和弥补了当代的经济学理论体系,与宏观经济学和微观经济学一起构成了新的经济学上层建筑,更好地促进和服务于生产关系,从而促进生产力的发展。

(四)以"超前引领"为核心的中观经济增强了国民经济的活力与稳定性

首先,有了中观经济,就可以利用其创新和突破功能,为宏观经济起到"试验田"的作用。20世纪80年代中期,中国各地根据自身情况探索出了一些中观经济发展模式,如苏南模式、温州模式、珠江三角洲模式等。这些模式是各地区审时度势主动发展的结果,对宏观经济发展具有重要的推动作用。对于新生事物成长来说,中观层次有直接的经济利益,能提供直接便利的服务;新生事物的成长,反过来又能解决中观经济发展中某些迫切需要解决的问题。而这些问题通常也是宏观上的热点和难点,往往一经解决就会逐步得到国家的确认和完善,产生良好的示范和带动效应。中国绝大多数改革措施和政策的出台,走的都是中观先"摸石头"、宏观再"过河"的路子。

其次,有了中观经济,能更好地发挥稳定和协调功能,有效削弱宏观经济的过度震荡。中观经济对于宏观经济来说,具有一定的"稳定器"和"减压阀"的作用。这包括自上而下、自下而上两个方面。一是自上而下方面,当宏观经济出现大的振荡或者不利于中观经济发展时,发挥中观经济主观能动性,通过中观经济各个层次的逐层"吸收",将有害"辐射"降到最低程度。20世纪80年代初期,国家进行国民经济调整,大力压缩基本建设投资,但有些省份发挥中观经济的调节功能,在基本建设投资大幅度下降的情况下,主要经济指标仍保持全面增长的好势头;90年代中期,国家出台房地产业降温、消除"泡沫经济"的政策措施后,海南省经济受到极大冲击,但它们通过开发旅游业、高效农业以及为微观经济创造良好的外部环境等途径,将冲击波大大减轻,使中观经济经过短期波折后很快重现生机与活力。二是自下而上方面,当微观层出现不良征兆时,中观层可以及时干预,这可以弥补宏观层鞭长莫及或者说"山高皇帝远"之缺憾。

最后,有了中观经济,还能完善国民经济控制系统,分散集中控制的风险。从改革的角度来看,中观调控系统在整个国民经济系统中具有不可替代的作用。根据控制论的观点,国民经济系统多目标最优化问题,归根到底是求函数的极值。在集中控制的条件下,函数自变量的个数急剧增加,使最优化系统空间的维数急剧增加,给精确的计算带来巨大的困难。同时,集中控制的结构具有高度刚性,系统对随机变化和环境变化的适应仅仅来自于它的中心。虽然集中控制可以使系统长期保持稳定,但是系统的不变结构和其各部分进化创新的矛盾最后将发展到十分尖锐的地步。另外,集中控制还会降低系统工作的可靠性。一旦控制中发生失误,各子系统都难以预防和纠正,从而使整个系统的状态恶化。如果不同层次的决策分别由不同的主体提出,各子系统具有较强的独立性,这就被称为分级(或分散)控制。分级控制对权力的纵向分割,在很大程度上可以克服集中控制的上述弱点,能够适应环境和系统内的变化,使每个层次具有自主应变的功能。同时,下级层次由于自行接受和处理的信息增加,控制效率也随之提高。实行分级控制的经济运行机制,就是由中央管理地区、部门和大型集团,再由地区、部门和大型集团管理企业或微观经济层。

(五) 中国经济学发展必将受到世界更多关注

1. 中国经济的逆势发展

在全球经济危机不断爆发的今天,中国却成功地抵御了1997年亚洲金融危机和2007年美国次贷危机,实现了改革开放三十年以来的经济持续快速发展。广东省佛山市更是在政府"超前引领"理论的指导下,在金融危机中实现了经济结构的顺利调整,成功实现了"弯道超车",率先从金融危机中突围。

自由经济理论的"市场失灵"、凯恩斯主义的"政府失灵",以及过去三十年的中国经济,尤其是区域经济的发展实践证明,政府不仅应当进行事中和事后调节,而且应当并且完全能够进行事前的"超前引领"。对此,中国著名经济学家厉以宁教授也有类似的观点,他在2010年提到,中国经济要摆脱投资冲动怪圈以及与此有关的资产泡沫怪圈,政府不能仅仅停留在"事后调节"的地位,而必须采取"事前调节"的措施,建立预警机制。

经过三十多年的改革开放,中国取得了持续高速增长的巨大成就。2010年,日本国内生产总值为 54 742 亿美元,低于中国的 58 786 亿美元。中国超越日本,成为世界第二大经济体。日本则自 1968 年以来,首次退居世界第三。

国际货币基金组织(IMF)的预测称,按照购买力平价计算,中国的经济规模按照目前的增长速度,到 2016 年,将会增加到 19 万亿美元。与此同时,美国的 GDP 增加到 18.8 万亿美元,略低于中国。到 2016 年,美中两国在世界经济中所占份额也会发生变化。中国的比例会增加到 18%,而美国的份额将会下降到 17.7%,稍低于中国。美国有线电视新闻网(CNN)甚至宣称,IMF 的报告预测"美国时代"已经接近尾声,2016 年将成为"中国世纪元年"。

当然,在中国何时超越美国的问题上,IMF 不是第一个作出此类预测的,诺贝尔经济学奖获得者福格尔很早就作出了中国在 2020 年前将成为世界经济总量第一的预测。随后很多学者和机构都发表了此类声明。英国老牌杂志《经济学人》预测,在未来 10 年中美两国 GDP 的增长率各为 7.75% 和 2.5%、通货膨胀率各为 4% 和 1.5%;在人民币兑美元一年升值 3% 的假定下,中国 GDP 超过美国的时间为 2019 年。世界银行的经济学家则预测称,中国经济规模将在 2030 年超过美国和欧盟,成为世界最大的经济市场。

虽然中国经济学界对这类预测反应较为低调,甚至将之更多地看作是一种"警惕"。不管各种预测是否准确,或者预测何时能够成为现实,都不可回避这一事实——世界经济中心已经逐步向中国以及以中国为核心的亚洲转移。也正因为如此,美国总统奥巴马才提出"重返亚洲"的战略。中国经济发展将成为世界经济中的重要经济现象,对于中国经济发展的研究和理论分析,也必将成为世界性的经济理论。美国经济学家米尔顿·弗里德曼曾说过,"谁能正确解释中国改革和发展,谁就能获得诺贝尔经济学奖"。

近些年来,国际上很多著名经济学家,如约瑟夫·斯蒂格利茨等高度关注中国,很多诺贝尔经济学家都是中国的常客。中国的经济学家们更是在借鉴和吸收西方经济理论的基础上,对中国经济现象作出了各种研究,研究和解释中国经济成果如雨后春笋般地涌现。

以新古典主义为核心的主流经济学派,认为中国的成功主要得益于一系列有利的初始条件和内部条件,采用了市场机制,充分发挥了后发优势。哈佛大学教授萨克斯是这种观点的典型代表,他不认为中国的成功是渐进主义发挥了特别的作用,真正起作用的是允许足够的经济自由,从而最好地利用了中国的结构。他认为中国的成功与两个因素密切相关:一是中国的结构状况与苏联和东欧国家不同。改革之初,中国国有部门就业人员大约占中国总劳动力的18%左右,70%的劳动力在农村。中国的改革是在自由化过程中从生产率较低的农业向生产率较高的工业过渡的典型的经济发展问题,正常的经济发展比结构调整要容易。大量不享有国家补贴、急盼流动的剩余劳动力为新的非国有部门的发展提供了劳动力。如果中国的国有部门就业比重不是18%,而是像波兰、苏联那样是80%、90%,则中国的改革也不好办。二是改革之初中国的金融相对稳定,没有严重的外债。①

当然,还有很多人认为中国彻底成功是因为走了一条渐进式的改革道路,是策略运用的成功。美国加州大学教授巴里·诺顿认为,中国所采取的改革策略是其取得改革成功的重要因素。他把中国改革的特点概括为:双轨制的运用,经营绩效指标从数量型转为效益型,计划经济体制逐步向市场经济体制转化,最初的宏观稳定变为宏观波动的不断持续,经济的长期市场化不可逆转,私人储蓄的增加使储蓄和投资维持较高的水平。②经济学家对价格双轨制给予足够重视,他们认为,价格双轨制是代表一种既保留计划分配同时又将增量产出拖入市场体制的折中,通过"变大震荡为小震荡"降低了经济改革的风险。双轨制的增量改革战略也使价格改革和企业改革的贯彻成为可能。美国斯坦福大学教授罗纳德·麦金农认为,由于在改革初期阶段,中国在国有部门实行了价格双轨制,使得中国的改革避免了"通胀税",而这个价格双轨制的做法也应该在其他过渡经济中被采纳。③有中国学者指出,"双轨制过渡",可以被视为中国改革的一个基本方式,即

---

① 杰弗里·萨克斯、胡永泰.中国、东欧、苏联经济改革中的结构因素[J].经济政策(季刊),2003,(4).
② 诺顿.改革计划经济:中国独特吗? 载自从改革到增长[D].法国巴黎发展中心OECD,1994.
③ 麦金农.社会主义经济渐进还是激进自由化:宏观经济控制问题[D].世界银行年会关于发展经济学的学术会议,1993.

在旧体制"存量"暂时不变的情况下在增量部分首先实行新体制,然后随着新体制部分在总量中所占比重的不断加大,逐步改革旧体制部分,最终完成向新体制的全面过渡。所以"双轨制"改革,又称"增量改革"或"体制外改革"。增量改革相当于经济上讲的"帕累托改进"或"卡尔多改进"。中国人民大学教授张宇认为,从体制外到体制内的改革道路,是中国渐进式改革获得成功的一个重要经验,它具有许多优点,如体制外发展是推进市场化改革的基本动力,从体制外入手改革显然比体制内获得突破容易些;在不破坏正常经济社会秩序的前提下,发展非国有经济,可以增强经济的活力,提高资源配置效率,增加国民收入,创造更多的就业机会,实现改革与发展的相互促动,减少改革的阻力,避免"休克疗法"的经济后果。①

但也有很多经济学家对"渐进式改革"的提法提出质疑。中国经济学家吴敬琏认为,不能用"渐进论"概括中国的改革战略。中国的改革方式体现在中国改革的战略方针上,而改革的战略方针先是体制外改革,后转到改革国有经济体制本身。中国的改革战略不是渐进的,而是非常激进的。例如,两年内实现了农村承包制,"五年价格闯关"等。②中国经济学家李晓西认为,中国的改革是渐进与激进相结合,"渐进"是中国改革诸多特点中的一个,并不是唯一的特点。③

对于中国经济发展的成功,陈世清认为根本原因有:(1)转型过程中的结构调整产生再生生产力;(2)转型对人的主体性的解放;(3)转型使中国出现前所未有的创业潮;(4)转型中的制度融合。④郑京平认为,创造中国经济增长奇迹的主要原因:(1)成功地实现了从计划经济向市场经济、从半封闭型经济到开放型经济的转变;(2)体制的平稳和渐进性转换,充分享受了体制转换过程的红利;

---

① 张宇.过渡之路——中国渐进式改革的政治经济学分析[M].北京:中国社会科学出版社,1997.
② 吴敬琏等.渐进与激进——中国改革的选择[M].北京:经济科学出版社,1996.
③ 李晓西.渐进与激进的结合:经济为主导的中国改革的道路.载自吴敬琏等.渐进与激进——中国改革道路的选择[M].北京:经济科学出版社,1996.
④ 陈世清.中国经济解释与重建[M].北京:中国时代经济出版社,2009.

(3)抓住全球化浪潮的机遇。

在研究中国经济的过程中,许多经济学家也发现,中国经济改革已难以用主流经济学的原理进行解释。

中国经济实行价格双轨制改革初期,西方主流经济学界普遍的看法是,要对社会主义国家进行改革,就应该推行以私有化为基础的休克疗法。他们认为经济体系要运行成功,必须有制度保证,包括完全地让市场决定价格,政府应该是小的政府。美国前财政部长、经济学家劳伦斯·萨默斯(Lawrence Summers)曾经谈到,经济学家通常在很多问题上有分歧,但是对计划经济进行改革,大家有出乎预料之外的共识。但是,中国 GDP 在 1978—1990 年年均增长 9%,在 1990—2005 年年均增长 9.9%,并没有像当时经济学界预计的那样出现崩溃。而当初实行休克疗法的苏联和东欧国家也没有出现西方主流经济学家预测的甜蜜时期,反而经济出现了严重的衰退。虽然到现在,它们的经济出现了增长,但跟中国比较起来还是有很大差距。

回顾历史,可以看到,当时很多西方主流经济学家,甚至是大师级的经济学家,都对中国经济转轨时期作出了错误的判断和预测。这些著名经济学家对中国改革开放过程中的许多现象屡屡作出不正确的判断,主要是因为现有的经济学理论体系存在缺陷。

任何经济现象如果不能用现有的理论来解释,并不代表它不能用理论来解释。理论的创新总是来自于一些新的不能被现有理论解释的现象,而中国经济就充满难以用现有理论解释的新现象。相比外国的经济学家而言,中国经济学家更加了解中国的经济改革,具有近水楼台先得月的先天优势。中国过去三十多年改革开放成功的经济实践对中国经济学家来讲,是一个推进理论创新的千载难逢的机会。如果能做到这一点,随着中国经济的发展、中国在世界上地位的提升,很有可能未来世界上绝大多数著名的经济学家会出现在中国。

2. 中国经济学理论研究取得长足进步

重新审视三十多年的中国经济改革和经济学的发展历程,可以清晰地看到,无论是中国经济政策,还是中国经济学界,都走过一条从"摸着石头"到"主动构建"、从"解释"到"引领"的发展道路。

在改革开放之前,中国经济学舞台上几乎没有现代经济学,中国经济学家们大都是马克思主义经济学家,他们在马克思、列宁和斯大林的基础上,致力于宣传、解释政府的经济政策,缺乏与国际经济学界的学术交流。在中国开始进行改革开放时,中国经济学界大多缺乏现代经济学的基础知识,更不了解市场经济的基本逻辑体系,没有一支掌握现代经济学的专家队伍,更多的是依靠少数高层领导的战略远见和经验直觉来指导改革。1978年十一届三中全会提出改革开放,采取邓小平和陈云提出的"摸着石头过河"的改革策略,即没有预设目标模式和实施方案,"走一步,看一步"。在这一经济学发展的基础背景下,这项策略的提出就不难理解。

这一时期的改革举措主要包括三个方面:一是在广大农村,将集体所有的土地"包"给农民耕种,实现了农业经营的私有化,"乡镇企业"也蓬勃发展起来。二是恢复"财政包干"的办法,向省、县政府下放权力,实行分级预算、收入分享,形成区域政府间竞争的格局,支持本地区(省、县、乡)非国有企业的发展。三是实行对外开放政策,打破国家对外贸易的垄断,降低贸易壁垒,允许外国直接投资进入中国,设立合资企业。

这种"摸着石头过河"的策略,在改革初期确实取得了很好的效果。但这种没有预定目标,"走一步,看一步"的策略也产生了很大的问题,在1979—1988年的十年中,中国出现了三次严重的通货膨胀。此外,双轨制造成的寻租、以权谋私、腐败滋生等现象,引起了社会的极大不满。

与此同时,中国经济学界加紧了理论构建的步伐,掀起了"西天取经",即学习现代经济学的热潮。中国大学开始开设西方经济学课程,大批学者去欧洲、美国和日本等地留学或者进修,学习西方经济学理论。经过大规模的留学和进修之后,中国的经济学家重新融入世界主流经济学。到20世纪80年代中期,中国已经逐渐成长出一批具有现代经济学素养的经济学家,他们与国外经济学家共同探索中国改革的目标模式并参与政府决策。

在经济学界众多研究成果的基础上,1992年10月召开的中共十四大确立了建立"社会主义市场经济"的目标,并通过了《关于建立社会主义市场经济若干问题的决定》的市场化改革总体规划,建立了市场经济体系的基本蓝图。具体包括:(1)建立包括商品市场、劳动力市场、金融市场在内的市场体系;(2)实现经常项下人民币有管理的可兑换,全面推进对外开放;(3)通过"国退民进",对国有经济的布局进行战略性调整;(4)实行"放小",将数以百万计的国有小企业和乡镇政府所属的小企业改制为多种形式的私营企业;(5)建立、健全以间接调控为主的宏观经济管理体系;(6)建立新的社会保障制度;(7)转变政府职能;(8)加强法律制度建设。

这一轮改革是中国经济学界真正意义上的理论构建和政策引领,帮助中国初步建立起市场经济制度框架,大大解放了生产力,促使20世纪90年代以来中国经济持续高速增长。

在20世纪末和21世纪初,世界经济经历了1997年的亚洲金融危机、2000年的互联网泡沫和2007年年底开始的世界性金融危机,"亚洲四小龙"失去了往日的风采,日本经济依旧不见起色,美国经济低迷、债台高筑、失业率高企,欧盟更是危机四伏。而中国经济却成功克服了重重危机,实现了经济持续高速增长,甚至有的区域在经济危机中完成了华丽转身,实现了产业结构的再造和升级,为下一轮增长蓄积了力量。

阅读材料▶

美国政府的隐形推动作用

2008年,美国《政治学和社会》第36卷第2期刊登了美国学者弗雷德·布洛克的题为《逆流而上:一种隐形的发展主义国家在美国的崛起》的文章,文章认为过去30年来,尽管新自由主义思想在美国的政治意识形态中一直起主导作用,但是事实上联邦政府在资助和支持私营企业新技术商业化方面依然大大加强了自身的干预作用。不过,美国政局中的党派对立逻辑和新自由主义的意识形态却使美国政府在技术创新中所起的巨大干预作用在主流的公开辩论中被隐形。布洛克还指出,和日本、韩国等发展主义官僚化国家不同,美国是发展主义网络化国家,后者对科技创新的干预较前者更重首创而不是模仿,更分散,分权也更灵活,而不是高度集中,所以更有利于"百花齐放"。

2009年,他和美国南方麦塞底斯特大学社会学系教授马修·凯勒又在《社会经济评论》第7卷第3期发表了题为《创新源于哪里？1970—2006年间美国经济的变化》的文章,提出一个惊人的结论,即1970年以后美国的科技创新主要源自政府推动。该文根据1970—2006年间美国关于获奖创新的数据资料,通过分析发现美国经济中出现了三个重大变化。首先,在获奖的创新过程中,公司间的合作日益加强。其次,原为创新龙头的那些大企业的作用在逐渐缩小。最后,在创新过程中,公共机构、政府机构和公共资金发挥着越来越大的作用,美国政府行为在创新研发过程中,在解决合作失灵和提供关键资金方面发挥着重要作用。

在过去20年间,大多数创新奖项被联邦政府实验室、大学或受资助的二者的衍生公司所夺得。在2006年《研发》杂志评选出的100名获奖者中,依靠联邦财政资助的获奖创新企业从14个迅猛增至61个,加上间接由联邦政府出资支持的16个"私营"创新获奖者,联邦政府出资资助的获奖创新的总体结果从1975年的37个上升到2006年的77个。即使在《财富》500强企业称霸创新过程的时期,它们也大量依靠联邦政府的资金支持。如果想寻找私营企业不接受政府资助,完全依靠自身能力进行创新活动的时代,那恐怕得追溯到第二次世界大战以前了。而二战之后的40年里,获创新奖的企业表明,政府在创新活动中的主导地位越来越加强了。早些时期,美国的工业和技术政策完全被军事和太空计划所垄断。近些年来,大量的非防御机构一直参与支持私企的研发过程,目前这些机构主要有美国商务部、能源部、农业部、国家卫生研究院、国家科学基金会和国土安全部。

资料来源:陈云贤,邱建伟.论政府超前引领——对世界区域经济发展的理论与探索[M].北京:北京大学出版社,2013.

德国政府的国家创新体系

德国的经济在19世纪最后20年和20世纪最初10年取得了突飞猛进的发展,出现了一批自主创新成果和以西门子等为代表的技术创新型大企业,"Made in Germany"也逐渐成为产品高质量的代名词。德国制造业取得了令世人瞩目的成就。2007年,人口仅有8 300万人的德国,出口额达9 690亿欧元,超过其国内生产总值的1/3,排在中国、美国和日本之前成为商品出口的世界冠军;在出口总额中,87%来自工业制成品(2006年)。目前,德国最重要的工业部门为车辆制造业、电子技术业、化学工业和机械制造业。德国这些工业部门的出口竞争力的关键就在于技术创新。德国目前的研发投入占其国内生产总值的2.5%,在欧洲国家中名列前茅;近90%的研发投入投向四大领域:车辆制造业占41%,电子技术业占19%,化学工业占19%,机械制造业占10%。2004年,德国在欧洲专利局注册的专利为23 044项,占欧洲专利局专利数的18%,远远超过欧洲其他国家。

德国作为后起的工业国家,对于技术创新在赶超过程中的作用具有深刻的认识。工业方面的技术创新使德国迅速工业化并超过英国,成为当时仅次于美国的世界第二大工业国。在这一过程中,德国政府的协调、政治企业家精神以及教育体制都发挥了重要的作用,其中,政府的作用尤为重要。

首先,德国社会市场经济体制为制造业的创新创立了很好的法律和制度框架。其次,各级政府制定和执行国家的研究与技术政策,在技术进步的各个环节对企业的技术创新提供支持。在促进知识向产业转化方面,德国政府也实行了一些很有益的制度和政策,包括支持大学的科研活动和促进科研成果向经济应用转化以及大学外的独立科研活动。此外,德国政府还通过支持区域企业网络的发展来促进知识和技术的转化和扩散。

从德国的经验可以看出,德国制造业的优势是与德国国家创新体系的制度安排紧密相关,德国政府立足于传统制造业基础,通过建立产、官、学、研为一体的国家创新体系,引领了技术创新,使得德国持续保持现代制造业的世界领先优势。

资料来源:陈云贤,邱建伟.论政府超前引领——对世界区域经济发展的理论与探索[M].北京:北京大学出版社,2013.

从"摸着石头过河"到"超前引领"

当经济发展木已成舟,才进行亡羊补牢式的服务,会消耗大量的政府资源,降低政府的公共福利供给能力;而在经济规模日益膨胀的今天,政府要进行保姆式的事中服务,也是极不现实的。将事后和事中服务延伸到"超前引领"和超前服务,无疑事半功倍。

众所周知,在一定时期内,政府掌握的资源是有限的,如果政府在经济发展上投入过多资源,会导致公共福利供给的短缺。实践证明,政府对经济的过度干预极易导致政府规模的膨胀,引起一系列负面效应。政府想要在发展经济和提供公共福利方面做到平衡,需要高超的经济驾驭能力。

在中国县级区域中,顺德政府以最小的规模,产出了最多的GDP。"三三三"产业发展战略从战略制定阶段进入战术实施阶段,将政府对经济的事中、事后干预和服务,延伸到了事前引领和事前服务,无疑体现了顺德政府更为高超的经济驾驭能力和执政智慧。

一、将事后和事中服务延伸到超前服务

刚到顺德工作的时候,曾经有媒体记者问我:中国有不少专家学者认为,国家分税制划清了中央与各级区域政府的财权和事权,客观上导致了区域政府公司主义的滋生,即区域政府片面追求经济利益最大化,区域一把手相当于企业的董事长。

从我的思维角度和工作经历出发,我很不赞同这种提法。企业的目标是追求利润,而区域政府最直接的目标是为群众、区域和社会的全面发展而努力。至于区域政府在区域经济发展中应该承担什么样的角色,的确在理论和实践上有不断演绎、延伸的过程。早期的经济学家认为政府不应该扮演调控、干预经济的角色,应该用"无形的手"来促进经济发展,这是经济学鼻祖亚当·斯密的理论,这种理论在相当长时期内居于主导地位。

后来资本主义社会经历了许多次席卷全球的经济危机,尤其是20世纪30年代,各国逐渐感觉到有必要对经济发展进行一定的引导、调控甚至干预,从而克服经

济自由化的弊端，避免出现类似的经济危机。提出这个理论的是经济学大师凯恩斯。

在政府应该扮演什么样的经济角色这个问题上，产生了"混合经济学""综合经济学"，但这些学术观点都没有脱离上述两位大师的理论。到了20世纪90年代，不断有经济学家提出新观点，指出政府不仅可以借用市场经济的手段，对经济进行引导、调控和干预，还可以运用政府的权力和资源来超前引导、调控和干预经济发展。明确提出"超前干预"，防患于未然，使经济发展过程少走弯路，我认为这是经济学的一大突破。

"超前干预"，其思想火花到底起源于什么？我想，是从中国经济体制改革取得的伟大成就、从西方发达国家经济发展的成功经验和失败教训，以及二者的比较中总结出来的。以顺德过去的成功经验来说，政府根据市场的发展，超前引导、调控并促进经济发展，许多政策和措施，与经济学家的"超前调控"和"市场型政府"不谋而合。顺德改革了计划经济指令型的做法，以市场经济体制和企业的持续发展推动社会和谐建设，并且发挥了"超前引领"的作用。

因此，从理论上我也不赞同区域政府公司主义的提法。党中央也提出了"执政为民"，明确界定了政府的目标是"为民"，而不是追逐经济利益，发展经济只是为民谋利的一种手段。

那位记者还问到，董事长和书记都是长于战略管理的关键人物，这两个角色之间，有何相同及不同之处？

我认为，企业的目标是追求利润，因为有利润的企业才能发展；而对区域来说，只有区域经济发展了，才能为群众谋更好的福利。董事长和书记的相同之处在于，都要全力促进企业或区域经济的发展，都至少要抓好四个方面的工作：第一，要抓战略制定与管理；第二，要抓人事组织与管理；第三，要抓资金组织与安排；第四，要抓信息搜集与分析。

当然，企业管理虽然也涉及方方面面，但企业属于微观经济层面。政府促进经济发展，必须从宏观经济层面来决策和发展。有企业经验、有微观实践的人来作宏观层面的管理决策，当然有较好的基础；但如果不能上升到宏观经济层面的高度和广度来思考问题,思路就会不开阔,工作也难以打开局面。

二、探索政府、企业、社会三者的互动关系

以空间维度审视"三三三"产业发展战略,它既具有宽阔的国际视野,也积极响应了国家战略;以时间维度审视"三三三"产业发展战略,它既立足于区域现状,也是对既往战略的传承和创新。顺德制定"三三三"产业发展战略的国际和中国背景,主要是基于三个层面的思考与探索。

一是基于顺德实际。我2004年年底来顺德工作,当时顺德GDP超过600亿元,其中第二产业占60%;在第二产业中,家用电器和家用电子又占70%,较为单一的产业结构积聚了相当的产业风险。顺德经济上去了,但城市建设与发展还相对滞后。顺德的各镇街经济发展不平衡,出现了东强西弱的现象。这就提出了顺德下一步该怎么走的问题。

二是基于国家战略。2004年年底,中央召开经济工作会议,提出了优化产业结构、增强自主创新的要求。顺德作为一个基层区域,如何结合实际落实国家战略,是一个紧迫的问题,因为中央政府只能给我们指明大方向。

三是基于发达国家的先进经验。我一直在思考,为什么美国、日本在经济上会如此强大?尤其是日本,经济总量长期居于世界前三位。我利用到日本招商引资的机会,对日本的产业经济和区域经济进行过考察。结果发现,在日本,一个企业反馈出一个行业,一个行业反馈出一个产业链条及其延伸对日本经济产生的影响。日本的每个产业,都有完善的产业链条,例如汽车行业,有一级、二级、三级配套商。丰田的一级配套商有200多家,二、三级配套商加起来超过1 000家,也就是说,组装一辆丰田车,需要1 000多家企业共同运作。日本的每个行业中,至少有3—5家龙头企业作为产业链条的带头人在引领发展。仍以汽车行业为例,有丰田、日产、本田等领头企业。在日本,又有多个支柱行业,如汽车、电器等,在共同促进日本经济的繁荣。我去过不少发达国家进行考察,日本的经济和产业给我留下了深刻的印象。

因此说,"三三三"产业发展战略是立足于对顺德发展的思考,立足于对国家政策的把握并借鉴发达国家和地区的成功经验而酝酿形成的。

巧合的是，顺德的经济发展战略一直与"三"有关，在制定"三三三"产业发展战略时，也曾受到顺德既往战略的启示。

其实，我们用半年左右的时间梳理了顺德改革开放以后提出的各项经济政策。现在看来，有的政策已经不合时宜，有的政策精神内核还在，有的政策需要补充和完善新的内容，因此，从政策的延续性这个角度来看，"三三三"产业发展战略是在原有政策基础上的一种传承和开拓。

顺德经济从农业发展阶段转到工业发展阶段，从计划经济转到市场经济，再到今天与国际接轨、参与国际竞争的过程，政策引领都具有超前性。顺德在引领经济可持续发展的过程中，用自身实践不断探索和完善政府、企业、社会三者的互动关系。

至于"三三三"产业发展战略的出台，一开始我们并没有专门的概念。正是基于对上述三个层面的思考与探索，与当时顺德的周天明区长多次商讨，并在向顺德前任领导、后任广东省人大常委会主任欧广源和后任广东省人大常委会副主任陈用志请教的过程中得到首肯，我们才最后明确地表述出"三三三"产业发展战略的全面内涵。

《道德经》曰："一生二，二生三，三生万物。"我们希望顺德的事业能够得到顺利发展。

三、产业发展区域协调的战略制胜和根本方向

"三三三"产业发展战略，是推动顺德政府进一步深化改革和创新的体现。在顺德的"十一五规划"中，明确提出建设创新型、服务型、公共治理型政府。区域政府该如何自主创新？今后顺德还会进行哪些方面的创新？

我认为创新有两种类型。一种是与现有的政策、法律和法规不相符，跳出政策、法律和法规的约束，提出新的措施和方向。这种行为有时候也能被称为创新，当然，这对区域政府来说，既不会被许可，也不具可行性，容易造成违规和违纪。另一种是在现行的政策、法律和法规的范围内，进行技术层面的组织创新、制度创新和技术创新，当然，在这里首先还要有个意识创新。我们所思考的创新，主要是在这四个方面。因此，我们响应国家建设创新型区域的要求，结合顺德的实际，要

在这些方面不断推进发展。

创新的意义十分重大,创新会提高政府、企业和社会的运行效率,会促进经济发展与社会和谐。顺德政府在率先发展中、在以民营经济为主体的区域中进行的创新,所提出的政策和所采取的措施,应该代表了今后中国县域经济发展的一个方向。

除了从政府创新方面看"三三三"产业发展战略,我们还可以从经济学的角度看"三三三"产业发展战略。

这是一个优化产业结构、引领企业自主创新、克服区域产业风险的过程,与此过程相连接,顺德政府推出了一系列扶助、引领的政策措施,有利于顺德产业结构优化升级、提高企业在国内外市场的竞争力,从而促进顺德走上科学、协调、可持续发展的道路。

可以说,理论来源于实践,实践先于理论,"三三三"产业发展战略理论是对实践的一种概括与升华。在经济发展过程中,实践是一个创造性的过程,是一个"摸着石头过河"的过程。实践产生了对理论的需求,理论如果能够反过来引领实践的发展,将具有重要的意义。从经济学的角度来说,真正的经济学是一门"致用"之学,致用之学崇尚简单有效,最简单的往往是最美好的。根据这个原则,我们没有提出更加复杂的经济学名词来替代"三三三"产业发展战略。而恰恰是这个简单、易传播的"三三三"产业发展战略,里面蕴涵了许多产业经济学、区域经济学的内涵。

应该说,"三三三"产业发展战略的提出与其他区域提出的类似"三大措施"或者"八大步骤"是有本质区别的,它不仅是发展经济的一个战术性和技术性问题,而且是产业发展、区域协调的一个战略制胜和根本方向问题。"三三三"产业发展战略能够被民众、社会和企业所接受,说明它有着深厚的实践基础,并在实践中具有强大的生命力。

四、既要长于战略规划,也要长于战术实施

我一直认为,区域政府既要长于战略规划,也要长于战术实施,这样,好的战略才不至流于空谈。在战术实施时不仅要加大力度,而且要运用智慧创新性地执行。

那么,要将"三三三"战略层层推进,都有些什么样的战术和战役?

战略和战术一定要配套,如果缺乏战术,战略肯定流于空谈。政府为此制定了系列化的推进政策和具体措施。

当时的顺德制定了优化产业结构的目标:争取在2010年,三大产业的比例达到1.7∶53.3∶45左右,形成协调发展的格局。在第一产业方面,考虑到顺德土地资源日益稀缺,但顺德农业先行一步的优势条件,我们提倡发展外延农业,力争中央和广东省省委的支持,与台湾地区合作建设"粤台农业发展基地",做到"小区域,办大事"。在第二产业方面,结合国家自主创新战略和顺德实际,优化传统产业,重点发展具有潜力的高新技术产业,同时推进与之相配套的产品国家标准化等措施,以此引领民营企业做强做大。在第三产业方面,顺德不提倡就第三产业而发展第三产业,而是要大力发展与第一、第二产业相配套的物流业、会展业、商贸业和旅游业。例如顺德家用电器行业需要大量的钢材,上海宝钢和韩国浦项都来顺德建设钢铁物流基地。在发展旅游业方面,顺德评出"新十景",开发"广州顺德一日游""港澳顺德三日游"等旅游路线,这些举措也会促进酒店业、餐饮业等行业的发展。

我们知道,党和国家制定的战略方针,在不少区域会流于口号。例如中央把自主创新作为国家战略,这是一个很好的方向,没有人不赞同。但如果基层在贯彻中没有切入点,执行不具体,方向、战略就可能难以落到实处。"三三三"产业发展战略会不会同样遇到执行难的问题?

我认为,顺德对国家战略方针的实施具有很强的执行力。例如"科技进步、自主创新"战略,顺德就用创建著名品牌与驰名商标的多少,抢注产品专利权的多少,产品标准成为国家标准、国际标准的多少来量化,作为切入点进行衡量与检测,从而推动企业科技进步和自主创新的发展。

因此,对顺德各镇街、各部门、各企业落实推进"三三三"产业发展战略,我们有很强的信心。

如果要问"三三三"产业发展战略在什么时候会达到预期效果,我想,这是一个动态的过程。其实,顺德在2005年推进招商引资、产品标准化、联合国采购基地等战略时,"三三三"产业发展战略的前期成果已经在当年年底有所展现。2004年,顺德的家用电器和家用电子在第二产业中所占比例约为70%,但到了2005年年底,这个比例已经下降到不足50%;其他行业,如机械装备、模具业及精细化工业和涂料业等,其比重已经开始得到提升。

资料来源:陈云贤.超前引领——对中国区域经济发展的实践与思考[M].北京:北京大学出版社,2011。

第三章
区域政府"双重角色"理论

区域政府发挥"超前引领"作用,在于区域政府的双重职能:一方面,区域政府代理国家政府,对本地区经济进行宏观管理和调控,扮演"准国家"的角色;另一方面,区域政府代理本地区的社会非政府主体,调配本地区的资源,争取上一级政府的支持,通过制度、组织、技术等创新,与其他区域政府竞争,以实现本区域经济利益最大化,即扮演"准企业"的角色。

从中国实践看,区域政府在市场中扮演了"双重角色",一方面是"参与者",区域政府直接参与经济活动或其控制的非政府组织在经济的发展中都起到了重要作用,这在过去几十年中已经得到了有效的验证;另一方面,区域政府又扮演着区域政策的制定者和执行者的角色,直接决定着某些行业中竞争格局和发展生态的演变过程。随着财政分权改革的深入,区域政府越发追求自己作为独立经济主体的利益最大化目标,明显出现了"政府企业化"倾向,在政府职能目标上也出现了双重特性。一是区域政府要兼顾上级政府和区域非政府主体的双重利益;二是区域政府还担当着上级政府和区域非政府主体信息沟通的桥梁。区域政府代理中央政府,实现对辖区内的经济的宏观管理和调控;同时,区域政府还代理区域非政府主体,执行中央的决定,争取中央的支持,以实现本地区经济利益最大化。区域政府的这种地位和功能被称为区域政府的双向代理。这使得区域政府的角色是多维度的:既是上级政府的代理,又是区域非政府组织的利益代表;既是辖区的管理者和公共物品的提供者,又是一个追求最大化利益的经济组织。区域政府的多维度身份使得区域政府有着不同的目标函数和约束条件。

一、区域政府的"准企业"角色

(一) 企业角色的内涵

企业一般是指以盈利为目的,运用各种生产要素(土地、劳动力、资本、技术和政治企业家才能等),向市场提供商品或服务,实行自主经营、自负盈亏、独立核算的法人或其他社会经济组织。

就其本质而言,企业是一种资源配置的机制,是一种可以和市场资源配置方式相互替代的资源配置机制。在企业外部,价格变动引导着资源配置,通过一系列市场交易来协调企业行为;而在企业内部,市场交易被取消,政治企业家代替了价格机制,指导资源的流向和运用。这意味着企业和市场同样可以作为资源配置方式,其边界取决于二者交易成本的比较——当企业内部组织一笔交易的成本等于在市场上完成同一笔交易的成本时,企业规模即被决定。也就是说,企业与市场的边界就在这两种交易成本相等之处;只有这两种成本相等,企业和市场的替代才会停止。

由企业的本质可知,企业的主要职能在于对其所能获得的各种资源进行有效配置,其目的在于尽可能地获得最大产出,实现利润最大化。而企业之间存在激烈的市场竞争,或是具有成本优势,或是具备创新能力,市场的这种竞争压力迫使企业必须不断进行资源优化配置,以满足企业生存和发展的需要。

(二) 区域政府"准企业"角色的内涵

1. 区域政府"准企业"性质的依据

(1) 政府与企业的属性不同

政府和企业属于两个不同的主体范畴,企业是微观经济主体,政府则在中观和宏观上通过法律、政策、制度等对经济进行管理和调控。二者的行为都呈现出其特定的范围和特殊的规律,差别主要在于以下几点:

① 目的不同

从存在的使命来看,政府的行为目的主要是给所属民众提供非营利性的产品或服务,目的是实现社会福利的最大化,不以盈利为目的,具有明显的公益性质,属于非市场范畴。而企业主要是以价格机制为核心,通过生产、销售等一系列行为实现企业利润最大化,以盈利为目的。

② 生存方式不同

政府管理既然是非营利性的,所提供的产品或服务通常是免费或象征性收费的,其生存不能靠出售产品或服务来维持,而主要依赖于立法机构的授权;资金来源主要是税收,经费预算属于公共财政支出,不能任意由政府管理人员支配,而必须公开化,接受纳税人的监督。相反,企业管理以盈利为目的,所需要的各种物质资源主要来自于投资的回报,来自于所获取的利润。因此,企业中的资金使用状况属于企业的"内部事务",其他人无权干涉,经费预算也主要根据盈利状况而定。企业是自主的,其管理所需的物质资源也是自主的,不需要公开化。正因为如此,政府管理的决策常常要反映公众或立法部门的倾向性,而企业管理的决策在很大程度上受市场因素即顾客需求所左右。

③ 管理限制因素不同

从管理的限制因素来看,政府管理的整个过程都受到法律的限制,即立法机构对其管理权限、组织形式、活动方式、基本职责和法律责任都以条文形式明确予以规定,这使政府管理严格地在法律规定的程序和范围内运行着。而企业管理则不同,法律在其活动中仅仅是一种外部制约因素,管理主要是在经济领域进行,按照市场机制的要求去管理。只要市场需求存在,企业行为又不违法,企业管理必须围绕追求高额利润这一目标而运转。

④ 绩效评价标准不同

从绩效评估看,行为的合法性、公众舆论的好坏、减少各种冲突的程度、公共项目的实施与效果、公共产品的数量及其消耗程度等是评估政府管理成效的主要指标。在企业管理中,销售额、净收益率、资本的净收益以及生产规模的扩大程度、市场占有率等是主要的评价指标,也是企业管理水平和效果的主要显示器和衡量管理人员绩效的标志。显然,政府管理的绩效评估偏重于社会效益,企业管理的绩效评估则更强调经济效益。

(2) 政府与企业行为有一定程度的相似性

① 政府与企业都是资源配置的方式

企业内部管理就是通过计划、组织、人事、预算等一系列手段对企业拥有的资源按照利润最大化原则进行配置。政府拥有一定的公共资源,这些公共资源该如何配置和利用才能焕发出最大的产出效率,也是政府的重要职责,政府也同样拥有计划、组织、人事、预算等进行资源配置的手段。所以政府与企业一样,具有进行资源配置的功能,只是在范围、目的等方面有所不同。

② 竞争机制在政府之间与企业之间始终存在并成为二者发展的原动力

企业之间的竞争是市场机制所赋予的,在完全竞争市场,企业要在竞争中取胜,就必须在制作成本上保持竞争优势;在垄断竞争市场,企业要靠自己的特色,即所谓企业的特有价值、核心竞争力来获得生存;在寡头垄断市场,虽然市场被几个大的寡头所控制,但这几个寡头之间仍然存在着博弈关系,寡头之间的财富和生存竞争仍然是激烈的。至于完全垄断市场,通常是市场竞争发展到一定阶段的产物,或是出于自然垄断资源、法律特许、保护专利、规模经济等原因而形成的,政府通常是促成和维护这一市场的主导力量或是破除这一趋势的主要力量。而在其他市场类型,也需要政府在法律、政策上搭建好服务平台,促成市场竞争机制的有效行使。所以,政府是企业竞争的有力维护者和推动者。

某一区域内,企业竞争通常会带动这一区域的经济增长,而维护企业公平竞争的环境、保证市场机制的顺畅运行也是区域政府的重要职责之一。从中国三十多年的高速经济增长的保证机制来看,区域政府之间的区域绩效竞争是其中的一个重要因素。也就是说,区域政府之间在某些目标的实现与实现程度上的比较和竞争是客观存在的。从整个世界来看,各国政府作为世界范围内的区域政府,在国力上的竞争也在随时随地地进行着。

③ 企业和政府行为都是在尊重市场机制的前提下展开的

在市场公平的大环境之下,企业要通过对市场规律的不断探索和市场形势的准确判断来决定企业内部资源应如何配置,企业必须尊重市场规律,接受市场价格信号,适应市场需求,才能使企业生存下去。

区域政府对经济的一系列调控行为也必须是建立在尊重和顺应市场规律的基础之上的。那种以抛弃市场规律、国家计划主导一切为主要特征的计划经济体制,由于其较为低下的经济效率已被证明不是最优的资源配置方式,基本退出了历史舞台。当前,无论是发达国家还是转型国家,政府正致力于消除存在于经济中的各种制度扭曲,建立完善的、有效地市场经济体系,这些改革实践都是基于对现代市场规律的正确认识和把握,一个政府能够积极有效的发挥作用的前提一定是尊重市场在资源配置中的主导作用。当市场可以有效地分配资源使得经济处于良性状态下的时候,政府的主要职责是不妨碍市场机制的运行。但是政府并不是完全被动地听凭市场的摆弄,而是在认可市场是资源配置主导方式的前提下也清楚市场的某些局限性,进而因势利导地对市场进行某些调控,并根据市场发育的程度及出现的问题进行基础设施建设、信息提供、各经济活动的协调、外部性的调整等活动,以使得市场效益得到更好的发挥。

④ 企业和政府都必须履行一般的内部管理职能

要维护一个组织的正常运转,都需要对组织内部进行微观管理,在这个方面企业和政府内部管理有很多异曲同工之处。比如,企业和政府都有人力资源管理、项目管理、资金管理、技术管理、信息管理、设备管理、流程管理等内容;从管理层次上也都可以分为决策管理、业务管理、执行管理等多个层次。所以就内部管理而言,二者有诸多相似之处。

2. 区域政府的"准企业"角色内涵

"准"意味着不属于某个范畴,却在一定程度上承担或具备某种相同的职能或属性。综合政府和企业的相同点可以发现,区域政府不是企业,但又具有一定程度上的企业行为特征,因此区域政府兼具一定的"准企业"角色。其"准企业"角色内涵可以概括为:

第一,区域政府内部的组织管理可以充分吸收、借鉴企业管理丰富的理论模型和优秀的实践经验,建立高效运转的内部管理模式,成为制度创新、组织创新、技术创新和管理创新的重要力量。

第二,区域政府拥有较强的经济独立性,以实现本地区经济利益最大化为目标,自身具有强烈的开展制度创新和技术创新的动力;区域执政者在竞争中培养了改革魄力和超前思维,具有鲜明的熊彼特所说的"政治企业家精神"。

第三,区域政府的行为充分尊重市场作为资源配置手段的主导地位,坚持按照市场规律发挥管理职能,强化区域政府行为的市场适应性,展开区域政府间的良性竞争,以各地区市场运转的效率、实现的经济和社会效益作为竞争的主要考核目标。区域政府因而实现从远离市场竞争的权力机构到参与市场竞争、提高管理绩效的"准企业"的角色转换。

(三)区域政府的"准企业"角色行为的经济学分析

1. 区域政府的区域管辖权转化为区域经营权

区域政府首先是基于行政管理需要而建立的,是在某个区域执行法律和管理的行政机构,本质上是一个政治组织。但是从以中国为代表的一些区域政府的实践行为上看,并非单纯地以法律和行政手段对所辖区域进行管理,而是把所辖区域当做一家企业来经营。具体来说,这种区域经营权就是区域政府主动将自己定位为独立的区域经营者,依法使用区域内生产要素,根据市场需要独立作出区域经营决策,并自主开展区域经济活动,及时适应市场需要。这种经营的主要特点体现为,对于区域内的企业既不是强行干预、直接控制,也不是只做外围监控、简单地把企业推向市场,而是把所辖区域当成一家企业来经营,以政治企业家的视角来看待和判断经济形势,并通过区域资源配置和整合来调整和推动区域经济增长的方式,主动适应市场化环境的要求,实现区域经济增长。

2. 区域政府以区域利益最大化为中心进行资源配置

区域政府行为的市场取向必然导致其目标函数和约束条件带有明显的"准企业"的特征。区域政府作为独立的竞争主体,其主要目标函数是区域政府收入的最大化,也就是预算规模的最大化。而预算规模一般取决于以下两个因素:一是与本区域经济发展水平相联系的财政收入规模;二是上一级政府与区域政府分享财政收入的比例。由于上一级政府与区域政府分享的比例一般可以预先确定,而且一旦确定短时期内不会改变,所以分享比例一旦确定,就意味着区域政府收入的持续增长不再依赖上一级的行政组织,而直接与本区域社会总产出水平密切相关,这一转变决定了区域政府必然成为一个具有独立经济利益目标的经济组织。作为独立的利益主体,区域政府追求自身利益的最大化,但由于区域政府本身没有增设税种和调控税率的直接权限,所以,区域政府能够取得合法利益的途径就是辖区内 GDP 的发展和税收收入的增加,这种追求本地经济快速增长以及相应的获利机会、追求本地经济利益最大化的目标使得区域政府具有了相对于微观主体更强的组织集体行动动力和制度创新动机。而区域政府行为的约束则主要来自于当地的资源、法律制度、公众压力等。

区域政府的收入函数和约束条件可表述如下:

$$Y = Y_0 + b \cdot GDP$$

$$GDP = C + I + G + NX$$

$$C = f_1(G, A_i)$$

$$I = f_2(G, B_i)$$

$$NX = f_3(G, D_i)$$

$$s.t. \quad G = f_4(R, Z, F, E)$$

其中,Y 表示区域政府的利益收入;Y_0 表示区域政府从上一级政府财政收入中分到的部分;b 表示区域政府在区域 GDP 中的分配比例;C 表示消费;I 表示投资;G 表示区域政府支出;NX 表示区域净出口;A_i 表示区域政府行为以外的其他影响消费的因素;B_i 表示区域政府行为以外的其他影响投资的因素;D_i 表示区域政府行为以外的其他影响出口的因素;R 表示区域政府资源;Z 表示制度约束;F 表示法律约束;E 表示民意约束。

在该模型中,Y_0 短期内不会改变,因为是一个常数,所以区域政府收入的扩大主要取决于该区域 GDP 发展的情况,如果经济繁荣,则区域政府在 GDP 中分享到的政府收入也高;b 为分享系数,与税率相关,所以也比较固定。这样,区域政府收入最大化的唯一出路就是做大本区域的总收入。

根据区域政府"超前引领"理论,区域政府不是消极被动地分享GDP,而是主动、直接地对GDP发挥影响。现代市场经济条件下,不允许政府直接插手企业和个人决策,但区域政府可以通过一系列公共政策对企业投资、私人消费、进出口行为进行调整和引导,也就是说消费、投资、净出口等GDP的直接构成要素又是政府支出行为的函数,区域政府不但通过自己本身的公共支出来做大GDP,更通过"超前引领"企业和个人的市场行为来影响GDP的增长。区域政府要"超前引领"也不是为所欲为的,一切经济学问题都是"在约束条件下求极值",所以,区域政府能发挥多大的"超前引领"能力以及可以拿到多少区域政府收入,也受到制度、法律、本区域资源和民众意愿等多种因素的制约。

从中国实践来看,区域政府经营的目的是区域利益的最大化。区域利益既包括以GDP为核心的经济效益指标,也包括反映收入分配、教育水平的社会指标,还包括诸如环境与生态、市场监管、基础设施建设、公共服务、廉洁状况和行政效率等多项衡量区域状况的发展指标。虽然区域政府的经营目标与企业的利润最大化目标相比具有多重性,但这些经济社会发展目标能够实现的基础仍然是以一定的经济发展状况为前提的,所以经济发展是区域政府管理的主导目标,其他目标的实现在某种角度上看,也是有利于经济目标持续实现的保障。这种做法类似于企业在以长期利润最大化为目标的情况下的对社会责任的承担。当然,区域政府不可能与企业一样只定位于经济利益,区域福利的最大化才是政府的真正使命,所以区域政府在目标的均衡性上要有更多考量,但这不改变区域政府在行为方式上的"准企业"特点。

综上所述,现代市场经济条件下的区域政府作为一个实体是有主观能动性的,区域政府会自动围绕自身利益的最大化对区域制度安排进行经济上的理性选择,区域资源配置效率的提升也必然成为区域政府工作的重中之重。

3. 区域政府行为受经济约束和政治约束

鉴于是从"准企业"的角度探讨区域政府性质,所以针对区域政府的研究应更多地放在区域政府的经济行为上。与企业行为受市场竞争和成本约束一样,区域政府目标函数实现程度也受约束条件的限制。如前所述,区域政府能发挥多大的"超前引领"能力以及可以拿到多少区域政府收入受到制度、法律、本区域资源和民众意愿等多种因素的制约,大体可以归纳为经济约束和政治约束两个方面。

经济约束是指区域政府手中掌握的财权和资源支配权。如果区域政府有足够的财权和资源去支持政府的各项工作,它就能够有足够的资金去提供公共物品和服务,以促进辖区内经济的发展。政治约束包括两个方面:上级政府的认同和辖区内居民的认同。上级政府和辖区内居民认同的底线是法律的认同,但由于上级政府的认同对官员的前途至关重要,所以上级政府对区域政府的绩效考核评价制度对区域政府行为约束力极强,因此,区域政府会在行为过程中重点处理上级政府的认同。

从中国区域政府实践来看,政府的目标主要是经济增长,这个目标在过去三十年都没有变化,但是区域政府的行为发生了很大变化,其原因在于约束条件的变化。中国区域政府在发展中采用了"区域分权"①和"财政联邦制"②的形式,形成了区域政府较为独立的财政运行体系,在财政预算约束上有较大的弹性。而区域政府之间的竞争领域和竞争程度也在不断加大,周黎安曾以锦标赛模式来描绘区域政府竞争。在20世纪90年代中期整体推进的激进的民营化运动中,区域政府深知区域经济的发展在于企业活力的增强和市场机制的运用,对于那些市场竞争能力强、自身经营状况和财务状况良好的优质企业给予大力扶持,对于有损于竞争优势发挥的基础设施和宏观条件及时进行完善。这些行为都充分说明了区域政府作为"准企业"角色在一定的预算约束和市场竞争下,趋利避害,追求收益最大化的特征。

4. "超前引领"行为实现区域政府职能的战略转型

一个成功的企业在很大程度上是因为政治企业家指挥决策的前瞻性和洞察力,对企业实现引领作用的战略规划是企业管理的重中之重。区域政府也常

---

① 张维迎,栗树和. 地区间竞争与中国国有企业的民营化[J]. 经济研究,1998,(12).

② Qian, Yingyi. The Road to Economic Freedom, Chinese Style. Paper presented at the "Economic Freedom and Development" conference in Tokyo on June 17-18, 1999, sponsored by the Mitsui Life Financial Research Center at the University of Michigan Business School, November 1999.

常需要以发展战略来带动一个地区的发展,在这一点上符合"准企业"角色的特征。

在市场竞争面前,区域政府绝不是被动地接受约束,而是运用管辖权才能让自己在市场竞争中赢得主动权,实现"超前引领"。中国区域政府有一种很强的意识,就是要在经济发展上抓住主动权,以"超前引领"为主导,不能落入被动的地位,这点和企业的竞争行为有类似之处。

中国区域政府的"超前引领"战略主要体现在1980年以后,区域政府的主要目标转向发展本地经济,其行为具有以下特征:首先,区域政府根据本地实际情况和外部政治经济环境,判断本地区经济增长的关键条件是什么;其次,区域政府运用手中资源,力争在其他地区采取类似行动之前,在本地区创造和供给这种关键条件,以形成本地区在经济增长上的相对优势。每一任区域政府官员上任,都会琢磨两件事情:一是到这个区域任职关键要抓什么,即要判断这个区域发展的关键条件是什么。二是判断出来之后,动手不能太晚,不然会落到别人后面。比如,1992年之前,在当时的政治环境下,区域官员还不敢设想区域经济增长可以建立在民营经济或外资经济的基础上,而只能设想发展区域公有企业,主要是乡镇企业。既然区域政府不能主要依靠外国人和民间个人来办企业,那只有自己来办。因此,这时区域政府的发展战略是直接办企业和扶植企业做大做强。但是,1992年以后情况发生了变化,特别是政治上发生了变化。中央明确了中国要搞市场经济,区域政府就看到转向市场经济已经不可逆转,未来地区的经济增长将主要依赖民营企业的发展和外资企业的进入。这种判断意味着地区经济增长的关键条件是为商人提供好的投资环境和吸引商人投资。有了这个判断之后,区域政府的战略就跟着转变。由抓办企业的权力转向抓地区开发权,即为商人提供必要的投资条件,包括硬件和软件,然后招商引资。为了尽快完成这种战略转变,特别是为抢在其他地区政府之前完成这种战略调整,区域政府要在最短的时间内把公有企业民营化,然后全力以赴抓在市场经济中更有价值的开发区。正是由于区域政府要完成这种战略转型,而公有企业民营化又是这个战略转型的关键环节,区域政府就义无反顾地整体推进民营化,而且要求限期完成。

区域政府"超前引领"理论,不仅能解释中国20世纪90年代中期区域政府在面临整个国家转向市场经济时怎样抓地区经济发展,同时还能解释1980年以来区域政府发展经济的基本行为,也充分展示了区域政府的"准企业"角色行为特征。

二、区域政府的"准国家"角色

(一)"准国家"角色的内涵

区域政府的"准国家"概念强调区域政府在结构上、职能上具备国家的某些特征,比如,在结构上,区域政府一般都是中央政府各分支机构在地区级别上的延续,各部门行使的职能也与中央政府基本一致,只是权限、力度有所不同。在一个国家中,中央政府可以利用其公共性和强制力影响该国市场秩序的建立和维持;同样,在一个地区中,区域政府可以代理中央政府,利用中央政府授予的公共性和强制力,推动本地区市场秩序的建立和维持,保护和促进市场主体之间公平、自愿的交易,提高整个社会的产出和收益,这就是其"准国家"角色的体现。

区域政府"准国家"角色的经济学含义则是指区域政府具备一般政府的宏观调控职能,可以利用财政收支活动来影响区域总需求和总收入,从而实现区域国民收入均衡。当区域经济陷于萧条时,区域政府可以采取加大财政支出或减少税收等宏观调控措施来刺激总需求,使总需求扩张直至实现国民收入均衡;而当通货膨胀发生时,区域政府也可以采取紧缩的财政政策压缩总需求来实现国民收入均衡。同样,作为"准国家"角色的区域政府也有实现本地区经济增长率、控制失业率和物价上涨等责任,也需要在这几个调控目标上进行权衡和控制。鉴于区域政府承担的一系列的宏观调控职能,其财政收支是调控区域总体经济状况的主要手段,所以关于区域政府"准国家"角色的行为分析重点放在其收入与支出行为上。

(二)区域政府作为"准国家"角色的收入

1. 区域政府"准企业"角色和"准国家"角色在收入上的异同

作为"准国家"角色,区域政府就不再是一个创造价值的生产单位了,而是依靠为区域企业和公民提供公共服务来换取收入以维持其存在与发展,从这个角度讲,区域政府的收入也可称为财政收入。

所谓财政,顾名思义就是政府的"理财之政",从经济学的意义来理解,财政是一种以国家为主体的经济行为,是政府集中一部分国民收入用于满足公共需要的收支活动,以达到优化资源配置、公平分配、经济稳定和发展的目标。众所周知,财政收入是各级政府的主要收入,财政收入的组成又以税费为主,这样的说法似乎又难以区分区域政府"双重角色"理论分别有什么样的收入?的确,区域政府作为"准企业"角色和"准国家"角色,都有收入这个概念,那么不同身份下的区域政府收入有何不同呢?如果不能准确理解"双重角色"下的区域政府收入,则区域政府"超前引领"理论就失去了创造新价值的意义,中观经济学也就易被归入宏观经济学范畴,从而失去了作为经济学独立分支的依据。

从区域政府的收入形式上看,无论以何种身份,形式基本都是一致的,就是以税收为主体的财政收入。也就是说,即便是作为"准企业"角色,区域政府所得收入也主要是以税收形式在国民收入的二次分配中获得,而不像企业那样可以以国民收入的一次分配为主,这说明区域政府无论是作为"准企业"角色依靠市场竞争获得的收入,还是作为"准国家"角色依靠宏观调控获得的收入,最终都是以税收的形式获得。但是,对双重身份下的区域政府收入的理解是不同的,这涉及中观经济学的理论基础。

首先,收入的定位不同。作为"准企业"的区域政府是把区域政府收入作为目标来看待,其目标函数中的因变量就是区域政府收入,区域政府的主要行为是围绕如何增加收入来进行的;而作为"准国家"的区域政府则是把收入当做一种调控区域经济的手段,通过收取和支出来维持区域国民收入的均衡,区域宏观经济状态的平稳发展才是其主要行为目标。

其次,收入的来源不同。表面上看,区域政府的财政收入主要源于税费,都是从区域企业和民众收缴而来,但由于区域政府的作为方式和力度的不同,也会导致区域企业和民众收入的不同,从而最终对区域政府财政收入造成影响,说明区域政府财政收入的获得有区域政府本身新价值创造的部分,区域政府通过制度创新、技术创新、服务创新等活动创造的新增价值最终在企业利益的更大提高和个人福利的更多增加中得以体现。从这个角度说,区域政府的收入从来源上可以被分为两个部分:一个是区域政府通过创新活动创造的,但却通过企业和个人收入增加来体现的那一部分,这部分收入可以被看做是以"准企业"身份获得的;另一个则是企业和个人自身从市场竞争中获得的,然后以税费的形式向区域政府履行法律责任、公民义务的部分,这部分收入可以被看做是以"准国家"身份获得的。

最后,收入的弹性不同。所谓弹性是指反应的敏感性,收入弹性是指收入每变动1%所带动的因变量变动的百分比。区域政府"超前引领"行为的收入弹性则是指财政收入的变动所激发的区域政府"超前引领"行为的力度。由于区域政府的"准企业"身份是以收入最大化为目标的,所以收入的增长会大大激发区域政府"超前引领"的动力,也会带动区域政府新一轮的创新热情和竞争信心,从而形成区域经济发展的良性循环,收入弹性较大。而作为区域宏观调控的"准国家"身份所获得的收入一般比较稳定,甚至可能因为市场低迷而政府又无为的状况导致这部分税收的减少,显然,在这部分收入的获得中,区域政府非常被动,所以,这部分收入的弹性是比较低的。

2. 西方国家区域政府财政收入的构成

在西方,无论是单一制国家还是联邦制国家,区域政府都是一个国家的重要组成部分,而财政则是各级政府维持自身运转和发挥各项职能的关键性因素。政府间事权财权明确划分,区域政府负责区域性公共产品和服务的供给、拥有较为固定的财政收入来源。

政府向公众提供公共物品和维持自身的运转需要一定的财政收入,其凭借公共权力向公众征收各种税费。区域政府依据相关法律获得收入来履行其职能。纵览各国区域政府的财政收入主要由税收收入、转移支付及其他收入等构成。这些收入在不同国家区域政府的财政收入中所占比重的不同,反映了受历史、政治、经济、文化等因素影响的政府间关系的不同价值取向。

(1) 税收收入

在税收收入构成中,美国、加拿大的区域政府形成了以财产税为主体的税收体系,政府间税收管理权限较为独立;而德国区域政府的税收主要来自联邦政府和州政府的税收共享,在税收管理权限上受到上级政府的严格控制。征收不动产税(财产税)在北美洲有着悠久的历史,在财产税年度内依据对土地和建筑物的估价确定的税率进行征收,是美、加两国区域政府税收收入中的主要来源(约占40%),甚至是许多区域政府唯一的税收来源。德国区域政府的税收收入约占区域财政收入的35%,主要包括自19世纪以来开征的土地税和工商业税、自1969年开始分享的联邦政府15%的所得税和自1998年开始分享的部分增值税。近年来,工商业税所占比重下降,德国区域政府的税收收入更多地来自政府间的税收分享。

(2) 转移支付

区域政府的转移支付来自联邦政府和州政府的补助金,是区域政府收入的重要来源,其在美、加两国区域政府收入构成中分别约占30%和40%。在美、加两国,来自联邦政府的补助较少且补助会用于特定项目,如教育、城市发展、交通等,主要转移支付来自州(省)政府。在补助形式上,分为无限制条件的一般补助和有限制条件的特殊目的补助。在加拿大,伴随20世纪初区域政府开支的不断增长和不动产税的日益匮乏,联邦政府开始向区域政府提供各种各样的拨款,其中大多是附带条件的拨款。德国区域政府转移支付包括联邦和州政府预算中对区域的分配及财政拨款,财政拨款作为直接补助,约占区域收入的27%。

(3) 股权收入

股权收入是指政府以企业出资人的身份将政府资产投入企业而获取股份,对于企业盈利按照持股比重分配和获得经营性收入。这部分收入也构成政府财政收入中的重要组成部分。其入股行为也可以被看做是政府投资的一种形式。股权收入作为政府经营企业的一部分收入在西方主流经济学中常常得不到应有的承认,政府作为经营者进入市场是主流经济学不能接受的,但经济发展的现实证明这一块收入必须纳入政府财政收入的分析之中,这也是本书的中观经济学理论对以往经济学财政收入部分的一个重大补充。

在中国这样的经济转型国家,大部分股份制企业都是由国有大中型企业改制而来的，因此，政府的股份在企业股权中占有较大的比重，使得政府可以通过控股方式对企业资源实施管理，既有利于宏观调控，也有利于政府从企业经营中盈利，并保证在企业最危难的时候给予其支持。因此，股权收入在中国这种国有企业占一定比重的区域财政收入中占有较大份额。

西方市场经济国家也有一定程度的国有企业。也就是说，政府也投资企业，获取政府的股权收入。法国是西方国家中国有经济比重最大的国家，1986年法国政府开始对21家国有企业集团进行私有化改革，共涉及约1760家企业，主要集中在钢铁、石油、基础化学、汽车、航空制造、有色金属加工和电子等领域，但法国电力公司、法国煤气公司、法国煤矿公司、法国国营铁路公司、巴黎独立运输公司和法国邮政及电信公司等经济基础部门仍为国有，这些企业的员工占国有企业就业人数的3/4。这说明法国财政收入中仍有相当比重为股权收入。

英国在艾德礼首相执政时期，钢铁、电信、铁路等产业均为政府投资，获利都可以归属于财政收入中的股权收入，由此奠定了英国福利国家的基础。但在撒切尔夫人执政期间，逐步完成了钢铁、电信、铁路等产业的私有化进程，英国财政收入中的股权收入由此减少。

美国的"两房"收入也一直是美国政府投资房地产业的重要财政收入。"两房"是指房利美和房地美两个公司。其中，房利美公司是在20世纪30年代大萧条后，为解决住房问题而由美国政府成立的"国有企业"，历经罗斯福、杜鲁门两任政府，其作用被不断扩大。到了肯尼迪政府时期，房利美进入了"公私混合"的模式，政府通过房利美创建了一个流动的二级抵押贷款市场，并成为在二级抵押贷款市场上的垄断力量。其后，美国政府将房利美一分为二成为房利美和吉利美（政府国民抵押贷款协会），吉利美仍然保持政府性质，房利美则成为一个私有的股份制公司，但美国联邦政府仍持有房利美的优先股，私人资本则持有普通股，美国政府在房利美中的作用转为隐形。而房地美成立于1970年，是尼克松政府授权成立的联邦住房抵押贷款公司。此后，秉持自由主义治国方针的里根、老布什以及克林顿政府逐渐将政府对住房市场的补贴通过"两房"转移至市场，美国政府在房地产金融领域的作用由直接干预转为宏观调控。

（4）其他收入

其他收入主要包括使用费收入、发行区域债券等,在财政困境压力下,其往往成为区域政府增加收入的重要手段。使用费收入主要是那些自愿使用区域政府提供的公共物品而受益的公众所支付的费用,如电费、水费、下水道使用费、道路桥梁费、公园门票、运动设施使用费等。在美、加、德三国,来自使用者付费的财政收入近年来一直处于上升状态,如加拿大的使用费收入,从1965年的市政府收入的6.5%增加到1980年占12.2%,到2000年增加到21.3%。[①]

在美国,区域政府依据联邦宪法可以发行债券为经济建设筹集资金,弥补其财政资金的不足,短期内可平衡财政收支,长期内可为收费道路和桥梁的建设筹集资金并通过使用者付费的方式来偿付。[②]而加拿大和德国的区域政府发行债券则受到省(州)政府的严格限制且只能用于基础设施建设投资。近年来德国区域政府为缓解财政危机,出售区域资产以及公共事业中区域政府所有和经营的企业的事例不断增加,其占区域收入的比重由20世纪80年代的3%上升到90年代末的5%。

3. 中国区域政府财政收入的构成

1950年以来,中国的财政制度经历了三个不同的历史阶段:1950—1979年为统收统支阶段;1980—1993年为分灶吃饭与财政包干阶段;1994年至今为分税制阶段。在统收统支的30年间共产生了7种财政管理模式,在分灶吃饭与财政包干的14年间共产生了3种财政管理模式,如表3-1所示。在不同的财政管理模式下,区域政府财政收入的构成存在明显差异。1994年分税制改革后,中央政府与区域政府的财政关系趋于稳定,但一些主要税种的分享比例也有一定的调整。

1994年分税制改革确定了中国区域政府现有税收收入构成,主要包括中央与

[①] 〔加〕理查德·廷德尔,苏珊·诺布斯·廷德尔著. 于秀明,邓璇译. 加拿大地方政府[M]. 北京:北京大学出版社,2005.

[②] 〔美〕文森特·奥斯特罗姆等著. 井敏等译. 美国地方政府[M]. 北京:北京大学出版社,2004.

表 3-1　1950 年以来中国国家财政制度与财政管理模式

实行时间		财政管理模式
统收统支阶段	1950 年	高度集中,统收统支
	1951—1957 年	划分收支,分级管理
	1958 年	以收定支,五年不变
	1959—1970 年	收支下放,计划包干,地区调剂,总额分成,一年一变
	1971—1973 年	定支定收,收支包干,保证上缴(或差额补贴),结余留用,一年一定
	1974—1975 年	收入按固定比例留成,超收另定分成比例,支出按指标包干
	1976—1979 年	定收定支,收支挂钩,总额分成,一年一变;部分省(市)试行"收支挂钩,增收分成"
分灶吃饭与财政包干阶段	1980—1985 年	划分收支,分级包干
	1985—1988 年	划分税种、核定收支、分级包干
	1988—1993 年	财政包干
分税制阶段	1994 年至今	延用包干制下中央、区域财政支出范围;将税种统一划分为中央税、区域税和中央区域共享税;核定区域净上划中央收入基数;逐步建立较为规范的转移支付制度

区域共享收入以及区域固定收入,但这不是区域政府财政收入的全部,甚至对很多区域政府而言还不是区域财政收入的主要构成,如表 3-2 所示。中国区域财政收入构成可以按照财政收入来源和财政收入管理两种方式进行分类,如表 3-3 所示。按照财政收入来源(分类 A)可以将区域政府财政收入划分为税收收入、中央转移支付收入、非税收入、区域债务收入和其他收入;而按照财政收入管理方式(分类 B)可以将区域政府财政收入划分为预算内收入、预算外收入、债务收入和制度外收入。

表 3-2　1994 年分税制下中国区域政府一般预算内财政收入构成

收入来源			分享比例(%)		备注
中央与区域共享收入		增值税	中央	75	2009 年开始实施增值税转型改革,允许企业抵扣其购进设备所含的增值税
			区域	25	
	所得税	企业所得税	中央	60	除铁路运输、国家邮政、四大国有商业银行、三家政策性银行、中石化及中海油等企业外。2003 年前中央与区域各分享所得税 50%,2003 年调整为中央 60%、区域 40%
			区域	40	
		个人所得税	中央	60	
			区域	40	
	资源税	海洋石油资源税	中央	100	海洋石油开采企业没有向中央上缴这一税收,而是以矿区使用费的形式上缴,从而使资源税成为单纯的区域税种
			区域	0	
		其他资源税	中央	0	
			区域	100	
		证券交易印花税	中央	97	1997 年中央与区域分享比例由 50∶50 调整为 80∶20,2000 年后调整为 97∶3。只有上海和深圳分享
			区域	3	
区域固定收入		营业税	区域	100	不含铁道部门、各银行总行、各保险公司总公司集中缴纳的营业税
		城市维护建设税	区域	100	不含铁道部门、各银行总行、各保险公司总公司集中缴纳的部分

表 3-3 中国区域政府财政收入构成

分类 A	具体组成	分类 B	
税收收入	增值税(25%)、企业所得税(40%)、个人所得税(40%)、营业税、城市维护建设税、契税等主要税种和表 3-2 所列的其他税种	预算内收入	
中央转移支付	税收返还		
	一般性转移支付(财力性转移支付)		
	专项转移支付		
非税收收入	行政事业性收费(在《2008 年全国性及中央部门和单位行政事业性收费项目目录》236 个项目中,有 141 个项目与区域财政相关或全部归于区域财政,除此之外,各地政府还出台有各类行政事业收费项目)	预算内收入	预算外收入
	专项收入(排污费、水资源费、教育费附加等)		
	罚没收入		
	政府性基金	预算内收入	预算外收入
	国有资本经营收入(区域国有企业上缴利润)		
	国有资产与国有资源有偿使用收入		
	其他非税收收入,如彩票公益金、以政府名义接受的捐赠收入、政府财政资金产生的利息收入、行政许可收入		
债务收入	直接债务收入	债务收入	
	间接债务收入,主要是城投公司负债		
其他收入	制度外基金、制度外收费、制度外集资摊派、制度外罚没和"小金库"等	制度外收入	

从财政决算表可以看出,非税收收入是中国区域政府财政收入的重要组成部分。非税收收入是指各级国家机关、事业单位、社会团体以及其他组织,依据有关

法律、行政法规的规定,履行管理职能、行使国有资产或者国有资源所有权、提供特定服务或者以政府名义征收或收取的税收以外的财政性资金。按照国家财政部的决算数据,在国家总体预算收入中,非税收入所占比重在10%—15%之间,近两年有上升的趋势,究其原因主要是因为区域非税收收入的占比较大且已超过20%,说明区域政府财政收入中的非税收入还需进一步规范,如表3-4和图3-1所示。

表3-4 2007—2013年中央和区域非税收入情况表

年份	2013	2012	2011	2010	2009	2008	2007
国家非税收收入(亿元)	18678.9	16639.2	14136.0	9890.7	8996.7	7106.6	5699.8
占预算收入比重(%)	14.5	14.2	13.6	11.9	13.1	11.6	11.1
中央非税收入(亿元)	3558.7	2880.0	2695.7	1979.2	2551.6	1711.9	1379.3
占预算收入比重(%)	5.9	5.1	5.0	5.3	7.1	5.2	5.0
区域非税收收入(亿元)	15120.3	13759.2	11440.4	7911.6	6445.2	5394.7	4320.5
占预算收入比重(%)	21.9	22.5	21.8	19.5	19.8	18.8	18.3

资料来源:国家统计局,http://data.stats.gov.cn/workspace/index?m=hgnd.

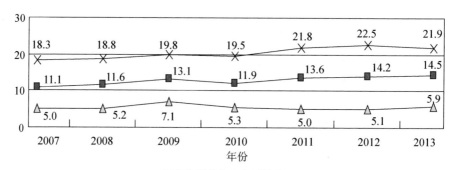

图3-1 中央和区域非税收入占预算收入比重

但表 3-4 显示的非税收收入数据显然未能涵盖所有的甚至是大部分的中国区域政府非税收收入,如近年来占区域财政收入很大比重的土地出让金,其占一般预算收入的比重是被严重低估的。根据国土资源部的统计,2006 年中国土地出让收入达到 7 600 亿元,2007 年猛增到 13 000 亿元,2008 年虽受金融危机影响,但仍维持在 9 600 亿元。如果将土地出让金纳入进来,则其占同期区域财政本级收入的比例超过 50%。

多年来,区域财政对于土地出让金收入过度依赖。根据国土资源部公布的数据,2009 年中国土地出让成交总价款约 1.59 万亿元,相当于同期区域财政本级收入 3.26 万亿元的 48.8%;2010 年约 2.7 万亿元,同比增加 70.4%,相当于同期区域财政本级收入 4.06 万亿元的 66.5%,如表 3-5 和图 3-2 所示。在有些年份土地出让金占预算外财政收入比重已超过 50%,有些甚至占 70% 以上,土地出让金的涨幅也大幅度波动。

表 3-5 土地出让收入占区域财政比例及增长速度

年份	2004	2005	2006	2007	2008	2009	2010	2011	2012	2013
区域土地出让金(百亿元)	64.1	58.8	76.8	119.5	96.0	159.1	271.1	310.0	270.0	390.7
区域财政收入(百亿元)	118.9	151.0	183.0	235.7	286.5	325.8	353.8	525.5	610.8	690.1
土地出让金涨幅(%)		18.3	-8.2	30.5	55.6	-19.7	65.7	70.4	14.8	-12.9	45.0
土地出让金占区域财政收入比重(%)	53.9	39.0	41.9	50.7	33.5	48.8	76.6	35.0	27.0	41.0

资料来源:国土资源部网站.

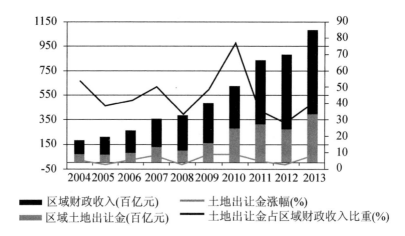

图 3-2　区域土地出让金占比及增幅

对比中美两国区域政府的财政收入结构,可以发现有两个明显的特点:一个是中国财政收入中非税收收入占比较高,稳定性较差;另一个是中国隐性的土地出让收入和政府负债也较高,财政隐性风险较大。

对区域政府而言,要增加财政收入,主要有两个途径:一是通过发展经济、加快经济增长速度来增加税收;二是通过土地出让金等非税收收入来源。这种以土地出让收入为主的非税收收入占比较大的财政收入结构,在房地产市场保持增长的时候,会大大提高政府的财政收入,使政府有更多的财力投入城市建设和促进经济发展。但是,一旦房地产市场出现问题,这种财政收入结构就会对区域财政收支造成巨大的隐性风险。

2010 年,在两轮房市调控之下,中国土地出让金增幅再创新高,同比增长70.4%;土地出让金占区域财政收入的比例再创新高,为76.6%,反映了区域政府对土地财政的极度依赖。2011 年,由于中央房地产调控政策的坚定推进,许多城市的土地财政收入降幅非常明显,但同时在市场高峰期,各地政府都出于经济发展和政绩竞争的需要,通过区域债务平台借贷,将大量资金投向大型项目和基础设施建设,而这些项目周期长、见效慢,在土地出让收入大幅下降时,区域财政将面临很大的压力。

(三）关于土地财政的中观经济学解释

1. 土地财政的定义及特点

在中国,土地财政特指一些区域政府依靠出让土地使用权的收入来维持区域财政支出,属于预算外收入,又叫第二财政。中国的"土地财政"主要是依靠增量土地创造财政收入,也就是说,通过卖地的土地出让金来满足财政需求。

在很多区域,第二财政早已超过第一财政。国务院发展研究中心的一份调研报告显示,在一些区域,土地直接税收及城市扩张带来的间接税收占区域预算内收入的40%,而土地出让金净收入占政府预算外收入的60%以上。在"土地财政"上,一些区域政府最核心的做法是土地整理,即政府运用行政权力把集体所有或其他用途的土地整合后,进行招拍挂而获取土地收益。

对"土地财政"依赖比较严重的是中部不发达城市和沿海还没有形成产业支撑的开发区,欠发达城市和新兴地区由于没有相关产业作为支撑,"土地财政"目前是其政府收入的主要来源。

近十年来,各地土地出让金收入迅速增长,在区域财政收入中比重不断提升。资料显示,以2001—2003年为例,中国土地出让金达到9 100多亿元,约相当于同期中国区域财政总收入的35%;2009年中国土地出让金达到1.5万亿元,相当于同期中国区域财政总收入的46%左右。在有些县市,土地出让金占预算外财政收入比重已超过50%,有些甚至占80%以上。

客观地说,十几年来,"土地财政"对于缓解区域财力不足、公共品供给融资难,以及创造就业机会和提升城市化水平等都有很大的促进作用,功不可没。

"土地财政"之所以为人诟病,在于其操作过程不尽合理、公平,以及可能带来的一系列弊端。其中,又以其带来的利益联结机制,最为人诟病。存在多年的"土地财政",事实上造就了"征地—卖地—收税收费—抵押—再征地"的滚动模式,征地与卖地之间的巨额利润,使不少区域违规违法用地的情况时有发生。

在这种利益联结机制下,难免产生高价低进而产生高房价。房价不断上涨,就会导致住房不断向富裕家庭集中,大多数居民家庭获得住房的能力减弱、机会减少,影响社会公平。

"土地财政"还造成资金过度流向房地产领域,不利于优化经济结构。从近几年的情况看,房地产行业已成为"吸金场",甚至一些生产服装、家电的大企业也纷纷转型做起开发商。

区域政府土地抵押收入的增长,也加大了金融风险。审计署公布的情况表明,审计调查的18个省、16个市和36个县级,截至2009年年底,政府性债务余额合计2.79万亿元。从债务余额与当年可用财力的比率看,有7个省、10个市和14个县级超过100%,最高的甚至达到364.77%。这些贷款很大一部分依靠土地出让收入来偿还。当行情看涨、土地出手顺利时,政府可以通过丰厚的土地出让收入归还银行贷款,而一旦房价大幅下行,土地价格必定下降,银行、财政所承担的风险显而易见。

"土地财政"的收取和使用还严重透支了未来收益。区域政府在出让土地时,按照年限累计的地租做了一次性收取并用于当期支出,虽然短时间增加了财政收入,但实质上透支了未来几十年的收益,势必损害后面的利益,相当于"寅吃卯粮"。

"土地财政"也是不可持续的。一个城市的建设用地总量是有限的,一旦卖完,后续的财政开支就得不到保证。更不能忽视的是资源、资金的严重浪费。土地出让收入由本级政府"自收自支",长期缺乏收支规范与监督机制。在此过程中,寻租腐败现象屡见不鲜。

总的来看,在中国工业化、城市化的进程中,土地财政曾经发挥过重要的、积极的作用。但是,随着改革的深入,原制度的弊端也越来越突显,已经成为今后中国可持续发展的障碍。中国内地主要是借鉴香港地区的土地批租制。但是,香港的土地管理与土地批租却没有出现这些情况,这说明即便是在土地批租制下,也可能产生适合经济发展的制度。

2. 美国土地财政概述

在对土地财政进行经济学分析之前,让我们先来看看最发达的美国的土地财政是什么样的。

美国的土地财政收入主要包括三种:一是将土地作为资产进行出售所获得的

资产性收益;二是以土地及其地上附属建筑物为载体的税收收入;三是政府以非税收的形式征收的其他与土地有关的财政收入。

(1) 美国土地财政收入的发展演化

美国土地财政收入的发展演化可以分为如下几个阶段:

① 第一阶段(1776—1861年)

这一时期是以国有土地出售收入为主的时期。美国建国初期,财政入不敷出。为迅速增加联邦及州政府的财政收入,美国政府只有通过出售国有土地来取得一些收入,即通过一系列土地法案将西部土地收归国有,再通过出售和赠予等手段将这些土地转为私有,从而获得土地出售收益。1785年和1787年,美国先后出台了《关于西部土地测量和出售法令》和《西北法令》,确立了"国有土地私有化"的法律基础。它将约占美国本土面积近90%的国有土地投入市场。此阶段土地政策的制定同当时美国的政治经济环境息息相关。而后随着财政收入的不断增加,美国政府开始考虑到大部分普通民众的诉求,为显示公正、公平,土地出售收益开始减少。

② 第二阶段(1861—1900年)

这一时期是财产税开始在各州普遍征收的时期。土地出售收益基本消失殆尽,取而代之的是财产税。当时50个州的税制尽管各不相同,但绝大多数州都有财产税,且财产税是州及以下政府尤其是郡、镇级政府(也称区域政府)重要的财政收入来源。一般而言,财产税由州财产税、郡(市)财产税和镇财产税组成,征收对象为不动产(主要是房地产)、营业用动产、家庭动产等。

③ 第三阶段(1900—1942年)

这一时期可以看做是以财产税为主要内容的土地财政演化时期。州政府逐步将财产税征收权下放至区域政府,州政府财产税所占比重迅速降低,区域政府财产税所占比重开始增加,占区域政府总财政收入比重较大。

20世纪初,各州开始设立并征收新税,起初是针对汽车和汽油征税,之后是针对销售和所得收入征税。在州政府与区域政府各自征收的财产税占本级政府总财政收入和总税收收入的比例中,州财产税占总收入的比重由1902年的52%

下降至1942年的不到10%,财产税已经开始由州政府逐步转移给区域政府,财产税占区域政府财政收入的比重始终维持在较高的水平,约占区域政府财政收入的40%以上,财产税占区域政府总税收收入的比重更是达到了80%。

④ 第四阶段(20世纪40年代中期至今)

这一时期美国区域政府真正开始形成了以财产税为主要财政收入的区域财政形式。土地财政收入主要包括如下几种:财产税、遗产和赠与税、房屋与社区发展收入、环境资源收入和不动产出售收益。财产税占区域政府总财政收入的比例在此阶段呈缓慢下降的趋势,但依旧是区域财政收入的重要组成部分,相对于总收入而言,始终维持在20%以上的比例,而这一比例曾保持在70%以上。

(2) 美国土地财政收入发展演化规律

在第一阶段,美国土地出售收益基本归联邦政府所有,财产税主要归州政府所有。内战结束后,财产税的征收权下移,财产税开始成为州政府与区域政府共享的税种。美国土地财政收入从20世纪初开始呈现以下特点:第一,财产税作为州政府与区域政府共享税,区域政府征收的财产税总额要远远大于州政府征收的财产税总额。第二,州政府征收的财产税占州总财政收入和总税收收入的比重急剧下降,到1936年时,急剧下降的势头放缓,之后到2004年,一直保持了很低的比例。第三,财产税占区域政府财政收入和税收收入的比重起初呈现下降的趋势,到1980年左右,止住跌势,一直保持在25%和70%左右。第四,区域财产税收入占区域政府总财政收入的比重要远远大于州财产税收入占州政府总财政收入的比重,说明相对于州政府而言,财产税日益成为区域政府税收收入和财政收入的主要来源。第五,州政府逐步将税收收入和财政收入的主要来源转向财产税以外的其他税种。

早期美国的土地财政收入占总财政收入的比重较高,达到了60%多,后来呈现缓慢下降的态势。进入21世纪,美国的土地财政收入占总财政收入的比重不到30%,并且变化不大。可以看出美国土地财政收入占总财政收入的比重的规律是先递减后平稳发展,但是土地财政收入在美国区域政府财政收入中依旧十分重要。

在美国土地财政收入内部各个组成部分之间,早期是以土地出售收益为主;在国有土地基本完成私有化以后,美国的土地财政收入则以土地及不动产保有环节的财产税为主,财产税占总土地财政收入的比重大幅上升后保持平稳趋势,在此期间,美国区域政府虽然也征收遗产和赠与税,但是占总土地财政收入的比重较小,而其他与土地有关的费用收入虽然项目有所增加,但是总量很小。

(3)经验借鉴

从美国土地财政的案例中可以看出,土地政策的制定同一个国家的政治经济环境息息相关,土地的资产性收益作为一定时期土地财政的主要收入来源有其必然性和阶段性。在美国建国初期进行的土地私有化,带给美国政府一大笔非税收性质的土地财政收入。在国家政府财政收入紧缺之际,土地收归国有再进行出售是最为便捷、成本最低、获得收入最快的一种手段。

因此,在中国经济建设的初级阶段,用土地财政来使政府迅速增加财政收入,用于经济发展和区域建设,是历史发展的必然产物。但是,当经济持续长期增长,国家财政实力增强后,原来适用的土地财政制度就需要进行修正和完善。但是即便是当今的美国,土地财政仍然存在,只是不再以资产收益型的土地财政为主,而是以更为稳定的税收类土地财政收入为主。

回顾美国土地财政收入的发展演化,可以看出美国的土地财政收入逐步由中央政府向州和区域政府转移。将财产税这一具有稳定税源并适合州和区域政府征收的税种划归州和区域政府所有,将土地财政收入向区域政府预算收入转移,不仅保证了州和区域政府预算拥有稳定的财政收入,而且彰显了取之于民、用之于民的精神,有利于州和区域政府将财产税用于区域的公共环境、教育以及经济环境建设与维护等方面,促进了区域社会经济的发展。

3. 土地财政的制度性逻辑

中国的土地财政是从1992年以后开始的。这有极为深刻的制度性原因。

1994年实施的分税制改革,改变了20世纪80年代以来区域财政收入所占比例较大的状况。1995年实行企业体制改革,国企民营化,区域政府直接办企业和经营企业的道路不再行得通。在新的体制下,区域政府的可控收入来源主要有两个:一是土地变现时的增值收益;二是通过招商引资和城市扩张增加的包括所得税、建筑业和房地产业营业税等由区域享有的税收。

但与此同时,由于区域相应的事权并未减少,财政支出的刚性使得区域财政的赤字规模也急剧逆转。在这双重因素的夹击下,区域政府转向了以土地开发权为主的区域经营模式,其中就包括开发区或产业区,也开始了近二十年的土地财政历程。

正如美国在建国初期实行的以资产性收益为主的土地财政一样,这一时期,中国处在经济建设的初期,用土地财政来使政府迅速增加财政收入,用于经济发展和区域建设,具有历史发展的必然性。

中央政府推行市场化改革和分税制改革,区域政府的外部环境改变了。在这一新的环境中,区域的财权和事权不匹配,但财政支出的刚性需求难以减少,原来经营国有企业的老路也不再可行,区域政府只能向土地寻求答案。这是在中央政府制定统一税率、维护中国统一的产品市场和资本市场的条件下,地区竞争所内生出来的结果:区域政府为了实现政治上最优的经济增长目标,需要吸引足够的私人投资;为了吸引私人投资,就需要作配套的生产性公共产品投资和提供有吸引力的优惠政策;为了将生产性公共产品的投资成本降低到其能够承受的范围之内,以及为了有能力向投资者提供有吸引力的优惠政策,就需要掌握土地要素的定价权和供给权,因而需要控制土地开发权。

这就是土地财政的制度性逻辑。

4. 招商引资还是卖地?——以政府收入短期函数和长期函数的视角

对于一个区域政府而言,其收入函数可以定义为税收+非税收收入的组合,其中土地财政收入是非税收收入的大部分来源。

假定收入函数 $Y=T+NT$。其中,Y 是财政收入,T 是税收收入,NT 是非税收收入。

我们都知道,税收和经济增长有关,即 $T=a\times GDP$。其中,a 代表综合税率,GDP 是国内生产总值。

在现实经济中,经济增长具有长期性,不会突发性增长和下降。因此,GDP

的数量增长是有限的。NT属于冲击性变量,在正常的市场条件下,由政府控制。同时,NT可以间接带动GDP的增长。

假定一个地区政府有一块地(100亩),有一个生产性企业希望政府招商引资,给予土地价格优惠(房地产市场价格涨到200万元/亩,企业希望政府以100万元/亩的价格提供土地)。这时,区域政府有两种选择:一是按照100万元/亩的价格给予企业,用于建设厂房,预计2年后连续8年每年可带来5 000万元的税收;二是按照200万元/亩的价格在房地产市场进行招拍挂出让,预计2年内房地产开发会产生1亿元的税收。

如果这个区域政府管理者预计自己还要当政10年,那么他会以10年的周期来计算上述两个方案可能给他带来的收益现值。在这种情况下,PV(选择1)= 33 341万元,PV(选择2)= 26 446万元。[①] 这时理性的政府官员应该选择方案1,也就是说招商引资给企业,而不是卖地进行房地产开发。

但是,倘若这个区域政府管理者预计自己只能当政5年,那么他会以5年的周期来计算两个方案可能给他带来的收益现值。在这种情况下,PV(选择1)= 20 395万元,PV(选择2)= 26 446万元。这时,他就会选择将土地卖掉,用于房地产开发,而不是采取对区域经济长期有利的招商引资行为。如果这个区域政府管理者预计自己在位的时间更短,那么他更会作出卖地进行房地产开发的行为。

由于区域政府官员常常任期较短,上述函数的分析结果解释了为何在这种任期安排下,区域政府容易作出卖地进行房地产开发的决策。

当然,上述模型仅仅是对政府收入短期函数和长期函数最为抽象的分析,其中过滤了多种可能变化的因素,比如招商引资企业未来税收贡献是否确定?未来房地产市场价格是继续上涨还是下降?上一级政府考核选拔下一级官员的评判标准是单一的财政收入还是有其他因素?假如这些因素有变化,那么区域政府的决策也会相应改变。

中国真正的房地产市场是从20世纪90年代实施住房体制改革后开始的,之

---

① PV指未来现金流的现值。

前房地产价格几乎没有什么变化和增长,土地价格也不高。在这种背景下,区域政府往往更倾向于招商引资的策略,而不是卖地进行房地产开发。

之后,随着房地产市场的快速发展,区域政府采取招商引资这一决策带来的机会成本逐渐加大,特别是短期机会成本,在这种因素对比形势发生转变的情况下,区域政府短期卖地动机就自然地大幅增强。如果土地开发基本饱和,抑或房地产价格上涨空间变小,政府的土地财政将会从短期的卖地收入转向以房产税为代表的财产税收入模式。在这一点上,中国和美国有相似之处。

原来政府业绩评价的主要指标是 GDP 等单一指标。今后假若再引入绿色环保指标、可持续增长指标和民生等其他综合性指标的话,也会改变政府官员过去以短期业绩为导向的决策思路,从而对经济产生正向的帕累托优化。

(四)区域政府作为"准国家"角色的支出

1. 区域政府支出的定义和分类

区域政府支出,通常又被称为"公共支出"(公共财政的支出),即指区域政府为市场提供公共服务和公共投资所安排的支出。公共支出不仅可以确保国家职能的履行、区域政府经济作用的发挥,在市场经济社会中,还可以支持市场经济的形成和壮大。区域政府支出所占比重的大小,反映了区域政府在一定时期内直接动员社会资源的能力以及对社会经济的影响程度。

通常而言,公共支出可分为购买性支出和转移性支出。

(1)购买性支出

购买性支出是政府公共支出形成的货币流,直接对市场提出购买要求,形成相应的购买商品或劳务的活动。政府购买性支出又分为社会消费性支出和财政投资性支出两部分。社会消费性支出包括:行政管理费,国防费,文教、科学、卫生事业费,以及工、交、商、农等部门的事业费。从世界各国的一般发展趋势来看,社会消费性支出的绝对规模在一定发展阶段呈现一种扩张趋势,但达到一定规模后会相对停滞。财政投资性支出即为政府投资,包括基础设施投资、科学技术研究和发展投资、向急需发展的产业的财政融资(政策性金融投资)。政府购买性支出在投资乘数的作用下往往力度较大,因此各项支出必须符合政策意图。

购买性支出直接形成社会资源和要素的配置,其规模和结构等大致体现了区域政府直接介入资源配置的范围和力度,是公共财政对于效率职能的直接履行。购买性支出能否符合市场效率准则的根本要求,是区域政府活动是否具有效率的直接标志。

购买性支出直接引起市场供需对比状态的变化,直接影响经济周期的运行状况,因而是区域政府财政政策相机抉择运作的基本手段之一,是公共财政履行稳定职能的直接表现。

(2) 转移性支出

转移性支出,是指区域政府将钱款单方面地转移给受领者的支出活动。转移性支出主要由社会保障支出和财政补贴支出等组成。转移性支出形成的货币流,并不直接对市场提出购买要求,即不直接形成购买产品或劳务的活动。

转移性支出所提供的货币,直接交给私人和企业,而不是由区域政府单位直接使用。至于私人和企业是否使用和如何使用这些钱款,则基本上由他们自主决定。尽管区域政府能够提供一定的制度约束,但并不能直接决定他们的购买行为,但是区域政府可以通过决定转移性支出的分配来影响不同受领者的资源分配状况,从而间接影响社会资源配置。

转移性支出引起货币收入的流动,在间接意义上仍然影响了资源和要素的配置。

转移性支出不仅是影响社会资源配置效率的手段,更重要的是区域政府履行公平职能的重要手段之一。区域政府通过转移性支出,增加了支出受惠者的货币收入;通过收入再分配,实施了社会公平政策。

转移性支出也是公共财政履行稳定职能的重要手段。区域政府的转移性支出增加了有关私人和企业的可支配收入,间接增加了社会购买力,影响了宏观经济的运行态势。特别是其中的济贫支出和社会保险支出等,能够自动地随着宏观经济运行状态而逆向变动,从而成为宏观经济运行的自动稳定器。

购买性支出和转移性支出占总支出的比重,受经济发展水平的影响。一般而言,经济发达国家,由于区域政府较少直接参与生产活动,财政收入比较充裕,财政职能侧重于收入分配和经济稳定,因而转移性支出占总支出的比重较大,或与购买性支出相当,或较购买性支出增长更快。根据斯蒂格利茨的研究,在美国区域政府(联邦和州)总支出中,约 2/3 用于购买性支出,1/3 用于转移性再分配。在联邦区域政府一级,转移性再分配约占区域政府支出的 60%,购买性支出约占 40%。

发展中国家,由于区域政府较多地直接参与生产活动,财政收入相对匮乏,购买性支出占总支出的比重较大,转移性支出占总支出的比重较小。

2. 区域政府公共支出增长趋势及其国际比较

一般而言,衡量区域政府财政支出规模有两种指标:一种是绝对指标,另一种是相对指标。

绝对指标,是指公共支出的绝对数额。其优点是能够较直观地反映公共支出的现状和变化情况;其缺点是难以反映影响财政支出的各种复杂因素。相对指标,是指公共支出总额与其他相关经济指标,如 GDP、个人可支配收入等的比值。通过主要支出项目与 GDP 之间的比值,可以考察财政支出增长的结构性特点。

此外,还有反映区域政府财政支出规模变化的指标,如财政支出增长率、财政支出增长的弹性系数、财政支出增长的边际倾向等。

财政支出增长率是用于衡量财政支出每年的变化程度,其计算公式如下:

$$\Delta G(\%) = \frac{\Delta G}{G_{n-1}} = \frac{G_n - G_{n-1}}{G_{n-1}}$$

财政支出增长的弹性系数是用于衡量财政支出增长率与国内生产总值增长率之间的关系,其计算公式如下:

$$Eg = \frac{\Delta G(\%)}{\Delta \text{GDP}(\%)}$$

财政支出增长边际倾向是用于衡量每一单位的国内生产总值增长和财政支出增长之间的比例关系,其计算公式如下:

$$\text{MGP} = \frac{\Delta G}{\Delta \text{GDP}}$$

仔细分析西方公共支出增长的历史,可以看出它具有以下几个特点:第一,公共支出绝对数量的巨大膨胀;第二,公共支出相对规模大幅度上升;第三,公共支出的内容和范围大大扩张;第四,公共支出的增长期间虽有波动,但仍呈逐步上升之势。

从历史统计数据来看,各国公共支出规模都经历了一个从小到大的演变过程。工业化国家从19世纪70年代至20世纪90年代中期,公共支出基本上保持增长的态势。这是因为,在早期的资本主义经济中,国家的职能基本上限于所谓"维持社会秩序"和"保卫国家安全",公共支出占GDP的比重是比较小的。后来区域政府为了维持经济发展和满足日益增长的公共需要,加强了对经济的投入。此外,GDP的增长,筹措公共收入措施的加强,也从财源上支持了公共支出的膨胀。

以美国为例,1870年,美国区域政府支出仅占GDP的7.3%,但到2005年就达到36.6%。2010年,美国的GDP总值预计为145 950亿美元。同年,美国联邦区域政府的财政支出预算约为3.5万亿美元,州级区域政府的财政支出预算约为1.4万亿美元,区域政府的财政支出预算约为1.8万亿美元,三级区域政府财政支出合计约为6.7万亿美元,约占GDP总额的46.1%。也就是说,接近一半的GDP被用于区域政府支出。

不仅仅是美国,从其他西方发达国家的国际比较数据来看,尽管有些国家在有的时期出现过区域政府支出负增长的情况,但从长期和整体来看,区域政府支出的不断增长构成了发展的总趋势。当然,由于所处经济发展阶段的不同,发展中国家区域政府支出规模和占比尽管都要低于发达国家,但同样也表现出了规模不断扩大的增长趋势。

市场转型之前的各个社会主义国家,区域政府掌握了大量的经济资源,但在市场转型后,其公共支出的演变也表现出与市场经济国家相同的趋势。

以中国为例,中国财政支出增长的基本特征是财政支出占GDP比重的曲线呈现先抑后扬的变化趋势,这一趋势充分体现了经济体制转轨时期的特征,如图3-3所示。

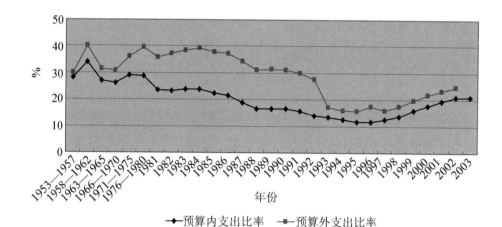

图 3-3 中国财政支出比重变动趋势

20 世纪 50—70 年代末,中国处在经济体制改革前的计划经济时代,区域政府是资源配置的主体。这一时期,区域政府支出占 GDP 的比例长期高达约 40%。区域政府支出占 GDP 的比例较高,这是由当时的计划经济体制决定的。一方面,实行"低工资、高就业"政策;另一方面,国有企业的利润乃至折旧基金几乎全部上缴国家。

80—90 年代中期,中国实行了改革开放,从计划经济开始向市场经济转型,在此期间区域政府逐步将资源的主导配置权交给市场,实行了"放权让利"政策,即国民收入的分配格局倾向于居民。这使得改革开放以来,区域政府支出占 GDP 的比例逐年下降。

1996 年至今,中国已经基本建立了市场经济体系,但随着经济的发展,社会对公共产品的需求进一步提升,区域政府支出占比又逐渐回升。

如果再进一步观察区域政府支出的结构,会看到不同层级的区域政府支出结构差异很大。仍以美国为例。

美国联邦一级区域政府占支出比重大头的是国防开支和医疗保健。2010 年,美国联邦区域政府的财政支出预算约为 3.5 万亿美元,其中教育投资 1 495 亿美元,占总支出的 4%;支付退休养老金 7 541 亿美元,占总支出的 21%;医疗保健支出8 468亿美元,占总支出的24%;国防开支8 719亿美元,占总支出的24%;维护社会治安支出557亿美元,占总支出的1.5%;社会福利支出4 196亿美元,占总支出的12%;交通运输支出1 069亿美元,占总支出的2.9%;区域政府机构支出256亿美元,占总支出的0.7%;等等。

而州一级区域政府占支出比重最大的是医疗保健和教育投资。2010年,美国州级区域政府的财政支出预算约为1.4万亿美元,其中教育投资2 730亿美元,占总支出的18%;支付退休养老金1 730亿美元,占总支出的12%;医疗保健支出4 290亿美元,占总支出的29%;维护社会治安1 030亿美元,占总支出的7%;社会福利支出1 520亿美元,占总支出的10%;交通运输支出1 040亿美元,占总支出的7%;区域政府机构支出348亿美元,占总支出的2.3%;等等。

在区域政府支出中教育投资则占据了绝对主要的地位。2010年,美国区域政府的财政支出预算约为1.8万亿美元,其中教育投资6 920亿美元,占总支出的37%;支付退休养老金400亿美元,占总支出的2%;医疗保健支出1 310亿美元,占总支出的7%;维护社会治安1 920亿美元,占总支出的10%;社会福利支出920亿美元,占总支出的4.9%;交通运输支出1 140亿美元,占总支出的6%;区域政府机构支出688亿美元,占总支出的3.6%;等等。

用于社会福利的支出和用于经济发展的支出占总支出的比重,受经济发展水平和经济发展阶段的影响。一般而言,在经济发展初期或经济不发达国家,区域政府支出的首要目的是支持经济发展,因此在社会福利方面的投入较少;但在经济发展后期或经济发达国家,区域政府很少直接参与生产活动,财政收入比较充裕,财政职能侧重于收入分配和经济稳定,因而社会福利性支出占总支出的比重较大,这点从美国过去近百年的财政支出变化趋势就可以看出,如图3-4所示。

在财政支出中的投资支出方面,中国政府对固定资产投资近年来一直呈上升趋势,无论在支出比重还是在支出的力度上都与美国等西方国家有所不同,这也从一个侧面说明了中国区域政府在财政支出方面对经济发展引领的侧重点不同,如表3-6和表3-7所示。

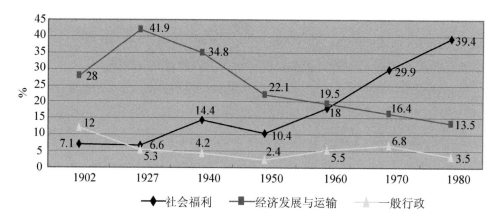

图 3-4 美国财政支出中主要项目所占比重的发展变化趋势

表 3-6 中国政府财政经济投资支出占财政支出比重

指标	2005	2006	2007	2008	2009	2010	2011	2012	2013	2014
财政经济投资支出（亿元）	5857.1	7954.8	12685.7	13012.5	14843.3	18958.7	22305.3	25410.9	5857.1	7954.8
财政支出（亿元）	49781.4	62592.7	76299.9	89874.2	109247.8	125953.0	140212.1	151661.5	49781.4	62592.7
财政经济投资支出占财政支出比重（%）	12.24	11.56	11.77	12.71	16.63	14.48	13.59	15.05	15.91	16.75

资料来源：国家统计局，http://data.stats.gov.cn/easyquery.htm? cn=C01&zb=A0801&sj=2014。

表 3-7 美国政府财政经济投资支出占财政支出比重

指标	1950	1960	1970	1980	1990	2001	2010
财政经济投资支出占财政支出比重（%）	8.7	8.0	11.2	10.1	5.3	6.3	6.0

资料来源：美国普查局，http://www.census.gov/data.html。

总之,由于经济发展阶段和经济体制上的不同,中国区域政府开支的结构和变化趋势不同于美国。

3. 对区域政府支出增长的理论解释

对于区域政府支出不断膨胀的趋势,许多学者做了大量的研究工作,形成了"瓦格纳法则""梯度渐进增长论""官员行为增长论""发展阶段论"等诸多理论,其中以19世纪德国经济学家阿道夫·瓦格纳(Adolf Wagner)的"瓦格纳法则"最为著名。

(1) 瓦格纳法则

瓦格纳法则是由德国社会政策学派代表人物瓦格纳在考察了英国产业革命时期的美、法、德、日等国的工业化状况之后提出的,又称区域政府活动扩张论,是从区域政府职能扩张的角度分析财政支出增长。瓦格纳法则中的公共支出增长究竟是指公共支出在 GDP 中的份额上升,还是指它的绝对增长,这一点在当时并不清楚。按照美国著名经济学家马斯格雷夫(R. A. Musgrave)的解释,瓦格纳法则指的是公共部门支出的相对增长。

瓦格纳法则的定义是:当国民收入增长时,财政支出会以更大比例增长。随着人均收入水平的提高,区域政府支出占 GDP 的比重将会提高,这就是财政支出的相对增长,如图 3-5 所示。

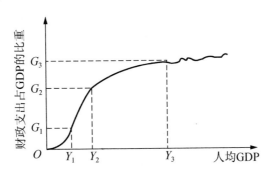

图 3-5 瓦格纳法则的图示

瓦格纳认为,现代工业的发展会促进社会进步,社会进步必然导致国家活动的增长。他把导致区域政府支出增长的因素分为政治因素、经济因素以及公共支出的需求收入弹性。

所谓政治因素,是指随着经济的工业化,正在扩张的市场与这些市场中的当事人之间的关系会更加复杂,市场关系的复杂化引起了对商业法律和契约的需要,并要求建立司法组织执行这些法律,这样就需要把更多的资源用于提供治安的和法律的设施。

所谓经济因素,是指工业的发展推动了都市化的进程,人口的居住将密集化,由此将产生生活拥挤和环境污染等外部性问题,这样就需要区域政府进行管理与调节工作。

此外,瓦格纳把对于教育、娱乐、文化、保健与福利服务的公共支出的增长归因于需求的收入弹性,即随着人们可支配收入的增加,必然产生对公共产品更多的、更高层次的需求,致使国家在那些社会效益不能进行经济估价的领域,如教育、文化、卫生、福利方面的支出不断增加,增长速度快于 GDP。

当然,任何理论都有其缺陷,瓦格纳法则也不例外。首先,该法则是在特定的历史背景下建立的,这一背景就是工业化。工业化既是经济增长的动力,也是财政支出扩张的源泉。可是一旦经济发展到成熟阶段或处于滞胀阶段,如何解释财政支出的膨胀趋势?其次,该法则在解释财政支出增长时,没有考虑政治制度、文化背景,特别是公共选择等因素。如果公共选择的结果是充分私有化,财政支出不论是在绝对规模上还是相对规模上都有可能随着人均收入的提高而下降。最后,该法则主要站在需求的角度来解释财政支出的增长,只解释了公共物品需求的扩张压力,没有从供给方面考察财政支出的增长。[1]维托·坦齐也在其《20 世纪的公共支出》中称,瓦格纳法则不能解释为什么区域政府支出在 1870 年到 1913 年间没有增长。[2]

(2) 梯度渐进增长论

该理论是由英国经济学家皮科克和怀斯曼(Peacock and Wiseman,1967)提出的,也称时间形态理论、非均衡增长理论、内外因素理论,是公共支出时间模型中最

---

[1] 郭庆旺. 财政学[M]. 北京:中国人民大学出版社,2002.
[2] 〔美〕维托·坦齐等著. 胡家勇译. 20 世纪的公共支出[M]. 北京:商务印书馆,2005.

著名的分析法。皮科克与怀斯曼在瓦格纳分析的基础上,根据他们对1890—1955年间英国的公共部门成长情况的研究,提出了导致公共支出增长的内在因素与外在因素,并认为,外在因素是公共支出增长超过GDP增长速度的主要原因。他们的分析建立在这样一种假定上:区域政府喜欢多支出、公民不愿意多缴税,因此,当区域政府在决定预算支出规模时,应该密切关注公民关于赋税承受能力的反应,公民所容忍的税收水平是区域政府公共支出的约束条件。在正常条件下,经济发展,收入水平上升,以不变的税率所征得的税收也会上升,于是,区域政府支出上升会与GDP上升呈线性关系。这是内在因素作用的结果。

但一旦发生了外部冲突,例如战争,区域政府会被迫提高税率,而公众在危急时期也会接受提高了的税率。这就是所谓的"替代效应",即在危急时期,公共支出会替代私人支出,公共支出的比重会增加。但在危急时期过去以后,公共支出并不会退回到先前的水平。一般情况是,一个国家在结束战争之后,总有大量的国债,公共支出会保持在很高的水平,这是外在因素作用的结果。

社会突发性事件的出现,往往会暴露社会存在的许多问题,这些问题使人们认识到解决这些问题的重要性。在这种情况下,社会成员就会同意增加税收,以满足为解决这些问题所需的财政资金需求,这就是所谓的"审视效应"。

在正常时期,中央政府和区域政府的职责分工相对而言是固定的,但在社会动荡时期,中央政府集中更多的财政资金的这种做法却容易得到社会的认同,中央政府职能的扩大增大了财政收支的规模。这时,集中效应就出现了。集中效应的出现,使得区域政府的财政支出规模趋向于进一步增长。

（3）官员行为增长论

该理论是由美国经济学家尼斯克南提出的,其基本思想是:个人是以追求自身利益为最大目标的,官员与其他人一样,都是效用最大化者。为了效用最大化,官员竭力追求机构最大化,机构规模越大,官员们的权力越大。因此,同私人部门提供私人物品相比,公共部门在提供公共物品的过程中表现出三个特点:首先,区域政府官僚机构在提供公共物品的过程中缺乏竞争,导致公共部门的服务效率低下;其次,官僚机构不以利润最大化为追求目标,官僚行为的成本相对较高;最后,公共物品通常不以价格形式出售,社会成员对公共部门的工作成效进行评价时,没有确切的依据。

(4) 发展阶段论

发展阶段论是由美国经济学家马斯格雷夫和罗斯托两人提出的,其主要观点是:公共支出的内涵是随着经济发展阶段的不同而变化的。

马斯格雷夫在《经济发展的支出政策》《拉丁美洲工业化与发展所需的财政政策》《财政体制》,罗斯托在《增长的政策与阶段》中分析了财政支出增长的现象。

他们主要是通过不同经济发展阶段下,不同财政支出的变化来分析财政支出增长的原因。

在经济发展的早期阶段,区域政府投资在社会总投资中占有较高的比重,公共部门为经济发展提供社会基础设施,如道路、运输系统、环境卫生系统、法律与秩序、健康与教育以及其他用于人力资本的投资等。这些投资对于处于经济与社会发展早期阶段国家的"起飞"是必不可少的。

在经济发展的中期阶段,区域政府投资还应继续进行,但这时区域政府投资只是对私人投资的补充。无论是在发展的早期还是中期,都存在着市场失灵和市场缺陷,阻碍经济的发展。为了弥补市场失灵和克服市场缺陷,也需要加强区域政府的干预。马斯格雷夫认为,在整个经济发展进程中,GDP 中总投资的比重是上升的,但区域政府投资占 GDP 的比重,会趋于下降。

当经济发展到成熟阶段,人均收入水平大幅上升,人们开始追求高品质的生活,因而对区域政府所提出了更高的要求,迫使区域政府提供更好的环境、更发达的交通、更快捷的通信以及更高水平的教育和卫生保健服务等,因此公共投资的份额又会出现较高的增长。

此外,随着经济的发展,市场失效日益突出,这就要求区域政府通过立法、增加投资和提供各种服务来协调和处理冲突及矛盾,其结果是公共支出的增长。总之,公共支出规模的上升与下降取决于经济发展的不同阶段,公众对区域政府所提供的公共产品的收入弹性。

结合本书前面提到的中国和美国财政支出结构的对比分析,可以看出马斯格雷夫和罗斯托的发展阶段理论具有很强的现实指导意义。美国经济已经处于成熟阶段,所以其区域政府支出多用于国家安全、教育、医疗、养老等公共服务领域。而中国还处于发展中期,部分省市地区还处于发展初期,因此区域政府支出中用于经济建设性的支出占比较高。

在马斯格雷夫和罗斯托的发展阶段理论中,可以看出财政支出增长反映了区域政府在发展过程中起到的诸多作用,它既是基础设施资金和社会投资的供给者,同时还努力地克服市场失灵,尤其是在市场不存在的领域。从某种意义上讲,这也意味着政府特别是区域政府可以通过财政支出影响经济发展的结构和水平,对经济具有"超前引领"的可能性。

(五) 区域政府的"准国家"角色职能

1. 区域政府是中央政府职能的延伸

区域是一个相对概念,相对于全球,每个国家都是一个区域;相对于一个国家,每个地区也是一个区域。区域政府相对于中央政府而言,是中央政府在区域的代表,在一定地域、范围内代表中央政府履行国家职能、行使国家行政权力,在一定程度上可以将其视为中央政府职能在区域上的缩影和体现。

根据分权理论,区域政府的职能实际上是中央政府职能的组成部分和在区域上的延伸。在这个意义上,区域政府的经济职能是为区域市场主体运行创造条件和建立、维护区域市场规则和秩序。

市场经济制度相比其他经济制度,如计划经济制度而言是一种具有经济效率的基础性制度结构,但市场经济制度的有效性发挥需要建立在一定的前提条件基础之上:(1)企业必须是独立的市场主体;(2)必须有结构合理、运作有序、均衡发展的市场体系;(3)有一套健全的、完善的市场法规;(4)有发达的、规范的市场中介组织;(5)有一套与市场经济制度相和谐的政治、法律制度。如果缺少了这些基础性前提,市场经济秩序将是混乱的。比如,假冒伪劣产品充斥市场,妨碍技术进步和企业管理创新;市场上机会主义行为泛滥与市场信誉缺失,使交易费用激增;等等。这样看来,区域政府在建立和维护市场规则秩序方面的作为应包括:首先,进一步进行体制改革,规范政府行为,打破陈旧的区域政府分割局面,将区域政府融入中国统一的市场中来,坚决禁止区域保护主义等区域政府恶性竞争行为;推进市场管理法制化进程,制定公共政策及法律法规,构造市场主体公平竞争、公平交易的政策和法律环境,保障市场主体公开、公平和有序竞争。其次,在区域范围执行国家宏观经济政策,保持区域经济总量增长和经济结构平衡。

区域政府保持区域经济总量和结构发展,应从以下方面积极作为:(1)研究和制定经济社会发展的长期和中长期战略,编制和实施经济社会发展计划和有关规则。(2)保持区域总供求的动态平衡。市场调节作为局部调节不能解决总供求的失衡问题,而区域政府由于自身的信息、资源等优势,具有进行总量层面的协调能力。(3)执行中央制定的各项经济政策,并制定区域产业政策和技术政策。区域政府应在充分保证市场有效运行的原则下,按照尽可能地与中央政府协调一致的原则,制定、确定区域的经济政策的程度和力度。(4)大力发展基础设施建设,提供公共产品。区域政府一方面要保证中央政府的公共政策在本地的实施,另一方面要根据区域情况提供区域性的公共产品。(5)调节收入分配和再分配。市场机制的作用势必使收入分配差距拉大,区域政府应进行计划调控,通过执行社会保障政策来协调地区内个人之间的收入差距,减少社会矛盾,推动经济发展。

综上所述,在经济增长的过程中,区域政府的职能一方面是为区域市场主体的运行创造条件,建立、维护区域市场规则和秩序;另一方面是在区域范围执行国家宏观经济政策,保持区域经济总量增长和经济结构平衡。

2. 中国区域政府基本职能的分类

区域政府的基本职能主要有政治、经济、文化以及社会服务职能。

(1) 政治职能

这个职能主要是向中央政府负责的职能。中央政府为了维护国家利益,需要对外保护国家安全,对内维持社会秩序。其四大政治职能是:一是军事保卫职能。即维护国家独立和主权完整、保卫国防安全、防御外来侵略。二是外交职能。中央政府通过外交活动,促进本国在政治、经济上与世界其他各国建立睦邻友好关系,促进国与国之间互惠互利,反对强权政治,维护世界和平等。三是治安职能。此职能是中央政府为了维持内部社会秩序、镇压叛国或危害社会安全的活动、保障人民的政治权利和生命财产安全,以及维护宪法和法律尊严等而设立的。四是民主政治建设职能。中央政府为了推进国家政权完善和民主政治发展而进行的某些活动。

(2) 经济职能

这个职能是区域政府为促进社会经济发展而进行的引领和管理职能。传统经济学一般将政府经济职能归为三大类:一是对经济进行宏观调控,主要采取的措施是制定和运用财政税收政策和货币政策对整个国民经济运行进行相应的控制。二是提供公共产品和公共服务。"公共服务的范围主要是指政府和非政府公共组织在纯粹公共物品、混合性公共物品以及个别特殊私人物品的生产和供给中所承担的职责。"[①]公共服务不只是公共产品,还包括"公共事业"所需求的与人们生活息息相关的自来水、暖气、电话、铁路航空运输等。按照需求层次分类,中国学者王海龙(2008)将公共服务分为"保障性公共服务和发展性公共服务"。[②] 保障性公共服务是指那些通过国家权力介入或公共资源投入,为公民及其组织提供从事生产、生活、发展和娱乐等活动所需要的基础性服务,如提供水、电、气,交通与通信基础设施,邮电与气象服务等。三是对市场进行监管。即政府对企业和市场进行管理和监管,以确保市场秩序正常运行畅通,保证公平竞争和公平交易以及维护企业的合法权益。

但中观经济学对区域政府赋予了更为积极主动的角色定位,区域政府不仅具备"准国家"的调控、监督、公共服务职能,而且具备"准企业"的性质特征。也就是说,区域政府本身是参与市场竞争的主体之一,区域政府之间的竞争使政府的"超前引领"职能得到认可与强化。所谓"超前引领"职能是指政府在尊重市场运行规律的前提下,弥补市场不足、发挥政府优势的一系列的因势利导行为。在"超

[①] 马庆钰. 关于公共服务的解读[J]. 中国行政管理,2005(2).
[②] 王海龙. 公共服务的分类框架:反思与重构[J]. 东南学术,2008(6).

前引领"理论的指导下,区域政府可以使用投资手段、价格手段、税收手段、利率手段和汇率手段等经济杠杆对经济运行进行更为积极有效的引导和调整。世界各地的"自贸区""工业园"等就是区域政府在超前引领上的典型代表,为区域经济可持续发展奠定了坚实的基础,并开创了崭新的成长空间,因此区域政府的"超前引领"职能也可以称为"可持续发展职能"。

(3) 文化职能

区域政府依法对文化事业进行管理以满足人民日益增长的文化生活的需要。加强文化职能对精神文明建设以及经济与社会协调发展都有促进作用。主要表现在两个方面:一是发展科学技术,区域政府比较重视基础性、高科技及其产业化方向的研究,通过制定科学技术发展战略,做好科技规划与预测等工作。二是发展教育文化事业,区域政府通过制定各种方针政策等,优化教育结构,加快教育体制改革;同时,引导文学艺术、广播影视、新闻出版和哲学社会科学研究等多元化事业健康繁荣地发展。

(4) 社会服务职能

一是通过各种手段对社会分配进行调控,以保障社会公平、缩小收入差距等;二是对环境破坏甚至恶化等现象进行监督、治理和控制,保护生态环境和自然资源,以保证经济可持续发展。三是通过制定法律法规、政策扶持等措施,促进社会化服务体系的完善,不断提高社会的自我管理能力。

(六) 区域政府"双重角色"理论的辩证统一

区域政府的"双重角色"是其自身的固有属性,二者虽在职能和目标上存在差异,但却是相辅相成、辩证统一的,综合而言,都是为一个基本目的服务,即资源的有效配置和提高社会劳动生产率。中国三十多年的实践已经充分证明了区域政府"双重角色"理论的明确和有机配合是实现经济迅速发展的重要保证。

从 20 世纪 70 年代末开始的经济体制改革,使中国从此步入了制度创新的过程。中央政府和区域政府的关系有了积极的变化,区域政府在改革中赢得了财政、行政和政治上一定的自主权,使得区域政府在经济发展中所扮演的角色越来越重要,形成"地区政府间竞争"的格局。

自1980年起,中央政府先后引入和放弃了四种不同的收入分配制度,微调对区域政府的激励机制。1988年,引入财政包干制度,中央政府与每个省就上缴给中央政府的固定收入包干讨价还价,放弃了过去的收入分配制度,同时允许区域政府保留大部分新增收入。这导致区域政府收入迅速增加。

与此同时,区域政府支出增长远远快于中央政府支出,不同级别的区域政府承担着社会保障支出、基础建设支出、教育支出等原先由中央政府承担的支出项目。在1988年实行财政包干制,中央政府将事权(支出责任)的权力下放后,这一职能转变被写入《预算法》,明确规定将有关支出筹措资金的任务转交给了区域政府。中国的公共支出中,大约70%发生在区域政府(省、市、县和乡镇),其中又有55%以上的支出发生在区域以下政府。

在区域政府收入上升的同时,中央财政收入占整个财政收入的比重持续下降,影响到中央政府对整个国民经济的控制能力。1993年,中央政府收入比重仅为22%。中央政府出现了权力弱化的趋势,这既体现在中央政府宏观调控能力的减弱上,也体现在区域割据对中央的强势抗拒上。对此,中央政府采取了适当集权、强化宏观调控与监督的积极措施,于1994年推出分税制改革,改原来的包干制为分税制。分税制下,区域政府的收入比重有一定比例的下降,但是无论是包干制还是分税制,与计划经济体制下相比,区域政府都享有很高的自主权,总体上都是强化了区域政府作为经济主体的竞争动力。

这场以"简政放权"或"放权让利"为基本思路的改革,主要是将更多的决策权下放给区域政府和生产单位,给区域、企业和劳动者更多的利益,目的是调动区域政府和生产者的积极性。就这场改革中的分权化的制度安排本身来说,最显著的结果就是赋予了区域政府相对独立的利益,强化了区域政府经济管理职能,使区域政府不仅是国民经济宏观总量在不同地区平衡的被控客体,而且成为区域内经济活动独立的控制主体,能够直接对区域内各个层次的经济活动进行调节。区域政府在分权之后获得了一定程度的独立事权,并承担了一定的责任,在此基础上,区域政府之间的竞争才真正演化成独立经济主体之间的竞争。

区域政府的经济职能通常包括以下四个方面：

第一，为区域市场乃至地区经济发展提供政策、法规等无形公共产品和基础设施等有形公共产品。一方面，区域政府运用中央政策为区域经济及社会事务的发展进行宣传和解释，从而使中央政策、法规得以贯彻落实；另一方面，根据本地的区域特点及发展情况，区域政府对中央政策、法规制定中的"真空"予以填补，出台一些具体的区域性法规。此外，区域政府还必须为社会提供一些非竞争性、非排他性的有形公共产品，比如建设基础设施、美化环境、增强排污能力、改善人民福利等。

第二，纠正市场失灵并培育市场，以推动社会转型。我们知道，市场有其固有的缺陷，如自发性、外部性、价格调节的滞后性等。在市场失灵而政府调控有效的情况下，区域政府可以行使其干预经济的职能。

第三，进行社会经济发展的宏观调控，并以各种手段确保再分配的公平、有序。区域政府的宏观调控，与中央政府的宏观调控紧密联系在一起。中央政府在宏观调控上只能从中国的总体发展角度着手，至于各个地区，主要还得靠区域政府的分级调控。厉以宁说过，市场能办到的，政府不必代劳；区域政府能办到的，中央政府不必代劳。

第四，进行区域社会经济事务的综合协调管理。在中国，区域政府还具有特殊的供给制度和调节经济活动的双重经济职能。

首先是供给制度。在转轨时期，某项制度安排的预期收益大于变革成本，制度的需求大于供给，这时区域政府必须促进制度创新过程的完成。其内容包括两个方面：一是供给政策。区域政府围绕产业政策和总体布局，根据地理位置、交通条件、自然资源、人力资源等因素来确定适合本区域的宏观调控政策，扶持主导产业和优势产业。区域政府可以利用财政分级管理制度和区域金融组织的有限调节权，为解决资金和资本积累创造政策条件。此外，区域政府还可以制定本地区的市场政策、科技政策、引资政策、人才政策等。二是供给法规。经济、社会的有序运行需要以法律、法规为保障，没有法规，就不能规范政府行为，市场运作会处于无序的状态。对区域政府而言，一方面可以依靠区域人大及司法机关的立法、执法及监督职能，另一方面可以通过行政手段，制定规章、条例，规范政府与市场。

其次是调节经济活动。在市场主体发育不良或迟缓、市场体系不完善、市场不能有效实现资源配置作用等情形下，区域政府可以通过投资、税收等政策手段，促进市场完善资源配置功能。比如，通过政府投资的形式支持某些创新技术研发，通过建立区域政府管辖的投资公司、各类调节基金和基金组织，调节区域性市场，引导企业行为，组织区域性的基础设施建设和公共工程项目的投资建设，促进本区域产业成长、结构升级、经济与社会协调发展。

阅读材料▶

经营城市，把城市作为一种资源来管理

政府在市场经济条件下，按照经济规律，用资本化的手段、措施和管理方式，将城市发展中的可经营性项目推向市场、推向社会，以求城市建设与管理的良性发展。21世纪是城市世纪。21世纪的到来将使城市在经济社会发展中的地位和作用更加突出。伴随着中国加入WTO后的经济转型和全社会固定资产投入的迅猛增长，经营城市——把城市作为一种资源来管理，已实实在在地被提上了各级政府的议事日程。

一、城市是一种资源

虽然说源于20世纪90年代的新理念——"经营城市"，作为一种新的城市发展模式，至今还有争论，但它遵循了一条无可争议的定律——政府在市场经济条件下，按照经济规律，用资本化的手段、措施和管理方式，将城市发展中的可经营性项目推向市场、推向社会，以求城市建设与管理的良性发展。这是"经营城市"的精髓。其核心在于各城市在建设发展中，借助于市场化、资本化和国际化的运作，既解决各级政府在现代化大城市建设中资金严重不足的瓶颈制约问题，又全面提升城市管理、城市功能、城市环境、城市品质及其承载力、辐射力、带动力和竞争力，进而全面推动社会进步。其理念——经营城市，应贯穿于城市发展的全过程。

可以这样来解读城市是一种资源这一理念。

首先,它是一种泛资源。这里包括城市的经济、历史、文化、地理、环境、人文、科技、形象、精神、政策、制度、理念,以及各个领域所产生的社会需求等。

其次,它是一种基础设施资源。这就是通常我们所说的类似路桥、地铁、轻轨、交通、环境保护、体育场馆,甚至包括某些能源、水利、信息技术设施建设等。该资源由有形的基础设施和无形的技术网络设施所组成,并由此影响着城市的外形、特征、品位、功能和作用。

最后,它是一种产业资源。各城市由于经济地理和自然条件的不同,决定着其以三个产业中的哪个产业为主要的发展方向。当然在现实的经济发展进程中,也不乏在发展第一产业或第二产业的过程中,伴随着强盛的物流业、会展业、金融业、旅游业、中介服务业和商业零售业等第三产业的案例。

在上述城市三个不同层面的资源中,至关重要的一点是我们的各级政府领导,应清晰地认识到该城市资源性质可分为三类:

第一类是城市可经营项目,如城市基础设施、交通、环保、供水、供电、供气、垃圾处理设施、主要标的的冠名权以及各种产业等等;

第二类是城市非经营性项目,如城市河道治理、城市防灾体系、消防、公安、防空、水利等等,通常我们称之为公益性事业;

第三类是城市准经营性项目,如机场、轨道交通、自来水管网、污水管网、体育场馆、教育、科技、文化、卫生等等。

我们可以以这三类城市项目划分来界定政府在城市建设和发展中的职能。对于第一类项目,政府在经营城市中,应尽可能地通过资本化的手段、措施和管理方式,把它们交给市场、交给社会、交给国内外各类投资者;对于第二类项目,在那些市场达不到的领域,政府应责无旁贷地、全面地承担起建设、管理、发展的作用,这也就是为什么作为取之于民、用之于民的财政要弱化其建设性财政职能,强化其公共(公益性)财政作用的缘故;对于第三类项目,我们可以根据城市发展、财政状况、资金流量、市场需求、社会承受力等因素来确定其是按可经营性项目来开发还是按公益性事业来管理。

二、把城市作为一种资源来管理

可见,经营城市是把城市发展中的各种可经营性项目作为一种资源来管理。它包括两层含义:一是经营各种可经营性项目的载体的确定问题;二是经营、建设各种可经营性项目所需资金的筹集问题。

对于前者,我们通常可以以独资、合资、合作、股份制甚至国有、民营等方式组建建设项目的载体。它不仅能根据市场需求、社会供给和国际经济发展的客观趋势进行有效投资,优化结构,促进经济和社会的稳步发展,而且能根据对市场的预测进行有效调控,防范风险,避免重大损失。因此,在中国城市发展方式的变革——实施经营城市的进程——中,各级政府应对原有城市可经营性项目——"存量资产"的载体实行产权改造,让其按照客观规律和市场经济发展的要求,形成与运用资本市场手段相适应的载体,即将"存量资产"的载体改制成国有、民营、股份制、合资、合作等形式,或拍卖给国内外投资者,使其成为独资形式等作为城市可经营性项目的载体;而对于新增城市可经营性项目——"增量资产"的载体,应一开始就从独资、合资、合作或股份制等形式入手组建,使其能够按照经营城市的市场规划奠定好载体基础和发展条件。对于那些新增的城市可经营性项目,一时由于资金与投资者"短缺"而先用了财政资金或政府财政作担保向银行贷款的资金来组建的政府公司,则应在其投资建设的过程中及时、有效地进行转制。要防止在"增量资产"的建设中重新走回国有体制管理载体的老路。

对于后者,我们可以通过资本市场融资的方式解决项目建设资金的问题,如:(1)发行债券和发行可转换债券;(2)发行股票;(3)设立项目基金或借助于海内外的基金投资项目;(4)以项目为实体买卖上市;(5)项目资产证券化;(6)项目并购组合,捆绑经营;(7)租赁;(8)抵押;(9)置换;(10)拍卖。我们也可以通过项目融资的方式,招商引资,吸纳国外资金、民营资金、混合体企业集团资金来建设项目。

我们还可以通过收费权、定价权等手段,运用DBO(设计—建设—经营)、BOT(建设—经营—移交)、BOO(建设—经营—拥有)、BOOT(建设—经营—拥有—转让)、BLT(建设—租赁—转让)、BTO(建设—转让—经营)、TOT(转让—经营—移交)等方式实施特许经营权融资。

各级政府可根据不同的城市可经营性项目的特点和条件,采取不同的融资方式,或交叉运用不同的融资方式。例如城市的环境保护项目,对于关系人民群众切身生活与生命利益的供水工程,政府应该百分之百地控股或以绝对控大股的方式去建设、运营和管理;而对于污水治理工程,政府则可以采取"3P"的方式(当然也可以用独资的方式),即政府的供水公司作为公共公司(Public)和私人公司(Private,可以是多个)组建成合作伙伴(Partner),向政府运用BOT或TOT等特许经营权方式进行城市污水处理厂和管网的建设、运营与管理。如果"3P"的载体模式、运营方式得当,成本小,收益大,则完全可以同时在适当的时期,将整个城市的污水治理项目作为一个上市公司来运作,发行城市污水处理项目或公用事业项目股票,既把城市公共事业项目的经营管理提高到国际水平和档次,又能借助于资本市场手段发行股票,把募集来的资金进一步用到环保项目上去,把城市的环保事业做强做大。这样,按照市场化、国际化的要求,各级政府运用多层次、多渠道的社会直接融资手段,再结合必要的银行贷款等间接融资方式,并发挥财政在城市建设和发展中"四两拨千斤"的作用,城市建设将能克服资金的瓶颈制约,城市管理将能提升并科学地可持续发展,有限的财政才能真正作为公共财政用在人民群众日益需求的公益性事业上。

三、把经营城市作为政府行为方式的一次变革

应该要懂得,在中国不同的经济发展阶段,政府有着不同的城市建设与发展职能。

在计划经济阶段,政府对城市的建设和发展主要表现为"行政指令、政绩工程、非经济性"的方式。在社会主义市场经济成长阶段,政府对城市建设和发展的作用主要表现为"政府推动、社会参与、市场运作"的方式。在社会主义市场经济成熟阶段,政府对城市建设和发展的作用主要表现为"政府引导、市场运作"的方式。

现在我们所处的是从计划经济走向市场化、社会化、国际化的转型时期,即社会主义市场经济的成长阶段。在这个阶段,政府应改变在城市建设和发展中"只为社会提供无偿服务型、共享型的公共产品;只投入、不收益;只建设、不经营;只

注重社会性,而忽视经济性;只注重公益性,而忽视效益性,其长期结果是造成城市资源的大量损耗,城市建设的重复浪费,城市管理的低层次、低水平和无序性运转"的状况。

各级政府应该看到,中国现有的各类城市,其"存量",是中国各级政府长期巨额投资的一笔庞大资产;其"增量",是中国各级政府加速发展和提升城市管理的一笔巨大资源。应该用社会主义市场经济的眼光,重新认识和审视我们的城市;应该用社会主义市场经济的手段,改制、重组我们原有的"存量",营运、盘活我们将有的"增量"。

经营城市——把城市作为一种资源来管理,"政府推动、社会参与、市场运作",应是当前转型时期中国各级政府在城市建设与发展中的主要方向。

因此,在现阶段,各级政府应把经营城市当做政府行为方式的一次变革,在方式上应从计划经济时期的行政指令性调配城市资源转化为以市场经济和法律、法规手段来配置城市资源;在对象上应从对某一具体项目的微观管理转向对整个城市资源的规划、开发、利用、经营、管理和对整个城市人民群众生产、生活、生态环境的优化升级上来。以经营城市的视野规划城市,挖掘城市资源,打造城市品牌;以经营城市的手段开发、建设城市,拓展融资渠道,搭建投资平台;以经营城市的方式运营、管理城市,盘活城市资产,整合城市资源,使城市真正能够实现率先发展、协调发展、科学发展、可持续发展。

资料来源:陈云贤. 超前引领——对中国区域经济发展的实践与思考[M]. 北京:北京大学出版社,2011.

敬业的区域发展"导演"

我想,世界上没有任何一个国家的区域领导者,能像中国这样倾力于当地的经济和社会发展。在中国,发展是第一要务,这个"魔咒"已经在中国每一个区域领导者心里驻扎了30年。

"一切以经济建设为中心",这是中国34个省市区、300多个地级市、2 800多个县和4万多个乡镇的"第一要务"。这种中国范围内的大兵团"经济战役",所产生的发展能量当然是惊人的。

这种发展的"集中力量",以及由此带来的杠杆效应,可以很好地解释中国为什么能在短短30年时间里,获得让世界震惊的发展"加速度"。

在珠三角,各级的书记、市长、区长和镇长们,更是一个敬业的群体。他们以自己的智慧、力量和感情,一届一届,无怨无悔,做区域发展的"推手"。

许多人喜好把政府和企业的关系比喻成裁判员和运动员的关系,但我更想把其比喻成导演和演员的关系。

一个区域的经济发展如果是一场大戏,企业家如果是戏中的演员,那么区域领导者就是策划者和导演,那些默默无闻的公务员就是剧组里敬业的工作人员。当观众为主角的精彩表演喝彩的时候,导演和工作人员只是在后台和观众一起鼓掌。

容桂的工业化"好戏",演员当然是容桂的老板们,导演是容桂历任的领导者。对于观众来说,他们也许更关注演员,而容易忽略背后的导演。好在导演们早已习惯了观众的这种选择性关注,而且作为导演,他们也更关注演员的成长。

在本书中,我更多的是以企业品牌故事来讲述容桂工业化的历程。也就是说,我在这里讲的是"演员"的故事,而对"导演"的故事讲的少。为了弥补这种缺憾,我在书的最后还是要多讲讲"导演"的故事。

根据"戏班子"的建设经验,在"戏班子"搭建初期,"导演"和"演员"甚至工作人员的区分并不明显。有时"导演"可能要去兼做"主角",工作人员可能也要去客串一下"演员"。但当"戏班子"做大后,就不能再如此"交叉任职"了。

区域经济发展其实和"戏班子"建设也有点类似,容桂在"演员"这个角色的退出,是从顺德1993年推进企业转制时开始的。在竞争激烈的现代社会,要给"观众"提供一出好戏,"导演"的压力还是比较大的。"导演"如果还时不时地走到前台过把"演员"瘾,既影响了"导演"本身的工作,也不利于"演员"的成长。

"导演"专业化后和"演员"专业化后,所产生的能量是惊人的。容桂经过多年的发展,早已形成"导演"和"演员"分工明确,而沟通合作又十分和谐的局面。这种良好的政企关系,已成为容桂的发展文化。

资料来源:林德荣. 中国千亿大镇[M]. 广州:广东人民出版社出版,2010.

第四章
市场竞争"双重主体"理论

一、市场竞争"双重主体"理论的内涵

(一) 市场理论的基本内涵

市场理论是微观经济学的主线和理论基础,包括市场均衡价格理论和厂商市场均衡理论,其中以厂商为主体的市场均衡理论是古典西方经济学的主导理论。该理论阐明了不同市场结构条件下厂商的均衡条件,并说明均衡价格和均衡数量的决定。

首先,市场均衡价格理论认为市场价格是由市场上的需求和供给共同作用来完成的,当需求和供给相等时,市场均衡价格形成。无论市场上出现什么因素,都是通过对需求和供给的影响来左右市场价格的,市场价格反过来又是指导企业和消费者等微观主体进行生产和消费决策的主导因素。在完全竞争市场环境下,任何企业和消费者都是这一价格的完全接受者,所以企业之间的竞争主要体现在成本竞争上,谁的成本低,则谁的利润空间大。

而在垄断竞争市场上,由于出现了产品差异,一些企业可以依靠产品差异对消费者偏好施加影响,具备了一定时期一定程度上的移动市场需求曲线的力量,使得自身被赋予影响市场价格的能力。在这种市场情况下,企业竞争不再单纯地依赖压缩成本,而是进行产品或服务的差异化竞争,从而获得比完全市场竞争条件下更高的利润。

在寡头垄断市场条件下,企业竞争已经不再是市场的主要行为表现,市场供给大部分集中于几家寡头企业手中,它们之间更多地表现为一种博弈的关系而非

简单竞争的关系。

完全垄断市场一般只存在于一些公共事业部门,已经完全失去企业竞争的机制。

综上所述,古典经济学的市场理论是在企业追求利润最大化的前提下,面对不同市场结构所采取的不同竞争策略,并且获得不同的市场均衡状态。但在市场运行机制中,政府不参与市场运作,仅作为外生变量起着对市场的调节和干预作用,本身并不是市场机制的产物,而是和市场相对应的另一个体系。但随着世界区域经济的发展,尤其是中国经济运行模式的成功,区域政府之间是否也存在市场竞争、是否也是竞争主体之一的问题就必须重新考虑了。如果实践中确实存在政府之间的市场竞争,则意味着市场存在着"双重主体"的双层面竞争。

(二) 市场"双重主体"的双层面竞争理论

1. 市场"双重主体"的双层面竞争理论的基本内涵

市场"双重主体"的双层面竞争理论是指市场中存在两个竞争主体,企业和区域政府,企业之间的竞争要遵循市场规律,区域政府之间也同样存在着竞争关系,于是就形成企业之间、政府之间的双层竞争体系,但企业和政府之间不存在竞争关系,也就是说这两个体系之间是独立运行的,但这两个体系在功能和作用上相辅相成。

2. 企业层面的市场竞争

企业竞争方式和竞争程度与市场类型有很大关系,下面针对四种市场类型阐述企业竞争方式及其特点。

(1) 完全竞争市场

完全竞争是指一种竞争不受任何阻碍和干扰的市场结构,具有如下特征:

第一,市场上有许多经济主体,这些经济主体数量众多,且每一个主体规模又很小,所以,他们任何一个人都无法通过买卖行为来影响市场上的供求关系,也无法影响市场价格,每个人都是市场价格的被动接受者。

第二,产品是同质的,即任何一个生产者的产品都是无差别的。每个售卖者的产品和他的竞争者完全一样,这使他不能以任何方法控制其价格。

第三,各种资源都可以完全自由流动而不受任何限制,这包括:首先,劳动可以毫无障碍地在不同地区、不同部门、不同行业、不同企业之间无障碍流动。其次,任何一个生产要素的所有者都不能垄断要素的投入。最后,新资本可以毫无障碍地进入,老资本可以毫无障碍地退出。

第四,市场信息是完全的和对称的,厂商与居民户都可以获得完备的市场信息,双方不存在相互的欺骗。

这些条件是非常苛刻的,所以,现实中的完全竞争市场是罕见的,与其比较接近的是农产品市场。

完全竞争厂商的短期均衡条件是边际成本等于价格。厂商短期均衡存在四种情况:厂商获得超额利润、获得正常利润、亏损但亏损额小于固定成本、停止经营,如图4-1所示。

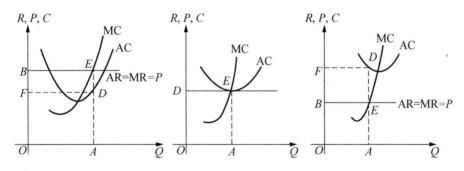

图4-1 完全竞争市场厂商短期均衡

在长期,企业的所有生产要素都可以变动,在完全竞争市场结构中,长期既包括企业的规模可以随时调整,也意味着行业的规模可以扩大,因此在长期只有一种情况,即超额利润等于零的情况,根据完全竞争的特点,当企业出现超额利润时,新资本会大量地进入,结果超额利润消失。所以,完全竞争市场的长期均衡点为超额利润等于零。长期均衡的条件为 $AR=MR=AC=MC=P$(平均收益=边际收益=平均成本=边际成本=市场价格)。

在完全竞争市场上,厂商处于长期均衡状态时,市场是最有效率的。但也存在缺陷:第一,小规模的企业未必会使用大规模的先进技术;第二,无差别的产品不能满足消费者多样化的需求;第三,由于信息是完全和对称的,所以不存在对技术创新的保护。

(2) 垄断市场

垄断是指某一行业只有一家厂商提供市场全部供给的市场结构。具体地说,这一市场结构有如下特征:

第一,行业中只有一家厂商,而消费者是众多的;

第二,厂商提供的产量不存在任何替代品;

第三,行业中存在进入障碍,其他厂商难以进入。

形成垄断主要有以下几个原因:首先,物质技术条件是行业中厂商数量有限甚至只有一个厂商的主要原因。其次,人为的和法律的因素是行业中形成进入障碍从而导致垄断的不可忽视的原因。最后,厂商所处的地理位置、拥有的稀缺资源数量等自然因素也是形成垄断的原因。

同完全竞争厂商一样,垄断厂商生产的目的也是利润最大化。根据利润最大化原则,垄断厂商会按照边际成本等于边际收益的原则确定产出数量,并同时决定价格,如图4-2所示。

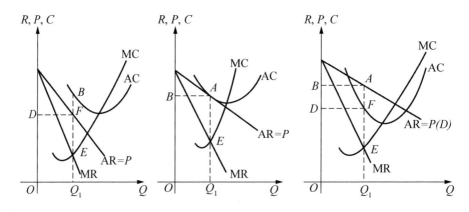

图4-2 完全垄断企业短期均衡中的三种情况

在长期生产要素可以全部调整,而且由于垄断市场上只有一家厂商,没有竞争对手,因此,垄断企业完全可以把价格定到最有利自己的位置上,因而垄断企业在长期一般存在超额利润,如图4-3所示。

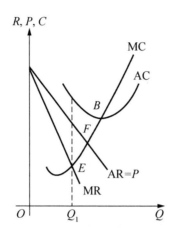

图4-3 垄断企业长期均衡

垄断被认为是经济效率最低的一种市场结构,从资源配置的效率来看,垄断使产量不足、市场价格偏高,因而缺乏效率,建议政府采取反垄断政策。

(3) 垄断竞争市场

垄断竞争市场是既存在竞争又存在垄断的市场,它具有以下特征:

第一,市场上有众多的消费者和厂商。

第二,厂商生产的产品有差别,但存在着很大的替代性。产品的差别包括产量本身的差别和销售条件的差别,正是这种差别使企业对自己的产品的垄断成为可能,但产品替代性又促使其在市场上与同类产品激烈竞争。

第三,长期来看,厂商进入或退出一个行业是自由的。

在短期,垄断竞争的企业对生产要素的调整只能限于可变投入,因而厂商面对的是短期成本。从行业来看,行业规模不变。行业中没有厂商的进入和退出。

与其他企业一样,垄断竞争的企业的目标也是获取最大利润,所以必须把产量定在边际成本=边际收益(MC=MR)之上,此时,有三种情况,如图4-4所示。

在长期,一方面企业内部可以调整任何生产要素,变动短期内不能变动的固

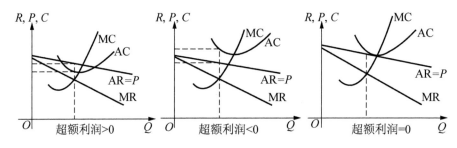

图 4-4 垄断竞争市场短期均衡

定成本,因而企业是根据长期成本进行决策;另一方面,新的资本可以进入,行业中原有资本也可以退出,这是垄断与垄断竞争的重要区别,也是垄断竞争企业长期决策和短期决策的重要区别,因此,垄断竞争在长期也只有一种情况,即超额利润等于零的情况,如图 4-5 所示。

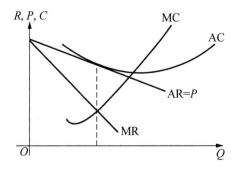

图 4-5 垄断竞争市场长期均衡

垄断竞争市场的经济效率介于完全竞争市场和垄断市场之间,在垄断竞争厂商处于长期均衡时,市场价格高于厂商的边际成本,等于厂商的平均成本但高于平均成本最低点。这就决定了垄断竞争市场的经济效率低于完全竞争市场。但从程度上看,垄断竞争市场又比垄断市场有效率。垄断竞争市场对消费者而言,利弊并存。

在完全竞争市场中,由于缺乏对技术创新的保护,因而不存在企业技术创新的动力;在完全垄断市场中,由于没有竞争,所以缺乏技术创新的压力,在垄断竞争市场中,既存在对技术创新的保护(如专利等),又存在同类产品的竞争,具有较大的外部压力,所以,垄断竞争市场被认为最有利于技术进步。

(4) 寡头垄断市场

寡头垄断市场是少数几家大企业联合起来控制市场上某一产品生产和销售的绝大部分,其特征是:

第一,行业中只有少数几家大厂商,它们的供给量均占有市场较大的份额。

第二,厂商的决策互相影响,因而任何一家厂商在作出决策时都必须考虑竞争对手对其作出的反应。

第三,厂商的竞争手段是多种多样的,但市场价格相对稳定。具有代表性的寡头垄断企业是汽车企业。寡头企业在决策时不知道竞争对手会作出什么样的反应是其最大的困难。

寡头垄断市场包括古诺模型、折弯的需求曲线模型、卡特尔模型等。

一般而言,在寡头垄断市场上,市场价格高于边际成本,同时还高于最低平均成本。因此,寡头垄断企业在生产量和技术使用方面应该是缺乏效率的。但从程度上来看,由于寡头市场存在竞争,有时竞争还比较激烈,因而其效率比垄断市场要高。

寡头市场上往往存在着产品差异从而满足消费者的不同偏好。此外,由于寡头企业规模较大,便于大量使用先进的生产技术,而激烈的竞争又使厂商加速产品和技术革新。因此,寡头市场又有其效率较高的一面,在许多国家,人们试图通过限制寡头厂商低效率的方面进一步鼓励寡头市场的竞争。

3. 区域政府层面的市场竞争

竞争机制是市场经济体制的本质特征,区域政府之间的竞争也是基于市场经济的条件下才可能存在。区域政府也只有在市场经济体制的国家和地区中才可能具有"双重角色",区域政府的"双重角色"决定了市场体系中的双重竞争主体机制。

(1) 竞争主体

区域政府层面的市场竞争是在区域政府之间展开,要防止区域政府和企业之间的竞争关系的形成。换句话说就是,企业之间的竞争和区域政府之间的竞争是两个层面的竞争,双方不存在交叉竞争关系,要防止出现区域政府凭借权利对企业市场资源的争夺,保持微观层面上企业竞争的独立性和市场机制作用的完整发挥。在这一点上,中观经济学所主张的政府定位与微观经济学没有本质上的冲突,二者都尊重企业之间的自由竞争,反对任何政府对企业竞争的破坏。

作为区域政府层面的竞争主体,要求区域政府必须具备以下几个特点:

① 组织性

区域政府是有名称、组织机构、规章制度的正式组织,是按照国家法律规定的原则和程序组建起来的,其职能定位和执行也必须符合国家的法律法规。

② 经济性

区域政府作为市场经济条件下的一种社会组织,与中央政府单纯的宏观管理与调控职能不同。区域政府具有双重身份,一个是"准企业"角色,一个是"准政府"角色,这就使得它具备了企业的经济性与政府的公益性的双重属性。作为区域竞争主体之一,主要是强调了区域政府作为"准企业"角色的这一面,也就是区域政府的经济型特征。作为"准企业"角色,区域政府就会以区域经济活动为中心,实行全面的经济核算,追求并致力于不断提高区域经济效益。对区域经济效益的追求是区域政府间开展竞争的主要动机和目的。

③ 独立性

作为具有"双重角色"特征的区域政府,既有与上级行政机构的行政隶属关系,也以区域为单位,在法律和经济上具有一定的独立性,拥有独立的、边界清晰的产权,具有完全的经济行为能力和独立的区域经济利益,实行区域内独立的经济核算,能够自决、自治、自律、自立,实行自我约束、自我激励、自我改造、自我积累、自我发展。它作为一个整体、在社会上完全独立,依法独立行使行政权力,独立承担行政义务与责任。区域政府之间在经济交往上应淡化行政级别和行政隶属关系,在经济地位上完全平等。

作为竞争主体的区域政府,其目标是多元的。例如,保持稳定、增加就业、促进增长、减少通货膨胀、追求区域财政收入、谋取政府部门利益、追求政府官员的政治和经济利益的最大化等。

当然,竞争不是无条件的,竞争主体在竞争中具有多种约束条件。客观约束条件包括辖区的区位、政治基础、经济基础、文化基础、上级政府规制等;主观约束条件包括选民的偏好、偏好表露等。因此,区域政府职能的履行以及竞争主体个人利益的追求伴随着他们对自身所处环境的一系列认知或感知而发生。所以,区域政府经济竞争本身可以被看做是一个促使参与者不断学习和改变认知模式的动态过程。

（2）竞争客体

区域政府竞争的客体是指各区域政府之间通过市场进行竞争的对象。在市场经济条件下,竞争客体主要是指区域内的各种有形和无形资源。有形资源包括物质资源(土地、矿山、森林等)、人力资源和财务资源。无形资源则包括区域文化素质、区域政策体系及配套措施、区域产业分布及发展状况、区域科学技术发展状况、区域政府的管理能力等。由于区域有形资源的自然属性,所以区域政府竞争更应当体现在无形资源上,无形资源不仅在市场价值上有更大的灵活性和创造性,而且对于区域政府竞争而言,也可以摆脱自然资源的束缚,具有一定的公平性,有利于激发区域政府的创新精神和创新能力。

（3）竞争目的

企业竞争的目的是利润最大化,区域政府竞争的目的则在于区域资源配置的最优化、区域经济效率和收益的不断提升。区域政府间的竞争目的决定了区域政府在发展区域经济上的主动性,也界定了竞争范围是以区域为单位的,强化了区域政府必须以区域整体利益为重、实现区域经济均衡发展的主要任务。

竞争目的说起来是由区域政府的"准企业"特征决定,但因为区域政府还有另一个重要身份——"准政府",这就决定了区域政府不可能如企业一样只盯住经济利益即可,而是必须顾及国家层面的更高一级政府的执政要求。因此,各区域政府竞争目标的最终确定实际上涉及区域政府绩效考核的各项指标的设定,从哪些方面来评定区域政府的业绩以及如何评定对于区域政府行为和最终实现的目的有着至关重要的引导作用,所以在区域政府之上的更高一级政府必须遵循市场规律,善于利用市场竞争机制,站在全局的角度客观制定区域政府绩效考评方案,才能使各区域政府间的竞争有序展开,并围绕着有利于全局资源配置的目的进行。

(4) 竞争方式

微观经济学介绍了不同市场类型有着不同的竞争方式,或者是成本竞争、或者是产品差异竞争,或者是抛开消费者的几个大寡头企业的实力制衡,这些竞争方式背后都是企业技术资源、人力资源、资金实力、市场理解力、创新能力和管理水平的相互较量。

作为"准企业"角色的区域政府,也有着类似企业成本的财政预算控制,也在力求最小成本下的最大收益。在企业面临不同市场类型采取不同竞争方式的同时,区域政府也会因势利导地按照市场和企业的现状采取相应的引领手段来实现区域经济利益增长,开展不同区域政府间的竞争。在提高税收利用效率的前提下,为企业所提供的良好的技术服务、人才服务、资金服务、文化氛围、创新扶持、政策引导、基础设施和打破有碍市场竞争机制的一切努力都将成为各区域政府竞争的主要方面。这一切的竞争都应当建立在高效利用财政预算的基础之上。

4. 企业竞争与区域政府经济竞争的比较

竞争的目的是为了夺取人们所共同需要的对象。也就是说,竞争是因为有所需要才展开竞争的,如果没有需要也就不会产生竞争了。无论是企业还是区域政府,原始的竞争动力都是因为"需要"的满足。企业竞争与区域政府经济竞争在竞争过程、市场类型、竞争类型、竞争主体、竞争目标、产品类型、竞争失灵情况、制度安排等方面都有差异。具体如表4-1所示。

市场竞争和区域政府经济竞争在很多方面可以类比,但竞争的各个方面都有其不同的内涵。例如,行为主体的目标函数和行为约束条件有很大的区别,其相关的变量也有巨大的差别;两者的出发点都是利益的最大化,但企业的利益主要是"利润",而区域政府除了经济利益,还包括政治利益。其竞争手段是提供公共产品,其作用方式是利用非流动性经济要素对可流动性经济要素进行促进或制约。区域政府经济竞争会促使区域政府提供更优的区域公共产品和服务,诸如建

表 4-1　企业竞争与区域政府经济竞争的比较

类别	企业	区域政府
竞争过程	经济过程	政治过程
市场类型	完全竞争市场、垄断市场、垄断竞争市场、寡头垄断市场	类似垄断竞争市场和寡头垄断市场
竞争类型	产品竞争、成本竞争	资源竞争、制度竞争
竞争主体	企业家	区域政府
竞争目标	利润最大化	包含区域收益最大化的多个目标
产品类型	一般产品和服务	正式制度
竞争失灵情况	市场垄断	权力垄断(集权)
制度安排	反垄断、维护市场竞争	反集权、维护制度竞争

设良好的交通、通信和能源等基础设施以及简化行政手续、提高行政效率、维护良好的经济秩序,即不断增加非流动性要素的投入量,以此来吸引资金、技术、人才和信息等稀缺性要素的流入,使企业能以更低的商务成本参与经济竞争,并强化区域内的产业集聚和升级,从而促进区域经济的优先发展。同时,区域政府的过度甚至恶性竞争也会产生区域保护主义,利用行政权力限制经济要素的流出等。因此,区域政府间产生经济竞争的动因具有鲜明的个性。

(三) 市场"双重主体"竞争的关系

市场"双重主体"竞争是两个层面的竞争体系,包括企业之间的竞争体系和区域政府之间的竞争体系。二者之间既相互独立又相互联系,共同构成市场经济中的双重竞争体系。

首先,企业竞争体系和区域政府竞争体系是相互独立的双环运作体系。企业竞争体系只在企业间展开,任何政府都只能是市场竞争环境的维护者,从政策、制度、环境上维护企业竞争的公平展开,而不能作为和企业一样的平等主体参与到企业竞争的活动中去,也没有权力对企业微观经济事务进行直接干预。而区域政府间的竞争也只在区域政府之间展开,各区域政府是平等竞争的市场主体,就其区域资源的配置能力和所创造的区域经济效率和效益进行竞争。区域政府之间的竞争以尊重企业市场竞争规律为前提,不会将企业竞争纳入区域政府竞争的层面,所以,无论是企业竞争还是区域政府竞争,都是两个层面各自独立的竞争体系。

其次,区域政府竞争体系又是以企业竞争体系为依托并对企业竞争体系有维护和引导作用的。企业竞争是市场经济的根本属性,是市场经济焕发生机活力的重要因素,没有企业竞争的经济不是市场经济,所以企业层面的竞争是市场竞争的基础,区域政府之间的竞争体系也是基于区域内的企业竞争,围绕企业竞争服务而展开的。如果没有企业竞争,区域政府间的竞争就会演化为权利纷争,也完全失去了市场经济的基本属性。所以,在市场经济体制下,必然存在企业层面的竞争,而企业竞争带动了区域政府间的竞争,这一切都源于市场机制。但区域政府之间的竞争在制度、政策、氛围创造以及竞争目的上又多半带有"超前引领"的性质,所以区域政府之间的竞争又是在企业竞争层面之上的一种竞争体系,对企业竞争具有一定的指导、帮助作用。

图4-6表明了区域政府竞争体系与企业竞争体系之间既各自独立又相互衔接的关系。政府之间的竞争与企业之间的竞争互不交叉,但二者又基于区域政府"超前引领"机制而形成彼此支撑、互相影响的紧密连接,所以这两个竞争体系不是截然分开的,而是无缝衔接的两个独立竞争体系。这也意味着区域政府竞争与企业竞争的"边界划分"是处理好这两个竞争体系的关键问题。

图4-6 市场"双重主体"竞争的关系示意图

二、区域政府经济竞争理论

(一) 竞争理论的简要回顾

区域政府竞争理论是竞争理论的一部分,要分析区域政府竞争理论,有必要先回顾一下竞争理论的产生和发展的历程。

竞争是为谋取自身利益的争夺行为,也是市场经济条件下优化资源配置和解决利益矛盾的机制。最早的竞争理论是由17世纪法国重农学派的代表人物布阿吉尔贝尔提出的,他认为是自由竞争使得劳动按照比例分配于各个部门,这样才能保持社会再生产的顺利进行。但古典经济学理论体系的系统性竞争理论是从亚当·斯密开始的,他为竞争理论的发展创立了一个基本框架,系统论述了生产者之间、购买者之间的竞争导致的供求关系变化是如何对生产进行调节的,这种竞争造成市场价格围绕商品价值的上下波动。马克思的《资本论》也对竞争的机制和作用作了深刻的剖析,指出资本家出于追求超额剩余价值和相对剩余价值的目的,必须不断改进技术,提高劳动生产率,这是由资本内在的冲动和经常趋势决定的。这种竞争会把社会资本分配在不同的生产部门,使资源自动流向社会最需要的区域,达到资源优化配置的目的。[①]

19世纪后半叶至20世纪20年代,古诺、杰文斯、瓦尔拉斯、帕累托、马歇尔等人围绕市场均衡理论和价格理论,引入边际分析方法,形成了新的竞争理论。这一理论强调的重点不再是制度框架,而是为获得一种均衡结果而满足的诸条件,以完全竞争状态这种静态均衡的理想模式分析为核心。后来,古诺提出了垄断模型和双头模型;英国经济学家罗宾逊和美国经济学家张伯伦分别提出了以不完全竞争或垄断竞争为核心的竞争理论,使市场竞争理论进一步具体化了,也更接近于现实,但它并未从根本上摆脱完全竞争的理论框架,并且是从静态的角度而不是动态的过程来分析不完全竞争或垄断竞争形式。克拉克摆脱完全竞争的分析

---

① 〔德〕马克思著. 郭大力译. 剩余价值学说史——《资本论》第四卷[M].上海:上海三联书店,2009.

框架,于 20 世纪 60 年代提出了"可行竞争"和"有效竞争"的概念。按照克拉克的解释,"有效竞争"就是"可行的""有用的""健康的""起积极作用"的竞争。熊彼特把竞争描述为一种包含政治企业家的动态创新的过程,即以"创新理论"解释了市场竞争主体如何能够在激烈的竞争中占据优势地位以及竞争如何促进经济增长等问题。哈耶克发展了奥地利学派的观点,认为竞争性市场过程是一种知识和信息的发现过程。

早期的竞争理论主要是市场竞争理论,很少论及政府竞争。

(二) 区域政府竞争理论的源起

亚当·斯密对市场竞争规律的经典论述奠定了市场竞争理论的基础,同时也对政府税收的竞争作了初步提示。他在《国富论》中提出:"土地是不能移动的,而资本则容易移动。土地所有者,必然是其地产所在国的一个公民。资本所有者则不然,他很可能是一个世界公民,他不一定要附着于哪一个特定国家。如果为了要课以重税,而多方调查其财产,他就要舍此而它了。他并且会把资本移往任何其他国家,只要那里比较能随意经营事业,或者比较能安逸地享有财富。"[1]斯密的论述从人们对资本税差异的反应视角分析了要素可移动性对于政府间税收制度竞争的影响。

20 世纪 30 年代,西方资本主义国家爆发严重经济危机,使得古典经济学家坚持的自由放任、自由竞争可以实现经济均衡的传统理论遇到了严重挑战。凯恩斯摒弃自由放任的观点,提出了国家干预经济的政策主张,肯定了政府在弥补市场缺陷、调整宏观经济运行中的积极作用,使得政府成为与市场经济相辅相成的有机组成部分。由此,政府对市场竞争的影响问题也成为研究的热点之一,政府竞争理论也开始得到发展。

明确地对区域政府竞争进行研究的是美国经济学家蒂布特,他在《一个关于

---

[1] 〔英〕亚当·斯密著. 郭大力等译. 国富论[M]. 北京:商务印书馆,2014.

地方支出的纯理论》中提出了第一个论述政府竞争的经济学模型。①这一模型认为,政府是公共物品的提供者,居民是公共物品的消费者,居民在选择居住的社区时,首先会考虑该社区的税负水平和服务结构,以及在此条件下自身可以获得的利益。在居民拥有充分的流动性时,居民可以通过自由迁徙到另外的社区,以享受更加有利的税收和公共服务的水平,因此,政府竞争的结果就是,不同辖区政府的不同税收选择在居民拥有自由流动性时趋向一致。蒂布特理论开辟了区域政府竞争研究的先河,对于财政理论和政府竞争理论都有非常重要的启示。

此后,又有很多经济学家对"蒂布特模型"的假定进行扩充或修正,从而得出了不同的结论而使得区域政府竞争理论不断丰富。哈耶克认为,区域政府的行动具有私有企业的许多优点,却较少中央政府强制性行动的危险。区域政府之间的竞争或一个允许迁徙自由的地区内部较大单位间的竞争,在很大程度上能够提供对各种替代方法进行试验的机会,而这能确保自由发展所具有的大多数优点。尽管绝大多数个人根本不会打算搬家迁居,但通常都会有足够的人,尤其是年轻人和较具政治企业家精神的人,对区域政府形成足够的压力,要求它像其竞争者那样根据合理的成本提供优良的服务,否则他们就会迁徙他处。② Oates(1969)③通过对具有流动性的资本要素进行实证分析,分别用美国48个州的区域政府横截面数据构成样本和43个国家的中央和州级政府横截面数据构成样本来证明模型所提出的结论是成立的。Oates 早在1972年就开始探讨区域政府竞争有效性的条件,认为区域政府竞争的有效性依赖于以下条件:第一,区域政府规模足够小以至于其决策不能影响资本市场;第二,区域政府之间不存在战略决策行为;第三,区域政府提供的公共品不具有地区外部效应;第四,区域政府具有恰当的财政工具,这意味着区域政府对流动的经济体征收收益税,或者以居住地的方式而不是以来源区域方式征收。在这些条件下,区域政府竞争将类似于完全竞争市场的情

---

① 查尔斯·M. 蒂布特,吴欣望. 一个关于地方支出的纯理论[J]. 经济社会体制比较,2003(6):37-42.
② [英]哈耶克著. 邓正来译. 自由秩序原理[M]. 北京:生活·读书·新知三联书店,1997.
③ Oates, W. E. The Effects of Property Taxes and Local Public Spending on Property Values: An Empirical Study of Tax Capitalization and the Tiebout Hypothesis[J]. Journal of Political Economic, 1969(10), pp.57-71.

形,"看不见的手"将导致资源的帕累托有效配置。这些条件如同完全竞争所要求的条件一样在现实中是很难满足的,而事实上 Oates 提出的有效性条件也并不充足。大量的文献通过不断修改上述假定而不断扩展,得到了不尽相同的含义。

近一段时期,随着各区域经济竞争实践的展开,区域竞争理论研究日渐丰富,区域政府作为经济活动中的一个重要变量被引入竞争模型中,博弈论、制度创新等方法在区域政府竞争分析中得到大量运用,区域政府竞争理论日臻成熟。

(三)区域政府竞争理论的立论依据

1. 基于新制度经济学的经济组织理论

人们对经济要素的组织和生产主要有两种基本形式:首先是以企业等经济组织或个体劳动者的形式对经济要素的直接组织和生产,其次是以政府的形式对经济要素的间接组织,从而构成对经济要素的二重组织。

(1)古典企业理论。科斯认为企业之所以存在的一个基本原因在于相对于市场而言,如果由企业家来支配各种具体经济要素,可以较大程度地节约交易费用。阿尔钦和德姆塞茨认为企业是一种"队"生产,它能更优越地或廉价地汇集和核实关于异质资源的知识。钱德勒则强调,现代工商企业的管理制度取代了市场机制而协调着货物从原料供应,到生产和分配,直至最终消费的整个过程。

(2)马克思主义的经济学理论。企业的性质和职能可以概括为以下几点:企业首先是一种生产机构,它的基本功能是组织生产;企业从市场购买劳动力等生产要素,将它们结合在一起,以生产一种或多种产品;企业的生产在权威的命令或指挥下有序进行;企业不是为了自身的消费而生产,而是为了市场、社会等提供商品和服务;企业要进行成本和收益的比较。

由上可知,无论是产权理论还是马克思主义政治经济学,都认为企业内部具备类似市场的配置和整合资源的职能,通过对经济要素的合理组织和利用,从而积累财富,推动企业发展。如果把区域比作一个大型的企业,区域政府就是整个区域的企业家,可以像企业组织内部投入产出一样,对区域内资源进行自由配置。

不过,对于区域经济发展和区域经济竞争,区域政府必须要和本区域的企业密切配合,通过所掌握的区域资源对企业行为进行"超前引领",如果区域政府的资源配置能力落后于企业的市场行为,也会阻碍市场效率的发挥。

企业所使用的资源通常是可流动性要素,而区域政府主要是提供公共产品和公共服务,如制度要素、基础设施、生态环境保护和人文环境等,可称之为非流动性要素。这些非流动性要素会对企业的可流动性要素的组织起促进或阻碍作用,因此,政府提供公共产品和劳务的过程实际上是形成非流动性要素的过程,并对可流动性要素产生一种间接性的组织活动。辖区经济发展(D)可以假定是可流动性要素(L)和非流动性要素(I)这两种要素的函数,则 $D=f(L,I)$,区域经济发展会有以下几种可能:当 L 不变时,I 增长到一定程度以后会出现边际效益的递减;当 I 不变时,L 增长到一定程度以后也会出现边际效益的递减。

图4-7显示了当区域政府提供的非流动性要素(公共产品和公共服务)保持不变时,随着区域内企业和个人的流动性要素(L)投入的增加,区域边际效益(MP)、平均效益(AP)、总效益(TP)都在增加;但当 L 增加到 L_2 时,区域边际效益达到最高值,随后尽管 L 仍然在增加,但 MP 出现下降;当 L 增加到 L_3 时,区域平均效益达到最高值,随后随着 L 的增加,AP 也出现下降;当 L 增加到 L_4 时,区域总效益达到最高值,但 MP 已经为零,随后随着 L 的增加,TP 也开始下降。这一变化规律说明在区域政府投入不变的情况下,只单纯增加企业投入,区域效益在经历了短暂的增加后,边际效益、平均效益和总效益陆续下降。这种边际效益递减规律之所以存在是因为在区域生产过程中投入的各种要素之间存在着组合比例问题,即区域政府的固定投入有一个容量问题,当企业的流动要素超过区域政府非流动要素的承受力时,区域产出会出现衰减。

同理,当 L 不变时,I 的投入不断增加,也一样会出现区域边际效益递减的情况。

因此,要保持可流动性要素的边际收益不变或增加,就必须相应增加非流动性要素。而不断增加非流动性要素的投入量,又可以提高辖区内可流动性要素的边际收益,从而使辖区内的可流动性要素与辖区外的可流动性要素产生比较利益。如果辖区间是开放的,则会促使辖区外的可流动性要素向辖区内流动,以便获取更高的收益。图4-8是一个三维立体图,显示了 I 与 L 组合后的产出效益,当 I 与 L 同时增加时,区域产出也会越来越高。

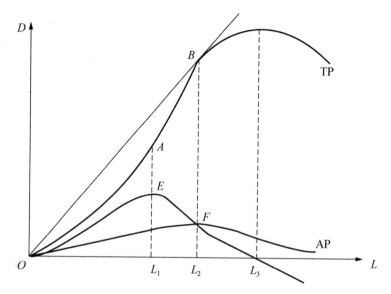

图4-7 当 I 不变时,L 的增长引起的区域总效益、平均效益和边际效益的情况

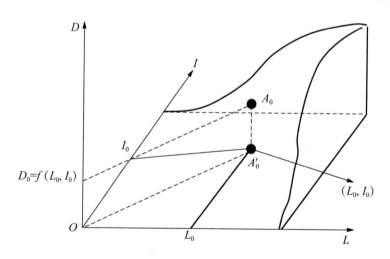

图4-8 L 与 I 组合后的三维区域产出图

2. 基于公共经济学的区域公共产品和服务理论

现代市场经济一般可以分为两大部门：公共部门和私人部门。私人部门包括家庭和企业，其经济活动主要通过市场进行，提供私人产品（包括私人劳务）。私人产品是指具有排他性和竞争性的产品和劳务，其经济活动亦被称为私人部门经济。公共部门主要指政府部门，其经济活动主要通过财政形式，包括预算内和预算外两部分，提供公共产品和服务。公共产品（包括公共服务）则是指具有非排他性和非竞争性的产品和劳务，其经济活动亦被称为公共部门经济。公共部门和私人部门在社会经济过程中相互影响和相互作用。公私两部门的收支流程相互交织，公共部门不仅运用多种财政手段（包括税收、国债、购买性支出和转移性支出等）来联系私有部门，而且进入市场，构成价格体系中的一个部分。因此，在分配领域中，政府一方面把私人收入转移归公共部门使用，另一方面通过购买和补助支出来提供企业和家庭的收入；在生产和产品流通领域中，政府提供公共产品和公共劳务，同时购买私人部门的产品和劳务满足政府正常运营的需要。

区域政府在区域经济和社会生活中主要是提供区域公共产品和服务。区域公共产品（包括区域公共服务）是指在受益范围上具有区域性特点的公共产品，即在特定地理区域内对部分居民具有非竞争收益的公共产品，主要包括治安和消防、公共卫生、垃圾处理、交通设施和管理、给排水服务、区域经济秩序等。区域公共产品具有以下特征：

第一，收益的区域性。这是指区域公共产品在消费上具有空间的限制性。对于大部分区域公共产品而言，尽管新来的居民无须耗费更多的成本便可获得其收益，然而这种收益却被局限在一个地区中。交通、道路、治安、水利等都存在着这种受益的区域性特征。

第二，市场的相似性。这是指区域公共产品与私人产品在市场上买卖具有相似性的特点。人们在选择一个地区居住时，会充分考虑该地区区域政府的税收和提供的公共产品的组合状况，从而使自己的满足程度最大化。这实际上等于人们在一个拥有各种地区的"市场"上选购最适合自己地区这样的一种"商品"，区域政府则是地区这种"商品"的推销者。

第三,拥挤效应。这是指由于区域公共产品随区域人口规模的扩大,使用者不断增加,这些公共产品将变得拥挤,导致消费者需要付出一定的拥挤成本。公园和监狱等最有可能出现这种效应。

第四,溢出效应。这是指区域公共产品的受益与区域行政的空间范围出现不一致的情况,一般指其受益范围大于相应的行政界限,从而向相邻的地区扩散的现象。

第五,提供的层次性。区域是一个多层次的概念,中央政府只有一个,而区域政府具有多个层次,因此,提供的区域公共产品也是具有层次性的。不同层次的区域提供的公共产品的受益范围也不同。

第六,非竞争性的相对性。公共产品的非竞争性包括两个方面,即边际成本和边际拥挤成本为零。但区域公共产品存在拥挤成本和区域性的问题。首先,拥挤成本导致竞争性,当区域政府向新来者提供已有的公共产品时,尽管进入者可能发生边际拥挤成本,但是区域政府将获得边际收益,因此,区域政府就存在为不断获得边际收益而努力吸引新进入者的利益驱动机制,并最终形成区域政府间为争夺新进入者而展开提供公共产品的竞争活动。其次,选民自由选择不同辖区使区域公共产品的提供具有竞争性,即选民可以用脚投票来选择不同区域政府提供的公共产品。

第七,非排他性的相对性。区域政府提供的公共产品具有辖区性质,在该辖区内,区域公共产品对辖区居民来说是非排他性的,而在其他辖区的居民就不会享受到该辖区的公共产品的利益,因此,对于其他辖区的居民,该辖区的区域公共产品具有排他性。

3. 基于公共选择理论的区域政府的理性假设理论

经济学对任何一个个体都有理性假设,一般包括经济理性和社会理性两种。

(1) 区域政府的经济理性假设

经济理性是西方经济学的基本假设。经济理性认为:首先,市场能够自发形成既保护个人利益也促进公共利益发展的秩序,市场规律是一个自然演进的过程,而任何形式的干预都是对市场规律的破坏;其次,市场提供了个人发展的公平竞争环境,市场规律面前人人平等,无论出身的高低贵贱;再次,市场尊重个人意志并保障个人自由选择,任何取代和违背个人意愿的强制都是对市场自由竞争机制的践踏;最后,对私利的追求可以使公共利益自动增长,而以个人私利组织起来的市场社会是人类社会的自然秩序,个人利益是公共利益的基础,而市场推进了公共利益的发展。

区域政府经济竞争的理论假设前提是区域政府具有经济理性,即在市场经济条件下,区域政府及区域政治活动中的各主体都是理性的"经济人",都会根据成本与收益的核算,追求自身利益的最大化。区域政府的经济理性是由以下两部分决定的:

首先,人格化的区域政府具有经济理性。在市场经济活动中,区域政府与其他诸如企业、个人等市场主体一样,都是具有相对独立利益的主体,具有追求自身利益最大化的内在要求。因此,理性的区域政府一方面为追求辖区利益的最大化,会选择成本最小、收益最大的决策;另一方面为追求政府官员自身利益的最大化,会选择政绩、物质利益的最大化和权力、职位最高化的行动决策。

其次,区域活动中各主体具有经济理性。区域活动中的主体包括区域政治家、区域选民和利益集团。对于区域政治家,追求自身政治前程的最优化必然会体现一种自身利益的最大化;对于区域选民,决定投票时考虑的是政治家提供的那些公共产品和公共服务,能够使其最大限度地满足自己的欲望,并使自己能够承担最小的税收负担;对于人格化的区域利益集团,希望那些能够服从和服务于集团的根本利益的政治家当选,从而使集团利益最大化。

区域政府的经济理性具有多种表现形式:

一是区域政府与中央政府竞争。区域政府作为区域共同利益的代表者,总希望能从中央政府获得更优惠的政策和财力支持,从而谋取比别的地区更快的发展速度和不断增进的福利。

二是区域政府纵向的利益之争。上下级区域政府都是行政管理组织,对于相同的公共事务都有管辖权。各级政府出于经济利益或是减少工作量的自利需要,也会发生冲突。

三是区域政府横向的利益之争。不同地区由于经济发展的差异会引起社会整体资源配置的不均衡问题,从而引起不同地区的利益分化。理性的区域政府为追求本地区利益的最大化,必然产生对经济资源的争夺,有时甚至为了自利而损害全社会公利或是别的地区的利益。

四是区域政府内部各部门的利益之争。对管理权限的争夺是各部门之间相互竞争的主要表现。部门间的不正当竞争会造成相互推诿和扯皮,从而降低行政效率。

五是区域政府为本地企业争利。有些区域政府的经济发展考核指标与企业经济实力密切相关,因此,一旦本区域企业与竞争对手争利,特别是在与其他区域企业争利时,区域政府为保护辖区利益而进行行政干预就很难避免。

六是区域政府对流动性经济要素的争夺。在开放经济条件下,经济要素可以在国际、国内两个市场进行流动,区域政府通过吸引更多的资金、人才和技术等稀缺性要素来不断扩大本地区利益,从而形成相互竞争。

(2) 区域政府的社会理性假设

经济理性是依据个人稳定的利益偏好在各种行动中作出选择的;而社会理性不关注某一个人的理性或非理性选择结果,而是强调众多个人的理性选择后果。[1] 社会理性认为人的行动是受社会环境和社会结构制约的,社会理性的行动原则不仅在于最大限度地获取狭窄的经济效益,还包括政治的、社会的、文化的、情感的等众多内容,其价值取向不一定是经济目的或自私自利的,也可以包括利他主义、社会公平、爱国主义等价值观。与经济理性相比,社会理性对传统的经济理性作了三个方面的修正:一是改变传统的完全理性的假设;二是承认人的行为也有非理性的一面;三是关注制度文化对个人偏好和目的的影响作用。但它们的

---

[1] Hechter, M., Knazawa, S. Sociological Rational Choice Theory[J]. Annual Reviews of Sociology, 1997 (23), pp.192-194.

相同点是在一定程度上都承认人的行动是有一定目的性的,都是为了追求"利益"或"效益"的最大化。①

区域政府从其社会属性和定位来看,更具备社会理性假设的条件,区域政府是社会主体,脱离社会的政府没有任何存在价值,区域政府不仅担负着区域经济发展的职责,更要在社会公平、价值观引领、发展平台构造上将区域社会利益的最大化放在首位。区域政府的发展也必然要受经济、社会、政治、文化、法律等多方面因素的共同制约,这些都决定了区域政府的社会理性存在的必然性。

(3) 区域政府是具有经济理性和社会理性的辨证统一体

在市场经济条件下,经济理性与社会理性相互之间并不是完全排斥的,而是具有辨证的统一性,具体表现在以下方面:

首先,由于确立了市场经济和多种经济成分,行为主体具有相对独立的利益,这就具备了经济理性的充分和必要条件。事实上,无论企业还是区域政府,建立有效的激励和约束机制都暗含了这样一个前提:人是经济理性的,如果只有社会理性,那他就会全心全意地把区域和企业搞好,奉献自己、贡献社会,激励和约束机制也就没有存在的必要了。

其次,行为主体又是属于社会的,具有社会属性,受到社会的制约和推动。企业在发展到一定程度后,仅仅关心利润和对股东负责、偶尔赞助某项社会公益事业已远远不能彰显企业的形象和档次。发展良好的企业需要在公众中树立起一个对社会负责的新形象,即承担社会发展的责任,社会属性在企业发展过程中得到不断强化。区域政府本身就承担着社会发展的固有使命,对区域选民负有提供公共产品和公共服务的社会责任,其社会属性是显而易见的。

最后,经济理性和社会理性还表现在,经济理性是行为主体的个体性的内在要求,是竞争的主要动力;而社会理性是行为主体在社会活动中通过竞争和发展来认知和学习所获得的,合理和有效的竞争需要社会理性进行不断的规范,因此

---

① 文军. 从生存理性到社会理性选择:当代中国农民外出就业动因的社会学分析[J]. 社会学研究,2001(6):19—30.

是一种外在要求。对区域政府的理性假设不能通过否定任何一种理性来确立另一种理性。理性的企业为使自身利益最大化必然参与市场竞争,而理性的区域政府为使自身利益最大化也会与其他区域政府展开竞争。尽管企业竞争与区域政府经济竞争的内容有很大的区别,但是基本的理性假设是一致的,即经济理性和社会理性的统一体。

(四) 区域政府竞争理论

近年来,有关"政府间竞争"的经济学讨论和跨学科讨论日益增多,尤其是有关辖区政府间竞争的演化论分析比较盛行。与"政府间竞争"有关的概念包括制度竞争、地域竞争、辖区竞争等。亚当·斯密(1776)最早涉及政府间竞争问题研究,他分析了政府税收对可移动要素和不可移动要素的影响,进而对君主和社会收入的影响。[①] 这一研究为以后研究政府竞争的作用机制和效应提供了有益的启示。其后,许多学者研究过有关政府竞争问题,其中具有代表性的有:维克塞尔(Wieksell,1896)[②]、林达尔(Lindahl,1919)[③]、萨缪尔森(Smuelson,1954)[④]、蒂布特(Tiebout,1956)[⑤]、布雷顿(Breton,1996)[⑥]等。政府竞争理论首先要对政府的行为进行分析,因此绝大多数模型都将区域政府竞争分为税收竞争和公共产品竞争。根据政府在经济中不同领域发挥的职能,区域政府竞争理论可以被分为资源优化配置竞争理论、投资竞争理论、税收竞争理论、出口竞争理论、公共品提供的竞争理论、政府间制度竞争理论和波特钻石模型。

---

① 〔英〕亚当·斯密著. 郭大力,王亚南译. 国民财富的性质和原因的研究(下)[M].北京:商务印书馆,1972,第 408 页.
② 维克塞尔. 财政理论研究[D],1896.
③ Lindahl, E. Just Taxation: A Positive Solution (translation by Elizabeth Henderson). In R. A. Musgrave and A. T. Peacock (eds.), Classics in the Theory of Public Finance[M]. London:Macmillan, 1958.
④ Samuelson, P. A. The Pure Theory of Public Expenditure[J]. The Review of Economics and Statistics, 1954.
⑤ Tiebout, C. M. A Pure Theory of Local Expenditures[J].Journal of Political Economy, 1956.
⑥ Breton, A. Competitive Governments: An Economic Theory of Politics and Public Finance. New York: Cambridge University Press,1996.

1. 资源优化配置竞争理论

资源的稀缺性决定了任何一个区域都必须通过一定的方式把有限的资源合理分配到区域的各个领域中去,以实现资源的最佳利用,即用最少的资源耗费获取最佳的效益。在一定的范围内,区域对其所拥有的各种资源的配置合理与否,对区域经济发展的成败有着极其重要的影响。资源如果能够得到相对合理的配置,经济效益就显著提高,经济就能充满活力;否则,经济效益就明显低下,经济发展就会受到阻碍。因此,区域之间竞争的实质就是区域资源配置优化与否的竞争。

在现代市场经济体制下,市场机制是资源配置的主导性力量,所以区域资源优化配置首先竞争的是区域市场的成熟度、区域市场主导力量发挥的完全程度,区域市场越完善、发挥作用越充分,该区域的资源配置竞争力就越强。同时,在实际经济运行中,各区域之间的产业结构、市场结构、企业结构也在不断地变动中。若在短期内存在结构失衡的情况,区域政府可通过区域财政政策,把掌握或控制的资源转移分配到急需发展的领域,使区域经济结构符合生产力发展的要求。关于区域资源优化配置竞争理论主要有以下几种:

(1) 平衡发展理论

平衡发展理论以哈罗德-多马新古典经济增长模型为理论基础,认为落后区域存在供给不足和需求不足的双重恶性循环,即"低生产率—低收入—低储蓄—资本供给不足—低生产率"和"低生产率—低收入—消费需求不足—投资需求不足—低生产率",其实质是资本市场的资本瓶颈和产品市场的需求不足。解决落后区域这两种恶性循环的关键,是实施区域平衡发展战略,即同时在各产业、各领域进行投资,既促进各产业、各部门协调发展,改善供给状况,又在各产业、各区域之间形成相互支持性投资的格局,不断扩大需求。因此,平衡发展理论强调产业间和区域间的关联互补性,主张在各产业、各区域之间均衡部署生产力,实现产业和区域经济的协调发展。

但平衡发展理论也存在一定问题,由于资金的有限性,资金投入必须考虑产出率的问题,如果资金均衡使用的话,每个产业所得到的资金都不会充足,尤其是区域内的优势产业的投资将得不到保证,也不能获得好的效益,落后产业更没有条件发展起来。因此,实际的做法是各区域根据自身所处区位以及拥有的资源、产业基础、技术水平、劳动力等不同经济发展条件,充分考虑不同产业的投资产出效率,优先保证具有比较优势的产业的投资,而不可能兼顾到各个产业的投资。

(2) 不平衡发展理论

不平衡发展理论由赫希曼提出。该理论遵循经济非均衡发展的规律,强调必须突出区域内的重点产业和重点领域,才能提高资源配置的效率。该理论认为区域产业发展是不平衡的,且各部门间具有关联效应,应当集中有限的资源和资本优先投资和发展关联效应最大的产业,也就是产品的需求价格弹性和收入弹性最大的产业,这些产业也可被称为主导部门或直接生产性活动部门。通过这些产业的扩张和优先增长,带动后向联系部门、前向联系部门和整个产业部门的发展,从而在总体上实现经济增长。

(3) 区域分工贸易理论

分工贸易理论主要包括亚当·斯密的绝对利益理论、大卫·李嘉图的比较利益理论、赫克歇尔与俄林的生产要素禀赋理论等。

绝对利益理论认为,任何区域都有一定的绝对有利的生产条件。若按绝对有利的条件进行分工生产,然后进行交换,会使各区域的资源得到最有效的利用,从而提高区域生产率,增进区域利益。但对于没有绝对优势的区域应如何发展未作出有力回答。

比较利益理论认为,在所有产品生产方面具有绝对优势的区域没必要生产所有产品,应选择生产优势最大的那些产品进行生产;而在所有产品生产方面都处于劣势的区域也不能什么都不生产,可以选择不利程度最小的那些产品进行生产。这两类区域可从这种分工与贸易中获得比较利益。无论比较利益理论还是绝对利益理论都是以生产要素不流动作为假定前提的,存在理论上的缺陷。

赫克歇尔与俄林的生产要素禀赋理论认为,各区域的生产要素禀赋不同,造成了各区域比较优势的不同,这也是区域分工产生的基本原因。如果不考虑需求因素的影响,并假定生产要素流动存在障碍,那么每个区域利用其相对丰裕的生产要素进行生产,就处于有利的地位。

(4) 梯度转移理论

梯度转移理论源于弗农提出的工业生产生命周期阶段理论。该理论认为,区域经济的发展取决于其产业结构的状况,而产业结构的状况又取决于该区域主导产业在工业生命周期中所处的阶段,而创新活动是决定区域发展梯度层次的决定性因素。如果主导产业处于创新阶段,则该区域具有发展潜力,属于高梯度区域,随着时间的推移及生命周期阶段的变化,生产活动逐渐从高梯度地区向低梯度地区转移。所以发达地区应首先加快发展,然后通过产业和要素向较发达地区和欠发达地区转移,以带动整个经济的发展。日本学者小岛清提出的雁行模式就属于梯度转移理论,他将日本、亚洲"四小龙"、东盟、中国等国家和地区列为不同的发展梯度,并冠以第一、第二、第三、第四批大雁等称谓。

(5) 增长极理论

增长极理论由佛朗索瓦·佩鲁提出,汉森对这一理论进行了系统的研究和总结。该理论认为受力场的经济空间中存在着若干个中心或极,每一个中心的吸引力和排斥力都产生相互交汇的一定范围的"场"。区域经济的发展主要依靠区位条件较好的少数地区和条件好的少数产业带动。所以,区域政府应集中投资以加快那些条件较好的区域或产业的发展,把这些地区和产业培育成经济增长极,通过增长极的极化和扩散效应,影响和带动周边地区和其他产业发展。增长极的极化效应主要表现为资金、技术、人才等生产要素向极点聚集;扩散效应主要表现为生产要素向外围转移。在发展的初级阶段,极化效应是主要的;当增长极发展到一定程度后,极化效应削弱,扩散效应加强。

(6) 累积因果理论

累积因果理论由缪尔达尔提出,后经卡尔多、迪克逊和瑟尔沃尔等人发展并具体化为模型。该理论认为,在一个动态的社会过程中,社会经济各因素之间存在着循环累积的因果关系,并且社会经济总是沿着最初那个因素变化的方向发展,从而形成累积性的循环发展趋势。市场力量的作用一般趋向于强化而不是弱化区域间的不平衡,即如果某一地区由于初始的优势而比别的地区发展得快一些,那么它凭借已有优势,在以后的日子里会发展得更快一些。这种累积效应有两种相反的效应,即回流效应和扩散效应。回流效应是指落后地区的资金、劳动力向发达地区流动,导致落后地区要素不足,发展更慢;扩散效应则是指发达地区的资金和劳动力向落后地区流动,促进落后地区的发展。区域经济能否得到协调发展,关键取决于两种效应孰强孰弱。在欠发达国家和地区经济发展的起飞阶段,回流效应都要大于扩散效应,这是造成区域经济难以协调发展的重要原因。因此,要促进区域经济的协调发展,必须要有区域政府的有力干预。

(7) 一般区位理论

俄林的一般区位理论是从资源禀赋的角度对工业区位的形成进行了探讨。该理论认为,在一个区域内的综合时间里,所有的商品价格和生产要素价格都是由它们各自的供求关系决定的。各区域的消费者偏好不同、个人收入不同,所以需求各异,同样,各区域的资源禀赋状况和物质条件不同,所以各区域的供给也不同,可以分为劳动密集型、资本密集型、土地密集型、资源密集型或技术密集型商品等几大类。各区域需求和供给的现实状况决定了不同区域生产要素价格的差异。

俄林认为,区域分工和商品流向应是劳动力丰裕的区域生产劳动密集型产品,出口到劳动力相对缺乏的国家或地区;而资本丰裕的区域应生产资本密集型产品,出口到资本相对缺乏的国家或地区。这样既能刺激区域贸易的产生,又决定了区域工业区位。在资本和劳动力可以在区域范围内自由流动的情况下,工业区位取决于产品运输的难易程度及其原料产地与市场之间距离的远近;在资本和劳动力不能在区域范围内自由流动的情况下,工业区位取决于各地人口、工资水平、储蓄率和各地区价格比率变动等,人口增长率、储蓄率和各地区价格比率的变化会导致有差异地区的生产要素配置状况发生变化,引起工业区位的改变。

2. 投资竞争理论

(1) 基础设施投资竞争理论

基础设施分为广义和狭义两种,狭义的基础设施主要是指经济性的基础设施,包括交通运输、通信、电力、供排水等公共设施和公共工程等。广义的基础设施除此之外,还包括教育、卫生、法律、秩序以及行政管理等部门。基础设施具有以下几个特性:基础性、投资和时间上的不可分性、空间依附性、自然垄断性、外部性和公共产品性。

20世纪50年代,发展经济学家开始将基础设施这一概念引入到经济学研究领域,并认为基础设施对于发展中国家的经济增长和经济发展有着极其重要的作用。罗斯托在《经济成长阶段》一书中对基础设施的重要意义作了特别的强调,认为基础设施是经济发展的重要前提条件。艾伯特·赫希曼在其《经济发展与战略》中提出了著名的"不平衡增长理论",认为发展中国家应该集中有限的资源和资本发展基础设施,保障经济增长。进入20世纪80年代末期后,随着新古典增长理论和内生增长理论的兴起,关于基础设施投资与经济增长的研究主要集中于基础设施提升经济发展的效益方面。首先,基础设施发展促进生产效率的增加(Esterly and Rebelo,1993)[1];基础设施好坏会影响生产成本高低,而且基础设施薄弱的城市不能对新的小企业提供"孵化器"功能。基础设施状况还会影响各区域的投资环境竞争力和市场的发展。据估计,目前世界资本市场中90%的投资直接流向发达国家,9%的直接投资流向发展中国家,其余国家得到的投资数量极少。综上所述,对内生(新)增长理论学家来讲,基础设施作为公共资本的一部分对私人部门的产出、生产率以及资本形成都具有显著的正向影响,也可以说,基础设施可能通过提升私人资本回报率而促进经济的增长。

(2) 区域政府对R&D项目的投资

政府R&D资助是指从各级政府部门获得的计划用于科技活动的经费,包

---

[1] Esterly, W., Rebelo, S. Fiscal Policy and Economic Growth: An Empirical Investigation[J]. Journal of Monetary Economics, 32, pp.417-460, 1993.

括科学事业费、科技三项费、科研基建费、科学基金、教育等部门事业费中计划用于科技活动的经费,以及政府部门预算外资金中计划用于科技活动的经费。政府 R&D 资助的政策工具主要分为三类:政府对私人部门的直接资助、对公共研究的资助(政府科研机构和大学)和税收优惠(Guellec and Van Pottelsberghe, 2003)①。

政府直接资助企业是指政府在财政预算内安排经费对特定产业、特定企业的 R&D 项目给予直接拨款资助,直接资助的对象一般是有较高社会收益的研发项目,或者是有助于实现政府特定目标(如健康和国防)的研发项目。通过政府采购和向选定企业的研发提供资金的方式,直接向企业的研究开发提供补助。科技拨款资助的主要目的是促进和刺激私人部门增加 R&D 投资,引导产业技术创新方向,从而达到促进技术创新发展和调整产业结构的目的。政府对公共研究的资助是指政府为了促使科研机构和高校加大对公共需要和基础性知识的供给,而将科技拨款投向科研机构和高校。如中国的国家重点试验室、美国的联邦试验室以及法国的国家研究中心所属的试验室,这些机构的设立或者是为了满足公共的需要,或者是为了提供企业所需的基础知识,使之成为创新源,从而促进技术创新的发展。政府作为技术创新活动的参与者,以期通过基础知识和基础技术的扩散来对私人部门的技术创新起到推动作用。因此,公共研发的研究领域主要是社会收益较大的技术科学和能迅速有效地促使经济体产生创新能力的基础科学研究。对 R&D 的税收优惠是指通过税收优惠政策,给予企业 R&D 支出一定的税收减免或者抵扣优惠,将本应上缴财政的部分资金留给企业,支持企业创新活动。大多数国家都采用税收激励政策。通常采用的税收优惠有以下几种:税收减让、税收折扣、税收减免、特别税率减免、延迟纳税、加速折旧和设备免税购置等。中国也出台了一系列支持科技创新的税收优惠政策,间接支持企业 R&D 活动。

---

① Guelleca,D., Van Pottelsberghe De La Potterie,B. The Impact of Public R&D Expenditure on Business R&D[J]. Economics of Innovation and New Technology,2003,12(3).

关于政府 R&D 投资的经济效应主要有以下几种研究结论：

Coccia(2003)①通过分析劳动生产率增长与 R&D 投资增长水平之间的关系，发现国内生产总值中的 R&D 投资是生产率增长差异超过 65% 的直接原因；经济分析表明，劳动生产率的增长函数是一个研发投资收益递减的凹函数，该函数在 2.3%—2.6% 之间能够最大限度地影响劳动生产率的长期增长，而其关键因素就是持续的生产力和技术改进。

Wang(2007)②通过构造一个跨国家的生产模型，考虑了研发资本与人力资本存量、专利与学术出版物以及环境因素的影响，对 R&D 活动的相对效率进行了评价。研究结果显示：任何国家都可以通过有效管理 R&D 资源来提高它的利用率，而不是仅靠增加 R&D 的投资量。

Wang and Huang(2006)③结合生产模型和数据包络分析方法对 30 个国家的 R&D 活动的相对效率进行了评价。结果表明，只有不到一半的国家的 R&D 活动是 DEA 有效，并且其中有 2/3 的 R&D 活动处于现阶段规模报酬递增。

Feldman and Kelley(2006)④研究了政府 R&D 投入政策在促进知识外溢方面的作用，认为研发补贴对于促进难以准确估量的公众知识外溢现象，是最有可能提高创新和经济增长的政策工具之一。

Takayuki Hayashi(2003)⑤对于 1980 年以来日本所提出的有关基础研究方面的计划，研究了五个研发措施对日本政府部门间的影响，提出基础研究可以促进政府、高校以及企业之间的技术联系，有利于促进政府 R&D 计划的进一步

---

① Coccia, M. An Approach to the Measurement of Technological Change Based on the Intensity of Innovation [D]. Working Paper. CERIS CNR 2, Torino, 2003, 7-26.
② Wang, E. C. R&D Efficiency and Economic Performance: A Cross-country Analysis Using the Stochastic Frontier Approach[J]. Journal of Policy Modeling, 2007, Vol.29(2).
③ Wang, E. C., Huang, W. Relative Efficiency of R&D Activities: A Cross-country Study Accounting for Environmental Factors in the DEA Approach [J]. Research Policy, 2007, Vol.36(2).
④ Feldman, M. P., Kelley, M. R. The Exante Assessment of Knowledge Spillovers: Government R&D Policy, Economic Incentives and Private Firm Behavior [J].Research Policy, 2006, Vol.35(10).
⑤ Takayuki Hayashi. Effect of R&D Programmes on the Formation of University-Industry-Government Networks: Comparative Analysis of Japanese R&D Programmes [J]. Research Policy,2003, Vol. 32(8).

实施。

Carayannis,Alexander and Ioannldis(2000)[①]通过对美国、德国和法国的知识管理、战略管理间理论联系的研究,认为这二者加速了研发机构、大学、政府和企业的合作,这种合作所产生的知识共享同时又进一步推动社会知识共享及其更深层次的合作,如此良性循环推动技术知识转化为经济增长。

David, Hall and Toole(1999)[②]运用计量经济学方法从微观层次对政府 R&D 投入是否会影响企业技术创新的角度进行研究,结果表明,政府 R&D 投入会影响到企业研发的预期报酬。

(3) 区域政府对企业项目的投资

关于政府对企业投资项目的参与在经济学界一直存在争议,主流的看法是政府在竞争项目领域的投资会对企业投资产生挤出效应,是对市场经济的破坏。但凡事不能从单一角度出发,政府是否应当参与传统意义上的企业投资领域还要看经济发展背景和政府的具体参与方式,在存在挤出效应的同时也应当看到挤入效应。

① 关于政府投资的挤出效应

凯恩斯在其《货币、利息与就业通论》中指出,政府投资的资金来源往往是向公众(企业、居民)和商业银行的借款,这种借款行为的发生会引起利率上升和借贷资金需求上的竞争,从而抑制了非政府部门的投资、消费和净出口,抵消了政府投资对整体经济的带动效应。比如中国,在社会主义市场经济体制下,政府在社会经济生活中的主导性比较突出,在金融资源既定的条件下,政府在竞争领域投资的加大,往往会使私人部门投资所需的资金供应减少,加剧私人部门的融资难度,从而造成挤出效应;同时,由于政府投资扩张导致利率上升,非政府部门的投

[①] Carayannis, E. G., Alexander J., Ioannidis A. Leveraging Knowledge, Learning, and Innovation in Forming Strategic Government-University-Industry (GUI) R&D Partnerships in the US, Germany, and France [J]. Technovation, 2000, Vol.20(9).

[②] David, P. A., Hall B. H., Toole A. A. Is Public R&D a Complement or a Substitute for Private R&D? A Review of the Econometric Evidence [J].Research Policy, 2000,Vol.29(4-5).

资成本也有所提升,也会抑制私人投资。

上述政府投资的挤出效应也可以用"希克斯-汉森模型"(IS-LM 模型)进行解释。希克斯-汉森模型由 IS 曲线和 LM 曲线构成,分别代表了产品市场和货币市场的均衡状态,两条曲线的交点即产品市场和货币市场同时达到均衡的均衡点。在标准的希克斯-汉森模型中,政府投资对民间投资的挤出效应主要通过利率来传导。希克斯-汉森模型挤出效应的作用机制主要有两种:一是政府增加投资需要向民众和金融机构借款,造成资金供应紧张,民间投资减少;二是政府投资的增加导致产出增加,从而货币需求增加,进而引起利率上升,民间投资部门投资成本提高从而产生对民间投资的挤出效应。

② 关于政府投资的挤入效应

在承认政府投资对私人部门的投资挤出效应的同时,也有些经济学家注意到政府公共投资也会对私人部门的发展有所帮助,即所谓"挤入效应"的存在。比如在经济萧条时期,私人部门的投资预期和投资能力都陷于悲观和无力,这时就需要有政府部门投资来进行启动和示范,为企业尽快树立增长信心和创立再次起飞的条件有很大的促进作用。政府投资作为反经济衰退的手段,在烫平经济波动上有重要作用,这对私人投资者对未来经济的预期产生乐观影响,从而促进私人投资的发展。

除了经济萧条时区域政府的积极投资所带来的提振经济信心的挤入效应外,政府对特定科技产业初期发展的大笔投资也具有重大的挤入效应。虽然科技创新对于产业发展和创新利润的获得具有不可替代的作用,但科技创新初期的投入也是巨大的,而产出也具有一定风险性,如果全部交给市场,对于企业而言是一种比较大的负担,很可能因为前期资金问题和产出风险问题而使得科技创新搁浅或中途夭折,这不但是企业的损失也是区域发展的损失。基于科技创新巨大的外部效应,区域政府应对科技创新产业的发展初期进行投入,弥补该产业初创资金不足的问题,这种政府对企业项目的投入显然会带动整个产业的发展,从而产生巨大的挤入效应。当然,区域政府的投入也是存在风险的,因此政府在投入之前必须对该产业的发展战略和预期收益进行科学的评估,有效地将企业发展和区域产业战略定位结合起来。

Aschauer(1989)[①]最早提出了"挤入效应"理论,并对其进行了系统的阐述。他认为当公共支出作为生产要素投入,且与私人投资互补时,公共投资将对私人投资产生挤入效应,原因在于当公共支出与私人投资互补时,私人投资的边际生产率随着公共投资的增加而上升,因此,公共投资促进了私人投资。也就是说,当公共投资与私人投资互补时,私人投资的边际生产率会随着公共投资的增加而上升,从而刺激私人投资的增加,公共投资对私人投资有促进作用。由以上分析可以看出,政府投资挤入私人投资的效应是多方面的,有改善宏观经济环境的因素,有为私人经济提供必要生产资料的因素,有带动相关产业发展的因素,而这些因素归根到底就是看政府投资是否提高了私人投资的效益。

所以,区域政府之间的竞争要求区域政府必须防止过多挤出效应的产生,应当遵循市场规律,更好、更多地配合企业和区域经济发展,更大地产生挤入效应。

3. 税收竞争理论

就区域政府竞争的类型来说,税收竞争是区域政府竞争的主要形式,因为税收收入最大化无论是对区域政府还是对区域政府官员来说都是其追求的主要目标之一。因而,许多学者对地区间的税收竞争进行了研究。

税收竞争理论的一个前提条件是存在可流动的资源,因为只有这样,才能使税收成为驱逐或吸引资源流动的一个关键因素。在处理何种资源是可流动的问题上,通常做法有两种:一种是假设消费者可自由流动,另一种是假设资本可自由流动。另外,政府的行为目标在早期文献中通常被假设为是慈善而不是自利的。以下将主要从可流动的资源类型(包括消费者流动和资本流动两个方面)和政府的行为目标这两个角度来对有关税收竞争理论进行梳理。

---

① Aschauer, D. Does Public Capital Crowd Out Private Capital? [J]. Journal of Monetary Economics, 1989, Vol.24.

(1) 消费者流动与税收竞争

维克塞尔(Wieksell,1896)①和林达尔(Lindhal,1919)②分别对税收的利益原则进行了研究,两人均认为人们是以自愿交易为基础来对公共品缴纳税金的,体现了赋税的资源交换原则。萨缪尔森(Samueslon,1954)③的公共品供给模型是对早期维克塞尔-林达尔模型的新古典概括,确立了公共品最佳供给条件。近来许多经济学家都把林达尔模型的存在性和其他性质放在一般均衡模型中进行考察,证明了林达尔均衡的福利含义是帕累托最优的。但是维克塞尔和林达尔把民主的预算过程纳入其考虑范围,而这一结果在民主国家采用一致通过原则就可以得到。维克塞尔把国家预算过程分为两个阶段的深层原因是:两人之间的自发交换过程是以税收的受益原则为基础的,即对每个人课征的税收份额应当与他消费公共品获得的边际效用成正比。但是只有初始收入分配公平才能使受益原则公平。维克塞尔、林达尔和萨缪尔森等人关于公共品的最优供给问题的分析是把政府当成一个统一的主体来进行分析的。

而当把政府区分为不同的层级结构时,就会涉及不同区域政府之间竞争的问题。第一个横向辖区政府间竞争模型是蒂布特(Tiebout,1956)的"以足投票"(voting by feet)模型④。该模型假设并描述了一组社区间的竞争,这些社区用公共品政策吸引居民,并使用土地租金资助公共项目;居民根据区域政府所提供的服务与所征收的税收之间的组合来实现自己的效用最大化。在蒂布特的研究中,通常都假定均衡是在社区形成的,而社区之间是不同的,因为每一个社区是由同质人口所组成的,即同一类型的消费者都居住在同一社区。斯蒂格利茨(Stiglzti,

---

① 维克塞尔. 财政理论研究[D],1896.

② Lindahl, E. Just Taxation: A Positive Solution (Translation by Elizabeth Henderson). In R. A. Musgrave and A.T. Peacock(eds.), Classics in the Theory of Public Finance[M]. London:Macmillan, 1958.

③ Samuelson, P. A. The Pure Theory of Public Expenditure[J]. The Review of Economics and Statistics, 1954.

④ Tiebout, C. M. A Pure Theory of Local Expenditures[J].Journal of Political Economy, 1956.

1998)①发展了蒂布特模型,在很大程度上模仿了市场经济的一般竞争模型,认为社区不再是均质的。阿波尔特(Apolte,1999)把萨缪尔森的公共产品理论作为其分析的出发点,假定辖区居民存在偏好,而且政府通过征收人头税来为公共品进行融资。当居民被分为可流动居民和不流动居民两种类型时,只要还可以对不流动居民征税,放弃对可流动居民的征税始终是最优的。其原因是,可流动居民可以通过向另一辖区迁移而避税。在围绕吸引居民的角逐中,那些辖区政府相互之间竞相降低对可流动居民的税率,直至税率为零。在均衡状态下,那些辖区政府将完全放弃对可流动居民的征税并且通过对不流动居民的征税来对公共品融资。

(2) 资本流动与税收竞争

与蒂布特假定消费者流动不同的是,20世纪80年代兴起的有关政府间税收竞争的模型假设资本是流动的,区域政府可以通过对可流动的资本征税来为公共品融资。本区域对可流动资本的征税将导致域内资本向其他区域的流动,其他区域将因为流入资本的增加而出现税基的扩大和更快的经济增长,资本流动存在正的外部效应,所以均衡条件下本区域将会产生低于有效水平的税率和公共品供应,区域政府竞争是非有效的。Zodrom and Mieszkowski(1986)②,Wilson(1986)③等的分析表明,在竞争性条件下而且每一个区域都很小时,资本流出对整个经济的净收益没有影响。但在战略性条件下,区域则具有一定规模,资本流出是对征收较高的税收而使净收益降低的反应(Wildasin,1988;Bucovetsky,1991)④,在这两种状况下,税基的收缩降低了增税的积极性,导致了公共物品的供应不足。

---

① Stiglitz, J. More Instruments and Broader Goals: Moving toward the Post-Washington Consensus, WIDER Annual Lecture 2. Helsinki: United States University World Institute for Development Economic Research, 1998.

② Zodrow, G. R., Mieszkowski, P. Property Taxation, and the Under Provision of Local Public Goods[J]. Journal of Urban Economics, 1986(19), pp.356-370.

③ Wilson, J. D. Theories of Tax Competition[J]. National Tax Journal, 1999, Vol.52, pp.269-304.

④ Wildasin, D. Introduction: Fiscal Aspects of Evolving Federations[J]. International Tax and Public Finance, 1996, Vol.3, pp.121-135.

Bureckner(2001)①的分析表明,对公共产品具有较强需求的地区因为会征收较高的税收而使资本流出,从而降低流出地的福利。在征收资本税的情况下,这种负面效应比在征收人头税的情况下更加明显。Wildasin(2004)②分析表明,政府再分配能力依赖于区域政府的税率调整是否被事先意识到以及不完全流动资本的调整速度,如果不完全流动的资本能够意识到这种税率增加并且可以作出快速的调整,则区域政府的再分配能力就会受到制约。在引入资本流动成本方面,以两期模型为基础,分析了因交易费用引起的资本流动不充分条件下的跨区域的税收竞争的效应。而且,如果交易费用很大并且资本在第二期不流动,税收竞争将导致在对称均衡中公共物品的过度供给。相反,如果交易费用较小,资本在第二期中会流动,则区域政府会倾向于把税率定得比有效水平低,这样会造成公共物品供给不足。在近期文献中,资本和消费者都是可流动的,消费者的流动性假设加强了税收竞争模型与蒂布特模型的联系。在国际税收竞争中,增加区域政府公共物品供给的比例将有利于改善福利。在存在报酬递增的情况下,资本进口国将会对资本提供补贴。

(3) 利己型政府与税收竞争

早期的税收竞争模型一般假定区域政府是慈善的,其目标函数是辖区内居民的福利最大化。但事实上政府有自己的独立利益,政府行为可能是官员根据自身利益而采取的预算最大化方式。Brennan和Buchanan(1980)③认为,在公司和家庭可以自由流动的情况下,区域政府之间的财政竞争可以有效地避免政府将资源从私人部门通过税收的形式转移到公共部门,从而避免公共部门的过度膨胀,要素流动对政府部门征税能力的约束相当于对政府征税能力制度约束的一种替代。

---

① Brueckner J., Saavedra L. Do Local Governments Engage in Strategic Property-Tax Competition?[J]. National Tax Journal, 2001, Vol.54(2), pp.203-229.

② Wildasin, D. E. The Institutions of Federalism: Toward an Analytical Framework [J]. National Tax Journal, 2004, Vol.57, pp.247-272.

③ Brennman, G., Buchanan, J. M. The Power to Tax: Analytical Foundations of a Fiscal Constitution[M]. Cambridge University Press, 1980.

Eggert(2011)[①]认为,通过引入对资本投资、储蓄和劳动收入的扭曲性税收,政府具有一个自利性消费目标,当以居住为基础的资本税不可行的时候,国际税收协调对居民的福利的影响是不确定的。Edwards 和 Keen(1994)[②]则表明通过区域政府税收协调来增加对可流动要素征税的税率,可能导致所有居民的福利改善。Rauscher(1997)[③]指出,政府提供经济活动赖以进行的基础设施和制度框架如果无效,即如果它提供低质量的服务但又收取高的税收,投票人会通过选择其他的政府或候选人来惩罚政府;如果政府希望在选举中重新获胜,它们就必须通过低税率和更好的公共服务来增加区域对可移动生产要素的吸引力。

4. 出口竞争理论

如果把区域看成是一个国家,那么区域之间的竞争也包括出口竞争力的比拼。出口竞争力是指在现有的宏观环境和产业发展水平上,在国外市场上以较低的产业(服务)成本和与众不同的产品(服务)特性来取得最佳市场份额和利润的能力。出口竞争力所要研究的主要问题就是商品或劳务如何发挥优势以在国外市场立足并占领国外市场。

影响出口竞争力的因素有很多,就产品和劳务的成本竞争力而言,汇率是至关重要的一环;而利率水平对汇率又有着非常重要的影响。汇率是两个国家的货币之间的相对价格,由外汇市场上的供求关系所决定。因为外汇也是一种金融资产,持有它可以带来一定的收益,但到底持有外汇还是本币,要看外汇和本币的收益率孰高孰低,而货币的收益率首先是由其金融市场的利率来衡量的。如果某种货币的利率上升,则会吸引投资者买入该种货币;反之,如果利率下降,则该种货币的吸引力就会减弱。因此,就本区域的货币而言,利率上升,本币汇率就会提高;利率下降,则本币汇率就会下降。所以不同区域的利率的高低通过影响汇率,

---

[①] Eggert, W., Itaya, J. Tax Rate Harmonization, Renegotiation, and Asymmetric Tax Competition for Profits with Repeated Interaction[D]. Discussion Paper,2011.

[②] Edwards & Keen. Income Tax, Commodity Taxes and Public Good Provision: A Brief Guide, Finanzarchiv,1994.

[③] Rauscher, M. Interjurisdictional Competition and the Efficiency of the Public Sector: The Triumph of the Market over the State? General Information,1997.

也间接决定了该区域的出口竞争力。

(1) 利率竞争理论

利率是货币的市场价格,利率的竞争力本质上就是价格的竞争力。首先,在其他条件不变的情况下,利率的提高对于本区域市场而言,意味着生产成本的提高,价格竞争力的下降;其次,利率的提高意味着本国货币的增值,也就是汇率的提高,对产品的出口竞争力也是一种打压。但随着本币的持有量增多,本币的市场供应量加大,又会带来利率的下降,产品的价格竞争力也会随之增强。总之,利率的市场化将会带来货币市场价格的长期均衡,使中国市场和国际市场维持供求平衡。因此,利率的竞争力来源于利率市场化的程度。

利率市场化在欧美地区也被称为"利率自由化",是从放松管制的角度出发进行利率分析,要求政府逐渐放松对利率的管制。在中国,利率主要由中央银行决定而非市场决定,所以发挥利率竞争力的着重点是让市场机制在资金配置中发挥主导作用,实现利率市场化。无论是利率自由化还是利率市场化,都不否认政府对利率管制的必要性,资金市场上不可能存在不受管制的、完全由市场决定的均衡利率,只是政府要把其对利率的直接管制转变为间接调控。

政府实施利率管制本来是想借此保障本区域的金融稳定和经济增长,但随着经济全球化程度的加深,利率管制导致了较高的负实际利率和金融抑制现象,对资本积累和经济增长产生了负面影响,所以,若想进一步保持区域竞争力,必须走利率市场化的道路。

发展中国家的利率市场化理论的发展大致可以分为三个阶段:

第一个阶段(20世纪70年代初)的标志性理论是麦金农和肖的金融抑制和金融深化理论。该理论认为,金融抑制导致资源配置效率低下,妨碍了投资、储蓄的形成,从而抑制了投资和经济的增长。因此,发展中国家应放松或取消利率管制,提高利率水平;放松对外金融管制,放松汇率管制,开放资本市场。

第二个阶段(20世纪70年代末到80年代)的标志性理论主要是新结构主义学派的利率理论。新结构主义学派认为,利率自由化带来的存款利率的上升在短期内会导致通货膨胀的加速和产出的下降;在中长期里,通货膨胀的加剧会导致企业竞争力的下降和利润的降低,从而减少投资和降低经济增长率。因而新结构主义学派反对在发展中国家,尤其是在那些金融体制不健全、存在非正规信贷市场的国家实行以提高实际利率为核心的利率自由化,利率自由化可能会导致经济停滞和通货膨胀。因此,发展中国家在制定利率政策时,应该考虑到非正规市场的存在及其在经济中的传导作用,通过现行的金融结构理顺利率,使利率适合当前的金融发展需要。

第三个阶段(90年代至今)的主要理论是金融约束理论。这一时期发展中国家在实施利率自由化的过程中遇到了很多挫折,部分国家发生了金融危机,有些国家甚至重新回到了利率管制的道路上。为了尽快找到解决路径,提出了利率市场化次序论,认为金融深化的宏观次序如下:第一,平衡中央政府的财政;第二,稳定物价水平,确保实际利率为正;第三,只有到国内借贷能按均衡利率进行、通货膨胀得到明显抑制时,资本项目下货币才能自由兑换。

(2) 汇率竞争理论

汇率是衡量一个国家出口竞争力的重要指标,其理论依据在于一个国家的出口竞争力主要取决于价格竞争力(Junz and Rhamberg,1973)[1],而价格竞争力与汇率密切相关。汇率的升值意味着一个国家的出口竞争力下降,而汇率贬值则意味着一个国家的出口竞争力上升。在 Hinkle 和 Nsengiyumva(1999)[2]的理论模型分析框架中,将一个经济体的出口竞争力的改善定义为该区域与外国之间的相对利润份额的增长,并且这种增长能够促进产出和投资的扩张,汇率升值意味着相对利润份额下降,即出口竞争力减弱;汇率贬值意味着相对利润份额上升,即出口竞争力增强。Treasury(1983)[3]认为一个国家的出口增加和经济增长意味着该区域出口竞争力的增强,汇率升值将导致本国出口下降、进口增加,进而导致本国经济

---

[1] Junz, H. B., Rhomberg R. R. Price Competitiveness in Export Trade among Industrial Countries[J]. The American Economic Review,1973,Vol.63(2), pp.412-418.

[2] Hinkle, L.,Nsengiyumva, F. "External Exchange Rate: Purchasing Power Parity, the Mundell-Flemming Model,and Competitiveness in Traded Goods". In Lawance E. Hinkle and Peter J. M., Eds. Exchange Rate Misalignment: Concepts and Measurement for Developing Countries. New York: The World Bank, 1999, pp.41-112.

[3] Treasury. International Competitiveness[R]. Economic Progress Report,1983,No. 158.

增长下降。但是实际汇率并不是决定一个国家出口竞争力的唯一因素,世界需求对出口竞争力的影响也是不容忽视的。Treasury 通过对 1961—1983 年间的 15 个工业化国家的实证研究表明了实际汇率对这些国家出口竞争力的影响较小,并不像通常认为的那样显著。

Fagerberg(1988)[①]认为一个国家的出口竞争力是指在没有国际收支平衡困难的情况下,一个国家采取政策保持收入和就业增长的能力。他选取了出口市场份额作为衡量出口竞争力的指标,而一个国家的出口市场份额由出口产品的价格(或成本)竞争力、技术竞争力以及满足世界需求的供给能力决定。之所以将相对技术水平引入模型是因为产品的竞争已经不仅仅局限于价格或成本方面的竞争,而是越来越多地以技术或质量竞争的形式出现。在世界需求无限和其他国家供给能力无限的假设前提下,本国的供给能力下降会导致世界需求向其他国家转移,这样,即便本国产品在价格和技术方面具有竞争优势,但整体的出口竞争力也会受到打击。Fagerberg 通过对 1960—1983 年间的 15 个工业国家进行实证研究,得出结论:相对技术水平和供给能力均对这些国家的出口竞争力有正向作用,并且它们是中长期内决定这些国家出口竞争力的主要因素;汇率的变动对这些国家的出口竞争力有负向作用,其对这些国家出口竞争力的影响有限。

近十年来关于汇率失调对出口竞争力的影响方面的研究已成为热点。汇率失调包括汇率高估、短期低估状态和长期低估状态。普遍结论为:偏离均衡汇率的实际汇率高估对一个国家的国际竞争力有负面作用(Palva,2001[②];Beguna,2002[③])。

综合理论研究的结论,汇率与区域出口竞争力之间的理论关系可以概括为:第一,在一系列假设前提下,汇率是衡量出口竞争力状况的指标,实际汇率升值

---

① Fagerberg, J. International Competitiveness[J].The Economic Journal,1988, Vol.98, No. 391, pp.355-374.

② Paiva, C. Competitiveness and the Equilibrium Exchange Rate in Costa Rica[D]. IMF Working Paper, 2001.

③ Beguna, A. Competitiveness and the Equilibrium Exchange Rate in Latvia[D]. EuroFaculty Working Paper in Economics,2002.

(贬值),意味着该区域的出口竞争力状况恶化(改善);第二,汇率是影响国际竞争力的重要因素之一,与其他一些变量共同决定出口竞争力的变动,在其他因素改善的情况下,实际汇率升值并不必然导致该区域的出口竞争力下降;第三,虽然实际汇率的升值并不一定导致出口竞争力状况的恶化,但是实际汇率失调却会引起出口竞争力的减弱。因此,作为区域政府,其主要任务是防止汇率失调。

5. 公共品提供的竞争理论

区域政府竞争的存在是与区域政府供给公共品的职能密不可分的。斯蒂格利茨十分关注区域政府竞争与公共品供给,他认为:"一般说来,更分散地提供公共品和服务——由区域社区提供的产品和服务,不仅为在社区中开展竞争奠定了基础,而且还获得了蒂布特所强调的潜在利益"。同时,"和管理完善的社区相比,管理良好的社区可以以较低的成本提供公共服务,因而可以吸引移居者,增加财产价值。因此,和企业里的竞争一样,社区里的竞争也发挥着相同的作用,它不仅确保了公共物品得以有效的供应,而且在公共物品的数量和种类上也更符合公众的需求……社区里的竞争还为社区的变革注入了活力,使社区适应了人们的偏好和技术的变化"[1]。

蒂布特认为,区域政府竞争可以促进公共品的有效供给。如果居民能够在社区之间流动,他们通过选择社区显示出自身的偏好。社区要么提供居民需要的产品,要么居民迁移到其他能够提供更符合他们偏好的公共品或者能够有效率地提供这些公共品的社区。因此,社区间的竞争就类似于厂商间为了消费者而展开的竞争。前者也像后者一样,能够导致资源的有效配置,达到帕累托最优。对于区域公共产品而言,决定有效率水平的机制不是"用手投票"的选举方式,而是社区间的"用脚投票"。

Justman, Thisse and Ypersele[2]认为,在基础设施服务上的竞争,区域政府比

---

[1] 〔美〕约瑟夫·E. 斯蒂格利茨著. 政府为什么干预经济:政府在市场经济中的角色[M],北京:中国物资出版社,1998.

[2] Justman, M., Thisse, J. F., Ypersele, T.V. Taking Out the Bite of Fiscal Competition[J]. Journal of Urban Economics, 2002, Vol.52:294-315.

较多地进行多样化方面的竞争,多样化的基础设施不仅能减少财政支出上的浪费,更重要的是多样化基础设施难以被对手模仿,可以形成区域间的差异化竞争优势,满足区域多元化的需要;也可以刺激其他区域政府提高其基础设施多样化水平,形成良性循环。

另外,竞争可以作为一个发现区域性公共品有效提供方式的过程。哈耶克(1997)[1]认为,竞争不但可以促使区域政府有效提供区域性公共品,而且会激励区域政府寻找、发现更有效的公共品提供方式。不过,也有学者认为区域政府竞争对区域政府提供公共品不利,原因在于如果各区域都采取了诸如财政补贴、税收减让、财政贴息或政府担保的软贷款等积极政策来吸引外资和鼓励本地投资,就会导致各地竞相压低税收水平、主动减少政府应得收益的现象,这种不计代价的引资竞争也被称为"扑向低层的竞争",结果会导致区域财政收入不足,难以提供最优水平的公共服务。在中国,分权后的区域政府也常常把过多的资金作为生产性投资,而区域公共品的建设往往不足,从而导致了区域经济的不平衡发展。

Bucovetsky(1982)[2]分析了基于公共品投资的政府竞争。他认为政府的基础设施投资可以产生劳动力的集聚效应,即良好的基础设施和公共环境有助于为本区域吸引更多的流动性较强的熟练劳动力,但区域间的公共品投资竞争也可能是破坏性的。他通过对公共品投资模型的纳什均衡分析,认为即使假定各个辖区初始条件相同,均衡也未必是对称的。问题不仅在于各个辖区的公共品投资太多,而且在于太多的辖区都会选择进行投资。不同辖区之间的要素流动性越强,竞争就越强,因为政府之间为吸引流动性要素的竞争可能会损耗公共品投资产生的租金。Wilson(1999)[3]考察了具有自利倾向的区域政府官员的公共品投资倾向对于辖区公共品支出的影响。他认为区域政府官员非常有动力进行公共品投资,因为

---

[1] 〔英〕哈耶克著. 邓正来译. 自由秩序原理[M]. 北京:生活·读书·新知三联书店, 1997.
[2] Bucovetsky, S. Inequality in the Local Public Sector[J]. Journal of Political Economy, 1982, 90(1), pp. 128-145.
[3] Wilson, J. D. Theories of Tax Competition[J]. National Tax Journal, 1999, 52, pp.269-304.

这可以对本辖区的劳动力和资本的效率产生正效应,辖区政府可以得到更多的税基。因此,公共品投入和税收收入之间的正相关关系被一再强化。假定资本可以在不同辖区间自由流动,则区域政府官员会陷入"支出竞争",反而比资本不能流动时降低了本辖区居民的福利。Fiva and Rattso(2007)[1]利用空间计量经济学方法,经验性地估计了政府之间福利竞争的结果。区域政府之间的福利竞争并不会导致辖区公共品的提供不足,因为区域政府具有的内在冲动和巨大的财政能力使得它们通常会产生过度的公共品支出。

Keen 和 Marchand(1997)[2]考察了区域政府利用基础设施投向来吸引资本流动的情况,认为这将导致生产性基础设施提供的过量和生活性基础设施提供的不足。中国学者张军、高远、傅勇和张弘(2007)[3]研究了中国的基础设施建设问题,发现在控制了经济发展水平、金融深化改革以及其他因素之后,区域政府之间在"招商引资"上的标尺竞争和政府治理的转型是解释中国基础设施投资决定的重要因素,这意味着分权、蒂布特竞争、向发展式政府的转型等对改进政府基础设施的投资激励是至关重要的。

6. 政府间制度竞争理论

(1) 何梦笔的政府竞争理论

与政府税收竞争的新古典分析范式不同,这一理论把政府间的制度竞争作为主要的分析对象,强调制度的动态演化机制。这一政府竞争范式是以德国维藤大学教授何梦笔为代表,在吸收借鉴布雷顿和阿波尔特的政府竞争理论和演化经济学分析方法的基础上建立。制度竞争理论包括纵向和横向竞争两个方向的分析范式,也就是说,任何一个区域政府都与上级政府在资源和控制权的分配上存在互相竞争的关系,同时,这个区域政府又在横向的层面上与同级区域政府展开竞

---

[1] Jon H. Fiva, Jørn Rattsø. Local Choice of Property Taxation: Evidence from Norway[J]. Public Choice, 2007,132,pp.3-4.

[2] Keen,M., Marchand M. Fiscal Competition and the Pattern of Public Spending[M]. Journal of Public Economics,1997.

[3] 张军,高远,傅勇,张弘. 中国为什么拥有了良好的基础设施[J]. 经济研究,2007(3).

争。在分析中国和俄罗斯等大国的经济转轨时,如果不能从国家和区域这两个维度入手的话就很难解释一些重要的现实问题。何梦笔的贡献在于把国家和区域这两个维度引入到对经济转轨的分析之中,从而建立起大国体制转型的分析范式。在这一范式中,纵向政府间竞争主要表现在政治市场上,横向政府间竞争主要表现在要素市场、产品市场和政治市场上以及生产和消费过程中,同时,选民、消费者、投资者、雇员与政府之间也存在互动关系,如图4-9所示。

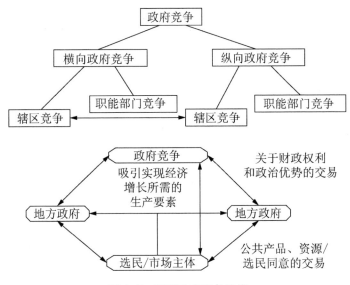

图4-9 区域政府竞争结构

从经济学角度看,政府竞争是一种一般化的交换范式。例如,区域和中央的行为主体为争取民众的赞同和忠诚而互相竞争,竞争的砝码就是他们各自提供的政府服务。这时,政府竞争就与市场竞争通过各辖区对诸如投资、人才等重要生产要素的竞争互相衔接起来,这些要素决定各区域经济增长的最终结果;在中央与区域的行为主体之间还存在对资源分配的竞争,主要表现为在经济增长收益中关于财政收入分配的竞争。

(2)柯武刚和史漫飞的制度竞争理论

柯武刚和史漫飞是从国与国之间以及内部各区域之间两个层次来分析制度

竞争的。①他们探讨了制度竞争过程中政治过程与经济过程的互动关系,尤其强调开放既可以增加制度创新的知识,也可以强化退出机制,因此开放对于制度竞争和制度创新具有重要作用。不仅如此,制度竞争还会经由经济过程对政治过程产生影响。在经济竞争过程中的"退出"会向政治主体传递信号,政治主体可以被看做是"公共企业家"或者"政治企业家",但公共企业家缺少市场中真正企业家的那种灵活应变的能力和经验。而有组织的利益集团和全体选民,因为主体利益的非直接性和信息不对称等原因也不可能真正认识到变革的必要性,所以必须借助于一个有足够规模的集团才能使他们的投票有影响。因此,"退出"机制才能真正实现开放和制度上的创新。

制度竞争可以大大促进区域政府在经济、制度和政治上的创造性。区域政府要规范辖区间政府的竞争必须要遵循一定的原则,其中主要有国内贸易和要素的流动(原产地原则)、职能下属化原则和竞争性联邦制,尤其是自由宪章在制度演化研究中的框架搭建。

(3) 何梦笔等的中国区域政府制度竞争

何梦笔等应用政府间竞争理论分析了中国区域政府竞争与公共产品融资问题。他们认为中国区域政府竞争具有如下的制度与环境特点:一是中国的区域政府没有决定财政制度的立法权限,而且在正式的财政制度之外存在大量非正式的财政关系。二是中国区域政府竞争是在一个单一制的主权国家框架内推行分权的结果。三是人力资本的流动还受到比较明显的限制。四是谋取中央政府提供的优惠政策和特殊待遇成为区域政府竞争的重要内容。五是处于政治经济体制改革进程中的区域政府竞争表现出许多非制度化的过渡性特征。他们着重分析了中国区域政府竞争的积极作用和消极作用,积极的作用主要表现在:区域政府竞争推动了经济体制变革、促进了对外开放、改善了基础设施等;消极的作用则表现为:区域保护主义、重复建设、过度竞争的压力、招商引资等领域的无序、恶性竞争等。最后,他们还提出了规范政府间竞争的对策措施。

---

① 柯武刚,史漫飞著.制度经济学——社会秩序与公共政策[M].北京:商务印书馆,2000.

冯兴元(2001)①对布雷顿、何梦笔等的政府竞争理论进行了系统的综述,并以此为基础建立了中国区域政府间竞争理论的分析框架。他认为中国政府间竞争主要是制度竞争。改革开放以来,中国区域政府间制度竞争主要有两种形式:一个是税收竞争和补贴竞争,另一个是规制竞争。同时由于开放程度、侵权程度、市场化程度、独立财力的大小、区位条件等因素的不同,各地区政府间制度竞争的强度是不一样的。

周业安、冯兴元和赵坚毅(2004)②认为在区域政府竞争中,政府总体上推行六类政策,包括区位政策、核心能力促进政策、传播政策、产品政策、销售配送政策和价格政策。每项政策均配有若干政策工具。周业安(2003)③在区域政府竞争与区域经济增长的关系上进行了较为系统的分析,结果显示进取型、保护型和掠夺型区域政府引领下的区域经济增长情况大不相同。

杨瑞龙(1998)④深入地探讨了中国政府在制度创新中的作用和区域政府在制度创新进入权上的竞争。在放权让利的大背景下,当自上而下的改革面临障碍时,可分享剩余索取权和拥有资源配置权的区域政府在一定阶段扮演了制度创新第一行动集团的角色,对于推进中国市场化改革具有特殊作用,并由此认为一个中央集权型计划经济的国家有可能成功地向市场经济体制渐进过渡,其实现路径是:从改革之初的供给主导型制度创新方式逐步向中间扩散型制度创新方式转变,并随着排他性产权的逐步确立,最终过渡到与市场经济内在要求相一致的需求诱致型制度创新方式,从而完成体制模式的转变。在区域政府对制度创新进入权的竞争上,杨瑞龙和杨其静(2001)⑤认为,主要是由中央政府主导的非平衡改革战略下的潜在制度收益引起的。

---

① 冯兴元. 论辖区政府间的制度竞争[J]. 国家行政学院学报,2001(6).
② 周业安,冯兴元,赵坚毅. 地方政府竞争与市场秩序的重构[J]. 中国社会科学,2004(1).
③ 周业安. 地方政府竞争与经济增长[D]. 中国人民大学学位论文,2003(1).
④ 杨瑞龙. 中国制度变迁方式转换的三阶段论——兼论地方政府的制度创新行为[J]. 经济研究,1998.
⑤ 杨瑞龙,杨其静. 专用性、专有性与企业制度[J]. 经济研究,2001(3).

(4) 张维迎和栗树和的区域竞争理论

张维迎和栗树和(1998)[①]主要是运用三阶段动态博弈模型来分析中国区域竞争与国有企业民营化的关系:放权导致了区域间的竞争,区域间的激烈竞争又促使区域政府对企业进行民营化以增强区域经济竞争力,因此区域政府之间的竞争进一步引发了国有企业民营化。这种逻辑框架可以较好地解释中国在20世纪90年代中后期所出现的区域政府竞争推动的区域国有企业民营化改革浪潮。

(5) 李军鹏的区域竞争理论

李军鹏(2001)[②]认为区域竞争理论在新制度经济学中占有重要地位。区域竞争是两个以上的行政区域政府竞争性地提供公共产品,以便吸引投资与发展本行政区域经济的政府之间的竞争。区域竞争是不同行政区域政府之间的竞争,包括国家与国家之间的竞争,以及一个国家内部区域政府之间的竞争。国家间竞争机制是国与国之间政府治理能力、政府质量之间的竞争,国家间的竞争延伸到一个国家内部,就会引发区域政府竞争。区域竞争是各个行政区域即各国或各区域政府之间在投资环境、法律制度、政府效率等方面的跨区域竞争。区域竞争是产生产权保护机制、有限政府制度和政治企业家创新制度的前提。区域竞争理论是新制度经济学理论的基础,是理解产权、国家和经济绩效三者关系理论的核心。区域竞争包括如下内容:一是投资环境竞争。各区域改善本行政区域内的投资环境,吸引更多的资本、政治企业家和人才到本行政区域投资,政府对投资者提供良好的社会治安环境、便捷的政府服务、完善的基础设施、优惠的投资政策等条件。二是法律制度竞争。各区域政府完善本行政区域内的法律法规,制定保护投资者权益、保护财产权利和公民权利的法律,公正地执行法律,政府行为受到严格的法律约束,市场经济运行免于政府的不正当干预。三是政府效率竞争。各区域政府进行行政改革,使政府成为一个廉价和廉洁的政府,为投资者提供优质的政府服务,严格按行政程序办事,政府工作程序便民、公开、公正,等等。区域竞争机制的

---

① 张维迎,栗树和.地区间竞争与中国国有企业的民营化[J].经济研究,1998(12).
② 李军鹏.论新制度经济学的区域竞争理论[J].中国行政管理,2001(1).

作用表现在：有效解决政府中存在的"委托-代理问题"，防止政府对市场经济的不正当干预和维护市场竞争机制。

7. 波特的钻石模型

美国哈佛大学商学院教授迈克尔·波特主要是从产业这一视角来分析国家的竞争优势，以及政府在促进产业竞争从而增强国家竞争力方面所起的作用。其主要贡献在于系统地提出了论述竞争优势的钻石模型理论，在政府竞争方面着重分析了政府在促进产业竞争优势中的作用和可采用的政策工具。

钻石模型包括四个基本决定因素，即要素条件、需求条件、相关及支持性产业以及企业的战略、结构和竞争，这些因素决定着产业国际竞争优势。在这四个基本决定因素之外还有两个辅助因素——机会和政府。政府作为辅助因素之一，不需要直接参与到竞争中去，而是把主要职责定位于创造和提升生产要素，改善生产率增长的环境。具体包括：掌握熟练技术能力的人力资源，基础科学、经济信息和基础设施等的提升，改善企业投入要素和基础设施的质量和效率，制定规则和政策来促使企业升级和创新等。另外，政府对钻石模型中需求条件的影响也是政府对区域竞争产生作用的另一个重要方面。政府的媒体政策、产业集群和行政区域发展计划都会对产业发展产生巨大的影响效应，很多区域政府通过引进外商、实行汇率和进口管制等政策措施在企业全球化过程中扮演了重要的角色，对企业战略、企业结构和同业竞争产生十分重要的影响。现实中，各国政府都在通过政策手段来增强产业竞争力和国家竞争力。波特的钻石模型对不同区域之间的分析也同样适用。

三、区域政府竞争定位及经济效应分析

（一）区域政府经济竞争的基本性质

区域政府经济竞争不同于企业之间的竞争，具有以下性质：

（1）区域政府经济竞争的政治属性。区域政府的经济竞争，从目的来看是一种经济竞争，但从手段来看却是一种政治竞争，因而这种竞争是通过调整经济体

制和政治体制来适应和推动区域经济发展的竞争,所以区域政府的经济竞争常常脱离不了政治手段的使用,不可避免地受"政治市场"影响。布坎南认为"政治市场"是指公共经济中存在一个复杂的交易市场,有社会制度的供给和需求,并产生相应的交易,市场需求方是选民、纳税人等,供给方则是由政治家、官僚和领袖等组成的政府,供给方和需求方也必须遵循既定的行为准则。政治市场具有参与的社会性、选择的发散性、对象的整体性、决策的集体性和接受的强制性等特点。

(2) 区域政府经济竞争是一个动态过程。区域政府竞争可以优化劳动力、资本、土地、技术、管理等要素配置,提高要素配置质量,激发区域创新活力,释放新需求,创造新供给,推动新产业、新业态、新技术、新机制的蓬勃发展,同时实现发展动力转换。区域政府竞争的这一系列强势作为表现出极高的动态性,政府竞争从来就不是静止的。

在竞争过程中,总会有少数区域政府竞争者能够率先通过实施行政组织创新、行政技术创新和行政制度创新等活动,从而提供更优的公共产品和服务,使辖区经济发展获得"超额利益"。这种创新会引发其他竞争者的学习和效仿,使各种创新得到扩散,然后,在竞争机制的作用下,基于对新的"超额利益"的追求,新一轮的创新又会展开,接着又是对创新的学习、模仿和扩散过程。所以,区域政府的竞争就如此循环往复,始终表现为一个动态过程。

(3) 区域政府经济竞争具有辖区特征。区域政府经济竞争虽然在不同的区域之间展开,但区域政府的政策只能直接作用于本区域。但区域之间的竞争却要求各区域之间的生产要素是可流动的,这样区域政府才能通过彼此之间的竞争来改变各自区域的资源配置情况和最终的产出效率。因此,区域经济竞争的展开首先是作用于本辖区,然后通过竞争中产生的超额利益引发资源流动,实现区域经济的竞争发展。

(4) 区域政府经济竞争具有"双刃"意义。区域政府经济竞争在经济发展中的确有很多的积极作用,事实也证明发展中国家的区域政府确实在推动经济增长中发挥主导作用;但是,区域政府激烈的竞争也会形成区域保护主义、割裂市场等负面效应。

(二) 区域政府经济竞争的实现形式

1. 区域公共产品的要素性特征

由于市场经济并不完美,需要政府提供公共产品来直接或间接地弥补市场的失灵,所以,政府提供的公共产品可以被视为经济发展的必然要素之一。例如,区域公共产品中的制度,是被制度经济学反复证明的经济发展的重要因素之一;区域基础设施作为一种区域政府提供的主要公共产品,是区域经济发展的重要基础条件之一;教育、科研、技术开发等既是区域公共产品的重要内容,也是保持和提升区域经济竞争力的重要资源和发展基础。因此,区域公共产品是综合性的区域经济发展的要素。

2. 区域公共产品具有非流动性要素

区域政府提供的公共产品主要包括辖区基础设施和各项制度,属于辖区内的非流动性要素(如基础设施、政策制度流动性要素),也是政府提供主要公共服务的依托。区域政府服务的竞争驱动各区域之间重要的流动性要素(如投资、人才等)的配置。区域政府的非流动性要素和流动性要素的有效配置决定了各区域经济增长的最终结果。

(1) 关于辖区基础设施。一般认为包括四个部分:一是区域公共交通系统,主要有铁路、公路、水路、管道运输、航空和城市交通等;二是区域公用事业系统,主要有能源、供排水、燃气管道、邮政电信和环境保护设施等;三是区域公共工程,主要有防洪工程、灌溉工程、防护林工程等;四是区域社会服务系统,主要有文化教育、医疗卫生、保健、科学研究等。辖区基础设施是区域政府提供实体性的公共产品。

(2) 关于辖区自然资源。它是经济发展中的非流动性要素,区域政府在推进经济社会发展中,总是通过相关的制度来不断规范和调整人们开发和利用自然资源的行为,这些制度可以是指令性的,也可以是禁令性的,因此,区域政府对辖区的自然资源存在着经济计划和经济秩序的交互规制。

(3) 关于区域政府制度。它包括经济、政治和文化等各项制度,是区域政府对辖区进行管理的各种规范和计划,根据这些制度,人们形成的相关活动,影响区域发展。制度作为经济发展的重要因素是毋庸置疑的,也是区域政府提供公共产品的重要组成部分。除了政府制定的正规制度外,辖区的人文环境,也是经济发展中的非流动性要素。在考虑经济发展问题时,非正规的文化习俗、传统行为准则等制约着正规制度的作用效果,因而人们有时又把它称为"潜规则",是制度经济学研究的"制度"的不可缺少的一部分。区域政府可以利用相关的制度来引导和营造辖区内的人文环境。因此,区域政府提供的公共产品与辖区的基础设施、自然资源、社会制度和人文环境等非流动性要素具有一致性。区域政府可以利用辖区的非流动性要素来吸引可流动性要素的流入,从而推动辖区经济的发展。

3. 区域政府通过辖区非流动性要素实现竞争

区域政府通过提供更好的公共产品来参与竞争,实施竞争的路径是行使区域政府的各项职能,而具体形式是提供各种更优的非流动性要素。所以,区域政府经济竞争的实现形式主要有三个方面:提供更优的基础设施;制定和实施更优的区域政策、制度;引导和造就更优的人文环境。

区域政府通过提供辖区内各种非流动性要素使其他区域各种流动性要素流入本区域,使可流动性要素和非流动性要素得以更好地结合,最终推动区域经济的发展,实现竞争的目的。

(三)区域政府竞争的经济效应

1. 区域政府竞争与经济增长

(1)区域政府投资竞争与经济增长

按照新制度经济学理论,在经济转型期,对经济增长最重要的影响因素应是经济体制的变革,通过制度革新提高对现有经济资源的配置效率。区域政府竞争有利于地区经济转型和经济效率的提高。

① 区域政府投资竞争有利于严格区域政府预算管理,提高政府资金投资效率

公共物品和服务的供给与保障是区域政府的基本职责。区域政府在提供公共物品和服务时,有没有严格的成本预算约束意识是其公共服务效率高低与否的

主要原因。在没有市场力量的约束下,区域政府提供公共服务没有或者缺少效率意识,甚至因为区域政府、区域政府官员"经济人"的内在原因会倾向于扩大区域公共物品和服务的预算成本,以便为自己留下更多的资源。这里的根本原因在于公共物品和服务是由政府垄断经营,独家提供。政府垄断公共物品和提供服务时,缺乏改革制度与降低公共服务成本的客观激励,没有公共服务效率降低的愿望。在市场经济条件下,区域政府的任何财政支出都要受到区域政府本身财政预算的严格限制。

区域政府在有限的财政能力约束下,首先考虑的是区域政府财政收入的提高,这样就预先形成区域政府提供公共服务时的效率意识。其次,在履行公共服务职能时,区域政府更加注重公共服务质量,这是区域政府提供公共服务效率提高的一种表现。因为公共服务质量的好坏影响着区域政府公共服务成本的支出。高质量的公共服务能够节约、避免区域政府重复建设或提供的财政支出,低质量的公共服务无疑会加大区域政府再次提供公共服务的机会和成本。最后,财政分权条件下区域政府竞争的公共服务的供给成本最终要由辖区内的民众承担,公共服务的消费要由辖区内的民众消费,过高的公共服务成本和粗糙、低劣的公共服务质量必然引起民众的不满并采取行动,选择其他区域。这样,区域政府竞争促使区域政府尊重社会民众意愿,提高公共服务质量和效率,强化公共服务效率观念,节约预算成本,改善投资环境,推进区域开发和开放等,从而推动区域经济健康发展。

② 区域政府基础设施和研发投资竞争有利于创造良好经济环境,促进经济绩效提高

企业在产业布局时需要权衡对企业的未来发展会产生重要影响的区位、制度、人文等方面的综合因素,这会激励区域政府创造良好的经济环境。良好的基础设施、开放的制度发展环境,能够有效地促进区域政府辖区的人文环境,促进劳动力等资源要素的流动,有利于区域经济建设吸引到高级人才。同样,这些区域经济发展方面的优势,有利于企业减少交通运输等方面的生产成本、扩大盈利空间,提高对未来财产权利发展的良好预期,这在很大程度上有效地激发了企业从

事经济活动的积极性。企业经济的良好发展会促进区域经济快速发展、提高区域政府经济绩效、确立和提升区域经济在竞争中的优势地位。随着交通与通信技术的飞速发展,区域政府在竞争过程中为了招商引资、争夺更大的产品市场与资源配额来促进区域经济发展和经济绩效的提高,区域政府会不断地努力改进基础设施,设计良好的制度,加大区域治理力度,提高公共物品的供给数量和服务质量水平,创造良好的区域经济发展环境。

③ 区域政府投资竞争可以优化区域间资源配置,加强区域竞争力

在民主制国家里,区域公共产品的政治市场与经济市场非常相似,所以西方学者把区域公共产品视为放大了的俱乐部产品。由于有很多区域政府,且每个区域政府提供不同的公共产品,选民可以在不同区域选择自己喜爱的公共产品,类似产品市场的消费偏好行为。区域政府的投资必须符合选民需要。区域政府投资竞争具体表现在以下五个方面:促进可流动性要素在不同辖区得到更加合理有效的配置;促使辖区产业集聚和形成规模效应;推进辖区产业结构的不断调整;推动不同辖区的合作和协调;增强辖区经济的综合竞争力。

(2) 区域政府税收竞争与经济增长

① 区域政府税收竞争促成税收优惠,提高企业市场竞争力

区域政府间的税收优惠竞争在客观上加快了资源在地区间的横向流动,有利于提高总体投资环境和行政服务效率。就中国区域发展而言,向东部倾斜的税收优惠政策在客观上造成了东西部地区资源与人才之争。经济体制及市场化程度高的优势使东部地区迅速聚集了大量的高技术人才、宝贵的资金以及外资和大量投资项目,经济得到了快速发展。反之,东部的发展又为推动对外开放和扩大投资发挥了重要的示范效应、开放效应与带动效应,提升了技术水平,促进了整体经济的快速增长。而且,各区域政府间的税收优惠竞争可以在一定程度上减轻企业与个人的税费负担,降低企业经营成本,提高企业的市场竞争力。

② 区域政府税收竞争有利于维护产权,约束政府行为

新制度经济学理论认为,制度安排的主要作用是减少交易的复杂性和不确定性,降低交易成本,提高资源的配置效率。在降低交易费用的各种制度中,最有效

的是产权制度,区域间的竞争压力是实行有效产权制度安排的重要原因。蒂布特认为,在区域政府对居民展开竞争时,只要居民拥有从对政府税收政策不满意的地区迁出的权利,就能够形成"用脚投票"约束机制,使区域政府行为不至于过度侵犯辖区居民和企业的利益。Brennan 和 Buchanan(1980)[①]甚至认为,区域政府之间的竞争使得各种要素能够自由跨地区流动,对区域政府财政收入产生极大的压力,这一压力约束了区域政府行为,甚至能够代替对区域政治家权力的宪法约束。

区域政府为了在竞争中处于有利地位,会倾向于通过优惠的税收制度来保护本辖区的要素资源,并大量吸引辖区外的要素资源,于是资源便逐渐流向和集中到那些能够提供优惠税率、提供优质服务、建立有效产权保护制度、建立严格约束政府权力制度的行政区域。这种区域政府竞争行为最终的结果必然是资源配置效率的提高。

(3) 区域政府出口竞争与经济增长

这里的区域主要是指国家层面。国与国之间的出口竞争就政府职能而言实际就是各区域政府的利率调控和汇率管制能力,换句话说,就是政府对资本市场的调控和运作能力的竞争。

① 区域利率竞争与经济增长

利率作为中央银行的价格工具之一,主要是通过影响资产的价格变化,而改变市场微观主体的经济成本和预期收入变化,从而使得微观主体通过价格工具的信号来调整自己的经济行为。

利率市场化能够提高金融体系的配置效率、促进经济增长,在理论及实践上已达成共识。古普塔等经济学家针对 1974 年以来施行利率市场化国家的实际利率对经济增长的影响、实际利率对储蓄的影响、通货膨胀对经济增长的影响、利率市场化对金融中介效率的影响等方面进行了实证检验。结果显示,从整体上看,

---

① Brennman, G., Buchanan, J.M. The Power to Tax: Analytical Foundations of a Fiscal Constitution[M]. Cambridge University Press,1980.

利率市场化有助于经济增长,所表现出来的推动作用是其他宏观政策无法替代的。王国松(2001)[①]通过对中国经济增长率关于一年期的名义存款利率和实际存款利率为自变量的回归检验也证明实际存款利率与经济增长正相关,而名义存款利率则表现出不显著的负相关。

一般认为,利率市场化通过三种途径拉动经济增长:一是通过增加资源的流动性,提升私人储蓄率,降低金融投资的交易成本,使更高比例的储蓄转化为投资;二是通过增加金融市场的竞争性,提升资本的边际生产率,提高整体资源配置的效率,并最终提高生产效率;三是通过降低投资者获取有关经营者信息的成本,加强对经营者的监督和改善公司治理,从而促使经营者改善公司治理和调整企业战略。也就是说,利率市场化的最终目的就是要释放利率的价格工具作用,调节微观主体的经济行为,使资本得到更加合理的分配,从而使得经济资源得到优化,最终影响宏观各经济变量。

从中央银行的角度出发,利率市场化的绩效主要体现在增强该区域货币当局的货币政策有效性,货币当局在货币传导机制上通过调整基准利率间接影响贷款利率,进而影响微观经济的信贷需求,从而带动货币供应量的变化。而且,利率市场化后,商业银行的金融资产定价权加大,面临的敞口风险也随之上升,市场同业竞争更加激烈,只有通过持续开发金融创新工具,商业银行才能规避风险并获得稳定收益。所以,利率市场化可以推动商业银行不断进行金融创新。

但是,利率市场化对经济增长的作用具有一定的约束条件。在利率市场化的早期,主要取决于利率市场化后总体经济中的利率水平能否达到均衡利率水平和实际利率对经济增长的贡献率。随着利率市场化的不断发展,利率市场化必须能够完善金融对经济增长推动的传导机制,经济增长才能持续。这也是使利率市场化促进经济增长效应得以发挥必须要解决的问题。

② 区域汇率竞争与经济增长

汇率对经济增长的影响途径主要包括两个方面,即贸易机制和投资机制。贸

[①] 王国松.中国的利率管制与利率市场化[J].经济研究,2001(6).

易机制主要是指商品和服务的进出口贸易;投资机制主要作用于金融领域,国际性投资者利用其手中的游资在世界各地进行转换和投资,将区域内外的资本市场紧密地联系起来,同时也对各区域的经济增长和社会发展产生不同的影响。

在开放的经济环境下,汇率作为调节贸易走向的重要的经济杠杆之一对一个国家的对外贸易收支会产生重大影响。中国自1994年确立了建立社会主义市场经济体制的目标,在金融、财税、外贸等领域都出台了重要措施,实现了人民币官方汇率与外汇调剂价格的正式并轨。当年人民币汇率中间价便由上一年的1美元兑5.76元人民币贬值到1美元兑8.62元人民币,贬值幅度高达49.7%。人民币汇率贬值效应发挥作用,贸易收支发生重大改变,直接由1992年的贸易逆差122亿美元转变为1994年的贸易顺差53亿美元,1995年实现贸易顺差166.9亿美元。自2005年人民币汇率形成机制改革以来,人民币汇率一直稳中有升,对进出口贸易都产生了不同的影响。一方面,人民币的升值降低了进口成本,抑制了国内的通货膨胀、加大了对外投资等;另一方面,服装、机械等行业的进口成本也被提升,行业压力加大。

同样,汇率的变动对出口竞争力的影响也较为显著,随着人民币汇率的提升,中国出口产业面临较大的挑战,具体表现为:首先,汇率变动促进产业转型升级。中国出口产品多为竞争优势不强的低端制造业产品,在国际市场上也主要通过价格手段进行竞争,人民币的升值使这些产业的出口价格竞争力受大极大打压,促进国内产业结构的调整和产业的转型升级。其次,汇率变动可以有效保护区域内的不可再生资源。人民币升值会使多数原料类产品的出口增长放缓。例如黑色金属、纸、木材等,出口价格竞争力弱,依赖汇率,所以人民币升值将会抑制该类产品的出口。

巴拉萨-萨缪尔森效应对某一区域的经济增长引发的汇率变动也进行了论证。该效应认为,一个区域内的所有部门可分为可贸易部门和不可贸易部门两个部门,可贸易部门的典型代表为工业,不可贸易部门的典型代表为建筑业、服务业等。在一个经济快速增长的国家里,可贸易部门相对于不可贸易部门拥有相对较高的生产率,从而引起可贸易部门实际工资的上涨。根据购买力平价原理,劳动力在两部门之间自由流动,引起不可贸易部门实际工资的上涨,在无法大幅提升不可贸易部门生产率的情况下提高了其生产成本,于是不可贸易部门商品的相对价格也提高了。所以两部门之间的相对变动可以视为产业结构发生了变动,经济快速增长导致了产业结构的变动,最终引起该区域汇率的长期升值趋势。所以,经济增长必然带来汇率的提升。

(4) 实现区域政府竞争促进地区经济增长的必要条件

无论理论分析还是区域实践,都说明区域政府竞争既可能带来区域经济发展的高速发展,成为推动地区经济增长的有利因素;也可能因制度设计、监管不足等原因,使得这种竞争机制成为经济长远健康发展的破坏因素。在总结文献和中国实践的基础上,可以发现区域政府的竞争机制促进地区经济增长的必要条件主要有以下三个方面:

① 辖区内经济要素能够行使退出权,在不同区域内自由流动

根据蒂布特(1956)[1]的观点,居民跨地区的自由流动,能够对区域政府行为形成很强的约束。相反,当居民对区域政府提供的公共服务和开出的税负清单不满意,却无法行使退出权时,区域政府在竞争压力下,为了获得最大的财政收入,则可能对当地居民实施掠夺型的汲取。在这种情况下,即使区域政府为了保持收入的可持续性,有意识地约束自身的攫取行为,也不能保证这种约束行为是有效的和可持续的。如果处于专制主义下,则居民的可支配收入始终处于政府的监控之下,政府虽可暂时推行"与民休息"的"仁政",但退出自由的缺失,使得实施"仁政"的承诺缺乏保证机制。在平均税率不变的前提下,人口和资本的流入和流出,意味着区域政府征税税基的增加或减少,直接引起区域政府财政收入的增加或减少。因此,在区域政府竞争背景下,各个区域政府对收入权力最大化的追求不再是无条件的,区域政府实现自身利益最大化的目标必须与公众福利和资本收益最大化的目标相容。区域政府在进行经济决策时,不但要考虑辖区内公众和企业的

---

[1] Tiebout, C. A Pure Theory of Local Expenditures[J]. Journal of Political Economy, 1956.

利益,还要考虑那些可能流入的个人和企业对其经济行为所作出的反应(许秀江, 2003)①。

② 区域政府预算硬化,区域政府收入对地区经济的依存度高

Wingast(1994)②认为,维护市场的联邦主义需要满足的条件之一是区域政府缺乏创造货币或者取得无限信用的能力(即区域政府必须面对硬的财政预算约束)。通常情况下,区域政府可支配资金来源主要是财政收入和一些国有企业的资本收入,而当区域政府与当地的金融体系之间存在千丝万缕的关系时,区域政府可以通过行使行政权力从金融系统中获取大量的资金支持,从而软化区域政府的预算约束。

③ 区域政府拥有发展本地区经济的自主权

财政分权本身的含义是指中央授予不同层级区域政府拥有控制本级财政收支的权力,但如果区域层面不掌握经济管制权、审批权、投资决策权等相关权力,区域政府的经济权力就会受到束缚。虽然限制区域政府的经济权力可以在一定程度上束缚区域政府的"掠夺之手",但也会使区域政府无法对地区经济发挥"援助之手"的作用,从而损害和打击区域政府促进地区经济发展的能力和积极性。同时,作为具有独立经济利益的区域政府,只有掌握一定的资源配置权利,才能谈得上参与地区之间的互动式竞争。在中国的改革开放之初,中央政府向东部沿海地区实施政策倾斜,东部地区陆续建起了大量的经济开发区,这些地区除了享有大量的政策优惠外,还享有其他地区所没有的发展地区经济的自主权。因此,区域竞争机制在经济开发区之间显示出更加显著的效应,促进了这些地区实施税收竞争、公共支出竞争和制度创新,这些做法随着改革开放的深入逐渐被其他地区所效仿。可以说,对本地区经济发展具有一定的独立自主权,是在竞争机制下区域政府发挥促进经济发展作用的基本条件。

---

① 许秀江. 地方政府的经济行为分析[J]. 北京电子科技学院学报,2003(2).
② Wingast, B. Beyond Decentralization: Market-Preserving Federalism with Chinese Characteristics[D]. Working Paper, Stanford University, Department Economics. 1994.

2. 区域政府竞争与区域创新

区域政府是构建区域创新体系的主体,任何创新都不是绝对孤立的,技术创新可以推动组织和制度创新,组织和制度创新又是技术创新实现的保障。一项技术创新若要在经济中实现效用最大化,不仅需要有知识产权等立法的保护,也需要资本的投入,更需要人才等软环境的配套。技术创新活动是一根完整的链条,这一"创新链"具体包括:孵化器、公共研发平台、风险投资、围绕创新形成的产业链、产权交易、市场中介、法律服务、物流平台等。完整的创新生态应该包括:创新政策、创新链、创新人才、创新文化。以高科技产业为例,世界上发达国家都是通过立法、投资、税收、人才教育等建立完善的创新体系,从而保障高科技产业的快速发展。

(1) 西方政府推动创新的主要手段

① 立法

为推动技术创新和高科技产业的发展,往往需要国家通过法律来进行保护。例如,美国为了保护其技术垄断及市场垄断地位,先后制定了《技术转移法》《专利法》《计算机软件法》《商标法》等一系列法律;为了发展中小型科技企业,制定了《机会均等法》《中小企业技术创新法》等;为了推动技术合作和产学研合作,制定了《国家研究合作法》《产学研法》等。又如,日本为了推动高科技的发展,制定了《科学技术基本法》;为了推动产学研合作,制定了《产业教育振兴法》《关于促进产学研及对国外研究交流有关制度运用的基本方针》等。再如,以色列政府为推动企业对高科技产业进行投资,制定了《投资鼓励法》《工业 R&D 鼓励法》等。

② 投资与融资

为了加大高科技产业和技术创新的投入力度,西方发达国家一般采取多渠道筹集资金的办法。一是政府直接拨款。1994 年美国克林顿政府发表声明,决定将民用科研总预算提高至其国内生产总值的 3%,1996 年科技投入总额达到 1 843 亿美元;1996 年日本科研经费总数为 13.66 万亿日元,占其国内生产总值的 2.96%;德国对企业的资助政策始终向高科技企业倾斜,1998 年对中小型高科技企业的 R&D 资助为 6 亿马克,约占其对全部企业 R&D 投资的 1/3。二是鼓励民间企业增加 R&D 投入。三是通过建立风险投资机制,吸引资金投入高科技产业。西方各国鼓励风险资本参与高科技企业运作。1996 年美国 40% 以上的风险资本投向了高科技产业,1997 年这一比例上升到了 62%;以色列约有 1/6 的高科技公司是依靠风险投资发展起来的,而这些公司的快速发展又带动了整个高科技产业的发展。

③ 税收

在市场经济体制下,西方各国运用税收杠杆推动高科技产业发展是较为成功的。它们的共同特点是鼓励 R&D 投资,提高企业的创新能力,扶持中小型高科技企业"二次创业"。在英国,税收贴补是政府支持高科技产业发展的重要手段。即英国企业用于研发的支出可作为税收贴补,从当年税前毛利中 100% 地扣除。高科技产业与夕阳产业的本质区别就在于研发投入上,因此,这一优惠政策的效果十分明显。日本政府从 1967 年以来制定了一系列促进高科技产业发展的税收政策。为了鼓励企业对高科技产业研发的投资,日本政府制定了"增加试验费税收扣除制度",对超过以往最高试验研究费的增加部分给予税收上的优惠。以色列政府在吸引资金促进高科技产业发展方面十分开明,于 1994 年制定了"提前确定税率"办法,即资金投入高科技产业前,可与政府税收部门就投资项目产生效益后的纳税率进行协商。为吸引国外养老基金到以色列投资高科技产业,以色列政府对国外养老基金投资予以免税。

④ 规划、计划引导

美国在实施创新战略中,采取了"三重螺旋式"的运行模式,加强学术界—产业界—政府间的相互协作,促进整体协同进步。美国科学基金会于 1971 年开始,陆续制订了"大学与企业合作研究计划""工程研究中心计划""小企业等价研究计划""大学与企业在材料研究方面的合作计划""企业与大学在生物技术和高级计算机研究方面的合作计划"等七个产学研合作计划。通过这些计划的实施把基础研究和应用研究与国家工业未来的发展紧密联系起来,使得产学研合作的领域更宽、范围更广、模式更多。日本政府同时加强基础科研和应用研究,从 1993 年开始把"大型工业技术研究开发计划"和"下一代产业基础技术研究开发计划"合并为"产业科学技术研究开发计划",引导企业在注重当前应用研究的同时,加大基础研究,进行技术储备。

⑤ 对政治企业家的培养和保护

政府的主要职责应该是通过科技创新政策来构建一个完整的创新生态,通过这个完整的创新生态,最大限度地集聚优质研发资源,形成持续创新的能力和成果。在区域政府创新生态的链条中,能够起到"超前引领"作用的政治企业家才是企业创新的关键,因此,区域政府必须保护和扩大政治企业家队伍和政治企业家精神。在熊彼特看来,创新活动之所以发生,是因为政治企业家的创新精神。从区域政府"准企业"角色的观点出发,区域政府应当具备政治企业家的精神,这种精神包括具有对胜利的热情、创造的喜悦,以及坚强的意志。这种精神是成就优秀政治企业家的动力源泉,也是实现经济发展中创造性突破的智力基础。政治企业家已经成为区域经济发展中最稀缺的资源,是社会的宝贵财富,它的多少是衡量一个国家、一个区域经济发展程度的重要指标。中国目前的区域政府管理机制在培养政治企业家方面还存在体制上、氛围上、政策上的欠缺,需要对勇于担当,具有"超前引领"的胆识和才能的政治企业家进行较大的激励。

(2) 区域创新的主导力量是区域政府"超前引领"机制,区域政府竞争是实现"超前引领"的重要原动力

① 先发优势的竞争

由于制度变革存在路径依赖、连锁效应和时滞,地区之间的制度差异长期存在,率先进行创新就可获得先发优势。

根据新制度经济学原理,在边际报酬递增的假设下,经济系统中能够产生一种局部正反馈和自我强化机制,这种自我强化机制会导致一种"锁定"(lock-in)效应,即一旦偶然性因素使某一方面被系统采纳,收益递增机制便会阻止它受到外部因素的干扰或被其他方案替代,且小的事件和偶然情形的结果可能使解决方案一旦形成优势,它们就会导致一个特定的路径。任何地区的制度结构的创新都受"路径依赖"的影响,最终形成一个长期的、较为稳定的制度结构。如果没有其他力量的作用,受制度本身"路径依赖"的影响,不同地区的制度结构差异将长期

存在。

"连锁效应"应用到制度创新过程中,意味着一个国家或地区的制度结构由许多正式和非正式制度安排构成,制度结构中各个制度安排都是相互关联的。任何一项制度安排的运行效率都必定内在地与其所在的制度结构中其他制度安排的效率紧密相连。一旦一个地区在初始阶段形成某种制度结构,则其中一项制度发生创新都可能会创造出制度结构中其他制度发生创新的可能和空间,但这并不必然地导致这些制度就一定会发生创新。如果没有外力的推动,大规模的制度创新几乎不可能发生,而如果没有其他制度同时进行配合性的创新,这项制度创新的难度将很大,以至于会出现难以推进和中途"夭折"的现象。制度的"连锁效应",增加了制度创新的成本。

从认知制度非均衡、发现潜在利润的存在到实际发生制度创新之间存在一个较长的时期和过程,这就是制度创新过程中的时滞现象。正因为制度创新时滞的存在,决定了一个国家或地区的制度创新只可能缓慢进行。

由于地区之间制度结构存在长期差异性,使得区域政府通过制度创新能够在一定时期内获得制度的垄断利润,因此,区域政府具有强烈的开展制度创新的动力。

② 区域政府和企业利益目标的创新促动

区域政府和企业的利益目标均促使其主动进行创新。一方面,区域政府有其自身的利益目标和偏好,即希望可支配的财政收入最大化,以提供更多的区域公共产品。它既希望得到区域选民的拥护,又希望博得中央政府的赞赏。区域政府深知,区域财政的增加取决于两个方面:本地经济的发展和区域与中央分享财政收入的比例。税制改革以后,由于划分了区域与中央的职能和征税范围,区域政府的财政收入就更为密切地与本地经济的发展联系在一起了。因此,区域政府非常关心本地经济的发展,设法保护地区内的制度创新行动,当微观主体向它提出制度创新要求,而且有利于区域财政的增长时,它就会积极主动地协调配合,并以"第一行动集团"的角色同中央政府讨价还价,突破制度创新的进入壁垒。也就是说,随着行为模式的变化,区域政府具有追求本地经济快速增长以及响应获利机会进行制度创新的动机。由于区域政府作为一级行政代理人,可以利用政治力量主动地追逐本地经济利益最大化，从而相对于微观主体有更强的组织集体行动和制度创新的能力。

另一方面，具有利益最大化目标的微观主体深深知道，技术创新，包括生产技术、管理技术等是提高效率、增加利益的一种重要方式，然而他们也更懂得在体制转换时期，制度创新对提高利润更重要。中国的国有企业采取技术创新的行动较少，采取制度创新的行动较多，就是认识到了后者对它的生存和发展的重要性。比较技术创新与制度创新，企业认为，对创新技术的主动权虽然较大，但要取得成功的风险很大，如市场难以预测、项目不易选择等。而制度创新则不同，尽管突破政府设置的制度创新进入壁垒也需要花费一定的成本，但风险较小。尤其是当它认识到区域政府有能力同中央政府讨价还价，希望通过创新制度发展区域经济时，企业就会要求区域政府对它的制度创新给予支持。虽然两者的利益目标不完全相同，企业为的是利润最大化，区域政府为的是财政收入最大化，但在制度创新这个问题上它们的目标却是一致的。这种合作博弈的实质就是企业在区域政府的帮助下，通过突破进入壁垒获得潜在制度收益，进而区域政府也分享这一收益。

各级区域政府希望通过制度创新，形成长期的制度优势，在区域政府竞争中获取垄断性的利润。在这一过程中，区域政府职能发挥的好坏，决定了区域经济发展的好坏。从实际情况来看，从中央政府到各级区域政府，从沿海到内地，区域政府职能的发挥和区域经济的发展是不平衡的。在此期间，那些有远见、有魄力、有才识和超前思维的政府官员放宽视野，大胆突破旧体制的束缚并在制度创新方面不断取得进展，推动和引领了地区经济的发展。在中国改革开放的前沿地带，区域政府职能转变得更快。这些区域政府从市场经济的内在要求出发，超前性地实践和探索市场经济发展中政府的作用，先走一步，赢得改革的时间差，抓住了发展的主动权，其所在区域的社会经济也就走在了前列，广东的率先发展就是这方面的典型。相反，在一些思想不够解放、对市场经济理解较差的区域，区域政府职能转变就显得步履蹒跚，影响了区域经济的发展。回顾中国三十多年的改革历程，一个地区改革进程很大程度上取决于这个地区政府官员改革的魄力和超前的思维。

③ 区域政府在制度创新上具有明显的优势

区域政府作为国家政府机构的重要组成部分,同样具有推动制度创新的主体功能和作用,尤其是区域政府作为区域基层一级行政单元,具有推动本地经济社会发展、追求自身利益最大化的动机和权力。相对于微观主体而言,区域政府具有更强的组织集体行动和制度创新的能力。区域政府具有在制度创新方面的优势:一是区域政府更能了解制度创新的需求和预期收益;二是区域政府是诱致性制度创新与中央强制性制度创新相互转化的中介;三是区域政府的制度创新具有试验性、局部性和示范性,因而由区域政府推进的制度创新具有成本小、风险小、阻力小的优点。

在中央政府与区域政府的博弈中,中央政府处于委托人的地位,区域政府则处于代理人的地位,相对拥有信息优势。区域政府之所以拥有信息优势,是因为:首先,区域政府更接近信息源,而且中央政府所需的信息往往就是区域政府自身的行为信息;其次,区域政府部门对其经营的业务有着自然的垄断性,并且可以利用本身所处的垄断地位封锁一部分公共物品及服务所涉及的有关资源和成本的信息;最后,中央政府虽然有一些部门(比如统计、审计、财政、新闻媒体等)从事信息的搜集、加工和整理工作,但是,这些部门所需的信息很大部分是由区域政府或者其所管辖的单位提供的,区域政府能够左右其所提供信息的多寡及真实程度。

区域政府直接接触当地的个人和团体,能够及时了解来自个人和团体自发产生的创新意图及其新制度的预期收益,使新的制度安排在没有获得全面的合法性之前,具有局部范围内的合法性,保护了创新。

区域政府作为中央政府与区域个人及其团体之间的联系中介,也是诱致性制度创新与来自中央政府的强制性制度创新之间转化的桥梁。中国土地承包制度的创新就是明显的一例。家庭联产承包责任制是中国农村土地制度的一次历史性的重大变革。初期的家庭联产承包责任制是农民自发产生的、不规范的诱致性制度创新,后来在实践过程中,由于区域政府的作用,才逐步规范起来。

区域政府推动的制度创新往往带有试验性,因而具有收益大、风险小的优点。

"在一个社会有效的制度安排在另一个社会未必有效",同样的道理,在一个地区有效的制度安排在另一个地区也未必有效。这种情况在中国特别突出。对于地区之间差别如此大的国家来说,如果一开始就由中央政府来进行新的制度安排,不仅推行的难度大、效果差,而且风险非常大。制度变更的成本之一是对新政策将产生什么产品的不确定性。就此而言,任何制度创新都是要冒风险的。降低风险的最好方法,就是先在局部范围内进行试验。中国的改革开放之所以能够取得收益大于成本的效果,避免或减少了风险,重要原因之一,就是许多新的制度安排,先是由区域政府提出并进行试验,当实践证明新制度安排的收益大于旧制度安排,并具有可行性和普遍性后,中央政府才借助强制性权力使其获得法律地位,以法律的形式来推动新制度安排。

从中国的改革开放发展实践来看,这个"由点及面、逐步推进,以区域政府创新带动中国创新"的制度创新思路是非常值得借鉴的。当然,不可回避的是,由于区域政府自身具有相对独立的经济利益,因而在信息不对称的情况下,区域政府在与中央政府的利益博弈中就会产生逆向选择问题和道德风险问题。同时,区域政府的逆向选择和道德风险还会导致改革过程中既得利益集团的形成。

在中国,市场经济的竞争主体中,除了企业之外,还有区域政府。中国的发展,不仅仅是企业与企业之间的竞争,还有区域政府与区域政府之间的竞争。这两个层次的竞争,是中国实现经济持续快速发展的"双动力"。虽然区域政府的竞争会推动创新,实现对经济的"超前引领",但是由于政府和官员个人的自利性,以及政府能力(知识、制度)的限制,政府在经济发展中的作用大不相同,有的成为发展型政府促进经济发展,有的成为掠夺型政府阻碍经济发展。

④ 区域政府竞争成为制度创新的推动力

区域政府经济竞争是一个创新的动态过程,而区域公共产品的核心就是制度的选择和执行,因此,区域政府经济竞争必然导致制度的创新。率先实行制度创新的区域政府就会使辖区获得"超额利益",即使是模仿其他区域政府的制度创新,也会使辖区获得社会的"平均利益"。

既然区域政府推动制度创新能够有可能获得新的制度优势,在竞争过程中获得较好的"利润",那么区域政府就应积极支持制度创新,因此,似乎不应存在制度创新动力的问题。但实际上,区域政府在"看到制度创新的利润"和"愿意强力推动制度创新"之间还存在着一个必须跨越的"鸿沟"。区域政府如果将制度创新的意愿付诸实施,应形成强有力的内在激励使其有动力追求制度创新形成的垄断利润。

North(1997)[①]认为,"获利能力无法在现存的安排结构内实现,才导致了一种新的制度安排的形成"。制度创新的目的是为了获得在旧的制度结构中无法获得的创新利润。依据新制度经济学的理论,如果预期的收益超过了预期的成本,那么一项制度安排就会被创新。据此,制度创新的一般性动因便在于制度创新可能获取的潜在利润大于为获取这种利润而支付的成本。那么,这部分利润是归于区域政府还是广大公众,抑或是两者兼顾呢?对于这一问题的认识实际上是判断区域政府能否积极推动地区制度创新的关键之处。

按照推动制度创新的力量和方式可以将制度创新分为两种类型,一种是自下而上的由公众自发形成的诱致性制度创新,另一种是自上而下的由政府推动的强制性制度创新。对于前一种制度创新方式,发生在制度非均衡状态下,一群人或者一个团体感知到制度非均衡的状态,并且预期到制度创新的潜在利润大于潜在成本,那么,这群人就会通过说服和谈判的方式,以自发的形式形成一种新的制度体系,并且在这一新的制度体系中获取超额利润。由于制度创新不能获得专利制度的保护,这一新的制度体系的利润很快被其他人感知,其他人可以模仿这种创新的制度,并以更加低廉的制度设计成本获得制度创新的利润。也就是说,诱致性制度创新主要是由一群人创新,然后通过其他人模仿的方式自发地扩散,进而在一个地区或国家形成新的制度体系。对于诱致性制度创新来说,一个不可回避的问题是,制度的模仿成本是如此低廉,开展制度创新的人群很难长期获得制度

---

① North, D. C. The Contribution of the New Institutional Economics to an Understanding of the Transition Problem. WTDER Annual Lectures ,1997(1).

创新的利润,同一区域内具有相同创新条件和环境的其他人群或团体的低成本模仿会使得开展制度创新的人群或团体的垄断性利润很快消失殆尽。因此,在现实中,诱致性的制度创新的密度和频率将少于作为整体的社会最佳量。林毅夫(1994)[①]认为,"经济增长时会出现制度不均衡,有些制度不均衡可以由诱致性创新来消除,然而,有些制度不均衡将由于私人和社会在收益、费用之间有分歧而继续存在下去""如果诱致性制度是新制度安排的唯一来源的话,那么一个社会中制度安排的供给将少于社会最优"。

为了弥补诱致性制度创新的不足,国家及其政府通过下发政府命令和法律引入制度创新就成为另一种重要的制度创新的途径。与诱致性制度创新是在原有制度安排下无法得到获利机会而引起制度创新不同的是,强制性制度创新可以纯粹因在不同选民集团之间对现有收入进行再分配或重新分配经济优势而产生。任何制度创新形成的利润均包括两个内容:一个是地区公众可以获得的利润,另一个是区域政府以及区域政府各级官员可以获得的利润。前者可能导致诱致性制度创新,后者则可能导致区域政府推动的强制性制度创新。

也就是说,区域政府在制度创新中获得利润是区域政府参与和推动制度创新的基本要求。区域政府参与区域政府竞争,本质上是为了区域政府利益最大化,如果制度创新不能实现区域政府利益最大化,即使某项制度能够使辖区内某些人群的利益获得最大化,区域政府也可能会放弃这一制度创新。进而言之,辖区内某一群人或团体发现了制度创新的利润,并能够通过内部谈判对制度创新形成"一致同意",从而形成一支强大的推动制度创新的力量。但是,这一制度创新的结果可能损害区域政府的利益,那么,这一诱致性制度创新也可能因得不到政府的支持而最终难以实现,或者即使最终能够实现也要经过长期的市场和政府之间的博弈,而这一过程往往是十分漫长的。特别是在转型国家里,政府在社会经济发展中仍保留着很大的主导力量,任何制度创新如果得不到各级政府的支持和认

---

① 林毅夫. 关于制度变迁的经济学理论:诱致性变迁与强制性变迁. 载自 R. 科斯等著. 财产权利与制度变迁[M]. 上海:上海三联书店,上海人民出版社,2004.

可,很难形成最终的制度体系。换句话说,如果一项来自民间的诱致性制度创新符合本地区区域政府的利益诉求,那么,这项创新制度会得到来自政府强制力的支持,甚至最终会以政府发文或区域法律的形式形成正式制度。改革开放以来,中国选择了一条渐进式的制度创新路径,中央从改革之初就通过放权让利的方式赋予了区域政府更大的决策权力,使得区域政府的利益得到中央的支持和认可。与此同时,中央将对区域政府官员的晋升考核机制与地区经济发展紧密结合起来,形成了以经济发展为中心的官员晋升考核机制。因此,"放权让利"使得区域政府以财政利益为中心的各项区域利益得到凸显,同时晋升考核机制使得经济发展成为区域政府官员追求的目标。而为实现以财政利益最大化、就业人口最大化、公共福利最大化和社会安全等为核心内容的区域政府利益,必然要求地区经济的快速发展。可以说,改革开放以来,区域政府利益与广大的区域政府官员利益存在内在的"激励相容",这是区域政府官员作为一个内部同质性很高的利益团体推动有利于地区经济增长和转型的制度创新的根源所在。区域政府官员为了追求更高的财政利益和本地区的经济发展,必然要主动支持有利于本地区经济发展的诱致性制度创新。从中国来看,东部地区的区域政府正是因为率先支持本地区开展市场化改革和对外开放,使得在改革开放之初,地区经济就得到快速发展,并最终形成了有别于内陆地区的制度优势;而内陆地区的区域政府也正是由于模仿了东部地区的制度,逐渐走上转型之路。尽管当前东部地区与内陆地区经济发展差距依然很大,但纵向比较,内陆地区的经济发展水平确实要高于改革开放之前。同时,由于制度创新无法像专利技术一样获得保护,其具有天然的外部性特征,通过自然演进形成的制度创新优势会被其他地区模仿,使得仅仅依靠本地区自发性的制度模仿和创新,很难获得长期垄断的制度创新利润。如前文所述,自然演进形成的具有竞争优势的制度结构需要漫长的时期,而且还会面临着各种不确定因素的影响,供给总是稀缺的。更为关键的是,区域政府官员的任期是有限的,晋升机会总是稍纵即逝,官员们更希望在自己的任期内使本地区在制度竞争中取得优势,因此,这些"迫不及待"的区域政府和官员希望通过政府的强制力介入到本地区的制度创新,为本地区的制度创新注入活力和支持力,以便于在短期内快速地形成显著的制度优势,或者不希望在区域政府的制度创新竞争中落败,或者能够长期保持本地区制度竞争优势,无论何种动机,都是为了获取丰厚的竞争利润。可以说,政府官员及由其组成的区域政府往往充当本地区制度创新的"第一行动团体"(杨瑞龙,1998)[1]。在此期间,那些有远见、有魄力、有才识和敢于追求超额创新利润的政府官员(政治企业家)放宽视野,既出于对提高辖区整体福利的关心,也出于对自身政绩的考虑,在中央政府改革政策的鼓励下,大胆突破旧体制的框架并在制度创新方面取得更多的进展。这些区域的政府官员正是看到了制度创新带来的垄断性利润(既包括本地区的经济发展、高就业率、社会安定,也包括官员个人晋升的利益),而将其他地区或国家先进的制度体系主动移植到本地区,或者结合本地区经济发展的需要,大胆设计,展开自主性制度创新,这样做即使会触犯到本地区部分人群和团体的利益,这些强势而有魄力的区域政府官员也会在所不惜,而这些制度创新一旦成功,往往会成为其他地区效仿的对象。

综上所述,一个地区的制度创新既可以通过由下而上的诱致性制度创新,也可以通过由上而下的强制性制度创新,但那些仅仅依赖于由下而上的诱致性制度创新来推动本地区制度创新的方式,很难满足区域政府官员在任期内(短期内)实现本地区制度创新并获得创新利润的需要,区域政府和官员自身希望通过制度变革获得超额的垄断利润,或者即使无法获得利润,区域政府也不希望在制度创新竞争中被其他地区赶超。当一些有魄力的区域政府开展制度创新之后,其他地区的区域政府则纷纷效仿,区域政府之间的制度创新竞争愈演愈烈。可以说,在中国如此激烈的区域政府竞争环境下,区域政府主动推动本辖区内的制度创新成为一种主流的制度创新形式,使中国的制度创新和经济转型显著地有别于西方国家的制度创新。正是基于对这一现象的观察,林毅夫(1994)[2]总结中国经验,在诱致性制度创新以外提出了强制性制度创新的理论。

---

[1] 杨瑞龙. 中国制度变迁方式转换的三阶段论[J]. 经济研究,1998.
[2] 林毅夫. 关于制度变迁的经济学理论:诱致性变迁与强制性变迁. 载自R.科斯等著. 财产权利与制度变迁[M]. 上海:上海三联书店,上海人民出版社,2004.

(3) 区域政府竞争形成制度创新的条件①

为了在区域政府竞争中形成优势,区域政府具有非常强烈的动机在本辖区内推动制度创新。但是在具体实施过程中,区域政府如何实现这一意愿,却要受到很多因素的制约。只有这些条件都满足了,才能实现地区经济制度革新。区域政府推动本区域内制度创新需要的条件主要包括:

① 次级行动团体对制度创新的态度

区域政府具有很强的制度创新的动机,但从一个区域看,区域政府作为一个行动团体,确实具有相当强的组织能力和协调能力,且具有法律意义上的公共强制权力,能够很有力地贯彻自身的意图。但任何一项制度创新能否真正根植到本地区,除区域政府以外的其他具有行动能力的利益集团对制度创新的态度也是非常重要的。次级行动团体本身具有很强的自主利益,任何制度创新必然会影响到这些团体的利益,诺思认为推动制度创新的行动主体都是追求利益最大化的。这些次级行动团体正是根据对制度创新的成本与收益的比较来决定对制度创新的态度的。制度创新对次级行动团体利益的影响或者是正面的或者是负面的,无疑,如果增加了次级团体的利益,必然会得到这些级次团体的支持;反之,次级行动集团则动用自身的力量抵制这些制度创新。支持方式的直接表现就是高度地遵从和协助,而抵制的方式则表现为违反这些创新的制度规定。政府为了达到制度创新的目的,必然加大检查和监督的力度,这将增加制度执行的成本,最极端的是当成本高于收益时,区域政府必然会自动放弃这些创新的制度模式。而当区域政府启动制度创新之后,当次级团体预见到这一制度创新可以获得可见的收益,或者能够预见自己将在推动此次制度创新中获得收益时,它们会自觉地加入到制度创新之中。"能争取尽量多数利益团体的支持或者最起码是不反对,应是区域政府制度创新的过程中能否取得成功的一个关键性因素"(蒋满元,2007)②。

---

① 刘强,覃成林. 地方政府竞争与地区制度创新:一个制度分析的视角[J]. 中州学刊, 2009(6):46-49.

② 蒋满元. 农村土地流转的障碍因素及其解决途径探析[J]. 农村经济,2007(3).

② 来自对旧的制度体系"路径依赖"的影响

任何区域都存在一个初始的制度结构,如果没有外部的力量,这些制度结构受自发秩序的影响,会通过自然演进方式沿着一个既定的、可以预期的方向发展或者在某个阶段停滞。之所以在自然演进的方式下,一个地区的制度结构发展可以预期,主要是根据在现有的制度结构体系下既得利益集团的结构分布和力量来决定的。任何一个制度结构都必然产生各类利益集团,其中主要的利益集团为了维持在现有制度结构下的收益(也可以称为制度租金),必然要维持现有的制度结构。但随着社会观念和技术的革新,即使在自然演进的方式下,一个地区也将会出现各类新兴利益集团,这些利益集团要从现有的制度结构中分得一部分制度租金,将面临两个选择:一个是直接通过谈判和斗争的手段从现有的利益集团手中夺得;另一个是通过提出改变现有的制度结构,使自己的利益和既得利益集团的利益都得到增加,实现帕累托改进。显然,第一个选择必然会引起旷日持久的谈判或者战争,社会将为此付出极大的成本。第二个选择固然对社会的发展起到直接的促进作用,但改变制度结构过程中使任何利益集团或者主要的利益集团都能获益,这样的历史机遇并不多见,即使存在,也会受到当时社会对制度创新预期的社会知识的约束。

区域政府如果要成为改变本辖区内制度结构沿着自然演进方向变革的力量,必然要面临两个选择:一个是借助从现有的制度结构中诞生的新兴利益集团的要求推动制度创新的力量,运用自身合法的强制力,对这些制度创新要求给予鼓励和支持,并以正式文件的形式确认这些制度变革;另一个是区域政府自身也可以身兼两个身份,即要求制度创新的利益集团和推动制度变革的行动集团,区域政府出于最大化自身的财政收益和区域政府官员晋升的利益,首先提出新的制度创新,并通过合法的政治制度体系,对这些新的制度加以确认。特别是,当区域政府从其他地区学习到新的已经显示出活力的制度体系后,为了赶超其他地区,会充当制度创新的第一行动集团,在制度创新后的新制度体系下,新的利益集团必然会形成,并逐渐在政府的支持下壮大起来,其力量很快会超过旧的利益集团,并用实际行动来支持制度创新。只有出现这一情况,区域政府的制度创新才会真正得以实现。

3. 区域政府竞争与社会福利

（1）区域政府竞争对社会福利的积极效应

在政治市场中，各个区域政府为了辖区和自身的利益而展开竞争。虽然竞争可以实现"双赢"或"多赢"，但更能分出优劣。竞争对区域政府具有强大的活动主体的激励职能，从而带来整体社会福利的提高。具体表现为：

① 提高区域政府的行政效率，提供更优质的公共产品和公共服务

区域政府经济竞争也是一种较量和角力，是一个客观的、强制的过程。充分和有效的竞争必然迫使区域政府不断提高行政效率，降低公共产品的成本，从而降低辖区企业的社会成本，促使辖区获得超额利益。公共选择学派的研究表明，政府部门和政府官员的低效率，首要的原因就是缺乏竞争压力或者竞争不充分。因此，必须为区域政府经济竞争创设良好的条件，促进区域政府不断竞争。

区域政府要在竞争中占据优势，经济环境的高质量是其必要条件。因而各区域政府必然会最大限度地为人才的引进和资本的投入改善区域经济环境，建设产业配套设施。区域政府会在道路交通、水利设施、能源资源的提供，居民生活环境、人文生态环境的改善，经济发展模式的改进等方面加大财政支出的力度，增加公共产品的数量，提高公共产品的质量，竭尽全力创造条件吸引生产性要素流入。区域政府实现争夺经济资源或经济活动的目标，除了提供优质公共产品，行政部门高效便捷的服务是必不可少的，这也对区域政府行政效率的提高提出了要求。所以，财政支出竞争将直接提高公共产品供给和公共服务的水平。

② 优化区域政府的组织结构

区域政府经济竞争可以有效地促使区域政府在一定预算约束下，更加合理地配置政府资源，构建区域政府最优的行政组织结构，约束区域政府公共部门的无限扩张，从而更加有效地行使区域政府的职能，节约区域公共产品的成本。

③ 拓展区域政府的服务内容，提高社会福利水平

区域政府经济竞争必然会使不同辖区的公共产品具有差异性，而选民的"用手投票"或"用脚投票"则会促进区域政府的竞争，从而可以克服区域政府官僚主

义的盛行和蔓延,提高公共产品的质量,多方面地服务和满足选民的需要。

区域政府为了留住要素或吸引要素流入,想方设法地增加公共产品和服务的有效供给,这对于公共产品和服务的供给将产生积极影响,有利于增强地区的竞争优势和提高地区的经济竞争力,同时在整体上能够改善公共产品和服务的供给状况,提高人们享有公共产品和服务的平均水平,提高社会福利。

应该指出,区域政府间的税收优惠竞争与公共产品和服务竞争是一对"两难选择"。税收优惠竞争可能带来本地区财政收入的减少,而要提高公共产品和服务的供给水平,又要以雄厚的财力为保障,会带来财政支出的增长。这"一增一减"就是各区域政府所面临的"两难选择"。

同时,对社会福利供给的度的把握也是区域政府必须关注的。为了增加对区域选民的吸引力而过度供给公共产品和服务或是为了税收竞争而减少公共产品和服务都会造成社会福利的损失,如图4-10和图4-11所示。

在图4-10中,公共产品和服务的均衡供给为 Q 点,但区域政府可能为了突出所辖区域的社会福利优势把供给量扩展到 Q',这种公共产品和服务的过度供给会导致辖区选民对社会福利的过度依赖和预期,从而推动其对公共产品和服务的需求从 D 移动到 D',虽然公共产品和服务的数量扩大到 Q',但公共产品和服务的价格也上升到 B 点决定的位置,提高了公共福利的价格,也就是变相加大了区域政府财政支出的负担,最终或者是转移到区域税收上,或者是造成区域政府财力的亏空,对区域政府的健康发展极为不利。同时,由于社会福利的过度提供易形成福利刚性,带来养懒人等福利病,给未来社会福利的调整带来巨大阻力;从长远看,其对区域经济效率和社会福利发展都是损害极大的。希腊等欧洲国家的政府破产与这些国家的社会福利的过度供给是有密切关系的,其对区域社会福利供给有极大的启示。

同理,在图4-11中,当公共产品和服务的均衡供给为 Q 时,如果实际供给仅为 Q',则会直接造成 $Q'Q$ 之间的社会福利损失,对区域福利是一种侵害,对区域政府而言也是一种失职。它有可能导致区域流动性资源的流失,从长远看,对区域经济发展也是极为不利的。

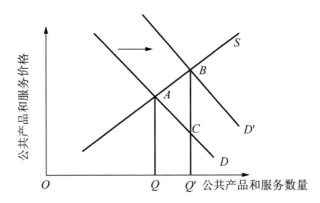

图 4-10　区域政府对公共产品和服务的过渡供给造成的社会福利损失

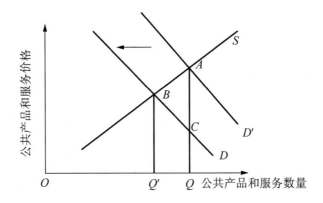

图 4-11　区域政府对公共产品和服务的供给不足造成的社会福利损失

④ 约束政府权力滥用,提高公共福利执行效率

长期以来,政府既是社会进步与经济发展不可缺少的保障力量,"又是凭借其暴力权威成为社会经济发展和民众福利的最大破坏者"。政府对权力的使用如果得不到有效控制,就不可能有社会进步与民众福利的改善。

区域政府竞争对政府政治权力的约束,首先来自市场经济条件下资源要素的自由流动压力。市场经济条件下,价格是对资源要素调控最有效的手段和方式,价格能够促进资源的合理配置,提高资源要素的利用效率。资源要素主要服从市场价格的调整,其他任何人为的制度或权力约束只能在短期内发挥相对非常有限的作用;长期而言,资源要素自由流动,不受政治权利、区域政府的约束限制。区域政府不得不改变资源要素的使用方式和吸引方式,这样就约束了政府权力的滥用。

其次,财政分权体制下,区域政府有上级政府规定的财政任务目标和自身的财政需求。为了履行区域政府职责,完成区域经济发展的目标,区域政府被迫理性地使用手中掌握的政治权力和区域拥有的资源要素,深谋远虑,精打细算,合理计划和安排,以区域经济建设为中心。当然,财政分权体制下区域政府经济主体地位的赋予,也使政府有非常大的权力发挥的想象和使用空间。

最后,区域政府竞争约束政府权力滥用还有来自其他区域政府竞争的原因。在同样的市场经济条件下,在同样的上级政府赋予的政策环境下,各个区域政府都有发展区域经济的强烈愿望,在落实区域经济发展计划、实施经济竞争行为时,政府间都会采取切实的行动,约束权力,利用权力,一心一意地谋求区域经济发展。区域政府竞争有效地约束了区域政府的行为,促使区域官员对自己的行政行为和工作方法负责,迫使区域政府放松对经济利益的贪婪、掠夺和对社会成员的压制,给予市场更大的发展空间,促进社会民主进程、个人权利与个人自由的实现。政府权力的有效利用,约束了政府权力滥用,也树立了政府的执政形象。

(2) 区域政府竞争对社会福利的消极效应

① 加剧区域政府官员寻租腐败

公共选择理论认为,作为"政治人"的政府及其政府官员本身具有"经济人"的特征,即政府追求政府个体自身独立的社会公共利益最大化,政府官员追求作为个体自身独立的利益最大化。政府作为官僚集团个体,政府官员作为个人、个体,本身有自己的利益诉求。政府是为自身职能、利益存在设置的,在与其他政府的竞争中,首先满足自身政府的利益最大化。政府官员为社会工作,也为自己工作,在履行社会公共服务职能、与其他个人、团体的竞争中,往往考虑个人利益最大化的实现。政府组织、官员拥有的垄断权力资源为其实现自身利益创造了条件。政府、官员在制定、执行公共政策的过程中由于考虑到自身的利益得失,会以个人偏好去谋求利益的最大化,这就造成了"政府失灵"现象的存在。

寻租是政府机构及其官员凭借其垄断特权取得租金的行为。政府寻租是政府凭借组织权力在干预经济活动、处理公共事务过程中直接参与经济活动得到租金的行为。政府官员寻租的表现是凭借职位赋予的公共权力参与经济活动索取、收受贿赂获得非法租金。在市场经济条件、财政分权体制下，由于区域政府竞争行为日趋激烈，区域政府、官员层层寻租的贪污腐败行为更加严重，层出不穷、屡禁不止。

② 加剧社会贫富分化

区域政府竞争易带来社会群体意识的变化，利益分配格局的制度设计会使一些利益集团凭借制度、区位等赋予的资源管控优势操控公共资源，社会财富易集中于少数群体中；而且，一些具有竞争优势的区域和群体为保持这种优势会固化既得利益，排斥其他区域和群体对资源的公平利用。这种竞争带来的权力垄断会使那些资源贫乏、边远落后区域和缺乏竞争力的个体、社会弱势群体日渐贫困，同时还会造成环境污染、区域债务等问题。

不能否认，竞争确有导致贫富两极分化、收入差距拉大的严重后果，如果这种竞争失去公平、公正的二次分配机制，就会造成分配秩序混乱、价值体系沦丧和社会矛盾日益加剧的严重后果，暗藏着深刻的社会发展危机。中国近年来的基尼系数始终处于高位运行，需要对区域政府竞争可能带来的利益分配机制上的消极影响进行深入分析。

基尼系数是用来反映收入分配平等程度的指标。基尼系数越小，表示收入分配越平均；基尼系数越大，表示收入分配越不平均。国际通用标准是，基尼系数小于 0.2 表示收入分配绝对平均，0.2—0.3 表示收入分配比较平均，0.3—0.4 表示收入分配基本合理，超过 0.4 为警戒状态，达到 0.6 则属于危险状态。

如表 4-2 和图 4-12 所示，中国的基尼系数 1978 年是 0.185，从 2003 年到 2014 年始终保持在 0.46—0.50 的高位运行，表明中国个人收入不平等的程度在逐年加大，贫富两极分化的问题越来越严峻。区域政府作为区域居民的宏观管理者，对区域社会公平负有不可推卸的责任，在推进区域政府竞争的同时，必须把区域社会福利和区域公平纳入区域竞争业绩考评中，形成正向激励，防止对竞争中的弱势群体的权利侵害。

表 4-2　2003—2014 年中国基尼系数的变化趋势

年份	2003	2004	2005	2006	2007	2008	2009	2010	2011	2012	2013	2014
基尼系数	0.479	0.473	0.485	0.487	0.484	0.491	0.490	0.481	0.477	0.474	0.473	0.469

资料来源:《中国统计年鉴》和相关新闻报道数据.

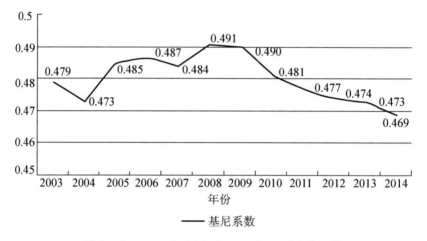

图 4-12　2003—2014 年中国基尼系数的变化趋势

阅读材料▶

尼斯坎南模型

1971 年,尼斯坎南(Niskanen)发表了《官僚机构与代议制政府》,提出了官僚预算最大化理论,即官僚是追求总预算规模最大化的。此后,尼斯坎南先后两次(1975,1991)对这一理论进行了修改与完善。

1. 原初的模型

根据尼斯坎南的观点,对于官僚机构来说,有三个至关重要的因素:一是官僚机构自身的性质；二是官僚机构与周围环境的关系；三是官僚的最大化动机。官僚机构被看做是一个非营利性机构，由资助人的拨款来资助。在通常情况下，官僚机构中决定性的官僚是级别较高的官僚，他们掌握着一份独立的、与其地位相当的预算。官僚机构的环境由官僚机构与其赞助者之间的关系所支配。官僚机构是追求预算最大化的。

根据一项研究总结（Blais and Dion，1991），尼斯坎南模型有两个基本假设。第一个假设是官僚们试图最大化他们的预算。根据尼斯坎南的观点，下列这些因素会进入官僚们的效用函数：薪金、津贴、声誉、权力、恩惠、产出、进行改变的容易度、管理官僚机构的容易度。他认为，除了最后两个之外，这些因素都是预算的正的单调函数。因此，预算越大，官僚们的效用就越大。而且，为了生存下来，官僚机构也必须最大化他们的预算。第二个假设是官僚机构在最大化他们的预算时大多数情况下是成功的。尼斯坎南认为，官僚机构与资助人之间的关系是一种双边垄断的关系。在这种关系中，官僚机构以公共产品和服务与资助人交换预算拨款。

然而，在资助人与官僚机构之间存在着信息不对称。尼斯坎南认为，"在大多数条件下，相对的刺激与可得到的信息给予官僚机构绝对支配性的垄断权力"。存在信息不对称主要是两个原因：一是资助人缺乏充足的动机去运用他的潜在权力。正如尼斯坎南所认为的那样，政治家主要关心的是他们的连任，而这"很少与组织产生的纯收益相联系起来"。二是资助人对官僚机构的生产过程缺少必要的知识与信息。

基于以上假设，尼斯坎南建立了他的预算最大化官僚模型，但是他自己并没有提供相应的、足够的经验证据来支持这个模型的基本假设与结论。

2. 修正的模型

1974年，米格和毕朗哥（Migue and Belanger，1974）对尼斯坎南的模型进行了修改。他们认为，官僚们最关心的是管理的自由裁量，从而只有自由裁量的预算——收入超过最低成本的部分——才是官僚们真正想最大化的。然而，他们承认，自由裁量的预算依赖于总预算。尼斯坎南后来（1975）也认为，官僚的效用可能是自由裁量的预算和产出(总预算)的函数。

1991年,尼斯坎南再次对他的理论模型进行一些改动:首先,他认为,"我先前关于官僚机构致力于最大化他们的预算的假设……应该被完全放弃,而接受他们致力最大化自由裁量的预算的假设"。因此,追求盈余最大化的官僚机构是一个常例,而追求产出(总预算)最大化的官僚机构反而是一个特例。换言之,他先前的官僚预算最大化模型,现在就不再是一个普遍适用的理论,而只是一个特殊情况下的官僚行为理论。其次,他也放弃了以前的另一个假设,即政治资助人是"一个没有偏见的立法机构的样本,但是在评估官僚机构的提议时他们是消极的"。尼斯坎南意识到,国会委员会其他预算审核机构不是消极的。而且,预算审查过程中政治资助人通常会设法诱出额外的信息,并且,在官僚机构与资助人之间常常会有各种各样的讨价还价。正如米勒和摩伊(Miller and Moe,1983)进一步指出的那样,政治资助人通常具备一些能影响到预算结果的娴熟的讨价还价技巧。在罗墨和罗森斯尔(Romer and Rosenthal,1979)研究的基础之上,尼斯坎南(1991)进一步探讨了预算讨价还价的范围。不过,他还是保留了理论的基本框架。尼斯坎南坚持认为,他的官僚行为理论的核心要素在经过反思后仍然成立。

资料来源:马骏,周超,於莉.尼斯坎南模型:理论争论与经验研究[J].武汉大学学报(哲学社会科学版),2009(5).

布雷顿的"竞争性政府"概念

布雷顿最早提出了"竞争性政府"(competitive governments)概念。他在《竞争性政府:一个关于政治和公共财政的经济理论》(*Competitive Governments: An Economic Theory of Politics and Public Finance*)一书中提出,政府本质上是具有竞争性的,彼此围绕着资源和控制权的分配、公共产品和服务的竞争不仅有助于政治体制的均衡,而且将促进公众对这些产品需求偏好的表露,能够实现公共产品的数量和质量与税收价格的有机结合。

在联邦制国家中政府间关系总体上来看是竞争性的,政府之间、政府内部部门之间以及政府与政府之外行为主体之间迫于选民和市场主体(企业等经济主体和工会等非经济主体)的压力,必须供给合意的非市场供给的产品和服务,以满足当地居民和组织的要求。在居民和资源都可以自由流动的前提下,只有那些提供了最优非市场供给产品和服务的政府才能够吸引并稳固居民和资源在当地扎根。类似于企业之间的竞争,政府之间、政府内部部门之间以及政府与政府之外行为主体之间为了提高自身的吸引力,就会围绕居民和资源相互竞争。当宪法充分保障居民的自由迁徙权利时,这些政府间的竞争只能围绕技术和制度供给展开,通过基础设施建设、技术平台准备、面向服务的制度体系构建以及实施各种税收优惠和营销策略等,不仅能够吸引居民和资源流入当地或本部门,而且还能够使之稳定下来,融入当地的社会网络中。

资料来源:周业安,冯兴元,赵坚毅.区域政府竞争与市场秩序的重构[J].中国社会科学,2004(1).

第五章

成熟市场经济"双强机制"理论

一、"强市场"及其定位

(一) 市场是资源配置的决定性力量

亚当·斯密的《国富论》一经发表,便对西方经济理念产生了深远的影响,经济主体功利性的追求与"看不见的手"产生了一种强大的创造财富力量,推动了经济发展与社会的变迁,最后演变成了一种新的经济生态。价格机制作为一种资源配置的手段,表现出了对效率提升、经济结构优化与经济形态演变的强大动力。

经济发展的实质就是提高稀缺资源的配置效率,以尽可能少的资源投入获得尽可能大的效益。亚当·斯密以来的经济学家,无论西方经济学还是马克思主义政治经济学,都无一例外地承认市场经济在资源配置效率上无与伦比的强大功能,世界各国的经济实践也用国家发展的速度和实力证实了市场是最有效率的配置资源形式。市场决定资源配置是市场经济的一般规律,市场经济本质上就是市场决定资源配置的经济,这一点已经在理论界和各国实践中达成共识。

(二) "强市场"的表现

1. 经济效率的提升:交易利得与价格机制的有效性

在经济学中,资源的最优配置是用帕累托最优来描述的,即满足帕累托最优状态就是最具有经济效率的。一般来说,达到帕累托效率时,会同时满足以下三个条件:第一,交换的最优条件;第二,生产的最优条件;第三,交换和生产配比的最优条件。尽管帕累托最优只是一个理论上的概念,但这个概念却隐含着一个重要的前提,即未受外干预的市场机制是实现帕累托的条件,只有存在有效的价格调节,这种效率才有可能实现。下面将从两个方面说明一下价格机制如何实现资源的有效生产与配置。

(1) 利用劳动分工提高了资源的生产效率

在不存在价格机制之前,也就无所谓分工,因为自给自足的自然经济是不需要合作生产的,自然也不需要劳动分工。市场交易改变了传统的经济结构,也出现了纯粹的不以自我消费为目标的生产活动。随着市场范围的扩大,为生产中的劳动分工提供了可行性,而这种分工又促进了效率改善与成本的下降,进而推动了市场的边界。可以这样讲:劳动分工与价格机制在互相推动的作用下共同发展,进而不断提升工作效率与市场的范围。

劳动分工对效率的提升贡献巨大,亚当·斯密在《国富论》中指出分工的益处主要包括:第一,劳动分工可以使工人重复完成单项操作,从而提高劳动熟练程度,提高劳动效率。即工人通过干中学与专业化劳动来提升效率,这一点在学习曲线比较陡峭的行业中表现得尤为明显。第二,劳动分工可以减少由于变换工作而损失的时间。第三,劳动分工可以使劳动简化,使劳动者的注意力集中在一种特定的对象上,有利于创造新工具和改进设备。亚当·斯密还以生产钢针为例说明并论证了劳动分工对于生产效率提升的贡献,这显然是生产关系最重大的一次变革。

(2) 通过价格机制实现资源配置效率

价格机制为市场交易建立了媒介与桥梁,使交易成为资源配置的最重要的手段。劳动分工提升了生产效率,把生产的可能性边界不断向外延展,但在实现资源最优配置方面却无能为力。不同的需求方对不同产品的主观评价是明显不同的,只有将产品配置给最需要的主体才是有效率的资源配置,这恰恰是价格机制最适合发挥作用的领域。举例而言,一位猎人以上山打猎为谋生手段,其生产的产品主要为山上打来的猎物。由于猎人经常上山打猎,提高了其专业化的技能,所以打猎成本不断下降,而猎物由于重复消费使得边际效用不断递减。同时,在另一个地域有一个渔夫,以捕鱼为生。他与猎人面临的情况类似,对自己的鱼类产品的评价不高(成本低而收益也低)。如果猎人与渔夫会进行交易的话,显然,会带来双方效用的巨大改善,都可以用自己评价较低的产品去换取自己短缺的产品,取得经济的富足。而随着交易范围的扩大,自由市场在全球范围内涌现,买卖双方都可以在自由选择中获利。大卫·李嘉图基于自由交换对资源配置的改善作用提出了国际贸易的比较优势理论。强调国际贸易的基础是生产技术的相对差别(而非绝对差别),以及由此产生的相对成本的差别,贸易可以使成本差别的双方都获得利益。每个国家都应根据"两利相权取其重,两害相权取其轻"的原则,集中生产并出口其具有"比较优势"的产品,进口其具有"比较劣势"的产品。比较优势贸易理论在更普遍的基础上解释了贸易产生的基础和贸易利得,大大发展了绝对优势贸易理论。

2. 经济结构的优化:自发秩序与市场行为的意义

劳动分工与将产品配置给最需要的人确实可以提升经济效率,但这种效率不仅可以通过价格机制实现,也可以通过中央集权的计划机制实现。计划机制既可以利用中央调配实现劳动分工,也可以通过中央配给实现资源配置。但是,不论在经济理论还是在经济实践过程中,都有关于价格机制比计划机制在两个方面的优越性。

(1) 供给与需求作为最优的信息传递机制

价格是由供给与需求决定的,当供给过多需求过少,价格就下降;反之,价格上升。由于市场范围十分广大,市场内的供求信息十分庞杂,没有任何一家中央机构可以准确地掌握这些细小的并随时变化与调整的信息。因此,以中央计划为基础的劳动分工及资源配置必然以失败告终。在这里,主流经济学假定每一位经济主体是功利与理性的,这种功利与理性会自动与自发调节,实现资源最优化的配置,即"自发秩序"。举例来讲,当市场上某种产品相对于其用途过于稀缺,说明供不应求,其价格又过高,生产经营者就具有多生产经营该产品的动机,而消费者则具有少用或不用该产品的动机(当然追涨看跌的情况有时也会出现,这种有限理性的行为只有在特殊情况下才会出现)。这将引起价格下落,直至其稀缺程度符合其用途。如果某种产品相对于其用途过于丰裕,说明供过于求,其价格又过低,消费者就具有多使用该产品的动机,而生产经营者则具有少生产或不生产该种产品的动机。这将带来价格上涨,直至其稀缺程度符合其用途。同理,这种情况也适用于生产要素与劳动力的市场。

(2) 知识分布与自由决策的民主秩序

著名经济学家哈耶克指出,相对于中央集权的计划经济,自由的市场经济会有更有效率与秩序。在论证这个"自发秩序"过程中,哈耶克引入了私人知识(local knowledge)这个概念。这种知识主要是由个人拥有的并只能被个人所把握,最有代表性的例子是个人的偏好选择,只有自己才能真正掌控,外人无法准确得知。这种"私人知识"是分散的、变化的,是没有任何一个中央计划机构可以完全了解的。而市场赋予了每位参与主体的自主选择权,每一位主体通过自发的选择,促进了整个经济的自发调整。哈耶克认为,社会秩序的产生不是来自个人和群体的理性设计,也不可能来自某种超越感觉和理性的力量,而更可能是一种适应性的、自我演化的结果。自发秩序原理为个人的自由和有限的政府提供了系统的正当性依据。既然个人在自发的秩序中享有天然的自由,政府就不能动用自身的强制权力来剥夺这些自由,就不能用人为设计的强制性秩序去取代天然发生的自由秩序,就不能用命令性的计划经济去取代自由的市场经济。政府行动的范围和方式、政府的规模就应受到严格的法律限制,政府的权力就应该加以分立并相互制衡。因此,保守主义的自我秩序的原理也是个人自由与有限政府的原理。

3. 经济形态的进化:理性选择与市场机制的"优胜劣汰"

主流经济学建立在行为主体理性选择的行为假定基础上,尽管遭到了许多学者的质疑与批判,但这种假定一直未发生改变。许多经济学者为理性假定辩护的理由是,市场经济有一种强大的净化功能,通过竞争把缺乏理性的行为主体淘汰出市场,进而改善市场的生态环境。这种自我改良的进化形式,恰恰是中央集权的计划经济体制缺乏的。

(1) 市场的试错过程

供需双方在市场交易过程中,通过价格竞争淘汰不合格的参与方,奖励那些符合市场规律的理性选择的主体。理性与最大化的选择尽管受到了来自经济学界(如西蒙)及心理学界(如卡尼曼)等学者的批评,认为人们既没有最大化选择的能力又没有最大化选择的条件。但是,即使最大化地放宽了人类理性的前提,只要市场机制良好地发挥作用,最终的决策仍旧会是理性的。这便是通过微观层面的试错,进而通过优胜劣汰来将"正确"的行为保留下来。举例来讲,假定市场中有一群毫无理性的参与主体,他们完全按照自己毫无逻辑的想法胡乱决策,只要保证没有不公平的竞争环境,市场会将符合供需规律的主体(也许只是巧合)保留下来。尽管理性决策表达了"事后诸葛亮"的情况(存活下来的才是理性的主体),但恰恰是因为参与主体的不断试错,才淘汰了低效率行为,保留了最优秀的生产与交换行为。

试错行为也不是没有成本的行为,对于已经明确的经济规律与已经成功的商业经验而言,后发展企业与国家也可以选择利用干预的手段来改善决策。

(2)习俗与规范的作用

在市场交易过程中,即使参与的主体都是理性的主体,但是在交易互动的过程中也会产生理性的博弈困境,即囚徒困境。囚徒困境描述了参与市场的双方因为都追求个人的最大化选择,却造成了集体福利的下降。举例来说,交易互动的双方为甲方与乙方,双方的策略选择与取得的结果如表5-1所示。可以看出,对于双方最优的结果都是选择欺骗对方,却破坏了总的福利,这显然是一个困境。

表 5-1 参与市场双方的博弈均衡

		甲方	
		合作	欺诈
乙方	合作	1,1	-1,2
	欺诈	2,-1	0,0

但上述交易行为显然是一次性的,它发生在互不了解的双方。如果把双方的交易条件放宽,二者会发生多次交易,博弈的结果就会发生改变。一旦双方采用了一种"针锋相对"(tit for tat)的策略时,市场的效率就又回复了"理性"的水平。如表5-2所示,多次交易的双方在长期交易过程中,通过"针锋相对"演化出了一

种自我"治愈"的机制。一旦"针锋相对"的策略取得了市场主导地位,参与双方默示的良好的、行为规范与习俗就出现了,进而改善了整个市场的交易效率。

表 5-2 针锋相对策略的博弈均衡

		甲方	
		针锋相对	一直欺诈
乙方	针锋相对	4,4	-1,2
	一直欺诈	2,-1	0,0

(3) 声誉的作用

在非重复的囚徒困境中,博弈中的参与方还可以通过一些信息筛选的手段来甄别谁是有"声誉"的交易方。因为一个参与方一旦在市场中发生了欺诈行为后,市场中的没有被骗的主体就降低了对欺诈主体的"信誉"评级,减少与之发生交易的可能性,进而将这种低声誉主体淘汰出市场。所以,市场声誉是在"针锋相对"习俗基础上,对反复诚实行为进行奖励、对欺诈行为进行惩罚的淘汰机制。

当然,更改了博弈双方的条件,在成熟市场经济习俗与规范尚未建立之前,在很少重复交易的市场中,投机主义行为仍时有发生。但这并不影响市场总体作为一种"进化"的力量,推动经济持续发展。

二、"强政府"及其定位

(一) 政府对市场经济活动的调节

1. 政府与市场关系理论演变

政府与市场的关系一直以来都是西方经济领域争论的核心问题之一。这些争论的焦点便是政府对于经济的干预程度对经济增长的影响。

分析政府与市场的关系首先应从重商主义说起,重商主义的观点兴起于16—18世纪,其主要信念是:国家的国力与增长基于贸易的顺差,即出口额大于进口额,所能获得的财富。这种观念反映了当时资本主义原始积累时期的一种价值取向。该理论认为国家积累的金银越多,就越富强。主张国家干预经济生活,禁止金银输出,增加金银输入。重商主义者认为,要得到这种财富,最好是由政府管制农业、商业和制造业;发展对外贸易垄断;通过高关税率及其他贸易限制来保护国内市场;并利用殖民地为母国的制造业提供原料和市场。这种思潮显然是站在"强政府"的立场来辅助经济的增长,也为资本主义初期的快速发展注入了动力。

重商主义的思潮到了18世纪末期受到了资本主义新的经济理论的挑战。以亚当·斯密、大卫·李嘉图、约翰·穆勒为代表的古典经济学派开始兴起。亚当·斯密在他的著作中抨击了重商主义,并提倡自由贸易和开明的经济政策。具体而言,斯密认为经济增长产生于资本积累和劳动分工相互的作用,即资本积累进一步推动了生产专业化和劳动分工的发展,而劳动分工反过来通过提高总产出使得社会可生产更多的资本积累,让资本流向最有效率的生产领域,就会形成发展的良性循环。该理论将市场作为资源配置的核心,强调自由的无外在干预的市场经济将会更好地促进经济增长。在斯密的经济自由主义基础上,一些经济学家由此提出了自由贸易理论,其中著名的有李嘉图的比较成本理论。该理论指出,一个国家能够从进口或者那些已具有竞争优势的商品中获益,只要它在生产其他商品上具有更大的竞争优势。所以,按照这一理论,一个国家应该将其生产能力更多地集中在比较起来优势更大的产业上。古典经济理论将政府限定在一个极小的职能范围内,其目标也完全是为了保障市场的有效运行。

到了20世纪30年代,席卷资本主义世界的经济危机对古典经济学的理论与实践提出了挑战,应运而生的便是凯恩斯主义。凯恩斯主义主张国家采用扩张性的经济政策,通过增加需求促进经济增长。即扩大政府开支,实行财政赤字,刺激经济,维持繁荣。凯恩斯的经济增长受到有效需求不足的影响,而18世纪晚期的经济政策一直以来的关注重点都在于增加经济产出,对需求不足却毫无办法,这也是导致经济危机的主要原因。基于这个原因,该理论强调政府不仅要保障市场运行,还要参与到市场中去,通过货币政策与财政政策来直接干预经济运行,保障经济体系中的供给与需求的平衡。

凯恩斯主义到了 20 世纪 70—80 年代遇到了新的挑战,由于能源价格的快速上涨,美国遇到了新一轮的经济危机。这一次的经济危机不同于凯恩斯理论的预判,不仅失业率高涨、经济停滞;而且物价水平也不断攀升。经济危机的源头不再来自有效需求的不足,如果再进行政府干预,就会出现一种两难困境:增加政府投资来减少失业就会导致物价更高水平的上涨;提高利率来减少货币供给进而治理通胀就会带来经济增长的持续恶化。政府陷入了一种无论怎样干预都会带来更严重后果的政策困境。以弗里德曼与拉弗等为代表的经济学者为美国经济开出了一剂新药方,即采用降低税率、增加社会培训、减少社会与企业的运行成本,以及政府不再直接参与经济活动等办法,以改善经济的供给来解决经济危机。

从整个资本主义的发展历史来看,政府与市场的关系一直处于变动之中,随着经济环境的变化,二者互相补充并协同发挥作用。

2. 政府的权威性与对经济活动不同程度的介入

一般而言,政府运用权力与权威会对经济活动产生影响。但是,对于权力的正当性与对经济活动的介入程度,许多理论仍存在着极大的分歧。

(1) 无政府主义

无政府主义强调政府权威对经济活动有负面作用,主张保护私人产权,提升个人自由及废除政府当局与所有的政府管理机构。它的基本立场是反对包括政府在内的一切统治和权威,提倡个体之间的自助关系,关注个体的自由和平等;其政治诉求是消除政府以及社会上或经济上的任何独裁统治关系。对大多数无政府主义者而言,"无政府"一词并不代表混乱、虚无或道德沦丧的状态,而是一种由自由的个体自愿结合,以建立互助、自治、反独裁主义的和谐社会。尽管在观点与流派上有许多分歧,但对政府权威滥用的担忧是无政府主义的核心观点。

理解无政府主义必须从两个方面入手,一是无政府基于什么样的前提发挥权威才合理;二是政府的权威为何无效或者容易被滥用。

如果经济能够自发组织,那么确实可以不需要政府的权威。经济能否自发组织,在历史上有许多不同的观点。第一,中国传统的道家就强调"小国寡民""邻国相望,鸡犬之声相闻,民至老死,不相往来",这种无政府是通过减少社会交往、节俭并顺应自然的生活来实现的。从这个角度看,这显然与现代的经济文明相差甚远。第二,西方国家在资本主义发展初期,受到启蒙运动的影响,强调个人自由与财产权利是先于国家政府的,是人生而具备的。最重要的是,这种观点认为个人是具有追求自由的能力与意愿的。尽管理论设想是美好的,但是个人的自控性、个人自由与其他人自由的冲突协调、人们之间的互助如何进行协作都直接导致这种无政府主义更类似于一种理想。第三,到了19世纪末20世纪初,西方国家的市场经济高度发达,一切的经济运转都依赖"看不见的手"来自发完成,因此,一些学者(代表人物为哈耶克、弗里德曼)认为当市场经济比较完善时,不需要政府来参与经济活动,政府的干预只会导致奴役与独裁。第四,马克思的共产主义理论中也预测未来的政府与国家的消失,但这种权威消失的前提是物质极大丰富,人们将工作变成一种需要(积极主动)。

对于政府的权威与干预是否无效,这种权威又会在哪些方面会被滥用,无政府主义的担心主要表现在:第一,政府的权威与干预会破坏人类的财产权力与人身自由。政府如果要获得权威,必然需要普通民众让渡一部分的权力交予政府。由于个人与政府地位的不对等性,这种权力一旦出让后,很容易造成政府对于个人权力与自由的剥夺。因此,许多西方学者对于国家计划经济体制进行了严厉的批判,认为这是一种奴役。第二,政府的权威与干预会造成经济上的不平等。这种担忧也是显而易见的,政府的干预首先会破坏市场经济的自然法则,使市场的竞争不足以起到优胜劣汰的作用。第三,政府权威的执行得不到普通民众的信任。政府的权力一旦存在,就会出现为政治与权术服务的情况,这种"马基亚维里主义"极大地损害了政府行使权力的正当性。

(2) 小政府主义

小政府主义是无政府主义的一种延续与发展,其主张在自由社会里,政府的大小及其所扮演的角色应该最小化:只要有能力保护每个人的自由、防范侵犯自由的行为即可,以此最大化每个人的自由。

小政府主义与无政府主义同样担心权威缺乏控制进而损害自由,所以希望以政府最小的权威来保障经济运行。因此,小政府主义者认为政府应该将其职能收缩限制在"最小化"或是"守夜人"这些基础功能(例如法庭、警察、监狱、防卫部队等)的提供上。同样,对中央权威的分散与下放也是该学说的特色,认为政府应将权威下放至小型的管辖范围(如城市和乡镇)而不是较大的管辖范围(如州和国家)。最后,小政府主义通常反对政府直接参与接济,反对在经济上进行财富重新分配和补贴。

(3) 威权政府主义

20世纪后期东亚及东南亚的政治精英主张,威权政体会比民主政体在经济上更能取得成就,此主张主要认为韩国、新加坡、马来西亚等都曾是威权政府而同时经历了经济的快速成长。

威权政府指依靠各种经济手段、行政手段、法令等方法以保持政策的稳定与经济的快速成长。一般而言,威权政府表现出以下几个特点:第一,威权政府非常强调中央政府的权威,强调为了保证稳定的经济发展环境与追求经济的成长,放弃部分民众的权力是合理与有效率的。中央统一调配既有助于积累有限的资源并促进基础产业的完善,也有助于保护本国的幼稚工业的成长进而纳入全球竞争。第二,威权政府会主动参与到市场中去,通过建立国有企业、控制物价与采用贸易保护等手段来推动经济发展。不同于小政府主义,该学说认为市场是不完全的,并且很难通过内部竞争而得到改善,解决不完全市场的办法就需要政府权威的参与。这种做法显然会造成企业之间不平等的竞争、国有企业的垄断与缺乏竞争压力等负面结果。第三,许多学者认为威权政府的主动干预主义是一个国家变成富强与民主国家的必经阶段。例如,张夏准、赖纳特等学者认为16—17世纪的英国,19世纪末的美国、德国,20世纪中后期的日本、韩国、新加坡等国家都先后经历了国家干预的产业政策到自由市场经济,由威权政府到民主政府的发展历程。

(4) 国家计划经济

国家计划经济,又称指令型经济,在这种体系下,国家在生产、资源分配以及产品消费各方面,都是由政府事先进行计划。

19世纪40年代,马克思和恩格斯研究了资本主义的生产方式,创立了科学社会主义学说。马克思所阐述的社会主义经济制度具有以下特征:在经济结构方面,实行纯粹单一的全社会所有制(即百分百的公有制),商品经济将消亡,一切劳动产品将成为社会统一分配的对象;在经济运行形式方面,由一个社会中心用统一的国民经济计划来配置社会资源,组织整个社会的生产、分配和消费(即百分百的计划经济)。国家计划经济的管理实际上是一个中央集权管理的超级公司。在这种体制下,全体人民通过民主集中,用经济和社会计划来解决资源配置和利用问题以及实现全民所有,具体表现为全民就业、全民免费医疗、全民免费教育、全民免费住房等。计划经济的经济特征即高度的计划指令性,产品的数量、品种、价格、消费和投资的比例、投资方向、就业及工资水平、经济增长速度等均由中央政府的指令性计划来决定。

中国自1949年以后就采取了这种中央计划经济体制,在经济建设初期也取得了一定的成果,但随着后续的经济成长,其弊端也越来越明显。计划经济的好处主要包括以下几点:第一,能够在全社会范围内集中人力、物力、财力进行重点建设。第二,在宏观上优化资源配置,对于保护幼稚工业与完善经济门类有较好的作用。第三,调节收入分配,减少经济收入的波动。但其弊端却更为显而易见:第一,中央政府无法掌握微观经济活动复杂多变的需求信息,因此制订的计划必然会远离现实,造成经济中严重的不平衡,这也是哈耶克批判计划经济的重要理由。第二,事先计划的固定经济补偿模式不能有效地激发人员的工作热情,结果的公平也造成工作动力不足、效率低下等问题。第三,计划经济体制强调公共产权,而公共产权会出现"外部性"与"公地悲剧"等"租金耗散"问题,极大地损害了经济主体的动机与效率。第四,政府在宏观层面制订中央计划,但在具体执行计划的过程中却会出现明显的委托代理问题,即执行权威的主体并没有为广大的人民群体谋利。

(二)"强政府"的职能定位

"强政府"除了在政治、文化、军事与教育等方面的职能以外,在市场经济生活中还需要具有以下职能：

1. 资源配置职能

（1）公共品的配置

公共品一般具有两个特征：非竞争性与非排他性。非竞争性是指需求方不会对该产品进行竞争性的争夺。每个需求方的消费都不影响其他消费者的消费数量和质量。例如，国防、外交、立法、司法，政府的公安、环保、工商行政管理，以及从事行政管理的各部门所提供的公共产品都是属于这一类，不会因该时期增加或减少了一些人口享受而变化。非排他性是指供给方提供的产品任何人都不能独占专用，而且要想将其他人排斥在该产品的消费之外，不允许他享受该产品的利益，也是高成本与不可能的，所以不能阻止任何人享受这类产品。例如，在环境保护中，清除了空气、噪音等污染，为人们带来了新鲜的空气和安静的环境，如果要排斥这一区域的某个人享受新鲜的空气和安静的环境是不可能的，这在技术上讲就具有非排他性。因为非竞争性导致市场需求的不足、非排他性导致供给方的收益无法独享，所以市场经济对于解决公共品问题显得无能为力。

公共品又被分为公益品与公害品，公益品包括公共教育、良好的环境保护与基础设施、国防等；而公害品则包括各种类型的公共污染。政府对公共品的无力会导致公益品供给不足与公害品供给过量。同时，由于知识的创造与传播天然具有公共品的特征，所以，公办教育与知识产权的保护成为政府不可推卸的职责。

（2）关系国计民生的资源配置

市场交易可以促进资源的有效配置，但是这种配置也是有成本的，这种阻碍市场交易效率的成本被称为"交易成本"，由新制度经济学的创始人科斯在1937年提出。其中，交易成本产生主要有两个原因：一个是由于信息不对称，交易一方对另一方采取敲竹杠（hold-up）的行为，破坏市场效率；另一个是由于专用性依赖的原因，被依赖的一方有动机去剥夺对方的租金，使交易受到伤害。信息不对称，市场可以通过重复博弈与建立声誉信号的方式加以改善，但是对于专属性依赖所造成的机会主义行为，市场机制自身并没有太好的解决办法。对于土地、道路、矿产与能源等关系国计民生的资源，一旦被一个行为主体所掌控，其就可以利用社会大众对于这类资源的依赖而敲竹杠,破坏了价格的配置效率。尽管新制度学者(如威廉姆森)认为企业制度(一体化)是解决价格低效率配置资源的一种办法。但是企业作为一个市场参与主体,受限于市场规则本身,无法解决一个国家与平民对于关键资源的依赖与供给。不论是企业主体还是参与市场的个人主体,都受到理性的支配,都以效率与结果作为其基本目标,都不能从根本上解决专属性带来的敲竹杠问题。所以,国家在配置资源时不仅要考虑效率因素,还要兼顾公平因素。政府为了防止国民陷入被"敲竹杠"的地位,对一些重要的资源进行配置,尽管在一定程度上破坏了经济效率,但是促进了公平。正如,中国历史上各个朝代晚期时地方的诸侯与财阀对于土地的兼并,都造成了平民因土地而被剥削的事实。"土地兼并"可能是有效率的,但却不公平,政府在这类资源的配置中大有可为。

2. 政府投资职能

在完全竞争的市场中,资源通过价格作用发生转移与调配,不需要任何外部的干预也可以实现资源的最优化配置,企业完全可以依据价格信号进行高效投资。但是,下面几个因素降低了市场投资的效率:第一,垄断的因素;第二,群体的无理性因素;第三,信息不对称的因素;第四,公共品的因素。所以,政府投资就显得非常必要。

(1) 政府对具有规模经济优势领域的直接投资

垄断市场的形成,有以下几方面的原因:第一,规模经济的需要。有些产品的生产需要大量固定设备投资,规模经济效益十分显著,大规模生产可使成本大大降低。在这种场合,效率高的工厂规模相对于市场需求来说非常大,以致只需要一家厂商即可满足需要,两家工厂很难获得利润。许多公用事业和基础设施,如交通、供水、供电、电信等,通常由一家厂商独家经营。由于规模经济的需要而形成的垄断,被称为自然垄断。第二,专利与专营权的控制。对于厂商的专项发明创造,政府有专门的法律加以保护,禁止其他厂商擅自使用其专利技术,在这种情况下会形成独家生产和经营的垄断。第三,独家厂商控制了生产某种商品的全部资源或基本资源的供给。这种对生产资源的独占,排除了经济中的其他厂商生产同种产品的可能性,因而也会形成垄断。第四,政府保护所带来的垄断。由于垄断的成因不同,所以解决垄断的策略也不同。一般而言,由政府保护而形成的垄断是很容易被人诟病的。对市场自发形成的垄断(自然垄断与技术垄断),也有两种看法:一种是交由市场自身竞争去解决,因为从长期来看,"创造性毁灭"不会使任何企业一直领先;另一种则是政府的强制干预,如对企业限制竞争行为的惩罚,对价格进行硬性规定,甚至对自然垄断的行业进行国有经营等。

(2) 政府对教育、国防等公共品的直接投资

公共品的非竞争性与非排他性意味着教育和国防等产品既对区域发展起到至关重要的基础作用,又存在着私人投资的非获益性。鉴于市场机制对解决公共品问题的失灵,区域政府必须对公共品进行直接投资,既包括政府承办的各种公立教育机构、图书馆等公共学习设施,也包括义务教育制度、免费培训活动、知识普及和宣传等活动的提供。国防涉及安全问题,且技术、资金投入量极大,因此国防建设也是政府直接投资的主要领域。

(3) 政府对构建市场生态环境的直接投资

在市场经济中,常常出现个体理性的博弈却带来群体无理性的结果。例如囚徒困境这种个人追求效用最大化却带来集体福利下降的现象。这种情况极大地破坏了市场经济的运行效率。现实中经常出现的价格战、广告战等,使商家集体蒙受损失。尽管市场可以通过重复博弈(采用针对的策略)而形成长期均衡,但政府仍可以在这些群体无理性中发挥一定的补充作用,如对市场进行严格的监督与权威信息发布等方法来降低群体无理性。

同样,在市场经济中,信息的不对称也会破坏经济的效率。市场中卖方比买方更了解有关商品的各种信息;掌握更多信息的一方可以通过向信息贫乏的一方传递可靠信息而在市场中获益;买卖双方中拥有信息较少的一方会努力从另一方获取信息,以保证自己不被对方蒙蔽。一般而言,信息不对称经常发生在医院、保险与二手车市场中。尽管市场信号显示在一定程度上可以弥补信息不对称的问题,但政府仍旧对于信息不对称承担管理的责任。政府作为权威的第三方,需要对市场中利用信息而投机的行为进行监督与行政处罚,增加机会主义的成本,提

高市场的运行效率。同时,政府通过其权威性,对于信息审核与发布也会起到促进市场改善的作用。市场经济也很难有效率地配置公共物品,所以私用物品交给市场,公共物品交给政府,二者共同完成对社会资源的配置。

(4) 政府在社会风险保障上的直接投资

政府需要对于社会中的不确定性与风险进行保障。这部分投资是市场和企业难以承担的,原因如下:

首先,不确定性对于社会造成的伤害是难以预期的,是很难用市场中的保险手段来解决的。因为,市场中保险公司是基于对风险概率的测算,由于人们对于伤害损失的效用远远超过等额的获取,市场中的保险公司是有利可图的。但是,由于不确定性的概率无从估计,企业也不会为此对社会提供保障。此时,政府对社会中的不确定性进行保险,就显得尤为必要了,例如对地震、水灾等自然灾害的救助。

其次,由于市场中保险公司并不能对所有风险提供保障,所以政府还有可能直接创办保险公司与风险投资公司,以降低一些关键行业的风险或者促进高科技企业的创业。这部分投资可以考虑由政府和企业联合完成。

最后,政府还可以创办一些福利性的保障机构向社会提供公益性的服务。当然,在许多小政府主义的学者看来,只要是市场能提供的服务,政府都不需要参与。所以政府除了对不确定性进行保障之外,提供风险投资与福利保障都需要谨慎设计,以防止腐败与新的不公平的产生。

(5) 政府投资与乘数效应

著名经济学家凯恩斯在反思 20 世纪 30 年代的大萧条后,提出了自己的经济理论与政策主张,认为供给不能自动创造需求,经济也不能自动地达到均衡。在边际消费倾向一般比较稳定的情况下,人们总是把所增加收入的大部分用于储蓄,而不是消费,这使得有效需求经常地表现为不足,社会总供给和社会总需求难以自动实现均衡。为了解决有效需求不足的问题,凯恩斯主张放弃经济自由主义,代之以国家干预的方针和政策。国家干预的最直接的表现,就是通过赤字财政政策,增加政府支出,以公共投资的增量来弥补私人投资的不足。增加公共投资和公共消费支出,实现扩张性的财政政策,这是国家干预经济的有效方法。由此而产生的财政赤字不仅无害,而且有助于把经济运行中的"漏出"或"呆滞"的财富重新用于生产和消费,从而实现供求关系的平衡,促进经济增长。

凯恩斯认为,政府支出具有一种大于原始支出数额的连锁效应,一笔政府支出可以取得几倍于原始支出额的收入水平。这种现象被称为"乘数效应"。投资乘数是指当总投资量增加时,所得之增量将数倍于投资增量,带来整个社会财富的增长。

3. 政府维护市场效率的制度建设职能

(1) 税收制度供给

凯恩斯主义强调通过经济干预政策来解决市场有效需求不足的问题,而供给学派则倾向于通过降低社会成本的方式改善供给,这意味着政府在市场的供需两个环节都发挥着不可替代的调节作用。

税收是政府财政收入的主要来源,但税收制度的制定不仅决定了政府收入的多少,更决定了市场效率的高低。供给学派认为整个社会成本运行过高是发生经济危机的主要原因,改善供给就需要减少参与市场主体的企业与个人的成本,即通过降费与降税的方式来促进经济成长。其中,供给学派经济学家拉弗的理论很有代表性。他绘制了一条税率与政府税收收入之间关系的曲线,被称为"拉弗曲线"。其基本含义是,税收并不是随着税率的增高而增高,当税率高过一定点后,税收的总额不仅不会增加,反而还会下降。因为税收收入的多少,不仅要看税率的高低,还要看课税的基础即经济主体收入的大小。过高的税率会削弱经济主体的经济活动积极性,因为税率过高企业只有微利甚至无利,企业便会心灰意冷,纷纷缩减生产,使企业收入降低,从而削减了课税的基础,使税源萎缩,最终导致税收总额的减少。当税率达到100%时,就会造成无人愿意投资和工作,政府税收也将降为零。

所以税收制度的制定是区域之间展开竞争的重要方面,也是政府职能发挥的关键点之一。

(2) 产权制度体系建设

从市场经济的角度看,界定和保护产权是政府的首要职责,也是保障市场机制有效运作的基本前提。产权制度就是通过政府权威来划分、确定、保护和行使产权的一系列规则。"制度化"一般通过三种方式保证其发挥作用:第一种为通过政府的权威管理,即法律的惩罚与威慑等强制手段来保证其有效运行;第二种为通过经济的手段,即通过行政性的经济处罚来推动其合理运作;第三种为通过文化认知的手段,即通过社会普遍的共识来维护其正当性。

产权制度设计有截然不同的两种思路,一种为公有制产权,一种为私有制产权。对于西方资本主义国家而言,公有制产权被认为是一种低效率配置资源的方式,这种配置会导致"搭便车"(没有负责的主体)、"公地的悲剧"(没有人员去主动保护)等多种状况。所以,西方资本主义国家的产权制度建设都是以保护私有产权为前提,强调"私人产权神圣不可侵犯"。但显而易见的是,许多产权并不都是由独立的个体所占有,如集体占有(如企业产权)与公共占有(军队、国防、基础设施等)。许多学者对于产权的界定提出了明确的观点,科斯(1960)[①]的观点很有代表性,强调政府需要对产权的模糊性与争议负责,需要利用权威来清晰界定产权,产权界定好了,那么市场通过内部交易就可以达到最有效率的结果。举例来说,公共交通通行显然是一种具有争议的权力,但是汽车和行人如何对这些权力进行争夺呢? 按科斯的办法,需要先对这种有争议的权力进行清晰的界定,即通过红绿灯的方式来规定双方的权力范畴。这种观点显然将政府视为保障权力运行的主体,不愿将政府推向前台,作为产权的分配方。尽量将有争议的权力清晰化是政府的职能之一;同样,政府对于公共产权的维护与设计也有不可推卸的责任。对于公共产权而言,政府属于广大群体的代理人,投票与民主程序是其权力的运行基础。因此,公共决策的信息披露与问责制的建设也是政府制度建设的重要组成部分。

(3) 货币与国家信用体系的建设

市场经济是伴随着交换而产生的。交换需要对双方的产品的价值进行衡量,

---

① R. H. 科斯. 社会成本问题[J]. 法律与经济学杂志. 第三卷,1960(10).

显然最初的物物交换限制了市场交易的范围。为了适应日益增加的交换需要,于是等价物的职能就逐渐自发地稳定在某一种商品上,从而出现了一般等价物。一般等价物是社会公认的等价形态,它可以在社会认可的范围内评价商品的价值。商品只有首先转化为一般等价物,耗费在它们身上的私人劳动,才能得到社会的承认,成为直接的社会劳动。承认一般等价物的价值是因为这些等价物是贵金属,它们本身便具有公允的价值。

贵金属作为一般等价物,有一个自然的束缚,即存储量不能完全适应交换规模的增长需求。替代贵金属成为新的交易媒介便是国家最重要的信用之一。利用国家的权威对货币的信用进行背书,保证了货币在市场交易中的可靠性,极大地降低了因为不信任而产生的交易成本,提高了交易效率。

国家信用是指国家以债务人身份取得或以债权人身份提供的信用。国家信用可以用于公共资金的筹集,以保证基础设施的顺利建设。国家信用是一种特殊资源,政府享有支配此种资源的特权,负责任的好的政府不会滥用国家信用资源。政府利用国家信用负债获得的资金应该主要用于加快公共基础设施的建设,为保障经济社会顺利发展并促进社会公平的重要事项,以向社会公众提供更多的公共物品服务,实现社会的和谐与安宁。国家信用一般由国家的法律予以保障。中国的国家信用形成主要通过以下方式:发行国家公债、发行国库券、发行专项债券和银行透支或借款。

4. 国际贸易的保护和拓展职能

国家间自由贸易的理论基础来自于李嘉图的比较优势理论,认为国际贸易分工的基础不限于绝对成本差异,也可以来自相对的优势。即使在所有产品的生产中劳动生产率都处于全面优势或全面劣势的地位,只要有利或不利的程度有所不同,该区域就可以通过生产劳动生产率差异较小的产品参与国际贸易,从而获得比较利益。但是比较优势来自对等的国际贸易,不同发展阶段的国家间的贸易并不完全平等。对于不对等的世界贸易格局,一些相对落后的国家为了建立完善自己的工业体系并不断提升其产业竞争力,提出了相关的经济干预理论。

（1）幼稚工业保护理论

幼稚工业保护是基于领先国家与后发展国家间不平等的贸易应运而生的理论建议。第一次工业革命，英国等先进工业国倡导自由贸易，直接导致一些后发展国家的民族工业受到直接冲击。自由贸易反映的是先发国的利益，后发展国家如果按部就班跟着走，只能沦为英国的伐木场或者牧羊场，成为被掠夺的对象。

李斯特认为，在现代化的第一阶段，后发国应采取自由贸易政策，吸收先发国的生产力。像西班牙、葡萄牙那样"对先进的国家实行自由贸易，以此为手段，使自己脱离未开化状态"。在现代化的第二阶段，后发国向先发国推进过程中，应像美国、法国那样采取保护主义政策，保护本国工业。在现代化的第三阶段，已成为先发国的强国，应像英国那样"在财富和力量已经达到了最高程度以后，再逐步恢复自由贸易原则，在国内外市场进行无所限制的竞争"。

幼稚工业保护理论影响了19世纪的德国和美国，影响了20世纪的日本，使它们都能在保护主义后面成长，强大之后又转而推行自由贸易。

（2）战略贸易理论

战略贸易理论是由保罗·克鲁格曼等提出来的。1984年，克鲁格曼在《美国经济学评论》上发表了论文"工业国家间贸易新理论"，认为传统的国际贸易理论都是建立在完全竞争市场结构分析框架基础上的，因而不能解释全部的国际贸易现象，尤其难以解释工业制成品贸易，从而提出应对国际贸易理论的分析框架进行更新的主张。

战略贸易理论认为，现实社会中的不完全竞争是普遍存在的。在规模收益递增的情况下，要提高产业或企业在国际市场上的竞争能力，必须首先扩大生产规模，取得规模效益。而要扩大生产规模，仅靠企业自身的积累一般非常困难，对于经济落后的国家来说更是如此。对此，最有效的办法就是政府应选择发展前途好且外部效应大的产业加以保护和扶持，使其迅速扩大生产规模、降低生产成本、凸现贸易优势、提高竞争能力。战略贸易理论建立在不完全竞争贸易理论的基础上，为国家进一步干预贸易活动提供了理论依据。

克鲁格曼认为，在寡头垄断市场和规模收益递增的条件下，对国内市场的保护可以促进本国的出口。因为进口保护措施可以为本国厂商提供超过其国外竞争对手的规模经济优势,这种规模经济优势可以转化为更低的边际成本,从而增强本国厂商在国内外市场的竞争能力,最终达到促进出口的目的。也就是说,在不完全竞争的条件下,只要规模利益是递增的,那么一个受保护的厂商就可以充分利用国内封闭起来的市场扩大生产规模,不断降低产品生产的边际成本。同时,通过销售经验的积累也会使销售成本沿着学习曲线不断下降,从而降低产品的总成本。本国厂商一旦在边际成本的竞争中具有优势,就可对国外市场成功地进行扩张,从而也就达到了促进出口的目的。克鲁格曼还认为,对外部性强的产业提供战略支持,不仅能促进该产业的发展,使其在国内外市场扩张成功,而且该区域还能获取该产业作为战略支持产业得到迅速发展而产生的外部经济效应。所谓外部经济效应,在这里是指某一产业的经济活动对其他产业乃至整个经济发展产生的有利影响。一般来讲,新兴的高科技产业往往都具有较强的外部经济效应。这些产业所创造的知识和所开发的新技术、新产品,将对全社会的技术进步和经济增长产生积极的推动作用,虽然这些产业的企业可以获得它们对生产知识进行投资所带来的收益,但却不是全部受益,因为知识外溢往往具有无偿性。因此,为了保护企业创造知识的热情,刺激企业的知识开发活动,扩大知识外溢所产生的经济效应,政府补贴和扶持就变得十分必要。

战略贸易理论所予保护的是具有规模收益递增特点的战略性产业,这些产业是与幼稚工业有很大区别的。

(3) 扶持高技术梯度产业理论

幼稚工业保护理论与战略贸易理论都强调政府对于本国的工业进行保护,不论是不对等竞争的原因还是规模报酬递增的原因,都为政府干预经济提供了理由。但是,这两个理论都没有考虑保护只能使本国企业面临的外部竞争的削弱,并不能带来自身企业竞争力的提升,而且在持续的保护中容易形成一种政府依赖。基于此,一些演化理论学者提出了后发展国家的一些产业升级的建议。其核心观点主要包括:第一,高质量的活动是以学习为核心的,不论是生产现场的改善、产品设计,还是技术研发方面的改善,都促进了知识的积累,提升了工业活动的质量。第二,学习是一个由简单到复杂的过程:发展中国家的企业一般都是经由 OEM(外包制造)至 ODM(原产地设计)再到 OBM(原产地品牌)这样一个学习与升级的过程。第三,打破路径依赖,政府需要对企业高质量的学习与技术升级进行扶持。第四,学习与升级活动在不同的产业有不同的分布,一些产业不需要大量的学习与升级活动,如服装生产;而在另一些产业这些活动就成为竞争的必需品,如精密仪器制造业、汽车制造业等。因此,政府对于特定的高质量分布密集活动产业的扶持就很有必要。

(4) 利用后发优势理论

按照不同经济发展阶段进行划分,可以将国家分为先发展国家与后发展国家。先发展国家一般会享受先发优势,尤其是在高技术产业。先发展获得的优势主要来自四个方面:第一,先发者有机会探索网络效应和正反馈回路,形成先行者标准,并使市场与网络形成依赖,封杀竞争国家的技术。第二,先发者可以先行抢占市场,形成品牌忠诚度,后来者很难打破。第三,先发者可能有机会限制竞争国家企业的发展,通过规模经济和学习效应实现成本优势。第四,先发者可以积累起关于市场需求、分销渠道、产品技术、工艺技术等的有价值的知识。

相对于领先国家企业的先发优势,美国学者格申克龙在总结德国、意大利等国经济追赶成功经验的基础上,提出了后发优势理论。其主要观点包括以下四个方面:第一,后发展国家可以有不同于先发展国家的路径依赖选择,即后发展国家可以也只能创造性地寻求相应的替代物,以达到相同的或相近的工业化结果。替代性的意义不仅在于资源条件上的可选择性和时间上的节约,更重要的在于使后发展国家能够也必须根据自身的实际,选择有别于先进国家的不同发展道路和不同发展模式。后发展国家可以通过对先进技术的模仿和借用,使自己一开始就可以处在一个较高的起点,少走很多弯路。第二,后发展国家可以跨越性地引进先进国家的技术、设备和资金。技术和设备的引进可以节约科研费用和时间,快速培养本国人才,在一个较高的起点上推进工业化进程;资金的引进可以解决后发展国家工业化中资本严重短缺的问题。第三,后发展国家可以学习和借鉴先进国家的成功经验,吸取其失败的教训。在这方面,后发优势主要表现为后发展国家在形成乃至设计工业化模式上的可选择性、多样性和创造性。后发展国家可以借鉴先进国家的经验教训,避免或少走弯路,采取优化的赶超战略,从而有可能缩短初级工业化的时间,较快进入较高的工业化阶段。第四,相对落后会形成社会强烈的发展与成长动力。在一个相对落后的国家,会产生经济发展的承诺和停滞的现实之间的紧张状态,激起国民要求工业化的强烈愿望,以致形成一种社会压力。这种压力,一方面源于后发展国家自身经济的相对落后性及对维护和增进本国利益的考虑,另一方面也是先进国家的经验刺激和歧视的结果。

综上所述,在对等贸易时,市场不需要政府的参与;但是对于不对等经济水平国家间的贸易,领先国家政府有动机去强化先发优势,而后发展国家政府则有动机去利用后发优势实现跨越成长。

三、政府与市场的"双强运行机制"

(一) 政府与市场之间不是此消彼长而是共生互补的关系

在政府与市场的关系上,有一种广为流行且影响较大的观点,将政府与市场的关系看成是此消彼长的关系,并用强弱或多少加以表述,如强政府、弱市场,政府少一点、市场多一点,等等。然而,在现实世界中,人们看到的两者关系并非如此简单。

如果将政府支出占 GDP 的比重看成政府在经济活动中发挥作用的典型指标,则在近现代经济发展过程中,呈现出这一比重随着人均收入水平提高而提高的规律性现象,这就是有名的"瓦格纳法则"。以由发达国家组成的经济合作与发展组织(OECD)国家为例,政府支出占 GDP 比重的均值,19 世纪后期为 10.7%,1920 年为 18.7%,1937 年为 22.8%,到 1980 年上升到 43.1%,此后基本稳定在这个水平上。其中的北欧国家,如瑞典、挪威、丹麦等,这一比重高达 50% 左右。尽管政府的介入程度有所提高,但在全球范围,这些国家的市场发展程度和竞争力仍是最强的。尤其值得关注的是北欧国家,在政府支出比重高达 GDP 一半的情况下,其经济高度开放,劳动力市场的活跃程度高于许多其他 OECD 国家。

这几个只有数百万人口的国家,却涌现出了诸如诺基亚、爱立信、马士基等全球领先的跨国公司,多年来在全球竞争力排序中名列前茅。在亚洲,令人瞩目的国家是新加坡。由于强制性推行公积金等制度安排,新加坡政府支出占 GDP 的比重不算高,但政府通过财政政策和政府出资的政联企业,对经济增长格局和产业升级施加了强有力的影响。新加坡经济经历了长时间的快速增长,并跻身于全球最有竞争力的国家之列。

反观数量更多的发展中国家,其政府财政支出占 GDP 的比重一般在 20% 左右。在非洲撒哈拉沙漠以南部分国家,这一比重更低。在这些国家,政府往往难以维持基本的公共秩序,无法形成全国性市场。

如果仅仅以强弱判断政府与市场的关系现实中,现实中更多的是"强政府"与"强市场"的组合、"弱政府"与"弱市场"的组合,"弱政府"与"强市场"的组合现实中并不存在。这就要求我们由表及里地探索政府与市场之间的复杂关系。

现代市场经济中,不可能没有政府的作用,问题的关键是,政府发挥什么样的作用,以及如何发挥作用。市场经济首先需要借助政府的权威力量界定和保护产权,建立并维护公平竞争的市场秩序,扩展市场体系,履行市场合约,反对垄断和其他不正当竞争行为。没有这些条件,市场不可能正常运转。从这个意义上可以说,有效的市场从一开始就离不开政府。在此基础上,从提供各种公共服务、缩小收入和发展差距、保护生态环境,到宏观调控和中长期发展规划,政府职能可以列出相当长的清单。不论这个清单的内容如何变化,其立足点都应是维护和促进市场更好地发挥作用。如果偏离这个方向,政府这只手伸得过长,越位、错位很多,试图替代市场的作用,甚至搞大一统的集中计划体制,表面看起来政府很强,但市场必定受到严重伤害,是不可能强的。

所以,问题不在于政府是否强势,而在于是否强而有道。弱政府难以支撑强市场;强而无道的政府,也不可能支撑起强的、好的市场。一个强的、好的市场经济的背后,一定有一个强的、好的政府。有效政府加有效市场,理应成为我们追求的目标。①

（二）资源配置活动中"强政府"有为领域的界定分析

政府与市场的关系既矛盾又互补：有时政府的权力过大会破坏市场的公平与效率，如中央集权的计划经济；有时市场的力量被放任、没有约束时会出现公共品供给不足，短期利益的追求会造成群体非理性以及地下灰色经济的泛滥。那么政府何种程度的干预才是一种理想的经济运行状态？

1. 政府资源配置与价格手段资源配置

政府配置资源的手段就是代理公共意志的权威，通过行政命令的方式将资源进行组织与调配。市场配置资源的手段为价格手段，通过不同价格释放的信号传递来对各种资源的价值进行评价，引导市场中的主体对其合理配置。价格手段配置资源是通过供给与需求的均衡来实现的：当价格高时，供给增加，需求减少；当价格低时，供给减少，需求增加，最终价格维持在供需平衡的基础上，资源的配置便得以实现。

2. 价格机制发挥强作用的条件

（1）竞争性与需求

经济物品一般被描述为"有比无好"的物品，这种物品一般具有竞争性的特征。竞争表现为需求方愿意为拥有这些经济物品而支付货币。同时，由于人们对经济物品有着"边际效用递减"的消费倾向，所以，需求曲线向右下方倾斜，保证了人们在购买数量增加时会不断减弱再购买的动机。但是，还有一些经济物品并不具备竞争性的特征，例如缺乏知识产权保护的数字产品、公共的绿地与海滩、一些科学研究的成果等。上述资源与物品具有"有比无好"的特征，但需求方却并不愿意为此支付货币。这里面有几个原因：

第一个原因为这类资源与物品不需要竞争。这类资源与物品的使用不会发生拥堵与损耗，即甲方使用并不影响乙方的使用价值。这个以数字产品为典型，

---

① 刘世锦."新常态"下如何处理好政府与市场的关系[J]. 求是，2014(18).

如网上音乐、软件、视频等都在此之列。对于任何需求方而言,存在现实的需要,却不会支付,也不需要支付就可以容易获得。

第二个原因为这类资源与物品不应该竞争。这类资源与物品一旦被需求方以竞争手段获得就会破坏整个经济活动的公平与正义。举例来讲,如果道路、绿地、海滩与军火可以被私人以竞价手段获取后,完全可以利用其对这些关键资源的独占而对其他想要使用的人进行敲竹杠,以获取更高的利益。因此,对于这类资源与物品,如果利用竞价的手段进行配置的话,在道德上显得站不住脚。

第三个原因为需求方不愿意竞争。对于一些资源与物品的竞价而言,需求方面临着两难的选择,一方面许多资源与物品是作为一个整体形成价值的(无法分离其使用价值),而另一方面需求方只需要其中的一小部分(资源与物品无法拆开出售)。面对着整体的高价格与需求方的分散需求,导致一个直接结果是,一些资源与物品根本无法被分散的个体用户所购买。例如,公共排水管道、公园与一些基础设施等都导致了分散的个体的需要无法汇集成真正的需求。退一步而言,即使可以汇集一些人的需求进行集体竞价,但是高昂的交易成本也会破坏这种定价的目标。所以,由于需求方不愿意为不能拆分的整体公共设施竞价,所以一些需要大规模与长时期投入的基础设施都很难通过市场力量来得以解决。

综上所述,许多经济物品存在着导致其非竞争性的因素,这些因素导致的一个直接结果是:价格在配置资源上很难发挥其高效的作用。

(2)排他性与供给

企业向市场供给其产品的前提是收益大于或者至少等于自己投入的成本。由于随着价格水平的上升,企业在成本不变的情况下会有更多的收益,所以产品的供给曲线是向右上方倾斜的。但是,非购买供给方产品的人如果也可以无成本或者很低的成本获取其花了大量成本提供的产品与服务的话,那么一个直接结果是供给方无法获得任何收益来补偿其成本。一般而言,非排他性也包含几个原因:第一,在技术上无法排除其他未支付购买的人员使用,例如无法申请专利的工业设计、工艺流程以及一些基础性的研究成果。第二,即使可以排除未支付购买的人员使用,但由于排除成本过高而导致得不偿失,具体包括:整洁的环境、清新的空气、悦耳的音乐等无法清晰界定产权的资源或物品。第三,与竞争性的原因相似,一些资源或物品也不应该排除其他人的使用,因为一旦被部分人员占有,就会造成不公平的状况。例如,如果将杭州西湖变成私人财产的话,那么其他没有能力支付购买的人就无法享受这一自然景观。从经济配置的效率来讲,一些自然景观配置给私人符合经济效率,但是却造成了明显的不公平,这也是对一些公共资源与自然景观不进行私有化配置的关键原因。

由上可见,一些资源或物品也会由于其非排他性而导致一般的市场主体不愿参与生产,没有这些资源与物品的供给,价格也无法发挥其有效作用。

3. 基于资源配置的"双强机制"理论分析框架

根据资源的非竞争性与非排他性可以将资源分成四种属性类别(见图5-1)。这四种属性分别为:Ⅰ象限,具有排他性与竞争性的资源与物品。这一类资源与物品具有明晰的产权,市场对此类资源进行配置发挥着决定性的作用。政府除了在应对国外领先企业对本国后发企业竞争中或者为了保护本国的农业生产之外,一般不发挥资源的配置作用。所以对于这种类型的资源与物品,"强市场"与"弱政府"是一种有效率的选择。

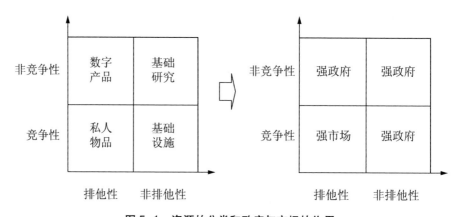

图5-1 资源的分类和政府与市场的作用

Ⅱ象限,具有排他性与非竞争性的资源与物品,这一类资源与物品有明晰的产权,但却由于非竞争而导致了市场在配置该类资源与物品时存在着很大的约束。这类资源与物品最有代表性的便是互联网上的数字产品,如操作系统、应用软件、数字音乐、电子书籍等。由于需求方几乎可以零成本地获取,所以让其支付货币去购买这些产品存在着很大的困难。可以看出,单独的价格机制是很难有效解决这一类型的资源配置的,而政府可以在三个方面帮助市场来提高其配置的效率。首先,政府需要加大对于知识产权的保护力度,对于盗版与侵权的行为进行严惩;其次,政府可以利用自己的媒体与权威渠道对于保护知识产权的观念进行引导与灌输;最后,政府可以直接对一些知识性的产品进行购买,以使参与知识创新人员的收入得到保障。

Ⅲ象限,具有竞争性与非排他性的资源与物品。这一类资源与物品是社会大众所需要并愿意支付购买的,但由于其产权无法(或者不应该)清晰界定,所以市场对其配置仍旧遇到难题。这一类资源与物品主要以基础设施为代表,如公路、公园、高铁、公共交通等。由于市场在这部分资源的配置方面的低效率,政府需要直接参与这些资源的配置与供给上来,但是这些资源并不由政府组织创造,只是由政府来最终采购,其中组织与配置的过程都是在政府的监督下通过市场来完成的,如招投标、人员的招聘、设备的采购等。所以,对于这类资源与物品,"强政府"与"强市场"协同发挥作用,既弥补了市场的不足,又有效地发挥了政府的监督与协调作用。

Ⅳ象限,非竞争性与非排他性的资源与物品。满足这个条件的代表性的资源与物品就是一个国家的基础研究成果,这些研究既无法变成私人产权来排除别人享用,又无法激发市场中的竞争之心。对此类资源与物品,必须依赖强力的政府扶持与干预才可以保证其有效地供给,而市场机制最多只能发挥一点补充作用,如利用经济手段引导一些科研人员进入这个领域。所以,在这个象限的资源与物品,"强政府"与"弱市场"的配置是必然的结果。

综上所述,基于资源的不同类型,政府与市场在其中发挥不同的作用。"强政府"与"强市场"对一些准公共品(数字产品与基础设施)都表现出较好的效果。

(三)政府与市场的"双强运行机制"

1. 政府行为与初次资源配置

按上述模型可以看出,政府对于私人物品领域(竞争性与排他性)不应施加干预。但是,对于数字化的无形资源与物品(非竞争性与排他性)、基础设施类资源与物品(竞争性与非排他性)及基础研究类资源与物品(非竞争性与非排他性),政府确实有干预的理由。

(1) 区域资源配置与政府投资

政府投资是一种最为直接与最为强力的干预,如图5-2所示。它表现为在当市场不能够或者不足够提供社会需要的产品与服务时,政府通过直接投资来改善供给。

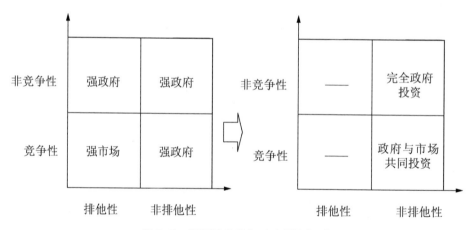

图5-2 资源的分类与政府投资领域

① 政府投资的业务范围

政府投资要严格限制在公共领域,包括公益性项目和基础研究性项目,这类型的项目由于其非竞争性与非排他性,市场根本无法参与其中,只能依赖政府的投资来推动。对于一些存在着竞争性的基础设施类项目,政府与市场共同参与其中。政府应允许企业集团、实力较强的私营企业对有盈利能力的公益性和基础性项目进行投资。Holtz-Eakin(1994)①在分析美国公共投资的形成与增长时,将公共投资按照其最终用途分为四类:第一类是教育投资;第二类是道路及高速公路投资;第三类是污水处理设施投资;第四类是公用事业投资。在 Etsuro-Shioji(2001)②的研究中,将上面列举的后三类合并称为基础设施类公共投资,从而与教育类公共投资组成两个类别。按照 Holtz-Eakin 的估计,1988 年,在美国,上述四项公共投资在政府投资总额中的比重分别是:教育类占 20.2%,道路及高速公路类占 34.5%,污水处理类占 7.5%,公用事业类占 13.2%。日本对公共投资的定义相对广泛一些,总计包括 14 个项目,Etsuro-Shioji(2001)将其合并为四个项目,一是教育类;二是基础设施类,包括公共房屋、污水处理、垃圾处理、水的供给、城市公园、道路、港口、机场、工业用水等;三是国有保护土地,包括山脉、河流和海岸;四是农业和渔业。1990 年,在日本,上述四项在公共投资中的比重分别为 12.1%、60.6%、13.5%和 13.7%。

② 政府投资与经济成长

政府投资的首要职能是促进经济成长。在研究经济增长的过程中,一般将政府投资(公共投资)和私人投资合并在一起作为总投资看待,它与劳动力增长和技术进步被看做是生产函数中决定产出增长的三大要素之一。公共资本和私人资本之间存在一定的互补关系,社会总资本积累则通过公共资本和私人资本的交替上升来进行。政府投资和私人投资分别在不同的时期成为推动社会总资本积累、促进经济增长的主要工具。凯恩斯与新古典综合派以乘数理论为依据,对公共支出政策作出了不同的选择,凯恩斯强调资本积累的重要性并重视公共投资,新古典综合派则相反。凯恩斯强调政府投资对于私人有效需求不足的弥补,即强调了经济中由于有效需求的不足而导致的增长受限,政府运用赤字政策将一部分没有投入到经济循环的资本补充进经济体系,以促进整体增长。但是投资乘数理

---

① Douglas Holtz-Eakin. Public-Sector Capital and the Productivity Puzzle[J]. The Review of Economics and Statistics, Vol.76, No. 1, 1994, pp. 12-21.

② Etsuro-Shioji. Public Capital and Economic Growth: A Convergence Approach [J].Journal of Economic Growth, 2001, 6, pp.205-227.

论及其扩展形式——财政政策乘数理论模型在分析经济问题时有其局限性。当经济成长并非是有效需求不足时而是原材料成本的上升以及社会供给不足时,通过大量的政府投资甚至会对经济造成破坏作用。例如,美国在20世纪70年代末所经历的石油价格上涨而造成的经济危机时便对政府的干预经济增长提出了挑战:对经济干预并未带来预期的增长,反而造成了更高的通货膨胀。

同时,政府投资一般具有典型的外部正效应,比如公共基础设施投资,它的发展直接为以此为发展基础的相关产业部门的扩张提供了支持。公共投资的先期扩张,往往带来私人投资的繁荣,从而为经济增长带来累积效应;另外,公共投资的一些特殊领域,比如教育与科技投资,本身就是技术进步的源泉,其有一部分意义可以通过技术进步的作用体现出来。然而政府投资对经济增长的积极意义,虽然在理论上得到了论证,但是在实证的意义上,相关研究所得到的结论并不一致。Evan et. al(1994)[1]利用美国48个州1970—1986年间的数据,评价政府公共投资对私人部门经济增长的影响,他们发现公共投资中的教育投资对效率提高有显著的积极意义,但是其他项目的公共投资并没有明显的效果,甚至体现出负面的影响。Teresa Garcia-Milà et. al.(2001)[2]研究了美国1970—1983年48个州的混合数据,把公共投资分为三类,分别是高速公路、水的供给和污水处理、其他公共投资,在分别考虑和不考虑区域状态差异的三类模型中,三项公共投资没有体现出任何显著的正效应。最近的研究结论似乎又重新强调了公共投资的积极意义,Etsuro(2001)[3]的研究表明,无论在美国还是日本,公共投资中基础设施投资对不同地区人均产出的增长均有积极意义。

③ 政府投资与区域发展平衡

政府投资的另一个重要职能是调节经济结构,促进经济保持良性发展。一国

---

[1] Evans, K. G. Are Government Activities Productive? Evidence from a Panel of US State[J].Review of Economics and Statistics, 1994(76), pp.1–11.

[2] Garcia-Milà, T., Mcguire, T. J. Do Interregional Transfers Improve the Economic Performance of Poor Regions? The Case of Spain[J].International Tax and Public Finance, 2001,(8).

[3] Etsuro-Shioji. Public Capital and Economic Growth: A Convergence Approach [J].Journal of Economic Growth, 2001,(6).

经济的区域不平衡主要表现在两个方面：一是区域的基础投资间的差别，导致了区域间的经济不平衡；二是区域的主导产业间的差别，不同区域以不同的主导产业作为自身的发展重点。区域间发展的不平衡是由该地的资源禀赋、历史发展及地域政策等相关因素影响的。由于初始条件的不对等，导致一些发达地区与落后地区陷入一种"锁定"状态，即发达区域与落后区域出现了极度两极分化的二元化发展状态。落后地区人才流出、基础设施不足、教育水平低下、政策弹性空间小、外来资金不足，以及发达地区人才流入、基础设施良好、教育水平较高、系列的优惠政策都很难由市场自由竞争来快速改善。同时，基础设施建设一般具有耗资较大、工期长、收益低、见效慢等特点，地方政府和企业往往无力独立承担其中较大规模的项目。中央政府从财政总收入中专门设立基础设施建设基金，负责对基础设施中规模较大的水利工程、铁路建设、电力工程等项目的投资。因此，出于防止"穷越穷、富越富"的状态，政府通过区域公共投资来弥补发达地区与落后地区的差距。

区域间的经济不平衡不仅表现在经济发达程度，还在于不同地域的主导产业的差别。尽管在自由竞争的市场经济中，也有可能形成产业集群，但是这种自发形成的集群很难短期内形成规模经济、范围经济与品牌效应。产业集群的形成有利于企业大量的创新的产生，还可以促进知识在集群间企业的快速流动，提高整体产业的竞争力。产业集群在区域乃至国家层面的竞争发挥重大的作用，而政府投资也可以在其中起到重大的作用。比如基础设施的建设、教育机构的聚集、技术研究机构的创建以及相关配套服务社施的完善，这些都在产业集群的构建中发挥着基础作用。

因此，国家投资主要从两个方面影响区域的经济平衡：一是由国家投资加强基础设施建设，诸如解决交通运输、邮电通信、供电、供水、住宅等方面的问题，改善区域投资环境，为工业化、城市化创造必要的条件；二是根据国家的产业政策在一些重点区域扶持和培育一批工业企业，以谋求区域经济增长和区际经济相对均衡发展。

④ 政府投资方式

政府投资方式主要有两种类型，一组是无偿的、直接的、不可控制的、一般利益支出的投资方式;另一组是有偿的、间接的(转移性)、可控制的(弹性)、特殊利益支出的投资方式。具体而言,政府的投资方式可分为以下四类:第一,按照投入性质可以划分为有偿性投资与无偿性投资。有偿性投资主要是指政府采取政策性贷款和资本金注入等方式提供的财政投资,包括对有重要的社会效益或对国家有重要战略意义的国民经济建设项目给予的扶持。无偿投资就是政府部门为保障纯公益性部门提供的产品与服务能力所进行的投资。一般采取拨款形式投入资金。无偿投资体现了法律与契约赋予政府公共投资的应尽义务。第二,按照投入对象可以划分为政府直接投资与政府间接投资。政府直接投资是指政府通过财政支出拨款给国有部门来提供相应的产品或服务。政府间接投资是指政府通过财政贴息、政策性贷款、税收减免等途径向企业让渡社会资本,通过社会资本的投资实现投资效益。尽管财政投资并不直接形成固定资产,但只要财政支出最终转化为固定资产,就可以列为间接投资范畴。第三,按照投入控制力可以划分为刚性投资与弹性投资。刚性投资是指政府根据特定领域与特定区域的特点必须进行的、不能随意停付或逾期支付的投资支出,也可以称为不可控制的投资,如政府对义务教育等纯公益性领域的投资拨款就不能变成弹性的、可以缩减的支出。弹性投资是指政府根据行业特点与每个预算年度的需要决定增减的支出,弹性投资也可以称为可控制性投资,如政府对由政府定价而导致亏损的基础行业进行的补助支出、临时性教育与医疗性支出等。第四,按照投入受益范围可以划分为一般利益支出与特殊利益支出两大类。一般利益支出是指政府通过财政拨款等途径提供的全体社会成员均可享受的社会服务的支出,如义务教育、公共交通、公共医疗、国防支出、司法支出等,也可以称为公益性支出。特殊利益支出是指政府通过产业补助等方式对社会某些特定居民或企业给予特殊利益的支出,如企业补助支出、教育券、医疗券支出等。

(2)区域资源配置与政府定价

当价格无法完全对资源实行有效配置的时候,政府还需要通过替代市场的手段来对一些特定的物品进行定价与管制,如图5-3所示。

① 政府定价

政府的强制定价也要严格限制在公共事业以及特种资源上面,由于一些公共

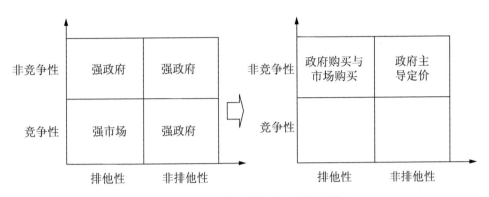

图 5-3 资源的分类与政府定价领域

事业及公益事业具有非竞争性与非排他性的特征,所以市场无法给这类资源的供给进行有效定价。政府自己投资提供这些资源与服务,并自己购买这些资源与服务,最后再制定一定的有偿标准(价格)提供给大众,这种价格水平已经与成本无关,是政府对社会的公益性服务,完全受到政府政策的影响。

政府定价的范围一般集中于以下几类:第一,与国民经济发展和人民生活关系重大的极少数商品的价格,如路桥收费、公共交通费用等;第二,资源稀缺的少数商品的价格,如稀有金属、矿石的定价等;第三,自然垄断经营的商品的价格,如电信收费与电网收费等;第四,重要的公用事业的价格,如高中及大学教育收费等;第五,重要的公益性服务的价格,如公园门票、各种办证费用等。政府指导价、政府定价的定价权限和具体适用范围,以中央的和地方的定价目录为依据。中央定价目录由国务院价格主管部门制定、修订,报国务院批准后公布。地方定价目录由省、自治区、直辖市人民政府价格主管部门按照中央定价目录规定的定价权限和具体适用范围制定,经本级人民政府审核同意,报国务院价格主管部门审定后公布。省、自治区、直辖市人民政府以下各级地方人民政府不得制定定价目录。

政府价格主管部门和其他有关部门制定政府指导价、政府定价,需要开展价格、成本调查,听取消费者、经营者等多方意见。制定关系群众切身利益的公用事业价格、公益性服务价格、自然垄断经营的商品价格等政府指导价、政府定价,一般需要建立听证会制度,由政府价格主管部门主持,征求多方意见,并论证其必要性、可行性。

② 政府采购

对于一些排他性与非竞争性的资源与服务,如互联网上大量的数字化产品、一些高校与研究机构的基础研究课题,这些产品与课题都是私人市场不愿竞争争夺的资源物品。对于数字化产品与服务,政府可以通过建立与完善知识产权制度来将这些准公共品转变成为可竞争性的私人物品并交给市场去解决。但是,对于一些基础研究课题,还有一些重要的基础设施与公益服务,政府的采购就显得尤为必要。同时,为了维持政府等相关部门的正常运作,政府也需要从市场中采购大量的产品与服务。

由于政府作为单一的购买方,不存在明显的买方竞争,导致政府采购很容易出现利益输送、灰色交易与利益腐败等现象。所以,建立一套透名的、公平的采购审批与审查制度对于提高政府采购效率至关重要。

2. 政府行为与二次资源配置

除了直接参与到市场中发挥投资与购买作用,政府还间接地发挥资源配置的作用。政府主要通过税收杠杆、利率、汇率等手段间接发挥作用。

(1) 区域资源配置与政府税收杠杆

政府税收杠杆是指政府运用税收形式,利用物质利益原则,间接调节社会经济活动的手段。国家通过税收给予纳税人以有利或不利条件,引导其经济行为服从于宏观经济计划的要求。

税收杠杆调节政策主要包括以下几个方面:设置税种、确定税率、实行税收减免与退税、规定起征点与免征额、企业利润调节等方面。第一,设置税种。税种是指一国税收体系中的具体税收种类,是基本的课税单元。根据征税对象的不同,可以将税收划分成不同的种别。目前我国税收分为流转税、所得税、资源税、财产税、行为税五大类,共 19 种。第二,确定税率。税率高低,除了解决国家与纳税人之间的分配比例问题外,主要是给予不同纳税人以有利或不利、利大或利小的条件。税率高,体现国家限制的意图;税率低,体现国家要鼓励的意图。除高低不同的税率外,种类不同的税率也体现不同的政策。如累进税率比比例税率、全额累进税率比超额累进税率更能体现限制政策。第三,实行税收减免或退税。例如,企业所得税减免是为鼓励和扶持企业或某些特殊行业的发展而采取的一项灵活调节措施。这些税收政策既可以鼓励高科技企业的创新,也可以推动为政府提供公益服务企业的成本下降。第四,规定起征点和免征额。起征点可以照顾那些低收入的纳税者;免征额可以对所有纳税人都给予一定程度的照顾。第五,企业利润调节。税收对利润的调节包括两个方面,一个方面是对利润形成的调节,另一个方面是对利润分配和使用进行的调节。在利润形成方面,通过差别税负政策,使不同产业和从事不同产品生产的企业获得的利润水平不同,从而可以发挥税收促进产业结构和产品结构合理调整的作用。以上对利润形成的调节,一般属于流转税的作用领域。在利润分配和使用方面,政府可以对留利水平进行调节,一般属于所得税的作用领域。政府也可以对留利使用进行调节,一般属于目的税的作用领域。通过对目的税税种和税率的合理设计,能够对企业从留利中形成的各项基金在使用的方向和规模方面起到引导或抑制的作用,以符合宏观经济发展的要求。

(2) 区域资源配置与政府利率、汇率手段

利率政策是我国货币政策的重要组成部分,也是货币政策实施的主要手段之一。中国人民银行根据货币政策实施的需要,适时的运用利率工具,对利率水平和利率结构进行调整,进而影响社会资金供求状况,实现货币政策的既定目标。目前,中国人民银行采用的利率工具主要有:第一,调整中央银行基准利率,包括再贷款利率、再贴现利率、存款准备金利率、超额存款准备金利率。再贷款利率,指中国人民银行向金融机构发放再贷款所采用的利率;再贴现利率,指金融机构将所持有的已贴现票据向中国人民银行办理再贴现所采用的利率;存款准备金利率,指中国人民银行对金融机构交存的法定存款准备金支付的利率;超额存款准备金利率,指中央银行对金融机构交存的准备金中超过法定存款准备金水平的部分支付的利率。第二,调整金融机构法定存贷款利率。第三,制定金融机构存贷款利率的浮动范围。一般而言,利率上调有助于吸收存款,抑制流动性,抑制投资热度,控制通货膨胀,稳定物价水平;利率下调有助于刺激贷款需求,刺激投资,拉

动经济增长。

汇率政策是指一个国家(或地区)政府为达到一定的目的,通过金融法令的颁布、政策的规定或措施的推行,把本国货币与外国货币比价确定或控制在适度的水平而采取的政策手段。汇率政策工具主要有汇率制度的选择、汇率水平的确定以及汇率水平的变动和调整。汇率制度传统上分为固定汇率制度和浮动汇率制度两大类。浮动汇率制度是指汇率完全由市场的供求决定,政府不施加任何干预的汇率制度。鉴于各国对浮动汇率的管理方式和宽松程度不一样,该制度又有诸多分类。按政府是否干预,可以分为自由浮动和管理浮动;按浮动形式,可以分为单独浮动和联合浮动;按被盯住的货币不同,可以分为盯住单一货币浮动和盯住合成货币浮动。一国的汇率政策目标既可以是维持经济增长,也可以是实现充分就业,还可以是维持币值稳定(控制通货膨胀),或者是以上几种目标的组合。中国实行的是以市场供求为基础、参考一篮子货币价格、有管理的浮动汇率制度。过去十年里,人民币汇率基本稳定,促进了中国经济发展和改革开放,同时也为维护亚洲乃至世界金融和经济的稳定作出了贡献。

(3)对特殊贡献的奖励

在中国,为了鼓励创新与推动经济成长,国家、地方政府及相关机构设置了许多奖励办法。这些奖励或者是对有重大贡献的奖励,或者是对创新性研究的资助,或者是为了推动区域经济的整体创新水平。具体而言,包括:第一,个人层面的奖励与资助,如国务院政府特殊津贴(1990年制定)、国家最高科学技术奖(2000年设立,奖金500万元)、国家自然科学奖、国家技术发明奖等。第二,团体的奖励,如国家自然科学基金(1986年创立,是由国家自然科学基金委管理下的科技创新的资助)、国家社会科学基金(1991年创立,是由全国哲学社会科学规划办公室负责管理)。第三,企业的奖励,如地方政府对于本地企业获得驰名商标的奖励及对本地企业获得专利及研究项目的资助。第四,区域技术孵化器的扶持,如对高新技术产业园区创办中的政策、税收与资金的支持。从1991年以来,国务院先后共批准建立了114个国家高新技术产业开发区(截至2014年8月)。各种类型的资助、扶持与奖励极大地推动了中国的整体科学技术水平与区域经济的发展,同时也起到良好的引领与示范效果。

3. 在资源创造中的政府与市场的"双强作用"

资源创造不同于资源配置,强调新资源、新服务与新知识的产生,而不是对现有资源、服务与产品的定价。主流的微观经济学中并没有解释关于知识与技术创新的过程,也未明确地将知识创造过程纳入经济增长的分析。传统的资源创造过程被简化为一个抽象的生产函数,在既定水平的技术条件下(假定生产过程不存在任何意会性知识),资源的创造是由投入的资本与劳动的组合而形成的。这里面存在两个问题:第一,知识不同于信息,大量的生产过程中存在着意会性知识,导致同样价格购买到的资本与劳动创造生产出了不同质的产品;第二,知识是不断积累与迭代的,新的工艺方式、管理方法与工具的使用都使得资源的创造在不同水平上发生。

(1) 基于资源创造的"双强机制"理论框架

基于资源创造的"双强机制"理论框架如图5-4所示。

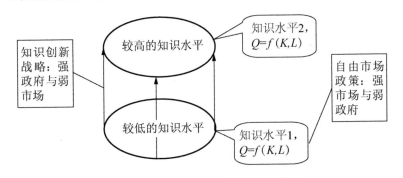

图5-4　政府在资源创造中的作用领域

① 在知识水平保持不变与高度扩散的情况下,资源创造更依赖于市场组织

知识水平不变指的是不同企业在生产各种产品过程中拥有相同的知识水平,企业间的信息是对称的,生产过程中不存在任何难以理解的技术难题,在这种情况下,资源创造完全依赖于资本与劳动的投入,即 $Q=f(K,L)$(K 表示资本投入,L 表示劳动投入)。资本受到利息的调节,劳动受到工资的调节,受限于边际效用递减原理,产量在各种投入资源的约束下达到最大化产出。在这个条件下,政

府既不需要也没有必要参与到新产品的制造过程中,生产活动在利益的刺激下自发完成。所以,当知识成为行业共识时,"强市场"即可完成资源创造,不需政府参与。

② 当知识水平在行业内存在着不均衡的状态时,政府便有了参与的必要

企业间由于内部的学习与创新会导致不同企业间的知识水平不一致,又由于意会性知识的难以转移(显性知识又称为信息化的知识,可完全转移)的特征,所以大部分同行企业间必然保持着差异化的竞争。一般企业中,知识通过应用性的技术作用于生产过程,因此,新的生产函数就变成了 $Q=f(K,L,T)$(T 表示不同的技术水平)。资本与劳动受到市场价格的影响,但是技术,尤其是凝结着意会性知识的技术很难通过价格进行配置。同时,由于知识是无形的,还可以通过作用于资本与劳动而整合带来产出上的改变。所以,新的生产函数根本无法表达不同知识水平的产品生产过程。

关于企业竞争优势的许多研究都将难以模仿与难以替代的知识作为企业竞争优势的来源。知识如果可以被编码成为信息,企业间的知识水平就会被拉近,甚至拉平,然后资源的创造便不再受知识的影响。但大量的知识是难以被编码成为信息的,企业在资源创造过程中必须持续受到知识的作用,进而产生竞争优势。在这里,市场经济只体现为竞争优势的削弱。由于知识水平的差距不仅体现在行业内部的竞争企业,还体现在不同国家间的企业。一国想要提升国家的实力,需要在两个方面帮助企业形成竞争优势:第一,在企业创新方面的扶持;第二,在保护专有知识方面的投入。从这方面而言,政府是逆市场而为,强势政府需要推动以知识培育与创新的战略。

(2) 知识创新与政府的战略

关于知识创新与政府战略间的关系如图5-5所示。

知识可以在两个层面得以提升:一是由新知识代替了旧知识。由于知识离不开其应用的目标,当新知识可以采用更少的资源、更低的成本来达成目标时,知识水平就得以提升。二是由难以学习与模仿的知识代替了容易模仿的知识。知识不同于信息,需要经历人类的认知过程。一旦知识容易被学习与信息化,那么这

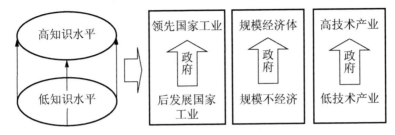

图 5-5 知识创新与政府战略

种知识所能够带来的竞争优势就会消失,因为这种知识很快会成为行业内的共识。所以高水平的知识高度依赖其所在的网络与载体,处于大脑与复杂的技术网络中,这种知识的水平更高,而存储于硬盘中与简单技术中的知识则很难为持有者带来优势。因此,知识的升级表现为知识的迭代与知识的意会化。

市场只会使知识蜕化,不会促使知识升级。对于知识创造者而言,市场的信息化扩散使创新迅速成为行业内共识,使创新者的收入不足以弥补损失;对于知识模仿追随者而言,只需要模仿就可以获得行业的平均利润,创新的意义就消失了,而且长时期的模仿也会使模仿者的认知系统退化,失去创新能力。现代企业竞争优势理论的一个基本观点就是:企业的存在不是因为市场中的交易费用(市场的无效率),而是因为企业可以创造出独有的知识(企业自身有效率)。对于国家层面而言,完全依赖于市场机制,也会造成进入贫穷的陷阱。正如赖纳特在他的《穷国国富论》[①]中强调的:国家政策对于创新的推动至关重要。国家可以在三个方面促进经济的发展,具体表现为:第一,推动后发展国家的工业体系建设;第二,选择报酬递增的产业进行引导与扶持;第三,引导国内企业进入高新技术产业。

① 产业初期政府的引导

由于国别间产业发展阶段的不平衡,一些领先国家已经发展到了产业的高级阶段,而另一些落后国家根本未进入这个产业或者处于产业发展的初级阶段。一些发达国家的学者便利用比较优势理论来强调全球产业链分工布局,让发达国家

---

① 〔挪〕埃里克·S. 赖纳特著. 贾根良等译. 穷国的国富论:演化发展经济学论文选[M]. 北京:高等教育出版社,2007.

的企业从事专属性知识密集的研发、设计、营销及品牌建设部分,让落后国家从事缺乏专属性知识的制造与组装环节,这样的一个产业链布局表面上看似公平,但却产生了严重的利润不均衡分布。利润被拥有更多专属性知识的一方拿走了,从事制造业的国家并不富裕。打破这种全球产业链不平衡的分工,企业一方在很多情况下是无能为力的,因为落后国家的企业先天不足,缺乏资金、人才、经验,甚至是创新的意愿。在少数从落后国家发展到领先国家的例子中,如韩国、新加坡等,都表现出了较强的政府扶持企业创新的政策导向。对于创新间接扶持,可以通过低息或者无息的贷款、税收减免、技术人才扶持以及对企业进行管理与技术援助等;对创新直接扶持,可以通过政府直接从事企业经营,通过举国之力来提升企业知识与技术水平等。

② 报酬递增产业的强化

在一些产业中存在着明显的报酬递增状况,尤其是在一些市场范围无法完全满足规模经济的行业中,这种情况被称为自然垄断。自然垄断在一国国内,可以通过价格管制、严格监督及税收政策等方式干预。但是国别间的自然垄断却使先进入该行业国家的企业占尽优势,而后进入者根本没有机会进入。例如大飞机制造,全球最早进入该行业的是美国的麦道公司(波音后来兼并了麦道,成为全球最大的商用飞机制造企业),随后欧洲的法国、德国、西班牙与英国也建立了一体化的空中客车公司进入该行业。但是对于没有大型商用飞机制造能力的国家而言,如果需要购买商用飞机,只能从这两家公司购买,没有任何议价能力。这种情况对于这些国家而言,经济上既不划算,又不利于国家的长远发展。从另一方面来讲,一些小公司对于存在着自然垄断的行业也无能为力,既缺乏资金,又没有实力熬过长时期的亏损期。同时,报酬递增产业有一个共同的特征,即存在着明显的学习经济,有着陡峭的学习曲线,知识存在着一个不断攀升的梯度,也造成了行业先进入者"赢者通吃"的状况。从上述国别竞争角度而言,政府有着充分的理由去建立及扶持报酬递增产业内企业的发展并参与到国际竞争。

③ 高新科技产业的建设

经济合作与发展组织(OECD)出于国际比较的需要,也用研究与开发的强度定义及划分高新技术产业,并于1994年选用R&D总费用(直接R&D费用加间接R&D费用)占总产值比重、直接R&D经费占产值比重和直接R&D占增加值比重三个指标重新提出了高新技术产业的四分类法。即将航空航天制造业、计算机与办公设备制造业、电子与通信设备制造业、医药品制造业等确定为高新技术产业。高科技产业与前述的高知识水平的内涵相似,即高科技既反映了知识的快速迭代(不断创新的涌现),也反映了知识的高度复杂性与意会性。在这类产业中,研发活动处于产业活动的核心地位,大量的知识密集型的人才进行高度合作,创意与创新是企业竞争的关键。同样,高科技产业不会随着市场竞争自然产生,低科技产业也不会很快升级至高科技产业。知识与技术的升级受限于一个国家的教育基础、创新文化、人才储备与已有的技术储备,而这些因素的发展与完善全部需要依赖国家的投资与扶持。

阅读材料▶

保护幼稚工业论

幼稚产业保护论最初由汉密尔顿提出,经过李斯特全面发展而成为最早、最重要的贸易保护理论。幼稚工业保护论影响了19世纪的德国和美国,影响了20世纪的日本,使它们都能在保护主义的篱笆后面成长,强大之后又转而推行自由贸易。经过近半个世纪的修补与解释已经适用于现今的社会。

李斯特的幼稚工业保护理论建立在三大理论基础上:国家经济学、社会经济发展五个阶段论及生产力理论。其中,生产力理论是核心。建立在这三大理论基础上,他提出了如下基本观点:

第一,提出发展阶段论,批判比较成本理论忽视了各国历史和经济的特点。李斯特认为,斯密和李嘉图的理论尽管有其长处,但只适合英国的情况,或者说只是从全世界共同发展出发的,而没有考虑到各国情况不同、利益各异,这不是一种普遍适用于各国的理论。

李斯特特别强调每个国家都有其发展的特殊道路,并且从历史学的观点,把各国的经济发展分为五个阶段:原始未开化时期、畜牧时期、农业时期、农工业时期、农工商业时期。他认为,各国在不同的发展阶段,应采取不同的贸易政策,在经济发展的前三个阶段必须实行自由贸易;当处于农工业时期时,必须将贸易政策转变为保护主义;而当经济进入发展的最高阶段,即农工商业时期时,则应再次实行自由贸易政策。只有这样才可能有利于经济的发展,否则将不利于相对落后国家的经济发展。

李斯特认为,由于英国已进入农工商业时期,它实行自由贸易政策是正确的,但绝不能否认保护贸易政策在英国经济发展史上所起的重要作用。至于德国,由于它还处在农工业时期,所以必须采取保护贸易政策。

第二,提倡生产力论,指出比较成本论不利于德国生产力的发展。李斯特认为,生产力是创造财富的能力。一个国家的财富和力量来源于本国社会生产力的发展,提高生产力是国家强盛的基础。他说:"财富的生产力,比之财富本身不晓得要重要多少倍;它不但可以使原有的和已经增加的财富获得保障,而且可以使已经消失的财富获得补偿。"李斯特正是从保护和发展生产力的角度出发,主张在农工业时期的国家必须采取保护贸易的政策。

李斯特认为,在当时,如果英国的自由贸易学说不加区别地应用于各国,就会使先进的英国商品充斥落后的国家,包括李斯特的祖国——德国。从短期来看,落后国家可以买到一些廉价商品,似乎占了便宜;但从长远看,落后国家的工业却因此发展不起来,社会生产力得不到提高,就会长期居于落后地位和从属地位。反之,如果德国采取保护贸易政策,从短期看,某些商品价格,特别是先进的工业品价格是高一些,但是,为了培育自己的民族工业,就应当忍受暂时的牺牲。经过一段时期,民族工业发展起来了,原来依靠进口的商品——先进工业品的价格就会降下来。这样,看起来似乎开始时减少一些财富,但却通过保护贸易,发展了自己民族的生产力,即创造财富的能力,这才是真正的财富。李斯特说:"保护关税如果会使价值有所牺牲的话,它却使生产力有了增长,足以抵偿损失而有余。"

第三,主张国家干预经济,反对古典学派的放任自由原则。李斯特认为,要想发展生产力,必须借助国家力量,而不能听任经济自发地实现其转变和增长。他承认当时英国工商业的发展,但认为英国工商业的发展也是由于当初政府的扶植政策所造成的。德国正处于类似英国发展初期的状况,应实行在国家干预下的保护贸易政策。

李斯特主张通过保护关税政策发展生产力,特别是工业生产力。他认为,工业发展以后,农业自然跟着发展。因此,他提出的保护对象有几个条件:(1)幼稚工业才需保护。(2)在被保护的工业得到发展,其产品价格低于进口同类产品并能与外国竞争时,就无须再保护,或者被保护工业在适当时期(如30年)内还不能扶植起来时,也就无须再保护。(3)工业虽然幼稚,但如果没有强有力的竞争者,也不需要保护。(4)农业不需要保护。

基于李斯特主张保护的是幼稚工业,并且主要是通过关税保护,所以,人们把李斯特的保护贸易理论称作幼稚工业保护论或关税保护贸易理论。

其中心内涵包括:提高进口商品关税,保护本国幼稚工业。其内容包括:(1)对外贸易政策的目的是发展生产力。(2)对外贸易政策取决于该区域该时期的经济发展水平。李斯特把根据国民经济完成程度,把国民经济的发展分为五个阶段:原始未开化时期、高牧时期、农业时期、农工业时期、农工商业时期。(3)主张国家通过关税干预对外贸易。

幼稚工业保护理论对现实经济发展具有深远影响。美国宪法禁止出口关税,发展中国家却经常对它们的传统出口产品征收出口关税,以得到更有利的价格和增加收入。发展中国家之所以在很大程度上依赖出口关税增加收入,是因为这种关税征集起来很方便。相反,工业化发达国家通过设置关税或其他贸易壁垒来保护某些产业(劳动密集型),而收入的增加主要是通过征收所得税。工业化国家自第二次世界大战以来关税一般都有所下降,现在制成品的平均关税不超过5%,但是农业品贸易却一直受直接配额限制和非关税贸易壁垒。主要发达国家和欧盟国家对进口的纺织品和服装、皮革、橡胶以及旅游产品都在征税最高的产品之列,但是平均税率水平仅在5%左右。

战略性贸易政策,是指一个国家可以(通过暂时的贸易保护、补贴、税收以及政府和工业部门合作的计划)在半导体、计算机远程通信和其他被认为对该区域至关重要的领域内创造出比较优势的政策。这些高科技有很高的风险,要求大规模生产以形成规模经济,当其成功时便可能带来外部经济。战略性的贸易政策认为通过鼓励这样的产业,国家可以从中得到很大的外部经济,也加强了这些部门未来增长的前景。这一政策适用于发达国家,有助于它们在重要的高科技领域中获得比较优势。

保护幼稚工业论适用于一个国家的某种商品可能有潜在的比较优势,但是由于缺乏专有的技术和最初较少的投入,该产业难以建立,或者虽已启动,也难与许多现有的国外公司进行成功竞争。对幼稚工业进行暂时的保护,直到它能应对国外的竞争,具有经济规模并形成长期的竞争优势,那时就可以取消保护了。保护幼稚工业论适用于发展中国家,以补贴形式为主,是直接的帮助形式。大多数发展中国家以出口导向和进口替代实现工业化和发展的策略。

资料来源:百度百科,http://baike.baidu.com/link? url = Wyc3viV6f6 _ G2RJ7JtkzHFep-WCRtL7ZaHmdbjJJUODKKh5F9DdeMxcpsSnWiLCT94TaoM－k8rqL3qYQWPyYqoK.

第六章

中观经济学理论体系的确立与发展前景

一、中观经济学蕴含五大理论创新

中观经济学以区域政府经济活动为主体,通过对区域政府职能的重新定位,丰富和综合了区域政府在微观和宏观层面的纽带作用,从研究主体、研究对象、研究目的、研究体系、研究方法等方面探索出了五大方面的创新。

(一) 区域政府"超前引领"理论

区域政府是中观经济学的研究主体,区域政府"超前引领"理论是指充分发挥政府特别是区域政府的经济导向、调节、预警作用,依靠市场规则和市场机制,通过引导投资、引导消费、引导出口的作用,运用价格、税收、汇率、利率、法律等手段和引领组织创新、制度创新、技术创新、管理创新等方式,有效配置资源,形成领先优势,促进区域经济科学发展、可持续发展。显然,区域政府的"超前引领"是以市场经济的主导地位为前提的,是以市场机制和市场规则为基础的区域经济发展的因势利导,通过政府"超前引领"引导企业形成更为有效的资源配置,形成区域领先优势,实现可持续发展。

科斯产权理论的缺陷以及马斯格雷夫和罗斯托的发展阶段理论为区域政府的"超前引领"提供了理论基础,德国、美国、英国、中国的历史发展更是在实践中证明了区域政府制度创新和技术创新具备实现区域经济的"超前引领"的强大职能。

（二）区域政府"双重角色"理论

区域政府之所以能够起到"超前引领"的作用，主要在于区域政府的双重职能：一方面，区域政府代理国家政府，对本地区经济进行宏观管理和调控，充当"准国家"的角色；另一方面，区域政府代理本地区的社会非政府主体，调配本地区的资源，争取国家的支持，通过制度、组织、技术等创新，与其他区域政府竞争，以实现本地区经济利益最大化，即"准企业"的角色。

"准企业"角色意味着在肯定区域政府是政府属性的同时，又在某种程度上具备一定的企业行为特征。首先，区域政府的区域管辖权转化为区域经营权，不再单纯地以法律和行政手段对所辖区域进行管理，而是把所辖区域当做一家企业来经营，依法使用区域内生产要素，根据市场需要独立作出区域经营决策，并自主开展区域经济活动，主动适应市场化环境的要求，实现区域经济增长。其次，区域政府以区域利益最大化为中心进行资源配置，这种做法类似于企业以长期利润最大化为目标的情况。最后，区域政府行为受预算约束和认同约束。"准企业"的行为模式决定了区域政府在市场竞争面前绝不是被动地接受约束，而是运用管辖权才能让自己在市场竞争中赢得主动权，实现"超前引领"。

区域政府的"准国家"角色强调的是区域政府在结构上、职能上具备国家的某些特征，可以利用其公共性和强制力影响与促进本区域市场秩序的建立和维持，企业政府的财政收入和支出也同样可以作为区域经济调控的有效手段，实现"准国家"的"宏观"调控职能。区域政府的"双重角色"是相辅相成、辩证统一的，都是为资源的有效配置和社会劳动生产率的提高服务。

（三）市场竞争"双重主体"理论

市场"双重主体"的双层面竞争理论是指市场中存在两个竞争主体——企业和区域政府，企业之间的竞争要遵循市场规律，区域政府之间也同样存在着竞争关系，于是就形成企业之间、政府之间的双层竞争体系，但企业和政府之间不存在竞争关系。也就是说，这两个体系之间虽然是独立运行的，但在功能作用上相辅相成。

区域政府的"双重角色"决定了市场体系中的双重竞争主体机制。区域政府本身构成了区域竞争的主体；区域政府竞争的客体是指各区域政府之间通过市场进行竞争的对象，包括区域内的各种有形和无形资源；区域政府竞争的目的主要在于区域资源配置的最优化、区域经济效率和收益的不断提升。在竞争方式上，区域政府在提高税收利用效率的前提下，为企业所提供的良好的技术服务、人才服务、资金服务、文化氛围、创新扶持、政策引导、基础设施和打破有碍市场竞争机制的一切努力都将成为各区域政府竞争的主要方面。

区域政府竞争理论是基于新制度经济学的经济组织理论、公共经济学的区域公共产品和服务理论以及公共选择理论的区域政府的理性假设理论而建立的。比较典型的区域政府竞争理论包括税收竞争理论、公共产品供给竞争理论和制度竞争理论，以及波特钻石模型、区域竞争理论等其他理论。

（四）成熟市场经济"双强机制"理论

成熟市场经济"双强机制"是指"强市场"和"强政府"并存。"强市场"意味着市场在资源配置上的主导地位不能动摇，一切决策和行动的依据首先是符合市场规律，按照市场法则对区域资源进行优化配置，任何主体都不能凌驾于市场之上作出违反市场规律的事，有效市场是"强市场"的鲜明特征。而"强政府"则是强调在遵循市场规律的基础上做有为政府。也就是说，要积极发挥区域政府在制度建设上的引领作用，在承接市场风险、弥补市场不足、公共产品提供以及国际贸易中的后发优势利用上做足功课，保障市场经济的正常运行和经济的跨越式发展。因此，"双强机制"可以概括为有效市场和有为政府的有机结合。

（五）中观经济学理论体系的建立

综合上述四点理论突破，最后凝练成中观经济学的理论主体。中观经济学的理论首先立论于资源有效配置的"双强机制"理论，也可以称为区域政府"超前引领"理论，该理论打破了传统经济学片面强调市场唯一决定论和计划经济的政府绝对强势论，通过对区域政府职能的有效定位，发掘了区域政府的"超前引领"功能,从而将市场和区域政府的资源配置功能协调起来,成为中观经济学理论的突破口,也确立了中观经济学的研究主体及其关键职能。在区域政府"超前引领"理论的基础上,中观经济学的主体——区域政府的"双重角色"论成为中观经济学在经济学理论上又一大突破,该理论主要对区域政府的"准企业"角色和"准政府"角色进行了有效分析和转换定位。既然区域政府具备"准企业"角色特质,而政府"超前引领"理论也是以市场经济为重要前提,所以市场经济理论中就不可避免地包含着以企业和区域政府为主体的市场双重竞争主体理论,这是中观经济学对市场经济理论发展的重要延伸。双重竞争主体的运行规律及其相互之间的关系演绎出"双强机制"理论,"强市场"和"强政府"的定位、特征及作用机制对中观经济学的整体运行作出了较为完整的阐述。

二、遵循市场经济规则是区域政府创新的首要原则

市场是"看不见的手",区域政府是"看得见的手",二者都是资源配置的手段,需要互相补充、互相协调。但是市场对资源的配置必须居于主导地位,区域政府资源配置作用的发挥必须是以遵循市场经济的一般规律为前提。尽管西方经济学对市场和政府的关系存在不同认识,但"市场是最有效的资源配置手段"这一点从古典经济学开始就一直没有改变过,西方国家一百多年的经济发展实践也证明了市场是促进资源优化配置、提高生产率的最有效的手段,区域政府之所以能够成为高效的资源配置主体之一,也是源于对市场机制的遵循。原因在于:

(1)市场经济的分工机制可以激发各种资源最大限度地发挥自己的比较优势

亚当·斯密认为,市场经济是交换的经济,交换就意味着分工,分工就必须以自己的比较优势为依据。比较优势的发挥就意味着各种资源的效率都得到最大限度发挥,那么整个社会的效率也就随之达到最大。在市场经济下,政府要更好地发挥作用,也要基于自身的比较优势的建立边界,形成市场与政府的比较优势的互补。

（2）市场经济的竞争机制迫使资源自动释放内在能量并快速高效地实现资源的优化组合

市场竞争意味着优胜劣汰，为了获得生存机会，每一个参与市场活动的主体都必须最大限度地搜集和筛选信息，并采取最快捷有效的行为为竞争获胜创造一切可能。这种生死攸关的竞争决策迫使企业不断推陈出新，成为市场主体创新的原动力，可以说，市场竞争才是经济发展源源不断的内在动力。区域政府的"超前引领"机制的一个内因就是区域政府间的竞争机制，而这种区域政府间的竞争也是基于对市场的认识和运用而展开的，哪里的区域政府对市场有更深刻和准确的理解，哪里的区域政府就可以更好地发挥"超前引领"的作用。

（3）市场经济所孕育的企业家精神是带动经济发展的源泉

企业家精神是在市场的摸爬滚打和自我的不断突破中实现的，其中最能代表企业家精神的是创新品质。熊彼特认为创新包括新产品、新方法、新市场、新的信息来源和新的组织形式，这五种情况其实都是一种资源配置。世界上很多经济发达地区的经济发展，常常不是因为那里有丰富的自然资源，而是因为那里有千千万万的企业家。

（4）市场化是政策创新的动力

市场是瞬息万变的，任何要取得与市场一致的政策都必须适应市场的变化和节奏，这种市场化取向给政府改革和发展带来了全新的设计理念，从而引发了政府大量的政策创新实践。盖伊·彼得斯的"市场化政府"理论较好地揭示了政府与市场之间的关系[①]，即政府首先应适应市场，根据市场规律进行政策设计和应用，这就要求政府必须革新传统的体制和运作方式，充分利用市场手段、借助市场方式来提供公共服务和公共产品。

根据上述分析，市场在资源配置中发挥决定性作用意义非常巨大，市场在资源配置中发挥决定性作用，必须有健全的市场经济体制的制度载体，例如明确的产权、公正的市场规则、政府作用的合理边界等。这就涉及政府职能的完善，市场

---

① 〔美〕盖伊·彼得斯著. 吴爱明等译. 政府未来的治理模式［M］. 北京：中国人民大学出版社，2001.

经济在资源配置中的决定性作用的实现必须有区域政府资源配置功能的配合,在制度上形成有机互补。因此,区域政府资源配置作用的有效发挥必须首先遵循市场经济规则。

三、区域政府资源配置路径

无论是企业利润的实现还是地区收益的增长,都是一个投入产出的过程,都离不开资源的投入和配置,但资源的定义和配置路径又是一个不断调整和变化的动态过程,一方面资源的概念已经突破了传统的有形资源的范畴越来越多地向无形资源扩展,另一方面在配置的主导因素上也在不断地由简单要素驱动向技术、创新等全要素配置模式过渡。迈克尔·波特在《国家竞争优势》[①]一书中提出,一个国家(或地区)经济发展会历经四个阶段:因素驱动、投资驱动、创新驱动、财富驱动。从各区域政府的生产实践来看,区域政府的资源配置路径也经历了要素驱动—投资驱动—创新驱动—财富驱动等一系列动态变化过程。

(一)区域经济增长的要素驱动阶段

任何产出都需要资源的投入,各种资源的不同配置路径决定了产出效率的不同。在产出过程中,资源一般以生产要素的形式出现,生产函数一般被定义为:在生产技术给定的条件下,一定时期内生产要素的各种投入组合与产品的最大产出量之间的物质数量关系,是生产过程中存在于投入与产出之间的关系在技术上的说明,可以表现为:

$$Q=f(L, K, E, N)$$

其中,Q代表产量;L代表劳动;K代表资本;E代表以土地为首的各种自然资源;N代表企业家才能,也可以看做区域政府的管理才能。

在经济发展的最初阶段,技术水平较低且长期内不会有显著提高,资本也缺

[①] 〔美〕迈克尔·波特著.李明轩等译.国家竞争优势[M].北京:华夏出版社,2002.

少有效积累,常常显得不足,所以经济增长更多依靠劳动、土地、自然资源等生产要素在投入数量上的简单扩张来获得和维持发展动力,这种经济增长驱动方式比较简单易行,短期效果也比较显著,但长期来看必然会很快遇到资本、技术等发展瓶颈,导致边际生产率下降,发展潜力非常有限,难以获得企业经济发展的持久驱动力。所以,这种要素驱动的资源配置方式只适合经济发展初期。

纵观区域经济发展的历史实践可以发现,最初区域经济发达的地区多半都是地大物博、自然资源和劳动力资源丰富的区域,而那些土地面积狭小、人口稀少的区域往往是历史上的落后地区。在一个区域内部或一个企业也是一样,刚开始都是依赖于生产要素的大量投入、规模扩张来实现区域和企业的短期崛起。但长期来看,这种要素驱动的增长与发展都是后继乏力的,只能是短期扩张的一种初级手段。

(二) 区域经济增长的投资驱动阶段

从长期看,在资本投入量基本不变的情况下,单纯地扩张自然资源和投入劳动力资源,必然会遭遇资本瓶颈而导致边际生产率的下降,所以资本投入必须与劳动投入保持一定的配比共同增长,这样的生产函数被称为"长期生产函数"。所谓长期生产函数,是指假定技术水平给定,并且经营管理良好,一切投入要素的使用都是非常有效的,为实现长期内的最大产出,资本必须与劳动等要素配合投入,配置的最优路径应该是二者组合而成的等成本线和等产量线的一系列的切点的连线,也被称为生产扩展线。

从经济增长驱动要素的发展历史看,劳动投入相对是容易获得的,而资本一向是短缺资源,尤其是在劳动投入已经显现出边际生产率下降的情况下,对资本的渴求已经累积到一定程度,资本投入所产生的驱动力就愈发显得强大,投资便成为区域政府当仁不让的首选的经济增长驱动工具。对于区域经济而言,区域GDP 的增长也主要源于区域消费、投资、政府支出和净出口的拉动,在这四个拉动要素中,投资的力度是最大的,效果也是最直接的,尤其是对于政府权力较大的区域而言,投资拉动经济增长是最为便捷快速的手段。美国、欧洲等发达国家和地区,虽然一贯抵制政府在经济调控上的直接干预,但在战后以及经济危机爆发期间都毫不犹豫地采用了政府直接投资这一强力的经济刺激杠杆,以保证区域经济在短期内迅速稳定。东南亚大多数国家和地区也都是投资驱动型经济的典型代表,区域政府在投资上都是不遗余力的,为这些国家和地区经济基础的打造和国际市场的开拓都起到了积极的作用。中国更是典型的高储蓄率、高投资率和低消费率并存的"投资驱动型经济"。根据世界银行经济学家的估算,1978—1994年,中国投资增长所带来的资本劳动比的提高对劳动生产率的贡献率达45.3%,2005—2009年这一比率更是大幅提高到64.7%。可见,这种投资驱动型的经济模式在中国持续了30年之久。

值得反思的是,投资驱动性经济固然能起到一定的刺激总需求进而提高GDP的作用,但其所引发的一系列副作用也是不可忽视的。从严格意义上说,投资驱动型经济增长仍然没有摆脱有形生产要素驱动的经济增长动力的基本框架,仍然是一种外延上的、规模上的扩张。这种扩张一方面导致对资本的极大饥渴,可能引发金融方面的一系列危机;另一方面极易产生依赖性,导致经济的粗放式增长,大量的低回报的重复建设,而经济结构调整、优化等经济增长的深层次矛盾都可能被掩盖和不断扭曲,最终反而成为阻碍区域经济增长的致命因素。中国目前提出的新常态下的经济增长模式正是对投资驱动型经济增长方式的反思,换句话说,这种靠投资拉动的经济增长模式的生命力依然是短暂的。

(三) 区域经济增长的创新驱动阶段

在劳动、资本、土地等有形资源的生产效率都释放到最大,而且都呈现出边际生产率递减的态势的情况下,区域经济增长还能依靠什么,这是经济学家非常感兴趣的一个话题。20世纪50年代,诺贝尔经济学奖获得者罗伯特·M.索洛提出了"全要素生产率"(Total Factor Productivity)这一概念。

所谓"全要素生产率"的增长,实质是指技术进步率,是除去所有有形生产要素(劳动、资本、土地等)以外的纯技术进步的生产率的增长。用函数形式表达的话,"全要素生产率"的增长就是在所有的有形生产要素投入量保持不变时,那些无形资源的变动带来的生产量的增加。"全要素生产率"的"全"并非是指所有要素的生产率,而是经济增长中不能归因于有形生产要素增长的那部分,特指纯技术进步等无形资源带来的生产率,属于长期经济增长来源的重要组成部分。所谓纯技术进步,包括知识、教育、技术培训、规模经济、组织管理等方面的改善,但这种纯技术进步不是指高级资本设备的更多投入、高技术劳动的更多增加和土地的扩展等,因为这种投入仍然是属于资本、劳动、土地等有形的生产要素的投入,而"全要素生产率"必须是那种非具体化的技术进步带来的生产效率的提高。

对于区域政府而言,经过拼土地、拼资本等有形生产要素的简单扩张后,资本报酬递减这一瓶颈使得粗放的经济增长方式已经难以为继。长期制度的构建和可持续增长政策的制定成为经济增长的源泉,全要素生产率所指向的以创新为核心的技术进步、资源配置和经济结构调整不可避免地成为区域经济增长的新的驱动力。

20世纪90年代的日本,面对人口老龄化的挑战,采取了投入更多的物质资本的发展策略,不断提高劳动力的人均资本数量,直接导致同期以技术创新为代表的全要素生产率的贡献率从37%一直下降到-15%,削弱了日本经济增长的持久动力,直接导致了日本经济长期徘徊不前。所以,在经济发展已经深入到精细化的今天,必须将资本、土地、劳动力等生产要素投入的增长转到更多地依靠提高全要素生产率的轨道上来。各类创新要成为全要素生产率的更重要来源,创新驱动就是全要素生产率驱动;全要素生产率驱动是有质量的经济增长速度,是启动经济可持续增长的原动力。

创新驱动的本质是一个"创造性毁灭"的过程。熊彼特曾指出:把经济体系"从一个均衡推向另一个均衡"的不仅仅是外部因素,"在经济体系内部存在着自动破坏可能达到的任何均衡的能量源泉"。创新是"企业家对生产要素的新的组合",是一个"创造性毁灭"(Creative Destruction)的过程。① 当前的市场竞争已经

---

① 〔美〕熊彼特著. 邹建平译. 熊彼特:经济发展理论[M]. 北京:中国画报出版社,2012.

不是价格竞争,而是创新竞争,创新竞争的结果就是那些生产率表现更优的竞争主体发展壮大,而生产率和竞争力低下的竞争主体退出经营,整体经济进入全要素生产率驱动型经济。而区域政府所要做的就是创造一个良好的创造性毁灭环境,在市场起决定性作用的前提下充分发挥区域政府"超前引领"的职能,通过优胜劣汰的压力和公平竞争的环境,进行理论、体制、制度、人才等一系列的创新,迫使各竞争主体必须具备提升全要素生产率的动力,让资源重新配置和技术进步在经济增长中起支配作用。

有效市场和有为政府双强结合的现代市场经济模式必然是一个提高全要素生产率、创新驱动的经济增长模式。

(四)区域经济增长的财富驱动阶段

"财富驱动"的发展模式是波特提出的经济发展的第四个阶段的驱动力。这个阶段财富增长达到一定程度,人们开始追求个性的全面发展、文学艺术、体育保健、休闲旅游等生活享受,与此相适应的新经济模式和新兴产业不断涌现,成为经济发展新的驱动力。这个阶段的主要特征表现为以下几个方面:第一,传统产业所能吸纳的劳动力越来越少,无法为快速增长的人口提供更多的就业机会,而新兴行业以人性服务为本的产业特征使得服务业不断创新发展,能够提供大量的就业机会。第二,人们的资源与环境意识越来越强,以自然资源的消耗和环境破坏为代价的传统产业越来越难以被社会大众接受。第三,传统产业的市场潜力基本定型,不能为新加入者提供快速积累财富的机会,资本的逐利动机在不断催生和引发新的财富创造的产业。所以,财富驱动阶段也是寻找新经济模式的阶段,这种新经济模式强调人的享受和发展,强调创造财富的潜力和充分就业的空间。

财富驱动主要以英国为代表。20世纪末,英国的传统需求趋于萎缩,资本集约化的行为也难以带动经济更快的增长,人们开始不停地寻找新的经济模式和新兴产业。但是在英国财富驱动型经济增长初期也出现过诸如过多依靠并购来创造财富、对国外投资的兴趣大于对国内投资、享乐主义超越奋斗理念等一系列问题,导致国内税负过高、劳工工作努力程度下降、劳资关系逐渐对立。这些问题的发生也在一定程度上说明了财富驱动型经济增长是一柄双刃剑,如果引导得力就可以实现经济与社会发展最终为人服务的终极目的,如果引导失利也很容易陷入享乐主义、经济停滞的恶性循环。当前的欧洲,尤其是希腊、西班牙、冰岛等国,过于追逐人性的享受而丧失了经济的竞争性和进取性,也带了巨大的财政危机和社会危机。英国后来又提出了"创意产业"的发展策略,即充分利用计算机及互联网提供的知识和信息平台,从人的个体角度出发去选择学习机会,公平获取充分的信息资源,新型的产业创意、商业模式不断发生革命性变化,成为经济发展的主动力。这些国家和地区经济的发展实践都是值得其他区域在进入财富驱动阶段的时候所需要注意和借鉴的。

四、区域政府需要营造卓越超前的政策生态引领

(一)政策生态的内涵

政策生态学最早由佛雷德·W. 里格斯(Fred W. Rjggs)于1961年提出,主张运用生态学的理论与方法,研究发展中国家的行政问题,从而创立了行政管理生态学理论体系。[①] 政策生态实际上是强调自然以及人类文化环境与公共政策运行之间存在相互影响,任何公共政策的形成和运行都脱离不了一定的生态环境。生态环境可视作公共政策运行的外部条件,既决定政府公共政策创新的取向和力度,也决定政策的成败和生命周期。

区域政府的一系列政策创新也必然依靠卓越有效的政策生态系统,这是政策创新的外部环境。政策生态系统又可以划分为宏观生态因素和微观生态因素两大类。宏观生态因素包括经济因素、法律因素、社会文化因素。经济因素是区域政府实现"超前引领"的基础和最深层的环境;法律因素决定了公共政策的导向和作用强度,以及区域政策顺利实施的保障力度;社会文化因素决定了区域政府进行区域创新的智力基础和心理基础,开放竞争、自由进取的社会文化氛围通常

---

① 〔美〕佛雷德·W. 里格斯著. 金耀基译. 行政生态学[M]. 台湾:商务印书馆股份有限公司,1981.

会吸引大量的创新型人才,也利于在政策创新方面取得突破。区域政策的微观生态环境是指每项具体的政策所处的具体的、特定的背景,具有多样性、变动性甚至是突发性等特征。

(二) 基于政策生态创新下的"超前引领"

政策生态的"超前引领"意味着区域政府在经济、法律、文化、行政等方面所采取的一系列制度措施的重大创新。这种政策创新不是单一政策的突破,而是整个区域内的政策制度间的协同创新和整合提升,包括政策生态主体、内容、手段和程序上的系统创新,政策生态上的创新实现区域政府的"超前引领"。

1. 政策生态主体创新

政策生态是一个系统,不仅包括政策的制定者——区域政府,也包括非政府组织、民间非营利性组织、私营机构、公众等多元化的社会主体,这些政府以外的政策生态主体共同参与到对区域资源均衡配置的政策决策过程中,在区域政策制定过程中充当公众和政府间沟通的桥梁,通过提出有价值的建议与意见来提高区域政策决策的质量,组织并清晰阐述公众论点来倡导公众利益,实现公众的广泛参与。这种多元政策生态主体的参与使得政策生态成为一个开放的运作体系,真正实现各政策生态主体在参与区域资源均衡配置过程中的作用。

具体来说,区域政府在政策决策过程中可以在政策规划草案的编制阶段和编制之后的审批阶段给予公众、利益团体等其他政策生态主体更多表达自己意见的机会,增强政策的合理性。在参与的途径上,也包括生态路径上的创新,除了各级各类听证会、论证会、座谈会等,还可以通过网络、信访、传媒、协会、社团等各种途径来参与区域政策制定和执行的过程。政策生态主体的这种创新既有效保证了区域政策决策过程的开放性,增强了政策的合法性与合理性,也大大提高了多元主体对政策的认同度和接受度,降低了政策执行的成本和阻力,为区域政府的"超前引领"政策的制定和执行获得了积极的、支持性的社会生态环境,保证区域政府"超前引领"政策目标的实现。

2. 政策生态内容创新

政策生态归根结底是由一系列互相关联、互相配合的政策体系构成的,各政策之间在作用范围和职能空间上都存在一定的合理界限,而政策生态系统作为一个整体也必须和市场生态系统建立合理的边界关系,因此政策生态系统所囊括的各项政策必须符合"到位不越位"的基本原则。首先,政策生态系统必须遵从市场生态规则,区域政府的各项经济、法律、文化和行政政策在内容上应着重于产权的界定和保护、合同的保障实施、公共产品和服务的监管及提供,而其他属于企业、民间组织等市场主体领域的事务就不应纳入政策生态系统中进行干预,否则就属于区域政府的"越位"现象。另外,在社会转型期的政策生态体系下,引发了许多诸如失业和弱势群体等区域政府以前没有关注或关注度不高的问题,这些问题的出现迫切需要区域政府的政策生态系统加以规范和调整,需要通过创新政策生态系统的内容,才能避免出现公共政策的"缺位"情况。这种政策生态系统中的越位问题的剥离和缺位问题的弥补就必然带来整个政策生态系统的内容创新。

3. 政策生态手段创新

政策生态系统中的各类政策按其手段特征可划分为三类:第一类是工具性政策,即财政、货币政策等。第二类是目标性政策,即解决经济、社会重大问题的综合政策,如区域间流动人口的吸纳和管理政策、区域开发政策、区域产业政策等。第三类是制度性政策,指对经济、社会行为或具体制度选择的许可或限制、禁止政策,这类政策关系到制度创新的深度与广度,甚至直接关系到创新的成立与否。在政策生态系统稳定的情况下,制度性政策基本完善,政策生态创新主要是针对工具性政策和目标性政策。但如果处于社会转型的政策生态,由于整体系统不够均衡和健全,因而任一方面政策都不能不对整个政策生态系统作出适时有效的回应。对于工具性政策,要以工具理性为指导、以效能为标准进行创新;对于目标性政策,需要以可持续发展为指导、以社会公平和利益调控为标准不断完善和创新;对于制度性政策,需要以社会协调发展为指导、以市场健全为标准进行创新。

4. 政策生态程序创新

这是社会转型生态下特有的创新主题。常规政策生态下的政策生态程序都建立在法律保障的基础上,相对成熟完善,除非面对新技术或突发性政治事件的冲击。而在社会转型生态下,政策生态的程序创新不仅是指政策程序(包括制定、传导、执行、调整、终结、监督和反馈评价等过程)要完善,并形成健全的政策运行体系,而且是指政策生态在程序上要公开透明。在社会公共问题丛生、制度规范相对不健全的社会转型期,程序完善一方面可以通过与外部生态理性互动保证政府及时有效回应社会需求,另一方面可以通过与传统程序进行对接确保社会秩序的维护。

五、中观经济学理论体系突破和创新实践前景

(一) 中观经济学的主要理论突破

中观经济学的主要理论突破在于重新认定了"市场和政府之间的关系",不再遵从于古典市场经济理论和计划经济的市场与政府关系定位,而是围绕着"区域政府"这一中观经济学的研究主体,从区域政府的"超前引领"机制出发,分析了区域政府的"双重角色",进而导出了市场竞争中的"双重主体"。而这种竞争中的"双重主体"又引发了市场经济的"双强机制",即"强市场"和"强政府"的有效组合,也就是"有效市场"和"有为政府"的新型市场与政府关系构造。这一系列新的理论的提出环环相扣、一气呵成,成为中观经济学的核心理论。

中观经济学实现理论上的这一切的突破和创新都源于"区域政府"这一研究主体的确立。微观经济学的研究主体是企业和家庭,追求企业利润和家庭效用的最大化;宏观经济学的研究主体是国家,除了政治职能外,在经济上主要具有宏观调控的作用;而中观经济学把研究主体定位在区域政府这一中观层面,成为连接微观主体和宏观政府的中介,并且在区域政府的行为方式和职能作用上赋予其微观和宏观双重身份,既具备类似企业的市场竞争行为和追求区域效益最大化的动机,也拥有类似宏观政府的经济规范和调节职能。但有一点必须注意,这里提到的区域政府既参与市场竞争又追求区域利益的行为并不意味着区域政府在参与经济活动的过程中"既要做运动员又要做裁判员",这里的竞争是区域政府之间

的竞争,而非政府与企业之间的资源争夺,区域政府的宏观调控职能则是针对区域内而言。

区域政府作为一个竞争主体在市场经济中开展一系列的经济活动,但又与企业等微观主体的竞争不存在于一个层面上,因此市场经济体制中的"双重竞争主体"论就应运而生了。关于竞争主体,主流经济学一向认为只有微观才存在市场竞争,但中观经济学则提出除了企业外,区域政府也一样是竞争主体,但这种竞争仅限于在区域政府之间展开,而不会与企业竞争形成交叉。区域政府之间的竞争也一样源于市场规律,而非人为的政治需要。在成熟的市场经济条件下,区域之间的经济竞争是对区域政府的市场规律的认识深度和广度的竞争、是对区域政府基于市场规律把握之上的"超前引领"能力的竞争,目的是促进区域资源配置的最优化。

也正是基于区域政府的"超前引领"职能和"竞争主体"身份,市场与政府的关系就不可能停留在一强一弱的状态上。成熟的市场经济的基本要求就是市场成为资源配置的决定力量,但传统经济学理念上的:"弱政府""小政府"一样不符合现代市场经济的要求,无论是区域政府的角色属性还是实践都表现出一个"强政府"在市场经济中的强大生命力和对创新发展的巨大推动能力。因此,中观经济学可以不再回避、隐晦政府的职能,而是明确指出"市场经济就是双强机制"这一未来发展的方向。

从上述分析中不难看出区域政府在微观和宏观行为与职能上的灵活变换,这些理论的实用性不仅限于某一地区,也可以站在相对概念的角度上,把区域的概念扩展为"国家""国际区域",这也是中观经济学在概念上的一次突破。

(二) 中观经济学的创新实践前景

中观经济学的确立意味着区域政府的一系列角色和职能的重新定位,这一理论的提出一方面是来源于区域政府的创新实践,另一方面也将指导未来的区域政府的创新实践。无论是在快速发展变革中的中国还是在古典经济理论占上风的美国、德国等发达国家,关于"政府与市场的关系"问题都在进行反思,一味地认可"市场的决定性作用"而回避政府的"超前引领"的经济制度和政策都面临着一系列的发展现实问题的挑战,新加坡、韩国等一直有政府强力作用的国家的市场经济也在不断地进行着实践探索和理论总结。

1. 新加坡的理念与政策制度"超前引领"

亚洲"四小龙"之一的新加坡位于马来半岛南端,填海以后国土面积682.7平方公里,总人口500多万,是世界上国土面积最小的20个国家之一。"一城即国"的新加坡基本上没有什么自然资源,只有一些海岸线,建国之初工业基础落后,没有任何产业基础。从1965年正式独立到现在不到50年的时间里,有效发挥政府和市场的双引擎作用,历经五次成功的经济转型,使经济发展迅速,人民生活水平大大改善,新加坡的人均GDP比建国初期增长近80倍,达到4万多美元,稳居亚洲第一,进入世界发达国家行列。

新加坡是发展经济的成功典范,政府在经济发展中发挥着重要的作用,这种作用归结为一点就是"超前引领"。首先是政府的理念"超前引领"。新加坡政府结合了中西方优势,中央集权与市场民主双管齐下,对发展自己的经济模式有着独到的思维模式和先进的发展理念,确保政府在经济发展中的创先创新作用。其次是政府的政策制度"超前引领"作用。新加坡从经济发展初期到工业化阶段,到高速发展阶段,再到新经济转型阶段,不管在哪个阶段,政府都能准确地把握国际形势和国民经济发展态势,适时进行产业政策引导、产业结构调整,建立合理的产业政策保障体系,从而使经济获得持续发展。新加坡没有资源,很多产业都是靠技术和资本发展起来的,各种工业园区在人才和技术引入方面发挥了重要作用。

(1) 新加坡政府的理念"超前引领"

长期以来,新加坡致力于政府引领下的市场经济模式建设,取得骄人的成绩。这其中,政府的效率理念和亲商理念发挥着"引领中的超前,超前中的引领"作用。

管理的关键在于"做正确的事和正确地做事",这是降低整个社会经济成本、提高效率的有效思维模式。新加坡将这一理念贯彻到政府的执政过程中,形成了举世闻名的"高效政府"。作为执政党的人民行动党,始终坚持发展必须依靠"一个有效率的政府"的理念。有了这种理念的支撑,在方法上将经济领域中的服务外包手段引进公共管理领域中,为政府管理减负瘦身。在经济领域中,在市场配置资源和企业配置资源方式的选择中,会自然而然地选择交易费用最低的方式,所以为了提高经济效率,生产者通常会把交易费用高的、效率低的工作外包给外部市场机构去做,自己只保留交易费用低、效率高的创意、设计、核心产品生产等部分。新加坡政府整合各种资源,动员社会成立大量的市场中介机构,将政府部门的一些非核心的工作采取合同外包的方式交给社会中介组织,精简政府机构,充分降低了政府的执政成本,减少了腐败的滋生,大大提高了政府的执政效率。从20世纪80年代以来,新加坡逐步对诸如国防部、卫生部、环境及水源部、建屋发展局、新电信等政府公共部门在金融管理、城市规划与设计、公共住房行政管理、城市交通管理、环境及水务管理以及IT与人力资源等方面开展了业务流程服务外包(BPO)策略,把向来由政府部门提供的服务改由外来供应者(接包方)提供,引进了私人部门的管理方法。随着经济转型的需要,服务外包范围逐步扩大,服务供应商的选择也从国内走向国际,国际招标成为新加坡政府服务外包的常态。目前新加坡政府大约70%的公共事务已经外包给企业,不仅大大提高了公共部门的工作效率,获得了良好的成本效益,有效提升了政府的执政能力,真正做到了"政府做该做的事";而且极大地推动了市场中介结构和外包服务机构的繁荣,激发了企业的活力,提高了企业的核心竞争力。

  新加坡是真正的亲商政府。"亲商"不是与商人或企业主沆瀣一气,而是在营造一个优良的工商环境中有效发挥政府的职能,政府为工商企业开道,为工商企业提供各种软硬件条件。多年来,新加坡成为世界营商环境最佳的国家之一。2009年,《福布斯》杂志发表营商环境排名报告,新加坡被评为表现最佳的亚太经济体,全球排名第四。新加坡政府贯彻一个共同的观念:政府并非是真正的社会财富创造者,政府的作用在于提供一个良好的营商环境,并使企业取得比其他地区更高的投资回报率、取得比较优势,从而促进国家经济的发展与繁荣。这样新加坡不仅能集聚国内的社会资本,而且能极大地吸纳国际最先进的企业的社会资本。

在营造优良的工商环境中,新加坡在以下几个方面非常突出:

第一,严格执法。新加坡严格执行法律,确保社会稳定,让投资者安心、放心。新加坡执法的严厉程度在世界上是很罕见的,这恰恰促进了公民和法人的遵法守法。

第二,效率为先。新加坡政府强调程序的公开性和透明性,强调资本平等制度,所有招商政策、财税政策和政府承诺都对所有投资者公开;各个部门特别是经济发展局的"一站式"服务非常普遍,使得程序便捷、规范,手续简单,时效感强。新加坡政府经常有计划地组织企业家出访,在国外举办展览会、研讨会,提高企业开拓市场的能力,拓展企业家的国际视野。新加坡政府还加强机构协调,降低了沟通协调成本。比如新加坡港是世界上最繁忙的海港,每天要处理 8 000 辆集装箱车,平均每个集装箱的通关时间却仅需 25 秒,世界罕有国家能做到这一点。

第三,满足需要。新加坡政府设立专门的机构对接企业,倾听企业意见和建议,调查和处理企业的诉求,在制定经济政策时会定期寻求企业的看法和建议,使政策能够有的放矢。比如新加坡经济发展局会与全球商业领袖、策略家与思想家定期会商,诚恳地听取其见解与建议,并吸纳他们加入新加坡的各种咨询理事会,为政府决策献计献策。

第四,体系完善。新加坡完善的金融体系和教育培训体系,在世界上颇负盛名。新加坡是拥有标准普尔 AAA 信贷评级的国家,是全球最大的外汇市场之一,拥有完善的金融体制,全年全天提供不间断的金融服务,全球 700 多家财务机构在此落户。新加坡的教育和培训体系也非常发达。新加坡拥有许多国际驰名的海内外教育机构,众多的人力资源咨询公司、网上授课机构和国际智库,可以为企业教育培训、政府咨询提供良好的服务。

亲商理念把"政府—企业—公民"三者高度融合,引领社会经济发展的全过程,发挥政府自身的调控、服务、管理等职能,发挥改善民生、提高国家软实力和竞争力的主导作用。

(2) 新加坡政府的政策制度"超前引领"

在对经济发展的"超前引领"中,新加坡政府完善的产业政策制度和组织制度充分发挥了作用,有力地推动了新加坡产业结构体系的完善和经济结构的优化,为经济发展奠定了重要基础。

新加坡经过近半个世纪的发展,产业体系经历了从20世纪60年代中期到70年代末的劳动密集型产业、70年代末到80年代末的技术和资本密集型产业、90年代以来的智慧密集型产业发展与转型升级的过程。

60年代中期到70年代末的劳动密集型产业表现为以单一的转口贸易为中心,以处于初级阶段的、劳动密集型的农业、渔业、采矿业、制造业和建筑业为基础、层次不分明、结构不完善的产业体系。随着进出口贸易的竞争导致转口贸易额的急剧下降,新加坡经济面临选择。在这种情况下,政府果断进行经济战略引领,1967年的《经济扩展法》提出了实行工业化的经济发展战略,着力发展进口替代型工业,利用英、美等西方发达国家急于把劳动密集型出口工业向发展中国家转移的契机,开始重点发展造船、电子和炼油三大支柱产业。这一阶段,不仅解决了就业问题,也促使经济年均增长率保持在10%以上,实现了新加坡产业转型的"第一跳",成为当时的全球制造业基地。

70年代末到80年代末的技术和资本密集型产业实现了新加坡的"第二次工业革命"。当时的背景条件是新加坡制造业的繁荣造成了用工短缺,以及"涨薪潮"造成的用工成本的上升,东南亚其他国家建立的劳动密集型产业使新加坡的外向型经济受到了强烈的冲击,同时西方发达国家贸易保护主义抬头,新加坡的劳动密集型出口工业失去了比较优势。在这种情况下,新加坡政府果断提出了在经济领域着力重组结构,大力引进高技术和资本、技术密集型产业,将制造业朝着高附加值、高度资本密集型、技术密集型的出口工业方向转变,逐步淘汰劳动密集型产业,获得了显著成效。通过全面开展技术革新,促进各部门实现机械化、自动化和信息化,以提高劳动生产率,增强新加坡制造业产品的国际竞争能力。1985—1986年由于前期一些过激的经济行为导致制造业膨胀,加之外围经济环境的影响,造成新加坡处于较严重的经济衰退。但是通过对前一阶段国内经济危机的分析,新加坡政府及时提出了经济发展战略调整方向与对策措施,确定将制造业和服务业作为经济的双引擎,并着重转向优先发展有增长潜力、高附加值的现代服务业(主要包括物流业和金融业等),以使新加坡迅速转型成为东南亚和亚太地区的区域性服务中心,为其以后成为亚洲最大的物流中心和金融中心奠定了坚实的基础。

90年代以来的智慧密集型产业。新加坡经济委员会将服务业确定为经济增长的第二大动力之后,现代制造业和服务业得到大力发展,尤其以电子类产品制造和咨询科技业增长势头最为强劲。2001年电子类产品产值占到新加坡国内生产总值的38%,逐步取代了造船和石油加工等产业。而咨询科技业的发展速度增长最快,以此为牵引,开拓了很多新兴的行业,如环境科技、洁净能源等。为应对1998年的金融危机以及不断变化的外部世界经济环境,新加坡进行了全面的经济结构优化,提出以服务业、信息产业为重心,加速经济国际化、自由化、高科技化,积极创新,制定并实施从传统经济向知识经济转变的战略规划,发展知识型产业。新加坡政府在2010年提出要推动研发活动,目标在5年内使研发经费开支占国内生产总值的3.5%。

新加坡经过各个阶段的产业结构调整,已由最初的单一转口贸易转变为多元化的产业结构,其产业要素中纳入了知识、技术和创新因子。新加坡借助于适时不断的产业结构转型,走出经济衰退的困境,实现经济持续、快速的增长,创下了经济奇迹,增强和扩大了新加坡的国际经济竞争力与世界影响力。新加坡经济发展与转型升级的成功之处,在于政府的"超前引领"。政府能够凭借准确的国情定位、开拓的宏观思维、务实的微观举措,适时地提出新的经济发展战略,制定完善的产业政策与经济制度,使新加坡经济跨上一个个新的台阶,形成一次次新的飞跃,形成经济可持续发展的良性模式。新加坡政府通过"超前引领"发展经济的重要作用主要体现在以下几个方面:

第一,通过新加坡经济发展局和经济战略委员会为"超前引领"提供组织保障。新加坡经济发展局成立于1961年,是制定和实施经济战略的政府机构,目前在世界各地一共有23个海外办事局。经济发展局的职能,主要是从企业的角度来想问题和解决问题。例如,在新加坡经济起步初期,企业需要快速建设厂房、需要税率优惠等,新加坡政府就会在这些方面及时为企业提供帮助;企业在迅速发展后需要高素质人才,政府就会及时推出各种教育培育计划。另外,在经济转型过程中,企业对高端人才的需求显得格外突出,因为他们可以加快产业转型的速度,新加坡政府就会积极为相关企业牵线搭桥。例如在生物医药行业,政府帮助引入了欧美等国和地区的高端专家,并邀请他们在新加坡长住,以带队研发;在清洁能源领域,政府也引入了德国的高端专家,以帮助企业进行研发和创新工作。

为了应对国际金融危机并确保新加坡经济的可持续发展,新加坡政府于2009年6月成立了经济战略委员会,下设8个小组,目标是提出经济战略,确保新加坡的持续稳定发展。新加坡总理李显龙高度赞扬该委员会为新加坡未来十年经济发展量身打造的战略规划,称其为国家的经济发展方向作出了重要贡献。

第二,通过国有企业为"超前引领"提供实践基地。国有经济是新加坡经济的重要组成部分,是新加坡市场经济活动的积极参与者和重要推手。最典型的国有公司是1974年成立的、由新加坡财政部全资控股的亚洲投资公司——淡马锡控股公司。通过该公司,政府直接控制新加坡的经济命脉,在新加坡经济发展中起着举足轻重的地位。淡马锡公司成立40多年来,其年均净资产收益率超过18%,经营业绩远超过同期私营企业,标准普尔等国际著名资信机构都给予其最高信用评级。2003年,淡马锡公司的营业额占新加坡GDP的13.5%,持有的股票占整个新加坡股票市场的47%。通过淡马锡公司,新加坡政府直接或间接地在国内外进行投资,范围涉及各个领域,诸如金融、运输、修船、房地产、贸易、饭店、消闲娱乐等,并控股新加坡电信、新加坡电力、吉宝集团和莱佛士饭店等新加坡最具影响力的企业。淡马锡公司是新加坡政府"超前引领"的实践基地,是国家经济发展战略的实验园区,是产业政策调整的风向标。新加坡政府可以在经济领域游刃有余、得心应手,就是通过淡马锡的进出各个投资领域,带动社会资本和国际资本共进退,维护政府各项政策的长期有效性。

第三,通过产业政策调整为"超前引领"提供持续动力机制。政府能够在经济领域中发挥"超前引领"作用,就是通过制定各种产业政策,发挥优势产业与支柱产业的作用来实现的。在20世纪60年代到70年代期间,新加坡面对国际国内形势,通过《经济扩展法》确定了经济发展总体战略和框架,提出劳动密集型制造业的产业发展导向,将造船、电子与炼油作为国民经济的支柱产业,发挥产业高地的引领作用。在70年代到80年代期间,通过"第二次工业革命"重新调整了经济发展的政策与战略框架,在确定技术密集型和资本密集型产业高地,实现工业的机械化、信息化和自动化之后,再次确定了现代物流和金融服务为支柱产业,通过结构调整和产业升级有效避开了"中产阶级陷阱",减少了经济阵痛的时间。90年代以来又进一步确定了新的经济政策与战略框架,注重技术、知识和人力资本价值要素在经济发展中的重大作用,将产业发展的重心转移到科技咨询、信息服务等高端产业上来,提供了经济发展的新引擎。

第四,通过科研投入和智力投资实现技术"超前引领"。技术"超前引领"是指发挥政府在集中社会资源中的优势,使其直接或间接参与技术发明,推动技术进步,促进企业技术创新能力建设。这包括两个方面:一是为企业提高技术创新能力创造一个有利的外部环境,如加强专利体系建设等;二是采取一系列直接在经济上激励企业技术创新的措施和政策,如通过在关键技术领域的研发资助计划,或设立技术基金,或引进领军人才等。

新加坡在打造研发经济之初,都是由政府先投入资金建造研发设施,吸引相关人才,营造科研氛围,进而吸引私企注资,形成有规模的研发经济体。如今,新加坡的私营企业已经把对研发领域的投资当做自己企业发展的原动力,2008年研发开支占企业总开支的比例从2007年的66.8%提高到71.8%,是近年来最高的。也就是说,2008年新加坡政府每投入1元的研发资金,就可以带动2.5元的私营企业资金,而这个比例在2000年仅为1:1.5。该项数据充分证明了新加坡政府在技术上起到了"超前引领"的作用。

《2009年度新加坡国家科研调查报告》指出,智力资本将是新加坡下一阶段经济发展的关键。新加坡总理李显龙也代表政府作出承诺,从2011年至2015年,新加坡政府每年将把国内生产总值的1%,也就是相当于161亿新元,投入到研究、创新与创业方面的发展。如此一来,新加坡就能在2015年实现科研总值占国内生产总值3.5%的目标,同时可以实现让新加坡成为国际科研中心和亚洲创新中心的梦想。

2. 韩国经济发展中的多元化"超前引领"

经过长期的经济发展,韩国走的道路比较独具特色,这种特色常被研究者称为"韩国模式"。根据我们的理论,所谓"韩国模式"实际上就是政府"超前引领"模式,即政府通过计划引领、战略引领和产业政策与技术引领、金融等重点领域引领等方式,与市场手段相结合,直接对经济运行和发展发挥定位和导向作用。所谓计划引领,就是按照经济发展远景目标的需要,制订经济开发计划,借以市场配置资源的手段,由政府主导一系列为期五年的经济开发计划。自1962年至1997年,韩国已经制订并实施了7个五年计划,基本完成了各个五年计划的阶段性目标,使韩国经济发展取得阶梯性上升,为以后的经济稳定发展奠定了坚实的基础。所谓战略引领,就是在不同的经济发展时期确定不同的经济发展目标和方向,调整经济发展定位。比如韩国政府在20世纪60年代中期确定"出口主导型"经济开发战略,使经济发展的重点由国内走向国际。而70年代以后,则提出"重化工业化"经济开发战略,使经济发展的重点由轻工业转向重化工业。到80年代以后,又提出"技术立国"战略等,提高经济集约化、信息化和技术化内涵。所谓产业政策与技术引领,就是在计划和战略导向作用下,制定相应的产业政策来发挥政府作用,引导经济的产业发展走向,同时对符合产业政策的技术提供各种有效条件加以研发、引进和利用。所谓重点领域引领,就是发挥政府在金融等重点领域中直接参与、重点掌控和全局协调的作用,使其成为经济持续发展的稳定剂和润滑剂。

(1)韩国经济发展的计划引领

韩国在发展初期经济较为落后,其并不完善的市场体系和失调的市场机制,无法保证亚当·斯密那只"看不见的手"正常发挥作用,市场失灵是当时的常态。因此,必须发挥政府计划的"看得见的手"的调节作用,把国民经济纳入有计划发展的轨道,通过计划引领和市场双重作用,摸索出一条促进经济发展的道路。1961年,韩国当时的军事政府设立了经济企划院,统管企划、预算和外资等三大经济发展核心领域。一年以后,就开始了韩国"第一个经济发展五年计划"。第一个五年计划以自由企业为基础,但政府直接参与并引领关键工业领域。比如为了发挥政府的引领作用,政府合并国内三个地区的电力公司成立韩国电力公司,使其能有效地为经济发展提供基本的电力支持。同时,韩国政府还专门拨款资助重工业。第一个五年计划确立了韩国开始出口外向型经济的发展方向,获得了经济发展所需的外汇和外资需求。此后第二个五年计划,实现与日本关系的正常化,日本投资商和设备供应商给韩国带来了急需的大量技术和工厂,并提供了大量日语人才和工程技术人才。在"三五"计划和"四五"计划期间,政府引领各类资本不断进入造船、汽车生产、钢铁、化工等重工业领域,实现了重工业的快速发展。20世纪80年代到90年代期间的"五五"计划和"六五"计划是韩国的黄金十年,政府通过计划引领大财团极速发展,并直接投资建立了大批研究所等机构,促进技术研发,发展尖端产业,成就了13个韩国财团进入世界500强的辉煌。到1997年结束的"七五"计划,金融危机迫使政府不得不面临新的经济模式的选择。韩国政府的计划引领模式虽然优劣自有评说,但是政府在计划期内的作用不容小视,这期间韩国经济的突飞猛进正是这种引领作用的积极作用的结果。

(2) 韩国经济发展的战略引领

回顾韩国从1962年以来的经济发展的历史进程,可以看出韩国政府采用了政府引领战略、外向型经济战略、不平衡发展战略和科技与人才战略等,虽然在不同时期有所侧重,但这些战略从客观上引领了韩国经济走向成功。

不管是从韩国经济发展的长期还是全局来看,韩国首先采用了政府引领战略。所谓政府引领战略,就是发挥政府的引领和主导作用,在一定条件和一定时期内,让政府尊重市场配置资源手段的同时,积极参与宏微观经济的调控与协调,使政府成为经济活动中最重要的参与主体。从第一个五年计划到第七个五年计划,韩国政府通过计划手段积极引领,采用各种经济杠杆,利用宏观经济决策,主导市场经济体制,促使韩国利用30多年的时间走完西方发达国家100多年才走完的工业化历程,取得了举世瞩目的成绩。这正是政府引领战略的成功。

韩国毕竟内部市场空间有限,国内投资和消费两驾马车对经济发展的拉动作用有限,所以韩国总体上采用外向型经济战略。韩国只有面向世界市场,积极参与国际分工,发展以出口产业为中心的外向型经济,通过广泛的国际经济技术交流来带动国民经济的发展。前七个五年计划时期,在外向型战略引领下,韩国积极参与国际经济贸易活动,利用劳动力资源丰富的比较优势,有效地弥补了资源匮乏、国内市场狭小、资本积累不足等方面的劣势,为韩国经济的发展赢得了空间和时间。

韩国不平衡增长战略引领体现在政府对同一时期不同的产业有所侧重,在进口和出口产业选择上有所侧重,在优势产业和一般产业的政策扶持和投资引领上有所侧重,在经济发展速度和质量选择上有优先安排,在内涵型发展模式和外延型发展模式上有先后不同,在效率和公平选择上不同时期也有所取舍。韩国在财力、物力和技术积累有限的情况下,不可能同时实现国民经济各部门的均衡发展,也不可能一味追求内涵型发展的模式,更不可能在经济发展早期同时追求效率与公平。因此,只能选择性地进行"倾斜式"的战略引领,在不平衡中求平衡,采取先工后农、先出口后进口、先轻工业后重工业、先劳动密集型后资本和技术密集型、先主导产业后一般产业、先速度后质量、先效益后公平、先外延后内涵等不平衡增长战略引领方式。这种战略引领的结果是,短期内看起来的不平衡,从长期来看却是一种平衡;它以不平衡为动态机制、以平衡为远景目标。

一个国家经济的可持续发展离不开科技及其人力资源要素的支撑,因此科技与人才战略同样成为韩国战略引领的重要组成部分。韩国历来重视教育,各个时期都不吝对科技开发与人才培养的投入。政府以身则,在各级政府机构都重视对政府雇员的培训教育,大大提升了政府人员的素质。这为政府作出正确的经济决策、制定符合时代背景条件的有效经济计划打下了基础。同时,政府引领企业创办职工业余学校、职工训练所、人力开发院等内部培训机构,加强对员工的培训和教育,用提高员工素质来提高企业的核心竞争力。

(3)韩国经济发展的产业政策与技术引领

韩国在不同的时期采用不同的产业政策引领经济不断转型升级。20世纪60年代政府采用从"进口替代"到"出口导向"发展的政策引领。60年代前半期政府通过采用引进外资的优先权和提供低息银行贷款的方式引领私人企业进入政府认为重要的骨干部门和进口替代部门。60年代后半期,政府在制定《钢铁工业扶植法》《机械工业振兴法》《外资引进法》的基础上,通过减免营业税、法人税,建立产业发展基金,积极利用资金援助、减免直接税和进口原材料、设备的关税等手段引领各类资本进入出口替代领域。这一时期从"进口替代"到"出口导向"的发展政策引领着韩国经济驶入工业化快车道。

70年代韩国采用重工业化的产业政策引领。政府通过政策引导、财政支援、低息贷款、减免税负、奖励出口等优惠措施引领各种资本投入重工业领域,对该领域内的产业实行税收优化,同时通过优先使用低息外资的方式和产业发展投资基金提供的低息贷款等手段吸引资本进入政府主导建立的重化工基地。这一阶段的战略引领虽然实现了韩国的重工业化,但还是停留在贸易立国的基本战略构架之内。

80年代确定了从"贸易立国"到"科技立国"的政策引领。贸易立国是以产品进出口为前提条件的,为了贸易可能会牺牲自己的各类自然资源甚至环境;科技立国则是具有前瞻性的、以科技要素作为经济发展的主体要素来实现产业的迭代。韩国在这一时期采用一些方式引领各类资本重点进入战略产业、优先进入新兴产业、有限进入夕阳产业。对那些在发达国家已经是夕阳产业而在韩国仍具有优势的传统产业,有限引领投资进行技术改造和产业升级。对那些在发达国家正处于成长期并趋于成熟,而在韩国尚处于引进、吸收阶段的精密化学、精密仪器、计算机、航空航天等产业,采用各种扶持政策重点引领投资进入,使之逐步发展为主导产业。而对诸如信息技术、新材料、生物工程等新兴产业则优先引领投资进入,使之成为可替代性的"未来产业"。这一时期政府战略引领的关注点在科技要素与生产的结合上,从而在科研投入、人才的培养和引进以及高新技术在生产中的应用等方面都得到政府的足够重视。

90年代实行"新经济"政策引领。这一阶段政府采用间接引领方式,通过弱化政府的经济职能减少了政府的直接引领行为。但即使这样,政府的引领作用仍不容忽视。首先,政府通过产业结构调整,加快促进了一大批专业化的、世界一流的大规模集团企业的产生。其次,政府通过程序公开、透明和公平,促使大企业集团股权分散,减少国民经济寡头垄断的可能。最后,通过建立政府和民间共同参与的发展体制,加强以技术开发为中心的产业政策,加强产业的国际合作;在航空、信息、通信机械、自动化机械等具有增长潜力的产业方面,通过技术开发和与发达国家的技术合作来获得发展和提高。

韩国政府的产业政策引领从历史和现实来看都是成功的,在不同的发展阶段,形成了各阶段的主导产业,奠定了国民经济持续发展的物质基础。

韩国从第一个五年计划开始,由于当时的技术水平无法对经济发展提供有力的支持,因此,通过引进外资途径进行的技术引进受到高度重视并得到积极推进。外资引进大部分是机械和设备形式的引进,从而与资本结为一体的技术也被一同引进。技术引进的内容主要可以分为技术信息及资料、技术劳务、技术指导及技术训练、专利使用权、商标使用权等五大类别。可以看出,以技术信息及资料形式的技术引进贯穿整个时期,占全部技术引进的90%以上;技术劳务的重要性则是从20世纪70年代末开始得到重视。这是因为随着产业的发展,工厂的设计和建设越来越依赖于高科技,与技术劳务的关系也越来越密切。引进技术一般在试用阶段、消化和吸收阶段、改进与发展阶段之后完成国产化。从消化与吸收结果来看,引进技术对制造工程技术发展的影响较大,对软件技术和设备维护与维修的影响较小。从产业部门来看,引进技术对电子、机械、纤维、造船等部门工程技术发展的影响最大,对化学、金属、食品等部门工程技术发展的影响也很大。但从总体来看,引进技术对直接引进技术的企业或部门的技术发展及其他企业和部门的技术发展产生了较明显的效果。虽然韩国的企业主要是依靠技术引进获得大部分必需的技术的,但是与此同时,自有技术开发也在积极开展。尤其是80年代末期技术保护主义开始盛行,韩国的自有技术开发活动则表现得更为活跃。在30多年的经济高速增长过程中,韩国的产业技术从几乎全部依靠美、日、英等发达国家发展到现在某些技术已经与发达国家并驾齐驱,甚至保持一定程度的领先,这一事实足以说明韩国的产业技术政策引领的成功。但是,从1997年爆发的金融危机及韩国高新技术产业不够发达的情况看,韩国的产业技术水平与美、日、英等发达国家相比仍有相当差距。所以,韩国政府将产业技术政策的发展重点放在了要构筑一个以政府为主导、以民间为补充的产业技术开发体制,争取技术自立,并从法律制度等方面予以全力支持,以不断缩小同发达国家的差距。

(4) 韩国经济发展对金融领域的"超前引领"

金融是国民经济的核心,完善健全的金融体系是经济发展的基础。在韩国的经济发展历程中,政府非常重视金融等对关系国民经济有基础性支撑的重点领域的引领。60年代韩国处于经济发展的初期,资本的积累和出口替代型工业的发展,需要稳定的高利率存贷体系和稳定的外汇体系,同时需要减少利率与外汇市场的套利投机行为。这个时候需要对金融系统进行强有力的控制,将金融市场变成政府可以严格管控的"内部市场",用国有化的方式直接控制金融系统,有效发挥中央银行对金融系统独立调控的权力。实际上是缩小金融体系的市场边界,提高政府对金融体系的控制能力以保持金融稳定性。在金融体系开放方面,为解决企业外汇成本过高的问题,政府采取一系列的政策吸引外国银行在韩国设立分行。为遏制地下金融市场,政府大大提高银行存贷款利率,提高了银行对资金的吸引力,为经济发展提供了资金保障。因此,这一时期政府对金融领域的引领就是通过绝对控制金融体系来进行的。

到了70年代,随着钢铁、造船、石油、化工等资本密集型产业的发展,韩国对资金的需求空间增大。1972年通过《经济稳定发展紧急状态法》,强制银行采取低利率和差别化利率政策。这一时期由于重化工业范围覆盖广、项目庞大、资本需求大,导致政府的政策性贷款空前增长。同时,为了提高金融系统对实体经济的服务能力以及信贷与融投资能力,政府成立了大量的投资金融公司、合作金融公司、综合金融商社和证券市场、企业短期融资票据市场等,使金融市场体系不断完善,服务功能不断健全。这一时期,政府的理念是实体经济的作用远大于金融体系本身,因此金融机构的盈利能力不受重视,于是政府通过利率管控和决策权剥夺来引领金融机构。这样,韩国的整个金融体系实际上成为政府引领经济发展的最重要的工具。

80年代,韩国意识到政府力量在金融领域用得过偏,对市场力量的挤压过大,需要吸纳更多的市场力量在金融领域的作为,让政府干好自己该干的事。因此,政府引领的方式是对金融领域进行自由化改革,放松对利率的干预和控制,对国有商业银行股份进行民营化,稀释财阀在银行的股份以降低垄断可能性,利用存款准备金比率、公开市场业务和再贴现率等现代货币工具进行间接调控,提高商业银行的经营自由度。这一时期,政府重新界定了自己在金融领域的职能边界,这一方向无疑是正确的,提高了金融领域的活力,为经济走出衰退作出了贡献。

90年代以来,韩国政府发挥中央银行的作用,继续缩小政府在金融领域的职能边界,充分利用金融市场的自我调节,逐步使金融系统走向自由化道路。首先,逐步使利率市场化,这经历了短期利率市场化到存贷款利率市场化的过程。其次,实现韩币在外汇市场上的可自由兑换以及国外分支机构在韩国的国民待遇。最后,允许国外投资者直接投资韩国国内的股票市场和债券市场,加快了资本的国际化进程。通过这些措施的引领,提高了金融系统的效率和金融机构的竞争力。虽然途中经历了金融危机,但由于改革路径方向是对的,韩国较快摆脱了金融危机,使经济重生活力。

韩国政府在金融领域的作为充分反映了在经济发展过程中根据形势的需要动态地界定政府与市场边界的重要性。在经济发展初期,由于各方面条件不成熟,特别是经济主体的不成熟,政府应当发挥更大的作用,在经济领域可以成为绝对的引领者;但是,随着各经济主体不断成熟,市场机制逐步完善,经济模式逐步确立,政府应通过缩小职能边界,逐渐放权于市场。

3. 美国政府的科技"超前引领"

(1) 美国科技"超前引领"的政府组织机构

作为实施三权分立的国家,美国的立法、行政和司法在科技管理体制中相互制衡,都在不同程度地参与国家科技政策的制定和科技工作的管理,共同发挥着重要作用,就像一只无形的大手推动着美国的科技创新不断向前发展。作为美国最高立法机构的国会掌握着科研政策的走向,决定有关税收、知识产权和监管等政策的基本框架,对联邦政府科研计划和项目的最终审批预算负责,科研领域和技术的重大政策都最终由国会决定。行政部门是忠实的执行者,可以在法律规定的框架内制定相应的管理规章和执行计划,通过庞大的执行人员保障科研政策和技术制度的实施。司法部门由于拥有法律条文的最终解释权,可以解决公众在科技管理体制中的各种疑问,对科研管理或执行科研项目中的法律依据做出解释,特别是在技术垄断、知识产权等领域发挥着重要的作用。

美国没有类似于中国科技部的最高科技管理机构,但是隶属于立法、行政和司法的各部门都在以不同的方式参与科技政策的制定和科研工作的管理。唯一属于政府的专职科技管理机构就是国家科学基金会,该机构是美国联邦政府为资助基础研究、促进科学教育、发展科技情报工作、促进国际合作而专门设立的独立科技管理机构。其余具有科研管理职能的组织机构主要是白宫、国会和各联邦部门。白宫的科技管理机构有总统科技顾问委员会、白宫科技政策办公室和国家科技委员会。白宫科技政策办公室发挥执行职能,负责督促实施国家提出的重大科研项目和计划。总统科技顾问委员会和国家科技委员会是咨询和协调机构,没有直接的行政职能。国会是国家总体的科技政策与规划的决策机构,掌握着国内科学技术的立法权、大型科研项目的拨款权、政府各部门科研经费的审批权等。国会众议院有专门负责科技事务的机构科学委员会,参议院专门负责科技事务的是商务、科学与运输委员会,国会还下设有技术评估局等机构。美国联邦政府与科技管理有关的主要部门有国家航空航天局、能源部、国家科学基金会、国防部、卫生部、商务部、农业部、国土安全部、交通部、内务部、退伍军人管理局、环境保护局和其他部门与机构等,负责各自领域内的科研项目的规划、科研资助与实施。

(2)美国科技"超前引领"的法律与政策环境

美国科技"超前引领"的重要基础是其完善的法律和政策环境。在不同时期根据不同的需要,美国制定了完善的科技创新法律体系,为维护与平衡科技创新参与者的各方利益、提高美国的科技实力奠定了基础。同时,美国在法律框架内还运行着健全的有利于科技创新的各类政策,比较典型的有科研机构和科研管理的免税政策、知识产权制度以及不同的产业科技扶持政策。这些政策维护了科技创新者的利益,降低了科技创新的风险,激励了科技创新。

美国早在1787年颁布的《宪法》中就有"保障作家及发明家对其作品及发明于限定期间内的专有权,以奖励科学及实用技艺的进步"的规定。

关于科技管理组织机构设立和责权规范的法律有：1950年国会颁布的《国家科学基金会法案》确定了国家科学基金会的权责法律基础,明确规定国家科学基金会支持大学、非营利组织的基础研究以及各种科学教育,后又将其支持范围扩展为应用研究及国内外的科学统计数据的收集、整理和分析;1976年的《国家政策、组织和优先顺序法案》规定国会同意联邦政府科学政策介入的重要领域及合法领域,并规定白宫科学技术政策办公室的权责;1980年的《史蒂文森-威德勒技术创新法》规定在商务部内设立产业技术办公室,以研究和激励科技发展。

关于商标等知识产权方面的法律有1980年的《拜-杜法案》和1984年的《专利与商标修正法案》。

关于科研方面的税收优惠的法律有1981年的《经济复兴税收法》等。

关于促进技术利用和转移方面的法律有1986年的《联邦技术转移法》、1988年的《综合贸易与竞争力法》、1989年的《国家竞争力技术转移法》、1991年的《美国技术优先法》、1992年的《小企业技术转移法》、1995年的《国家技术转移促进法》和2000年的《技术转移商业化法》。美国还有专门的高新技术法规,如《国家宇航法》《重组DNA分子研究准则》,以及2000年通过的《网络及信息技术研究法》,它们对相关领域的高新技术研究的支持和税收优惠作了相应规定。

关于加强不同主体之间的科研合作方面的法律有1984年的《国家合作研究法》及其1993年的修正案《国家合作研究生产法》,规定大学与公司之间因科研合作而形成的技术联盟不受《反托拉斯法》的限制。

政府引领和市场驱动一直是美国科技创新的推动力,在不排除利用市场机制引导私人资本参与科技活动的前提下,政府有责任和义务支持科技创新、维护科技竞争秩序、维护科技创新参与者利益、降低参与者研发风险、促进科学技术向生产力的转化。因此,美国有一系列支持科技创新的政策,突出表现在税收优惠、知识产权保护、科技创新投入政策等方面。税收政策包括税收豁免和税收优惠,是美国历届政府支持科技创新和成果转化的重要措施。比如,政府下属的科研机构以及作为"教育机构"的大学、独立进行公益科技创新的非营利机构等,免征所得税;向科研机构捐款的可以获得相应的减税待遇;1981年的《经济复兴税收法》规定,企业在 R&D 方面超过 3 年平均水平的开支增加额即可享受 25%的税收减免；1986 年的相关税法规定,科研经费环比递增的公司和机构,可以获得相当于该增加值 20%的退税；等等。美国沿袭了范围广泛的知识产权制度,维护科技创新者的成果所有权荣誉和利益,有效地保护科技专利成果,并促进其转移和使用。美国的科技创新投入政策主要表现在联邦政府在科研经费投入的支持上,科研经费从 1953 年的 51.6 亿美元增加到 2007 年的 3 725.3 亿美元(以 2007 年物价为基准),在 50 多年的时间里增加了 70 多倍。

高新技术的研发具有高风险和高挑战性等特点,特别是在项目初期,风险更大。考虑到有必要对作为科技创新温床的众多小企业进行扶持,1982 年美国政府正式启动了小企业创新研究(SBIR)项目,以政府资金推进民间科技创新,并推进科技成果的产业化。

SBIR 项目的具体实施由联邦政府各部委负责,各参与部委要拿出每年研发经费的 2.5%作为 SBIR 项目经费支持小企业创新研究。目前参与 SBIR 项目的 10 个联邦政府部门为该项目提供的资金为 20 亿美元。美国国会责成小企业管理局全权负责监管 SBIR 项目,以避免各部委在实施过程中各自为政、无法实现资源的整合,同时使管理过程更加简单、有序。小企业管理局每年向国会提交年度报告,国会则对 SBIR 项目的进展及成效进行评估。

美国是世界上科技创新最成功的国家,它总是将科技创新提高到推动经济增长、社会发展和国家进步的战略地位,在克林顿执政时期更是将科技的战略地位提高到前所未有的高度。这一时期相应出台了 1993 年的《技术为经济增长服务：增强经济实力的新方针》,1994 年的《科学与国家利益》,1996 年的《技术与国家政策》以及《改变 21 世纪的科学与技术：致国会的报告》等方针政策,大大提高了美国在世界范围内的科技创新的竞争力和影响力,对美国科技创新的发展具有深远的意义。

(3) 不同时期美国科技"超前引领"的重点领域

美国从 1776 年建国以来,随着社会、经济、环境的变化以及不同历史时期国家的需要不同,政府科技"超前引领"在不同时期有不同的侧重领域和特点,发挥着不同的历史作用。我们将美国建国以来的政府科技"超前引领"分为以下几个历史阶段:第一阶段是第二次世界大战前的阶段(1776—1939年),又称制度引领阶段;第二阶段是二战与冷战前期(1939—1975年),又称国防技术引领阶段;第三阶段是冷战后期(1976—1990年),又称民用技术引领阶段;第四阶段是新经济时期(1991年—),又称高新技术引领阶段。

第一阶段之所以称为制度引领阶段是因为这一阶段确定了美国科技引领的制度基础——专利制度和标准化制度,但其重点引领的领域是农业技术。在这个阶段美国既完成了从农业经济向工业经济的转变,也完成了工业革命,使美国成为世界强国。在此期间科技创新起着重要的作用,美国政府的"超前引领"作用意义重大,主要体现在三个方面:第一,建立了一系列保护创新发明者利益的法律制度,其中最重要的就是专利权制度。1787年将发明者享有专有权的条款写进宪法,1790年制定了第一部保护专利权的法律,1802年规定了联邦专利局为专利法的执行机构等。第二,为了推动农业经济向工业经济的转变,政府技术引领的重点领域放在农业技术领域,促进了农业革命。政府的研究经费主要投入到农业技术,利用赠予土地、提供经费补贴等方法鼓励地方政府发展农业教育和研究,联邦政府设立农业部直接组织农业技术研究,并管理各州农业局。第三,标准化制度建设。标准化包括度量衡标准和一部分的产品标准特别是农产品标准化。1901年成立了美国国家标准局,后来变为国家标准与技术研究院,它在美国的科技进步中发挥着重要的作用。这一时期,农产品标准化为美国大农业的发展、农产品期货交易市场的形成等创造了条件。

这一阶段政府"超前引领"与市场推动的边界比较清晰,政府的目的很明显,即在为保护科技创新的利益提供法律保障的前提下,鼓励个人和私有机构的创新行为,因此政府并不直接参与科技创新,满足市场需求的科技创新主要由市场来推动并通过市场交易来获得回报。

第二阶段之所以称为国防技术引领阶段,是因为这一阶段政府"超前引领"的领域在国防、航天和信息技术领域,相关科技创新的国防意义非常明显。二战期间,战争的需要使美国政府致力于研发以原子弹为核心的军事武器,因而实行了举世闻名的曼哈顿工程，导致了世界上第一颗原子弹的诞生，为结束二战作出了重大贡献；同时也导致了世界上第一台电子计算机的诞生，开启了信息技术的新时代。以原子弹为核心的军事科技研究的成功意味着美国政府直接进行科技投入和参与"超前引领"非常重要。在政府和市场的选择中，政府在以原子弹为核心的新式武器等"大科学"的研发上能发挥更强大的力量，因此，促使美国政府在科技领域内有更多的作为。其结果是：美国科研投入经费急剧增长，直接参与研究的动机越来越强烈，从而建立了以在洛斯阿拉莫斯、新墨西哥、奥克理奇和田纳西等地的国家研究实验室为主体的国家研究实验室体系。

到冷战前期，由于超级大国之间的竞争由军事转向多元化，诸如经济、政治、军事、文化等都可能展开对抗或竞争，是一场软硬实力的同时较量。特别是苏联登月成功以后，空间技术竞争也白热化。在这种背景下，美国政府引领的科技领域有所变化，以国防技术基础研究、空间技术基础研究和国民健康基础研究为主的领域成为重点。

冷战时期的"超前引领"具有四个典型的特点：其一，政府科研投入大大增加，如1957—1967年间，联邦研究经费急剧增加，增长了4倍。其二，成立相应的直接进行科技创新管理的政府协调机构，如总统科学技术顾问委员会、联邦科学技术委员会等统筹部门产生。其三，对太空研究的重视无与伦比。美国先后成立了国家航空航天局并实施了阿波罗登月计划。其四，政府参与太空或国防研究的效应非常明显。阿波罗计划的实施导致太空生物医学、核技术、系统工程学、计算机模拟技术等科技成果取得很大进步，并导致加州硅谷的诞生。

70年代世界能源短缺、污染严重，政府"超前引领"的领域转移到能源与环境上来，重点开始放在新型能源开发、能源效率的提高、能源的保护、环境的保护与治理技术等方面。美国还专门成立了能源研究发展局（后为能源部）负责能源与环境方面的管理与科技创新。

第三阶段之所以称为民用技术阶段，是因为这一阶段冷战有所缓解，政府科技引领的重点在于如何促进民用科技创新以及有效加快创新成果转化。这一阶段的背景是美国在工业领域的技术创新影响力明显受到德国、日本的威胁，使其不得不进行科技创新领域和重点的调整。

这一阶段政府和市场的关系是要更大发挥市场的作用,政府应有限"超前引领",其特点是:

第一,开发了科技创新项目的评价体系,既提高了政府投入科技创新的效率,也促进了科研投入的转向,即从军事国防作用转为经济竞争和工业影响。第二,采取税收优惠等政策鼓励民间参与科技创新,出台了一系列的税收优惠和减免法案。第三,加快立法促进科技成果转化,促进联邦科技创新商业化,如1980年的《大学和小企业专利程序法》《技术创新法》,1984年的《国家合作研究法》,1986年的《联邦技术转移法》,等等。第四,基础研究和应用研究齐头并进,鼓励民间投入应用研究,而政府的主要投入则放在基础研究。第五,强化联邦与各级政府、学校及非营利科研机构与企业之间的伙伴关系,政府不一定是管理者、直接参与者,而是伙伴,既可以帮助也可以督促。

第四阶段之所以称为高新技术引领阶段,是因为进入90年代,冷战结束后,发展与和平成为世界的主题,美国政府意识到科技为经济、社会、民生服务变得日趋重要。这个阶段先后发生的三大历史性变化改变着美国政府的科技引领模式。第一个历史性变化是全球化导致的跨国公司生产全球化,国际分工障碍日益减少,科技与经济竞争日益激烈。第二个历史性变化是互联网导致的国与国之间、人与人之间互动关系成本降低,从而信息成本在急剧下降。第三个历史性变化是知识技术要素在生产中的作用越来越重要,以知识的创造、开发、转移与评价的新的经济业态遍地开花。在这些背景下,美国科技引领领域的重点是:从老布什时期的国防和民用双管齐下,转变到克林顿时期的国防投入科技研发减少,而民用研究投入增加;政府投入的重中之重在信息与互联网、微电子、航天、基因工程、新能源、生物科技等高端研究方面;与研发中心或研究机构同等重要的科技成果推广中心受到政府重视;政府、大学与企业之间的平等的伙伴关系更加强化;高级专业人才的培养受到重视,总统奖励计划实施;等等。可以看出,这个阶段政府引领和市场功能的边界更加清晰,政府将会放权让市场发挥更大的作用。

4. 中国佛山与顺德的"超前引领"模式

(1) 佛山政府对民营经济发展的"超前引领"模式

佛山民营经济的发展历程,大致可以分为三个阶段:起步阶段、发展阶段、调整增强阶段。

20世纪80年代以前佛山民营经济处于起步阶段。由于佛山地处珠三角经济发达地区,是穗港澳的枢纽,位置优越,交通、通信等基础设施比较完善,加之广东处于改革开放的前沿阵地,个体户经济和私营经济蓬勃生长,构成佛山民营经济的原生经济形态。从行业发展看,这一阶段佛山个体经济以生产性行业、商业、饮食业等服务产业为主。佛山民营经济经过一定时期的发展,逐渐在佛山经济中充当主角,呈现出起步早、市场经济意识强、发展快的良好局面。一大批民营企业经过创办、立足、壮大等阶段,完成了前期积累,开始走上外延发展和低成本扩张的道路,并向周边地区发展。这一阶段佛山总体上是以计划经济为主,民营经济在很多方面受到政府较严格的管制,政府对民营经济的"超前引领"以理念引领为主,主管领导和政府团队大脑里"发展才是硬道理"和"放开搞活"的理念决定着民营经济发展的步伐。

1980年至2000年为佛山民营经济的发展阶段。这一阶段已经形成了比较完善的民营经济产业体系,以建材、家具、电子等为主的各种产业集群业已形成,民营经济比重迅速提高,在国民经济发展中地位十分重要。随着民营经济的发展壮大,问题也越来越多。这一阶段民营经济开始遇到各种制度障碍,因此这一阶段政府的"超前引领"主要表现为制度政策引领。例如,历届佛山市委、市政府着力清除民营经济发展的各种障碍,如不合理收费、行业准入歧视政策、严格的前置许可和审批手续烦琐等,1994年颁布了《关于促进佛山市个体私营经济健康发展试行办法》,1999年又颁布了《关于进一步促进佛山市区个体私营经济发展若干问题的意见》等。这一系列政策的出台,从工商、国土、规划、财税、金融等各方面给予民营经济鼎力支持,极其有效地促进佛山民营经济走上辉煌的发展道路。

2000年以后为佛山民营经济调整、增强阶段。一方面,民营经济规模空前壮大,在国民经济中的比重日益提高,产业体系进一步完善,专业镇和各类产业集群蓬勃发展;另一方面,野蛮生长,各种产业良莠不齐,造成资源浪费严重、环境开始恶化、土地使用受限。于是政府开始出台各种产业规划与扶持政策,以致后来"腾笼换鸟",退二进三,调整产业结构,整合资源,加快做大、做强和创名优品牌的步伐,全面提升民营经济层次和结构,扩大民营经济的影响力。

这一阶段的政府引领主要表现为政策引领,佛山市及下属各级政府出台各种政策引领符合政府规划需要的产业做大做强。佛山进行区划调整后,各级政府竞相出台民营经济促进政策。2002年6月,佛山市城区政府出台了《佛山市城区人民政府关于促进民营经济发展的决定》,对处于创业阶段的从事科技、法律、会计等行业的民营企业给予税收减免,对民营科技企业给予出口优惠政策;2005年,南海区政府制定和下达了《关于实施优惠措施促进非公有制经济发展的通知》《南海区招商引资奖励试行办法》,多次召开全区非公有制经济工作会议,取消、调整和合并审批事项,并在信息化的推动下组建了"一条龙式服务"的行政服务中心;2005年,三水区政府为了吸引资本和技术要素,以"名牌带动,生态规划,科教兴市"为发展目标,在各镇成立了投资(咨询)服务中心,并出台了《三水区招商引资奖励试行办法》等一系列投资优惠政策;2005年,高明区政府通过放宽经营范围、放宽私营企业注册资本限制、实行"先照后证"、企业登记注册"绿色通道"等一系列措施,鼓励和引导个体私营经济扩张。

各级政府有效的政策引领使民营经济迅速发展,使之成为佛山经济的主要组成部分。早在2002年,佛山共有各类民营企业及个体工商户17.63万户,民营企业实现的生产总值占佛山市生产总值的41.8%;民营经济税收总额达到123亿元,占佛山市税收总额的49.4%。2013年佛山市生产总值7 010.17亿元,民营经济增加值为4 283.01亿元,占全市生产总值的比重为61.1%,与佛山市第二产业增加值总量相当。

(2) 顺德经济发展的"超前引领"模式

顺德是佛山市的一个管区,其发展经验在佛山很有代表性。改革开放前,顺德是一个纯粹的农业县,工业仅仅停留在缫丝等少数几个传统项目上,并且由于人多地少的矛盾,传统农业经济发展难以为继。从20世纪80年代开始,顺德率先进行改革,提出了"工业立县"的战略,经过30多年的发展,已发展成为世界家电产业的制造中心,与东莞、南海、中山并称"广东四小虎","顺德制造"已是中国家电产业的代名词。顺德连续在中国百强县(区)排名中位居榜首,2013年其GDP超过2 545.1亿元。

① 顺德制度"超前引领"

顺德制度"超前引领"可以分为三个阶段:

第一阶段,改革初期至20世纪80年代中期,顺德选择了"工业立县"的发展目标,当时顺德县委、县政府就提出了"三个为主",即集体经济为主、工业为主、骨干企业为主,这在当时的历史条件下是很好的引领战略。各乡、镇、村都可以办自己的企业(集体经济),集体经济又突出了工业,搞工业也以有些规模的骨干企业为主。"三个为主"为顺德发展打下了坚实的工业基础,使顺德发展了一大批骨干企业。同时,以"三来一补"作为主要的中外合资方式,制造业迅速崛起,尤其是家用电器成为支柱产业,顺德因此而成为中国最大的家用电器生产基地,顺德作为"家电之都"初具雏形。但随着企业规模的壮大,企业"产权不明、责权不清、政企不分、管理失范"等问题日渐突出,国有资产流失的现象十分严重。为此,顺德开始以行政体制改革为先导、企业产权制度改革为核心的综合体制改革,推行放权让利的企业改革,并扶持一批优质企业通过市场机制进行优化组合。

第二阶段,20世纪80年代中期到90年代中期,新一届顺德党政领导按照"抓住一批、放开一批、发展一批"的思路,采取多种形式如股份与股份合作制等改造企业,通过出让股权、拍卖、赎买、租赁与承包经营等多种方式搞活企业。经过大幅度的改革,顺德政府基本完成了对市镇两级的国有、集体企业转制的攻坚任务,企业中公有股的比重下降而外商及民间投资者股份的比重上升,初步形成了以混合所有制企业为主的布局,将企业改造成为市场主体,形成了政府独资企业、政府参股控股企业、私营企业、外资企业、中外合资合作企业协调发展的格局,初步建立了完善的经济体系框架。

第三阶段,20世纪90年代中期到21世纪,政府引领改革进入深水区。顺德以国有资本主动退出竞争性行业和领域、导入民营资本为主调,要求所有政府机关将原来隶属的经济实体都分离出去,实现政企分开和政资分离,从而为民营经济的起飞开辟了广阔天地。众多民营企业抓住发展机遇趁势而上,迅速进入相关基础性产业、主导产业,形成了顺德的支柱产业——家电业,涌现了一大批名牌家电企业如科龙、容声、美的、万家乐、格兰仕等,使顺德家电产品闻名天下。顺德电冰箱、空调器、微波炉、电风扇、电饭煲、电子消毒柜、热水器等十几个家电产品产销量均居中国第一,家用电器工业产值占中国同行业产值的15%左右,占顺德工业总产值的比例超过40%,形成了一个完整的现代家电产业集群。

后来,顺德开始以高新技术产业园区为载体,大力引进外资、技术和人才,加强了顺德与国外的交流与合作,使顺德产业实现由分散到集中、由数量到质量、由弱小到强大的转变。2005年顺德政府参考日本产业分布并结合自身情况,发布了"三三三"产业发展战略,统筹协调发展顺德的三大产业。第一个"三"是指三大产业协调发展,第二个"三"是指在每个产业选出三个重点行业,第三个"三"是指每个重点行业要拿三个龙头企业来重点发展。这个制度引领非常重要,系统地考虑到顺德从产业、行业到企业三个层次的统筹问题,可以集中政府力量,引领企业、行业和产业做强做大。

② 顺德技术"超前引领"

顺德的支柱产业主要是家电业。改革开放以来,顺德家电产业走过了仿造、制造到创造的经济发展历程。如果只停留在仿造和制造阶段,就不可能有目前举世闻名的"顺德家电"。因此,创造才是最终的产业核心动力和价值。由于研发具有风险并且投入很大,中小企业一般不愿意自发进行技术研发。为推动顺德家电产业的升级,顺德政府采取了与企业和科研单位合作的模式,通过一系列的制度和组织创新,打造家电产业公共服务平台和研发平台,解决中小企业技术研发和技术升级的瓶颈。

首先,顺德通过整合各种服务平台来整合各种资源,打造顺德家电产业创新的平台基础。顺德政府以中国工程院(顺德)院士咨询活动为中心,以顺德高新技术产业孵化基地、顺德生产力促进中心、佛山市顺德区信息中心、顺德家电商会、顺德专利协会等为主体,整合顺德现有的中国(顺德)国际家用电器博览会、家用电器原材料、零配件采购展览会等家电产业公共服务资源,构筑家电产业公共服务体系,通过为现有传统家电企业提供咨询、培训、指导等服务,促进其技术进步、工艺改进、产品升级换代。通过实施制造信息化工程和建设"数字城市"等战略工程,使家电企业的管理和服务工作信息化、智能化,促进产业优化升级。实施积极的人才引进政策,引进国内外优秀的科技和管理人才,强化人才培训和管理,为科技创新和产业升级提供人力资源的保障。

其次,顺德通过院市共建科技实体,共同合作开发,提高总体科研水平和创新能力。顺德政府联合广东省科学技术厅,在顺德建立华南家电研究院,依托顺德两所地方高校以及国内外著名高校、科研院所共同研究开发家电产业领域核心技术、核心元件和共性技术,为家电企业提供研发服务。

华南家电研究院是非营利区域性行业技术创新平台,立足顺德家电产业,面向和服务华南家电产业,由政府引导扶持,以市场为导向,实行企业化、市场化运作,采用自有研发平台和依托企业、高校、科研院所建立研发分中心的办法,通过整合各方资源为家电企业提供技术研究、技术开发、技术培训、技术咨询、检测认证、行业标准制定等服务,建立信息、设施、人才相对聚集并且共享的平台,成为促进家电制造企业以及上下游相关产业提高技术研发能力的开放性、公用性的研发服务机构。

由于有了政府投入的保障,通过整合资源,研究院可以进行企业不愿或无法独立开展的家电产业核心技术的研发,提高行业产品的价格和性能竞争力,摆脱过去家电技术依赖国外的被动局面。此外,研究院还积极开展家电行业区域性发展战略研究和产业政策研究,从宏观上指导企业制定发展战略和目标。

除了华南家电研究院外,顺德政府还推动建立了多种形式的产学研合作实体,包括有特色的研发中心和中介服务机构,极大地促进了高新技术的研发和成果转化。

在顺德政府各项引领措施的带动下,顺德已经基本建立了区、镇、企业三级科技创新平台,客观上支撑了顺德的科技创新和产业升级。2014年,顺德已拥有省级工程技术研究开发中心18家、市级工程中心6家、区级工程中心52家,高新技术产业产值占工业总产值比重达到42%。根据《顺德区创新驱动发展行动计划》,2017年,顺德高新技术产业产值将占到工业总产值的55%。

再次,顺德通过建立家电产业园筑巢引凤,促进产业升级,优化产业集群。顺德政府积极借鉴国际经验,在现有家电产业的基础上,打造顺德家用电器产业基地发展园区,培育产业集群,拉动产业升级。顺德家电产业园区位于佛山市顺德中心城区南部,占地40平方公里,被列入国家火炬计划,按当前新型家电产业发展方向分别规划为五大产业区:智能信息家电产业区、节能家电产业区、环保家电产业区、健康家电产业区和新材料家电产业区,初步形成了一个完整的家电产业集群。

佛山政府专门成立了顺德家用电器产业基地建设领导小组、基地建设协调小组,下设顺德区基地建设领导小组,为顺利推进产业基地发展园区的建设提供了强有力的组织保障。此外,佛山政府从2004年起每年还投入专项资金0.5亿—1亿元人民币,用于基地的公共建设。

最后,提供政策保障,优化资源投入,激励研发与创新,降低创新风险,减少后顾之忧。顺德政府采取了一系列优惠政策,引领科技创新,推动产业升级。一是规定家电产业基地内的企业享受省、市、区对高新技术企业的优惠政策;二是各级财政设立"科技发展专项资金""产学研专项资金"和"制造业信息化专项资金",优先支持高新技术项目的研究开发及其成果转化;三是对企业的骨干技术人员视贡献大小给予奖励;四是由财政投入专项资金,组建企业孵化器和信息化服务平台,为企业提供信息、技术、培训、专利等方面的服务;五是在2005年组建新型家电产业风险投资中心,为中小企业提供融资服务。

阅读材料▶

转变政府职能海外镜鉴:如何处理好政府与市场关系

随着经济步入"新常态",中国政府提出要坚持改革推动大众创业、万众创新,以释放市场活力和社会创造力。为此,国务院常务会议近期推出一系列措施为"双创"加油添力,其中就包括政府简政放权、转变职能等内容。在这一方面,发达国家经历了长期的探索实践，不少经验值得借鉴。

一、"为与不为"——政府与市场边界动态调整

在政府与市场关系问题上，西方先后出现过经济自由主义、国家干预主义以及现代货币主义等多个流派。在上述理论影响下，发达国家中政府与市场的相互地位和作用不断变化绵延至今。

从各国具体制度安排和政策实践上看，政府和市场的边界因时因势，很难固定。比如在美国，共和党推崇"小政府、低税收"，民主党热衷"大政府、高福利"，两党轮流执政使美国的政府与市场边界始终在摆动。

诺贝尔经济学奖得主、纽约大学教授迈克尔·斯宾塞在接受新华社记者采访时说，在他看来，政府和市场边界在不同的经济体有所不同，没有确定答案。对于国民收入较高的经济体而言有一个大致范围，即市场的主要功能表现为发现价格、优化激励、配置资源和刺激创新。但他也指出，市场是否能发挥好作用，还要取决于政府。人力资本、基础设施、制度环境等能让市场更好发挥作用的因素需要政府促成。

新加坡国立大学亚洲竞争力研究所所长陈企业谈到一个概念：政府应该做"托管赢家"而非"选择赢家"。他解释说，这就如经营一个跑马场，政府要做的是建设并维护马场，吸引优秀马主和选手前来，但并不负责养马、驯马和赛马。

新加坡学者郑永年说，在西方发达国家中，英、美政府相对市场更"小"些，德、法等国政府相对市场更"大"些，日、韩政府和大型财团或企业集团的内在联系和历史渊源则更紧密。

他指出，从西方近十年的实际变化看，政府地位和作用的总体趋势是增强的。这与发达国家经济普遍进入下行周期，需要政府动用资源、推行改革等因素有关。

二、"有法可依"——明晰政府权限和职能

西方学者一般认为，政府权限和职能主要体现在提供公共产品和服务、通过征税影响经济行为、调节收入分配和加强市场监管等方面。

在政府权限和职能问题上，西方发达国家多通过法律加以规定，使得行政"有

法可依"。具体则依靠出台和修订行政基本法、实施财政预算决算管理、增加行政透明度、借助资本市场和金融工具、创新公私合作模式等履行职能。

美国国会研究服务局经济政策专家马克·拉邦特受访时说，西方国家一般通过立法对政府的各项活动进行规范和限定，以确保市场在资源的优化配置中发挥主要作用。

在这方面，作为历史文化条件与中国相近的国家，已"跨越中等收入陷阱"的韩国有些经验值得借鉴。韩国曾长期是"政府主导型"体制，随着经济社会更复杂开放，从20世纪80年代开始积极地实施简政放权，以提高资源配置效率，促进市场自律和创新。

1998年韩国正式颁布《行政规制基本法》，2014年又提出对《行政规制基本法》进行修订。其中，添加了规制成本总量限额制管理的规定，即在新设、加强规制时，应废除或放宽其他限制。

不少专家还谈道，政府在履行职能时需要税金资源等，同时又缺乏约束自身的内在动力，因此有效的财政预算决算管理制度和透明度非常重要，也就是要管好政府的收与支。

从美国的财政支出结构看，联邦政府支出注重向养老金、医疗保健和社会福利等领域倾斜，州和地方政府支出则侧重于基础设施建设、教育和社区服务。每年美国国会、地方议会的大部分立法辩论和修订都是围绕政府如何征税和花钱进行的，之后还要通过互联网、新闻媒体、出版物等公之于众。

在基建投资和相关维护上，政府面临的突出问题是如何弥补资金缺口。从美国情况看，单靠政府拨款无法满足巨大的资金需求，因此政府推动建立市政债券市场，并吸引社会资本参与。美国每年市政债券的发行规模达到数千亿美元。同时，为避免地方政府过度举债，美各州法律对发债权力、规模、用途都作出严格要求，并利用信用评级工具预警。

三、"不缺位、不越位"——政府对市场监督求实效

一般而言存在如下共识：由于存在"政府失灵"，因此需要市场这只"手"；由于存在"市场失灵"，因此需要政府这只"手"。不过，难点在于政府这只"手"张弛

力度如何拿捏。

斯宾塞说,发达国家一般认为政府应放松对经济的行政管制,即"不越位";与此同时,一旦出现垄断、国际贸易条件不公平、市场猛烈动荡等情况,政府则应对违法违规行为严肃惩处,维护公平稳定的市场环境,即"不缺位"。

美国市场经济高度发达,相关法律体系相对完善,企业一般的生产经营活动受到联邦法律和各州公司法的约束,而不是被政府监管。不过,美国也存在监管缺位方面的深刻教训,2007年美国次贷危机以及其后演变出的严重的金融危机,一定程度上归咎于政府长期对金融机构缺乏严格监管。为此,美国政府在危机之后出台了自20世纪30年代大萧条以来最为严厉的金融监管改革法案。

不少西方国家还尝试通过设立有别于政府部门的法定机构实现部分职能。这类法定机构属于公共性质,但相对独立于政府,有一定自主权。例如,在澳大利亚这类机构更多负责制定法规并进行相应监管,比如对养老金体系进行监管等,法定机关的管理层通过制定年度报告向议会汇报。

受访专家指出,在西方设立这类机构的好处是可以分担政府繁重的职责,提高法律和行政效率;减少党派分歧,特别是党派利益绑架政府的情况出现;增加民众信任度;等等。

资料来源:中央政府门户网,http://www.gov.cn/xinwen/2015/06/17/content_2880510.htm.

中文参考文献

1. 〔美〕阿兰·斯密德著.刘璨等译.制度与行为经济学[M].北京:中国人民大学出版社,2004.
2. 〔美〕曼瑟尔·奥尔森著.吕应中译.国家兴衰探源[M].北京:商务印书馆,1999.
3. 〔美〕曼瑟尔·奥尔森著.陈郁等译.集体行动的逻辑[M].上海:上海人民出版社,1995.
4. 〔美〕曼瑟尔·奥尔森著.苏长河等译.权力与繁荣[M].上海:上海人民出版社,2005.
5. 白重恩,杜颖娟,陶志刚,全月婷.地方保护主义及产业地区集中度的决定因素和变动趋势[J].经济研究,2004(4):29-40.
6. 〔美〕保罗·R.尼文著.胡玉明译.政府及非营利组织平衡计分卡[M].北京:中国财政经济出版社,2004.
7. 〔美〕保罗·A.萨缪尔森等著.高鸿业译.经济学[M].第12版.北京:中国发展出版社,1992.
8. 〔美〕曹荣湘.蒂布特模型[M].北京:社会科学文献出版社,2004.
9. 〔美〕查尔斯·沃尔夫著.市场或政府[M].北京:中国发展出版社,1994.
10. 陈抗,A. Hillman,顾清扬.财政集权与地方政府行为变化——从援助之手到攫取之手[J].经济学(季刊),2002(2):112-130.
11. 陈诗一,张军.财政分权改善了地方财政支出的效率吗[J].中国社会科学,2007(1):25-39.

12. 陈秀山,孙久文.中国区域经济问题研究[M].北京:商务印书馆,2005.

13. 陈云贤,邱建伟.论政府超前引领——对世界区域经济发展的理论与探索[M].北京:北京大学出版社,2013.

14. 陈云贤.超前引领——对中国区域经济发展的实践与思考[M].北京:北京大学出版社,2011.

15. 〔美〕戴维·奥斯本,特德·盖布勒著.周敦仁译.改革政府——企业家精神如何改革着公共部门[M].上海:上海译文出版社,2006.

16. 〔美〕丹尼斯·C.缪勒著.杨春学等译.公共选择理论[M].北京:中国社会科学出版社,1999.

17. 〔美〕道格拉斯·C.诺思著.陈郁等译.经济史中的结构与变迁[M].上海:上海三联书店,上海人民出版社,1991.

18. 杜人淮.论政府与市场关系及其作用边界[J].现代经济探讨,2006(4).

19. 范柏乃.政府绩效评估理论与实务[M].北京:人民出版社,2005.

20. 傅勇,张晏.中国式分权与财政支出结构偏向:为增长而竞争的代价[J].管理世界,2007(3).

21. 傅勇.中国的分权为何不同:一个考虑政治激励与财政激励的分析框架[J],世界经济,2008(11).

22. 〔英〕G.霍奇逊著.向以斌等译.现代制度主义经济学宣言[M].北京:北京大学出版社,1993.

23. 郭济.绩效政府:理论与实践创新[M].北京:清华大学出版社,2005.

24. 〔英〕哈耶克著.王明毅等译.通往奴役之路[M].北京:中国社会科学出版社,1997.

25. 〔英〕哈耶克著.邓正来译.自由秩序原理[M].北京:生活·读书·新知三联书店,1997.

26. 黄睿.基于地方政府间竞争的区域经济发展研究[D].西安理工大学学位论文,2011.

27. 姜作培.转变经济发展方式与地方政府执行力[J].当代经济研究,2008

(5):12-16.

28. 〔英〕凯恩斯著.徐毓枬译.就业、利息和货币通论[M].北京:商务印书馆,1981.

29. 〔德〕柯武刚,史曼飞著.韩朝华译.制度经济学——社会秩序与公共政策[M].北京:商务印书馆,2000.

30. 〔美〕科斯,阿尔钦,诺斯等著.刘守英等译.财产权利与制度变迁——产权学派与新制度学派译文集[M].上海:上海三联书店,上海人民出版社,1994.

31. 〔美〕科斯,诺斯,威廉姆森等著.刘刚等译.制度、契约与组织——从新制度经济学角度的透视[M].北京:经济科学出版社,2003.

32. 克里斯托夫·弗里曼著.张宇轩译.技术政策与经济绩效:日本国家创新系统的经验[M].南京:东南大学出版社,2008.

33. 〔美〕莱斯特·M.萨拉蒙著.贾西津等译.全球公民社会——非营利部门视界[M].北京:社会科学文献出版社,2002.

34. 李猛.地方政府行为对中国经济波动的影响[J].经济研究,2010,1(4):14-16.

35. 李实,J.奈特.中国财政承包体制的激励和再分配效应[J].经济研究,1996(5).

36. 林德荣.可怕的顺德——一个县域的中国价值[M].北京:机械工业出版社,2009.

37. 林德荣.中国千亿大镇[M].广州:广东人民出版社,2010.

38. 林毅夫.经济发展与转型:思潮、战略与自生能力[M].北京:北京大学出版社,2012.

39. 林毅夫.新结构经济学[M].北京:北京大学出版社,2008.

40. 林毅夫.要素禀赋、比较优势与经济发展[J].中国改革,1998(8).

41. 刘金石.中国转型地方政府双重行为的经济学分析[D].复旦大学学位论文,2007(4).

42. 刘强,覃成林.地方政府竞争与地区制度创新:一个制度分析的视角[J].

中州学刊,2009(6):46-49.

43. 刘世锦."新常态"下如何处理好政府与市场的关系[J].求是,2014(18).

44. 刘世锦.经济增长模式转型:我们需要转变什么?[J].经济与管理研究,2006(1):5-10.

45. 刘亚平.当代中国地方政府间竞争[M].北京:社会科学文献出版社,2007.

46. 柳庆刚.经济增长、地方政府竞争、国家能力和结构失衡[D].北京大学学位论文,2013.(6).

47. 陆铭,陈钊,严冀.收益递增、发展战略与区域经济的分割[J].经济研究,2004(1):56-67.

48. 〔美〕迈克尔·波特著.李明轩等译.国家竞争优势[M].北京:华夏出版社,2002.

49. 〔美〕米尔顿·弗里德曼,罗斯·弗里德曼著.胡骑等译.自由选择[M].北京:商务印书馆,1982.

50. 彭国甫,盛明科,刘达.基于平衡计分卡的地方政府绩效评估[J].管理科学,2005(2):40.

51. 彭向刚,齐越.平衡计分卡与公共服务型政府的战略管理[J].中山大学学报(社会科学版),2006(1).

52. 平新乔.中国地方政府支出规模的膨胀趋势[J].经济社会体制比较,2007(1):56-78.

53. 钱颖一.激励与约束[J].经济社会体制比较,1999(5):23-29.

54. 钱颖一.现代经济学与中国经济改革[M].北京:中国人民大学出版社,2003.

55. 沈坤荣,付文林.税收竞争、地区博弈及其增长绩效[J].经济研究,2006(6).

56. 沈坤荣,付文林.中国的财政分权制度与地区经济增长[J].管理世界,2005(1).

57. 〔美〕斯蒂芬·贝利著.左昌盛等译.地方政府经济学:理论与实践[M].北

京:北京大学出版社,2006.

58. 王珺.增长取向的适应性调整:对地方政府行为演变的一种理论解释[J].管理世界,2004(8):53-60.

59. 王世磊,张军.中国地方官员为什么要改善基础设施?——一个关于官员激励机制的模型[J].经济学(季刊),2008(1):383-398.

60. 〔美〕西蒙·库兹涅茨著.戴睿等译.现代经济增长[M].北京:北京经济学院出版社,1991.

61. 谢小波.地方政府竞争与区域经济协调发展[D].浙江大学博士论文,2006(2).

62. 杨瑞龙,杨其静.阶梯式的渐进制度变迁模型——再论地方政府在中国制度变迁中的作用[J].经济研究,2000(3).

63. 杨瑞龙.中国制度变迁方式转换的三阶段论——兼论地方政府的制度创新行为[J].经济研究,1998(1).

64. 杨文明,马瑞华.平衡计分卡在中国政府绩效评价中的应用[J],天津大学学报(社会科学版),2007(7).

65. 姚洋,杨雷.制度供给失衡和中国财政分权的后果[J].战略与管理,2003(3).

66. 叶托.中国地方政府行为选择研究[D].浙江财经大学博士论文.2012.

67. 〔美〕约瑟夫·E.斯蒂格利茨著.政府为什么干预经济:政府在市场经济中的角色[M].北京:中国物资出版社,1998.

68. 〔美〕约瑟夫·E.斯蒂格利茨著.郭庆旺译.公共部门经济学[M].第3版.北京:中国人民大学出版社,2005.

69. 〔美〕约瑟夫·熊彼特等著.何畏等译.经济发展理论:对于利润、资本、信贷、利息和经济周期的考察[M].北京:商务印书馆,1990.

70. 〔美〕詹姆斯·M.布坎南著.穆怀朋译.民主财政论:财政制度和个人选择[M].北京:商务印书馆,1993.

71. 张恒龙,陈宪. 政府间转移支付对地方财政努力与财政均等的影响[J].经济科学,2007(1).

72. 张军,周黎安.为增长而竞争:中国增长的政治经济学[M].上海:上海人民出版社,2008.

73. 张军.中国经济发展:为增长而竞争[J].世界经济文汇,2005(4).

74. 张军等.中国为什么拥有了良好的基础设施?[J].经济研究,2007(3).

75. 张明喜.地方财政支出结构与地方经济发展的实证分析——基于聚类分析的新视角[J].财经问题研究,2008(1).

76. 张维迎,马捷.恶性竞争的产权基础[J].经济研究,1999(6).

77. 张维迎,栗树和.地区间竞争与中国国有企业的民营化[J].经济研究.1998(12):13-22.

78. 张五常.中国的经济制度[M].北京:中信出版社,2009.

79. 张显未.制度变迁中的政府行为理论研究综述[J].深圳大学学报(人文社会科学版),2010(3):76-81.

80. 张宇燕,何帆.由财政压力引起的制度变迁——从计划经济到市场经济[M].北京:中国财政经济出版社,1998.

81. 周黎安.晋升博弈中政府官员的激励与合作:兼论中国地方保护主义和重复建设长期存在的原因[J].经济研究,2004(6):33-40.

82. 周黎安.中国地方官员的晋升锦标赛模式研究[J].经济研究,2007(7).

83. 周其仁.中国做对了什么[M].北京:北京大学出版社,2010.

84. 周天勇.新发展经济学[M].北京:经济科学出版社,2001.

85. 周业安,章泉.市场化、财政分权和中国经济增长[J].中国人民大学学报,2008(1).

86. 周业安,赵晓男.地方政府竞争模式研究——构建地方政府间良性竞争秩序的理论和政策分析[J].管理世界,2002(12):52-61.

87. 朱进.财政预算的"公地悲剧":财政支出规模增长的一种解释[J].当代财经,2008(3).

88. 卓越,杨道田.基于战略的公共部门绩效评估模式构建[J].天津行政学院学报,2007(11).

89. 踪家峰,李蕾.Tiebout 模型的研究:50 年的进展[J].税务研究,2007(3).

90. 邹东涛,席涛.制度变迁中个人、企业和政府行为主体的经济分析[J].北京大学学报(哲学社会科学版),2002(2):5-14.

英文参考文献

1. Acemoglu, D. Institutions and Development: Institutions, Factor Prices, and Taxation: Virtures of Strong States[J]. American Economic Review: Papers and Proceddinsg, 2010, pp.115-119.

2. Acemoglu, D., Golosov, M., Tsyvinski, A. Markets Versus Goenrments[J]. Journal of Monetary Economics, 2008, 55(1), pp.159-189.

3. Acemoglu, D., Verdier, T. The Choice Between Market Failures and Corruption[J]. American Ecnomic Review, 2000, 90(1), pp.194-211.

4. Bai Chong-En, Du, Y., Tao, Z., Tong, S. Local Protectionism and Regional Specialization: Evidence from China's Industries[J]. Journal of International Economics, 2004(2).

5. Bucovetsky, S. Public Input Competition[J]. Journal of Public Economics, 2005, 89(9/10), pp.1763-1787.

6. Chen Binkai, Yao Yang. The Cursed Virtue: Government Infrastructural Investment and Household Consumption in Chinese Provinces[J]. Oxford Bulletin of Economics and Statistics, 2011, 73(6), pp.856-877.

7. Falkinger, J., Fehr, E., Gächter, S. Winter-Ember, R. A Simple Mechanism for the Efficient Provision of Public Goods: Experimental Evidence[J]. American Economic Reviews, 2000, 90(1), pp.247-264.

8. Fenge, R., Von Ehrlich, M., Wrede, M. Public Input Competition and Agglomeration[J]. Regional Science and Urban Economics, 2009, 39, pp.621-631.

9. Global Trends 2030: Alternative Worlds[D]. A Publication of The National Intelligence Council,2012(11).

10. Justin Lin Yifu. Rethinking Economic Development: A Framework for New Structural Economics[R]. The World Bank Policy Research Working Paper, Feb., 3,2010.

11. Segerstrom, P. The Long-run Growth Effects of R&D Subsidies[J].Journal of Economic Growth,2000,5(3),pp.277-305.

12. Song, Z., Storesletten, K., Zilibotti, F. Growing Like China[J]. American Economic Review,2011,101(1),pp. 196-233.

13. Tiebout, C. A Pure Theory of Local Expenditures[J].Journal of Political Economy, 1956.

14. Wilson, J. D., Gordon, R. H. Expenditure Competition [J].Journal of Public Economic Thery,2003.

15. Wilson, J. D., Wildasin, D. E. Capital Tax Competition: Bane or Boon[J]. Journal of Public Economics,2004,88(6), pp.1065-1091.

跋
二

萧灼基

2015 年 8 月

实践得真知,盛世出华章。

当看到陈云贤博士的《中观经济学——对经济学理论体系的创新与发展》书稿时,作为他在北京大学读书时的博士生导师,我确实感到惊喜和惊讶。

为什么说惊喜?因为我们知道宏观经济学和微观经济学的理论都来自西方,而现在中观经济学的理论终于出自中国。这也顺应了中国经济的崛起,说明中国经济在世界版图的地位,也是经济理论创新的中国梦。

为什么说惊讶?因为我没想到,这个具有划时代意义、大胆而勇敢的理论创新,不是出现在高校等研究领域,而是产生于实践领域。

当然,只要我们看看陈云贤博士的经历,就会感觉到他能系统提出中观经济学理论有其必然性。他曾长时间在著名高校求学,在福建师范大学攻读硕士学位,在北京大学攻读博士学位,并先后在美国麻省理工学院,哈佛大学商学院、肯尼迪政府学院,耶鲁大学和加拿大多伦多大学进修、学习、培训,历经严格的经济学训练,有非常扎实的经济学理论素养。他又长期从事经济实践领域工作,创办广发证券,并带领其从一个地方性的证券公司走向全国、走向世界。弃商从政后,他历经县域、市域和省域领导岗位,并卓有成效。

作为他的博士生导师,我斗胆认为,在中国经济理论领域,有他这种经济实践成就的人很少;在经济实践领域,有他这样深厚经济理论素养的人也许更少。

能实现理论创新"惊险一跳"的，往往属于这种善于把理论与实践紧紧结合起来者。

陈云贤博士曾告诉我，他从2005年开始思考区域经济理论创新问题。那是他刚到顺德任区委书记不久。顺德是当时中国最发达的一个县。他敏锐地发现，顺德既不是经济特区也不是沿海城市，能从中国2 800多个县域脱颖而出，关键在于地方政府的超前引领。在区域竞争发展时代，有为的政府总能抢得先机。

如润物细无声，陈云贤博士把"政府超前引领"的理念进行提升和运用。他充分发挥政府的经济导向、调节、预警作用，依靠市场规则和市场机制，通过引导投资、引导消费、引导出口的作用，运用价格、税收、汇率、利率、法律等手段和引领制度创新、技术创新、管理创新等方式，有效配置资源，形成领先优势，促进科学发展和可持续发展。

比如，在2004年，他提出"经营城市"的理念，创造性地把城市资源按性质划分为城市可经营性项目、城市非经营性项目和城市准经营性项目三类。他认为政府在市场经济条件下，按照经济规律，用资本化的手段、措施和管理方式，可以将城市发展中的可经营性项目和一部分准经营性项目推向市场、推向社会，以求城市建设与管理的良性发展。这一理念得到很好实施，佛山城市可经营项目投资推介洽谈会已连续进行了九年，极大地推动了佛山的城市发展。

广东省的"三旧"（旧城镇、旧厂房、旧村居）改造在全国赫赫有名，而最早也是陈云贤博士在佛山提出和推动的。他在顺德工作时提出和推动的"三三三"产业发展战略，对地方经济发展产生深远影响。他在佛山和省里工作时提出并推动的"金融、科技与产业融合创新发展"为全国首创。还值得一提的是，早在2010年，他就提出"信息化与工业化、城镇化、市场化"的融合，推动"四化融合，智慧佛山"建设。这一理念与当今的"互联网+"极其吻合。

2011年他出版了《超前引领——对中国区域经济发展的实践与思考》，2013年他出版了《论政府超前引领——对世界区域经济发展的理论与探索》，现在他又出版《中观经济学——对经济学理论体系的创新与发展》。这三本书组成一个系列，从基于中国区域经济发展的实践与思考，到对世界区域经济发展的理论与探索;从中国区域经济竞争到世界区域经济发展,"政府超前引领"从实践升华到了理论、从中国走向了世界;而从"政府超前引领"理论到"中观经济学"理论的形成,更是一次理论创新的飞跃,一下子站在了世界经济学的前沿。

可谓"十年磨一剑"。我想,陈云贤博士在理论的追求上恐怕也经历了王国维先生所说的治学"三种境界"吧。有"望尽天涯路"那样志存高远的追求,耐得住"昨夜西风凋碧树"的清冷和"独上高楼"的寂寞;刻苦钻研,百折不挠,即使"衣带渐宽"也"终不悔","人憔悴"也心甘情愿;独立思考,学用结合,在学习和实践中"众里寻他千百度",最终"蓦然回首",在"灯火阑珊处"领悟真谛。

陈云贤博士他们是幸运的一代学人。他们经历丰富,他们精力充沛,他们学有所成,他们胸怀大志。他们处于中国的巨变期,他们又面对世界格局的大变革,他们尽情施展才华,他们大有作为。

衷心祝愿陈云贤博士在理论实践领域的创新之树长青。